天涯の故郷

昭和前期の五島列島岐宿の民俗図誌

柳田煌海

東京図書出版

はしがき

岐宿《きしく》——日本列島の九州最西端にある五島《ごとう》列島福江《ふくえ》島の北部に位置するこの町は、長崎県の人々以外にはあまり知られていないが、国内最大級とも言われる寄神《よりがみ》貝塚を含む十指に余る古代遺跡を有し、かつて遣唐使《けんとうし》船や勘合《かんごう》船、倭寇《わこう》船などが行き交い、さらには五島藩の聖地だったところで、キリシタン文化が色濃く残る土地柄でもある。ここで古代から昭和前期末（昭和三十二〈一九五七〉年）頃まで損《そこ》なわれることなく脈々と受け継がれて来た人々の生活様式は、昭和後期に入ると急激に変化していった。

それまで人々の生活に溶け込んでいた道具や農具、工具、漁具、舟、荷車、牛馬などは機械化や自動化が進んで多くが消え、伝統的な衣食住の様式も国際化や情報化、多様化などの進展に伴い、今ではほとんど見ることができなくなり、四季折々の行事や風習、慣習も廃《すた》れてしまったものも少なくない。さらに古来語り伝えられていた、この地特有の民話や伝説、俚諺《りげん》も一つ一つ人々の記憶から消え去りつつあり、巌立《いわたて》神社がおよそ六百年間継承してきた四十八種の神楽も半数近くが既に絶え果てた。地域や隣人との温かい情愛に満ちた人間関係や相互扶助の精神、ほとんど捨てるものがないほど物を大切にする資源循環型の暮らしも失われつつある。千年以上も使われて来た方言にしても、子供の遊びにしてもまた同様である。自然の形状を活かして造成されていた農地や農道は、昭和末期から平成初期にかけて、ほぼ全域にわたって大規模な土地改良整備事業が進められ、今や平面的、直線的、人工的な形状となって景色も様変わりしている。そして、その事業から除外された山間部の棚田《たなだ》は、その後放置されて山に戻りつつある。

数十年前から磯《いそ》焼けが発生し、それまで沿岸の波打ち際をびっしりと覆《おお》っていた、めのは（わかめ）やひじき、ほんだわらなどの海藻の群落が消失し、それら海藻を餌にしていた貝類や、海藻を生活の場や産卵場としていた魚類は、今では見る影もなく、県や市が再生のための施策を講じつつある。

高齢化と少子化が急激に進み、若者は都会に出たまま故郷には戻らない。町内にあった岐宿・川原・山内各地区の小学校・中学校はすべて統廃合され、各地区から一里（四キロメートル）ほど離れた楠原《くすはら》地区に移転し、幾つもあった商店も消えて街並みも変わってしまった。今は道行く人も少なく、たまに見かけるのは高齢者ばかりである。

このままでは、恐らくあと十年もすれば、数百年あるいは千年以上も前からあった伝統文化を記憶にとどめる人たちは完全にいなくなり、その結果、五島岐宿固有の文化遺産の大部分は永久に失われてしまうであろう。

そこで私は、今のうちに当時の岐宿に暮らした先人の営みを記録し後世に伝えようとこの事業に着手し、併せて当時の人々の生活に大きく影響した地勢・気象、この土地と深い関わりをもった遣唐使《けんとうし》や勘合《かんごう》貿易、この地に移住して五島統一を目指した宇久第八代藩主の足跡、潜伏キリシタン迫害の歴史、数多く存在する遺跡・史跡や民話・伝説など既に郷土誌を含む幾つかの書物にも見える諸事項についても、ある程度重複するのは避け難いが、本書によってもっと世に広く深く知ってもらうことを目的として、他の資料も参考にしながら新たに再述することにした。

ところが、太平洋戦争開戦直前の昭和十六（一九四一）年五月同地で生まれた私は、この地に伝統的な暮らしが残っていた昭和前期末の三十二（一九五七）年頃でさえせいぜい十代半ばであって、しかもその後故郷を離れて六十余年が経過したため当時の記憶は薄れつつある。

従って、本書を編纂《へんさん》述作する過程では、事物により深く迫り、かつ叙述の正確性を期すために三回帰郷し、各地を訪れて目や耳で確かめるとともに、できる限り今はめっきり減ってしまった懐かしい古老たちに面談し、当時の主な事象や慣習、食事などを一つ一つ聞き取り確認する作業を行った。そして、そうして得た情報を具現化する際には事物の状態をできるだけ数値化するように心掛けた。

また、次の諸項目については独自の考察を加えた。すなわち――①地名の由来と変遷、②遣唐使船の最終寄港地、③覚公と正室の墓、④水ノ浦への最初のキリシタン移住者と時期、⑤岐宿住民の気質、および⑥バラモン凧《たこ》の呼称と絵柄の由来である。いずれも未確定または未追求の項目ばかりであるが、中でも諸学説が争っている②に関しては、疑わしい事実を確定すべく約三〇頁を割いて批判的叙述を試みた。しかし、これらの考察の中には、探究不足であったり、あるいは事実と異なったりした事柄もあるかもしれない。もしそうだとすれば他日、優《すぐ》れた研究家が現れて、その部分を正しく補ってくれるであろう。

本書は全部で十三章から構成されている。――(一)概観、(二)遺跡・史跡、(三)神社・寺院、(四)キリシタン迫害と教会、(五)風俗習慣、(六)年中行事、(七)住、(八)衣、(九)食、(十)民話・伝説、(十一)子供の遊び、(十二)方言、および(十三)雑録である。中でも最も紙幅を割いたのは「食」で、全体の四分の一以上に及ぶ。そこには昭和前期まであった伝統的な地元の農法や漁法、基本食糧の加工法、季節素材の利用法、基本調味料と一二〇種余の食事の作り方などを記して当時の食生活を再現した。

紺青の海に浮かぶ辺境の島で、人情と信仰心にあふれ、美しい日本の心を生きた昭和の純朴《じゅんぼく》な人々の四季折々の暮らしと、その暮らしに深く関わっていた幼い子供たちの姿を本書から少しでも読み取っていただければ幸いである。

なお、本書の題名にある「本涯《ほんがい》」は、延暦《えんりゃく》二十三(八〇四)年、第十八次遣唐使節団の第一船が海上を漂流すること三十四日後に福州の赤岸鎮《せきがんちん》に到着し、その後移動した馬尾《ばび》港(福州)で福州観察使に提出するために、大使に頼まれて空海が代筆し、一行の窮地を救ったと伝えられる書「福州観察使に与うる入京の啓《けい》」の一節にある「既ニ本涯《ほんがい》ヲ辭《じ》シ、中途ニ及ブ比《ころ》ニ、暴雨帆ヲ穿《うが》チ、戕風柁《しやうふうかぢ》ヲ折ル」から採った。

ここで「本涯を辞す」は、本国の岸を離れる意だが、百三十余年間続いた南路による遣唐使派遣事業において遣唐使たちは、およそ我が国の西の果ての島にあった鬼《き》宿《しく》村(岐宿町の当時の呼称)川原浦《かわらうら》白石を最後の寄港地として、ここから美禰良久《みねらく》ノ埼《さき》(現在の三井楽《みいらく》町柏崎《かしわざき》)と姫島との間を抜けて東シナ海に入り、命がけで大陸を目指したと伝わるから、この鬼宿村川原浦こそ「本涯」にほかならないと考えるからである。

二〇二二年九月

横浜の公田草堂にて　著者

本書の表現および読み方について

一、本書の大部分は昭和前期すなわち昭和元（一九二六）年から昭和三十二（一九五七）年頃までの五島列島岐宿地方の自然や生活、文化を再現したものである。従って、再現した部分の文はできる限り「過去形」でなく「現在形」を用いて当時を生きている者の視座から物事を見ているような表現とした。部分的に昭和後期以降にあった事象にも叙述が及んでいるが、これはその前後関係をより理解しやすくするためにした例外である。

二、町郷名は、原則として当時の呼称を使用した。ただし、これも右の例外部分に属するが、昭和四十六（一九七一）年に郷制廃止後「郷」が消え「岐宿郷」から「岐宿」になったが、本書ではそれ以降の事象描写においても町名「岐宿町」および同町に含まれる他の地域と区別するために便宜上、必要に応じて旧名「岐宿郷」を用いた。

三、動植物・道具・料理・行事・遊びなどの呼称は、できるだけ当時使われていた方言を用いた。

四、言葉の表記については次を原則とした。すなわち、

①漢字で書く語——全部をかな書きにすると却って読みにくいので漢字を多用する。その場合、常用漢字以外の漢字には初出の際にルビを付し、二度目以降は漢字だけにする。

②漢字または平仮名で書く語——和語、漢語の動植物名、料理名、道具名、行事名、遊びの名称、および方言は、漢字または平仮名で書く。但し、第十二章の方言は⑤の通り。

③方言を漢字で表記するときは、その漢字に方言でルビを付す。

④方言を平仮名で表記するときは、少なくとも初出の方言には傍点を付し、その共通語または語義を括弧内に示す。

⑤片仮名で書く語——動植物の学術的名称、外国語、外来語、外来の計量単位、専門用語、擬音語および俗語、ならびに第十二章の方言は、原則として片仮名で書く。また、平仮名で書くと前後の関連で分かりにくくなる場合は、片仮名で書くことがある。

五、方言読みと共通語読みの二つの単語を組み合わせた語句の場合、原則として方言を共通語に近い読みに変える。例えば、「鰐川」の方言は「わんご」だが、「鰐川貝塚」の場合は「わんごかいづか」ではなく「わに

がわかいづか」とする。従って本書には、同じ漢字に二通りの読み仮名が存在する場合がある。

六、索引は、語句、人名、地名、社寺名、および遺史跡名に五分割し、検出しやすいように考慮した。そして、索引項目はできるだけ共通語を使用し、必要に応じて方言をそのあとに示した。

七、月日の表示は原則として陰暦（太陰暦）とした。明治六（一八七三）年に陰暦から陽暦（太陽暦）への改暦が施行されたが、昭和前期まで当地の人々の生活は依然として、月の動きを基準にした陰暦に拠っていたからである。なお、当時既に陽暦を規準にしていた教育など公的行事は、月日の頭に「陽暦」を冠している。また年号には西暦を括弧内に示した。

なお、岐宿郷において旧正月（太陰暦）が新正月（太陽暦）に改められたのは、昭和後期に入って二年目の昭和三十四（一九五九）年の一月一日であった。

八、度量衡の単位表示は原則として尺貫法とし、メートル法による表示を括弧内に示した。土地・建物の坪表記を除きメートル法で統一される昭和三十三（一九五八）年末までは、当地では一般に尺貫法が多く使用されていたからだ。ただし、山岳標高や河川長は、煩雑を避けるためメートル法のみで表示した。なお、法的にメートル法が完全に実施されたのは昭和四十一（一九六六）年四月一日からである。

九、本書を取り纏《まと》めるに当たっては、当時をよく知る古老たちへの取材や資料提供などのご協力をお願いするとともに、「引用・参照文献」に記す諸資料を参考にした。

十、諸資料を参照して叙述する際には、文章の統一を計る必要から、原意を損なわない程度に文章を一様に改《かい》竄《ざん》した。

十一、歴史的事件に関して、原作者の単なる主観的見解の域を出ないと思われる部分については、著者独自の論理的・科学的な検証を行い、その結果に基づいて評価・判定し叙述した。従ってこうした批判的叙述が却って真実を歪《ゆが》めたかもしれないので、もしそうであればご教示願いたい。

十二、掲載写真の一部には『岐宿町郷土誌』から引用したものと個人から提供を受けたものとがあるが、その他はほとんどが近年、著者が撮影したものである。料理も当時と同じものを新たに現地で作ってもらって撮影した。また、各写真の添書きには撮影年と提供者名を記した。提供者名のない写真は、著者が撮影したものか、あるいは著者の所有物である。

なお『岐宿町郷土誌』から引用した写真の中には明らかに個人が提供したと思われるものがあるが、本書では次の理由により、これら提供者名をすべて「岐宿町」とした。①同誌掲載の各写真には提供者名がなく、また写真提供者名簿もないこと②同誌編纂《へんさん》者の多くが既に他界していて、写真の出所を知る者が少なく、従ってその追跡が困難なこと――。

十三、本書の編纂に当たっては、煩雑を避けるため、原則として、参照文献名や談話者名をいちいち付記することを省略した。各著者や談話者におかれては、この点をご了解いただきたい。

十四、学説や著作を引用する場合、本来ならば敬称を付すべきであるが、煩雑を避けるため、原則として省略させていただいた。

十五、本書においては、当時の情況を再現するために、当時一般に使用されていた用語を多用した。その中には今日では不適切と思われている用語が含まれているかもしれない。もしそうだとすれば、ご容赦いただきたい。

調査・取材協力者一覧

本書の編纂述作において聞き取り調査、料理の再現、農機具・生活道具・衣類・食事などの写真撮影、諸資料の提供、および史跡案内などにおいて数多くの方々にご協力をいただいた。ここにご氏名を掲げ、厚くお礼申し上げる。（敬称略、五十音順）

〈**五島地域**〉
五島市岐宿町岐宿
飯田弥惣則、飯田久美子、出口多伊治、出口久人、出口貴代子、出口理恵、小柳千敏、佐藤シズエ、高島喜代枝、谷川敬子、田端初之、田端久世、田道小夜子、寺田勇一、中野久子、比留木利信、松山治、水浦幸子、山口善明、山口いね子、山口善隆、山口初子
五島市大荒町
小宮正雄、小宮トシ子
〈**関東地域**〉
茨城県
志村逸子
東京都
高添敏枝、野口稚子、原浩之
神奈川県
森岡美佐子

本涯の故郷◇目次

題字・カバー写真：柳田煌海

第一章　概観

第一節　地名と由来

一、鬼宿および岐宿の由来と変遷

五島列島福江島の「岐宿《きしく》」の地名は元来「きしっ」である。かつて「鬼宿《きしつ》」であった。この地を往来していた古代人たちによってそう呼ばれるようになったと推せられるが、永徳《えいとく》三（一三八三）年には既にその地名があった。

中国語で「鬼」は、日本語の「キ」に近い「グゥェイ」と発音され、人体に宿る「魂」が人の死後、肉体から遊離して存在し続ける幽魂、幽霊、亡魂、亡霊の意味で用いられる。一方「宿」は「スゥ」と発音され、「やどる」や「とどまる」などの意味を持つ。

中国から我が国に伝わった頃の「鬼」の意味は、中国語のそれとほぼ同じであったと考えられている。しかしその後、我が国では、この鬼は中国語の「鬼」とはまったく別のものを指す用語に変化していく。

日本では今日、「鬼」は大半が怨霊《おんりょう》のような身の毛のよだつような恐ろしい形相《ぎょうそう》をしていることになっているが、中国の「鬼」は必ずしもそうではない。多くが若い娘の亡霊であって、この世の人間を恋い慕って情交を求めてくる。その姿かたちはこの世の人間と少しも変わらないばかりか絶世の美女であることが多い。従って、中国の亡霊説話には、人間がその亡霊を恐れるどころか、そのあらわれるのを待ち望んで契りを結ぶ話や亡霊との別れを悲しむ話が少なくない（駒田信二『中国怪奇物語　幽霊編』講談社、一九八二）。

岐宿の亡霊や火の玉に関する民話は、久保清・橋浦泰雄『五島民俗圖誌』一誠社（一九三四）にも八話が掲載されているように、その数は非常に多く、その亡霊は絶世の美女であったり、死後に困った自分の家族を助けたりするから、中国の亡霊と何ら変わらない。著者も幼少の頃、亡霊を見たという大人たちからしばしば話を聞いたが、そこにあったのは少なくとも、今日考えられているような恐ろしい怨霊の話ではなかった。

岐宿には国内最大級と言われる寄神《よりがみ》貝塚ほか数多くの古代遺跡の出土品が示すように、太古の昔から人が住んでいた。しかもそこは九州で中国におよそ最も近く、良港に恵まれていたから、古くから大陸との海上交通の要

岐宿台地 ── 東シナ海に突き出た亀甲状をしている。右に岐宿郷集落と岐宿湾口、中央先端に八朔鼻、左手前に水ノ浦湾が見える＝令和元年、城岳山頂より

路として位置づけられ、遣唐使船や勘合船などが行き交った。それゆえに当時この地を往来した人たちが、そこにまさに中国と同じような「鬼」が存在するという話を聞いて、当地を中国語と同音同義の「鬼宿」と呼んだのではないだろうか。「鬼《き》宿《しっ》」が五島では極めて稀な、中国語の発音に基づく音読みの地名であることからも、著者にはそう思えてならない。

ちなみに我が国で「鬼」の文字は奈良時代には既にあったが、その頃は「もの」「しこ」などと読まれていた。その後、仏教思想などの影響を受けて平安時代中期以降、まったく別の鬼の観念が形成され、「おに」と読まれるようになったと考えられている。

例えば鬼宿から五里（二〇キロメートル）ほど離れたところにある、古来鬼が棲《す》んでいたという鬼岳《おんだけ》（標高三一五メートル）の「鬼」はそうであろう。この「鬼」は地元では「おん」と発音され「おに」のことだから、この山の名称が付けられたのは平安時代中期以降であって、その鬼は桃太郎伝説にある「おに」のような姿をしていたと想像される。つまり、この鬼岳の「鬼《おに》」は、鬼宿の「鬼《き》」とはまったく異種のものであると推せられる。

ところで、「鬼宿」の由来には別に一説がある。岐宿には数多くの貝塚遺跡があるので「鬼」は「先住民族」を意味し、「鬼宿」とは「先住民族の開発した土地」のことではないかとする説（中島功『五島編年史』国書刊行会、一九七三）である。確かに先住民族を「鬼（おに）」と呼ぶ例はないではないから、有力な説だと考えられているが、問題がないわけではない。「先住民族」とは「現住民の祖先が住み着く以前にその地域に住んでいた別の民族のこと」を指すのであるから、あるとき太古の昔から住んでいた民族のあとを現住民の祖先が襲ったことになるし、また「開発した土地」は「宿」と同義ではないからである。

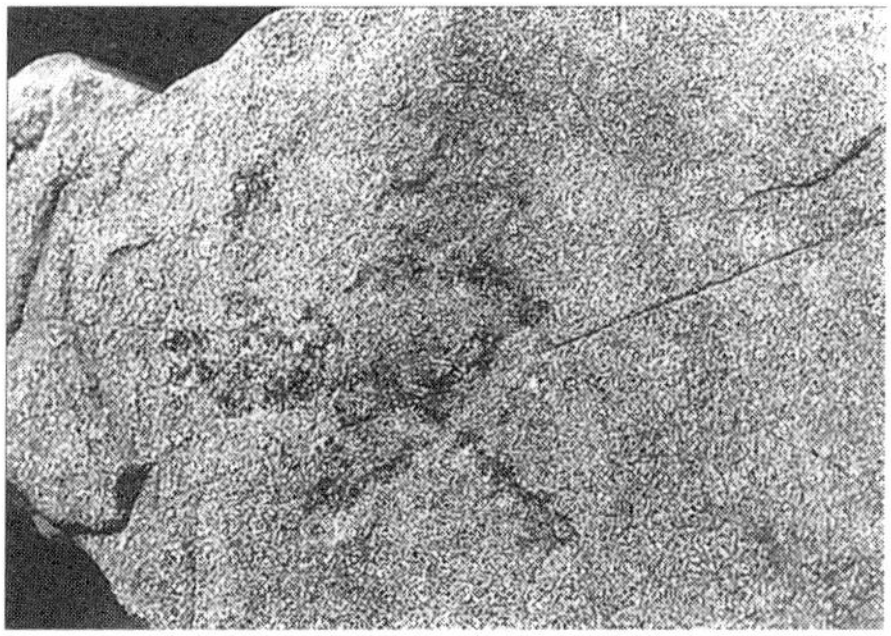
石塁に彫られた「岐」の文字　提供：岐宿町

　かつて我が国には、先住民である縄文人を大陸から渡来した弥生人が駆逐したという学説があった。が、現在はその置換説は否定され、今の日本人の祖先は縄文人と弥生人とが混血を繰り返した結果誕生したことがDNA解析などで裏付けられている。当地の現住民の祖先もそのようにして誕生したと考えられるので、住民が自らの祖である縄文人のことを、恐ろしい「鬼《おに》」と呼ぶのを容認することはなかったのではないか。

　さて、鬼宿の地名はおよそ五百年間に次のような過程を経て今日の地名「岐宿」に至っている。

　永徳三（一三八三）年、宇久家第八代覚《さとる》が宇久島から鬼宿に移住し、城岳（標高二一六メートル）に山城を築き、五島統一に着手するが、地元の豪族や住民の激しい抵抗に遭《あ》う。そこで覚は武力による作戦を転換し、豪族や住民を懐柔する策を打つ。巌立三所大権現《いわたてさんじょだいごんげん》（明治三年に巌立神社に改称）と金福寺《きんぷくじ》を建立し、鬼宿の地名を「岐宿」に改称したのである。この頃は既に今日考えられている「おに」と同じ語義が日本全国に定着していたと推定されるから、移住して間もない覚は、鬼宿の「鬼《き》」をその「おに」と同義に解釈し、その文字は縁起が悪いと考えたのかもしれない。策は奏功し覚はやがて名実ともに五島藩の創始者となる。

　それでは覚はなぜ「鬼」の代わりに同じ音の「岐《き》」を選んだのであろうか。著者は、覚が中国の故事にある岐山《ざん》に倣《なら》ったのではないかと考えたい。岐山は周の古公亶《ここうたん》父《ぼ》（殷《いん》の滅亡後「太王」と尊称された人）が、異民族の侵略を嫌って旧領地から一族を率《ひき》いて逃れ、国人《くにびと》も領主を慕って移住したとされるところである。そこはのちにその孫の文王が豊京に都を定めるまで周の中心地だったと考えられ、豊京への遷都後も周の聖地として重要な地域だったと推定されている。付近には周代の遺跡や遺物が多い。

殷《いん》の従属国だった周の文王は、四方の民が皆心服しない者はいなかったと言われる高徳の賢王で、古代中国における暴君淫主《いんしゅ》の典型で酒池肉林《しゅちにくりん》の名で知られる殷の紂王《ちゅうおう》に対して革命を主導する。が、志半《こころざしなか》ばにして間もなく死去する。文王を継いだその子武王は、牧野《ぼくや》（河南省）の戦いで殷の紂王を破り、天下を平定して中国史上最も長く続いた周王朝（前一〇四六～前二五六年）の創始者すなわち第一代王となる。その後、周の平王が東の洛邑《らくゆう》へ遷都するまでの約四〇〇年間、岐山は西周の重要地であった。

こうして岐山は中国周王朝の発祥地として世に知られ、縁起の良い地名と考えられるようになったのである。

ちなみに、覚が「鬼宿」を「岐宿」へ改称したときから一八四年後になるが、織田信長はこの故事に倣って地名に「岐」を選び「岐阜」と命名したと言われている。城岳の石塁のひときわ大きい石には「岐」の文字が刻まれており、ここに周の武王にあやかってこの地で五島を統一しようとした覚の強い意思が読み取れる。

それから四七五年後の安政五（一八五八）年の夏、岐宿村中に疫病が流行する。この凶事が地名の「岐宿」と関係していると考えた当時の代官・本村壮四郎は同年七月三日、「岐宿」を以前の「鬼宿」に戻す。

ところがその翌年一月二日、鬼宿は人家一八五棟と厩舎《きゅうしゃ》一七四棟の合計三五九棟を焼失する大火に見舞われる。当日朝十時頃、西里《にしざと》から出火した火は、西から北東に転じた強風にあおられ、次の各地域の全部または一部を焼失し、午後二時頃に鎮火したという。阿弥陀《あんだ》ノ前《まえ》、仲、掛塚《かけづか》、殿川《とのがわ》、日向河岸《ひょうがひ》、平《ひら》、山口《やまぐつ》、辻《つじ》、および久保《くぼ》里《ざと》。

同代官は、「鬼宿」は縁起が悪い地名だったと判断し、同月十日、再び藩主に願い出て村名を「岐宿」に戻す。爾来《じらい》、この地では岐宿の地名が使われている。

二、岐宿町（村）と十カ郷

明治二十二（一八八九）年に市町村制が施行され、

十二カ郷（括弧内は方言）から成る岐宿村が誕生し、村役場が岐宿郷に置かれた。すなわち――岐宿《きしく》（きしっ）、水ノ浦《みずのうら》（みんのうら）、河務《こうむ》（こん）、唐船ノ浦《とうせんのうら》（とせんな）、戸岐之首《とぎのくび》（とんのくっ）、川原《かわはら》（かわら）、楠原《くすはら》（くひばっ）、松山《まつやま》（まっちゃま）、寺脇《てらわき》（てらわっ）、中岳《なかだけ》、二本楠《にほんぐす》（にほんぐひ）、および姫島《ひめしま》の各郷である。初代村長は北川水壽衛であった。明治後期になって水ノ浦郷が岐宿郷に、また寺脇郷が松山郷に併合され、行政区は十カ郷となる。

太平洋戦争開始直前の昭和十六（一九四一）年陽暦四月三日に町制が施行され、岐宿村は岐宿町となる。この施行は、先の市町村制が施行され岐宿村となってから五二年ぶりのことで、当時の人口は七二四九人、世帯数は一六四七で、十カ郷からなる郷制は引き続き維持された。初代町長は飯田泰で、初年度の一般会計は歳入決算八万七六一四円、歳出決算七万八九四二円だった。

三、岐宿郷内部落名の由来

岐宿郷は町（村）行政の中心地で、古くから八つの部落があった。坊里《ぼさと》、中泊《なかどまり》、掛塚《かけづか》、浜、平《ひら》、山口、西里、および柳田《やなだ》である。しかし、右の町制施行を機にこれら

町制施行祝賀行列 ── 岐宿村は岐宿町になった。岐宿郷の阿弥陀ノ前付近を日の丸の小旗を振りながら祝賀会場に向う町民＝昭和16年４月３日　　提供：岐宿町

部落名は一新され、順に次のように呼ばれることになる。すなわち——宮町、東町、本町、浜町、平町、城山町、西町、青柳町である。

新旧部落名にはおよそ次のような由来がある。

□坊里（宮町）

この部落には前述の巌立神社が座し、その別当寺であった本宮寺（真言宗）が仏事を行うかたわら、村内各郷の神社も管轄していたから、明治初期にその寺が廃寺になるまで、ここには数多くの僧侶が居住していたと推せられる。また神社建立以来、一〇戸ほどの社家《しゃけ》（社人）の大方も神社周辺に住んで奉納神楽を世襲し、太平洋戦争直後まで神社の知行田畑を優先的に小作していた。それゆえに、ここは集落の形態が神社と本坊（神《だやー》主《どん》の館）を中心としたものになり、「坊里《ぼさと》」と呼ばれるようになった。今も本宮寺に関連する寺ノ下《てらんした》や寺ノ馬《てらんば》場《ば》、寺田のほか僧侶が修行のため籠《こ》もった場所とされる巣籠《すごも》や籠田《こもだ》など地名が残る。また、ここには空海が権現岳から三女神を勧請したと伝わる宮小島もある。新部落名は、巌立神社を中心とした部落であることを表す「宮町」となる。

□中泊（東町）

東に唐船ノ浦の港、西に川原浦の港があって、その中間に位置する岐宿郷の港は「中泊」と呼ばれる。昭和前期まで交易船・漁船の基地、造船所、船宿などがあり、九州商船㈱の定期船が寄航し、五島鉱山㈱が福江島中

改修前の岐宿港 — 昭和46年頃からこの一帯は埋め立てられて防波堤、岸壁、揚降施設などが整備され、大型貨物船が接岸できるようになる。奥に見える宮小島は、その右端まで埋め立てられ陸続きになる。
提供：岐宿町

央部で採掘する蠟石を積み出した。岐宿港を囲むように東側に鎮西神社、北西側に八郎神社、南西側に爲朝神社がある。また本宮寺の修行僧が水垢離《みずごり》に使ったと伝わる花河川《はなごんかわ》とその水神、豊富な湧水量を誇る大町川とその水神地蔵などもある。この部落は岐宿郷の東に位置することから新部落名は「東町」となる。

□掛塚（本町）

この部落は、貝塚が広く分布することから当初「牡蠣《かき》塚《づか》」と呼ばれたが、いつしかそれが訛って「掛塚《かけづか》」になったと伝わる。明治初期までは代官所があったが、その代官所跡地には村役場が建設され、引き続き村行政の中心地となった。ゆえに新部落名は「本町」となる。部落の中心には豊富な湧水量を誇る「殿川」と呼ぶ水源がある。その川名の由来は、毎朝代官所の関係者がその水を汲み終わるまでは部落民が汲むのを控えたことにあるという。明治四（一八七一）年に妙永寺（浄土宗）は廃寺になったが、その一二年後に大雄寺（浄土真宗）がこの区域に創設される。

□浜（浜町）

岐宿湾奥にあり、川と海とが出会う相ノ浦という深い入江の両岸一帯に広がることから「浜」という名称がついた。相ノ浦は格好な船溜まりとなっていて、西岸は船荷倉庫が幾つも建っていたことから「船倉」、また東岸はその向かい側にあることから「浜向《はまむかえ》」と呼ばれる。昭和前期までこの部落には複数の造船所があり、船大工

浜町遠景――相ノ浦は橋から手前奥約300ｍ地点まで続く。正面の小湾は「鯆小屋（かまゐごや）」と呼ばれる船溜まり。湾の左側は岐宿港に通じる＝昭和54年頃　提供：岐宿町

も多く住んでいた。新部落名は旧名をそのまま残す。

□平（平町）

岐宿郷集落の中央部から南部にかけて形成する比較的平坦な丘陵地にあることから、その呼称は「平《ひら》」となった。小中学校や青年会館、商店街、後述の伝説にある道《ど》具箱川《んばこがわ》とその水神地蔵などがある。また城岳を水源とするノンノコ川（下流名はオガワ）がこの部落の東側の縁を流れ相ノ浦に至る。今も阿弥陀ノ前《あんだんまえ》、久保里《くぼさと》、大木戸《うきど》などの地名が残る。新部落名は旧名を踏襲する。

□山口（城山町）

十四世紀末頃に山城のあった城岳の登山口にあることから、山口と呼ばれる。城岳を水源とする渡河川《わたひごんかわ》が部落内を流れ、水田地帯を潤す。「山里」や「辻」、「下《しも》」の三小域から成り、山里は同部落の最も南に位置し、岐宿郷で最初に農耕民が居住した地として知られる。開墾時にその成就・守護を住民が祈願したという山里大山祇神社、通称「山ノ神《やまんかん》」があり、郷民に親しまれている。新部落名「城山町」は城岳と山口から各一文字をとる。

□西里（西町）

「西里《にざと》」は、その部落が岐宿郷集落の西に位置することに由来する。後述の伝説にもある西河川《にごんがわ》とその水神、明治四十二（一九〇九）年に開設された圓長寺（浄土真宗）がある。西屋敷《にひのやしっ》や三叉畑《さんさばたけ》など地名も残る。新部落名は西里の「里」が「町」に変わって「西町」。

□柳田（青柳町）

「柳田《やなだ》」は昔、無数の柳が自生していた前津川上流域の小平野が水田に開拓され、一部の柳が残ったことに由来する。この部落には、その中央部を東西にまっすぐに貫く、藩政時代に建設された馬責馬場《うませんばば》があり、また五島屈指の肥沃な崎野平野の入口に五穀豊穣の神を祀る保食神《うけもち》社が建つ。さらに南部には永徳三（一三八三）年頃、宇久覚《さとる》が建立した当地最古の金福寺がある。新部落名は、「青々と茂った柳」を意味する「青柳《あおやぎ》」町となる。

□水ノ浦

この部落は岐宿郷集落の中心部から半里（二キロメートル）ほど離れた川原浦水ノ浦湾岸一帯に広がる。明治中期に「水ノ浦郷」となったが明治後期になって岐宿郷に編入された。昔、道之浦や満之浦と呼ばれ、潜伏キリ

水ノ浦漁港＝昭和40年頃　　提供：岐宿町

シタンが居着いてから、水ノ浦になったと考えられる。この部落の北側には、昔から舟の修理や建造が行われてきた轆轤場《ろくろば》があり、また南側には、城岳の北西麓に美しい白亜の水ノ浦教会堂が静かに佇《たたず》む。

なお戦後、全国的に郷制解除を要求されたが、岐宿町は住民の根強い抵抗があって大幅に遅れ、実施されたのは昭和四十六（一九七一）年になってからであった。このとき郷内各部落名も同時に全廃された。

四、岐宿郷の小字名

岐宿郷には昔から次に示す九七の小字《あざ》がある。掛塚《かけづか》、懸藻場《かけもば》、汐留《しおどめ》、巣籠《すごも》、前津《まえづ》、黒志田《くろひだ》、柳田《やなだ》、四反畠《したんばたけ》、伊達打《だてうつ》、菖蒲《しょうぶ》、番床《ばんどこ》、伊ハンナ、寄神《よつがん》、津間田《つまた》、八朔《はっさつ》、榎津《えのきん》、崎野《さきの》、桜《さつだ》、外輪ノ本《そとわんもと》、戦ケ崎《たたきがさつ》、惣瀬《そうぜ》、馬場先《ばばざっ》、吉原《ようはら》、西里《にざと》、西屋敷《にひのやしっ》、吉ノ平、寺田頭、釘崎、水垂《みんたれ》、慈《じ》雅《が》長崎《ながさつ》、魚津ケ崎《ぎょうがさつ》、鰯納屋《いわひなや》、長崎、代畠《しろはた》、大長瀬、弓《ゆん》田《た》、園後《そのご》、松ノ本、大石ノ本、浦ノ田、水ノ浦《みんのうら》、寺小島、片山、折口、尾ノ浦、宇田尾、甚太夫窄《じんだゆうさこ》、本窄《ほんさこ》、本窄ノ下、大石ノ平、大開《おおひらき》、椎本ノ窄、橋本ノ窄《はひもと》、城岳《しろだけ》、シンナ焼《やき》ノ平、猪ノ倉《いくら》、ヘゴンノ窄、岩窟、木出シ道、シンナイホ、深田、開、山口、江湖ノ辻《えこのつじ》、久保里《くぼざと》、山里、橋《はひ》ノ本、清水、坊主ケ嶽《だけ》、横ケ倉平、横ケ倉、埋土《うめつっ》、新ケ谷、向エ里本、迎エ里《むかえんさと》、黒方、田代川、白浜、茶園、白餅田、鰐川《わんご》、本野、幸田、前中野、京嶽《きょんたけ》、竹田、瀬戸、瀬戸ノ平、中野、田口、赤土田ノ平、赤土田、桑木《くわこ》場《ば》、段竹渕《だんでっぷつ》ノ平、前桑木場、尾形平、樽角《たるかど》、本越《もとごえ》ノ平《だひら》。

これらの多くが遺跡や史跡、地形、動植物に語源がある。例えば、山城があった城岳の北麓一帯にある横ケ倉、田口、赤土田、木出シ道、清水、橋ノ本、深田、開などの字名《あざ》は当時、平時にそこで武者が生活していたことに由来する。

　また、城岳の東南麓にある猪倉や樽角という字名はそれぞれ、その付近一帯に猪や鹿、兎などが棲息したこと、および歴代藩主がそこで狩りをするときに勢子《せこ》が空《から》樽《だる》を叩《たた》いて獲物を追い出したことに由来する。

五、二つの馬責馬場

　岐宿郷には清水馬場と新馬場の二つの馬場がある。寛文二（一六六二）年、第二十四代盛勝の命により建設された。そのとき付けられた条件は、馬場は駆け出しから駆け止めに向かって緩やかな上り坂になった直線であること、また数頭の馬が並んで競走できる一定の幅員と距離があることだったという。清水馬場は城岳の登山口に、また新馬場は柳田（青柳町）にあり、現在にその面影を留めている。

岐宿郷周辺字図　　　　提供：岐宿町

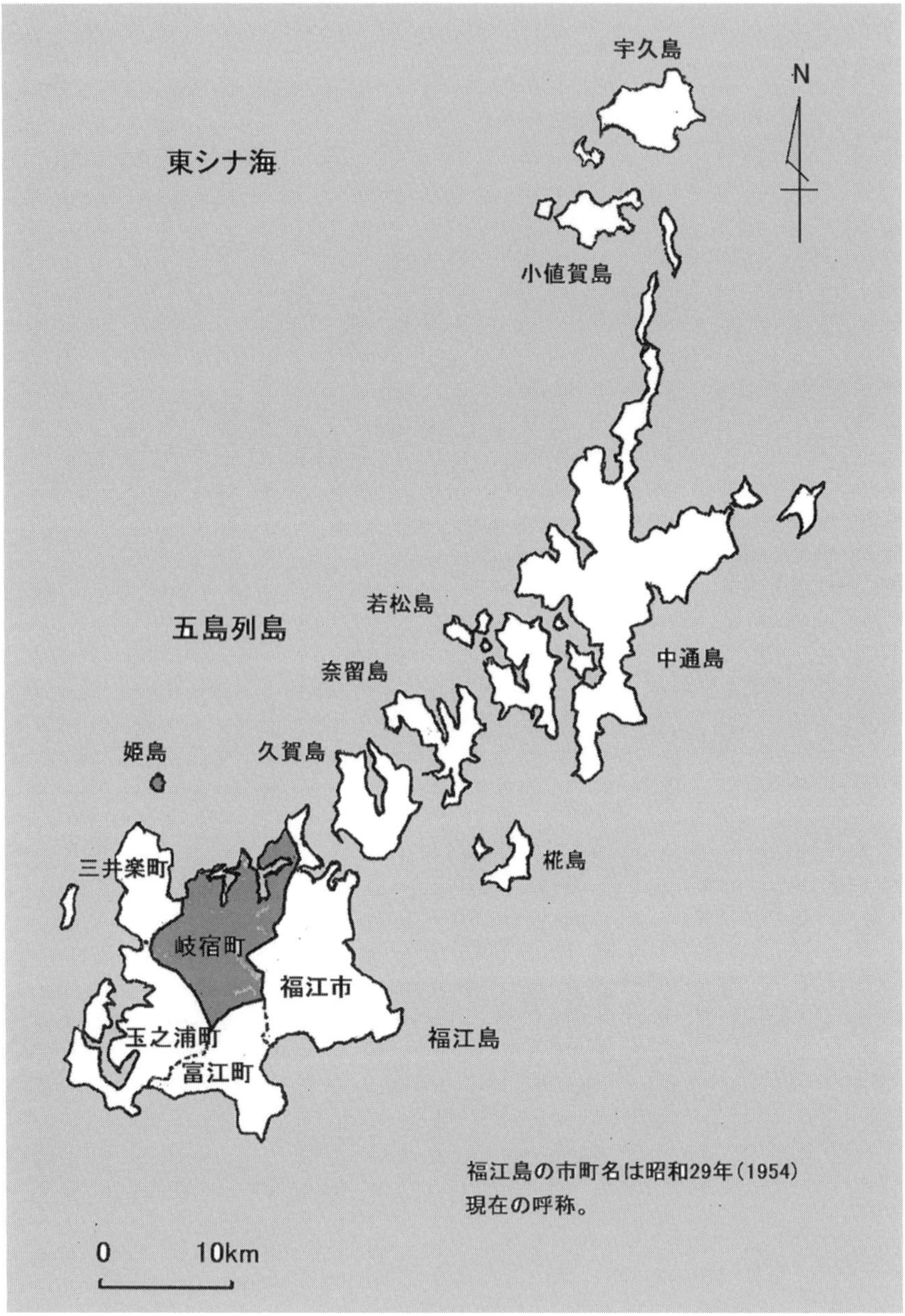
宇久島
N
東シナ海
小値賀島
若松島
五島列島
奈留島
中通島
姫島
久賀島
椛島
三井楽町
岐宿町
福江市
玉之浦町
富江町
福江島
福江島の市町名は昭和29年(1954)
現在の呼称。
0
10km

岐宿町位置図

第二節　位置と地勢

一、五島列島の位置と地勢

五島列島は九州の西端に位置する福江島、久賀島《ひさかじま》、奈《な》留島《るしま》、若松島、中通島《なかどおりじま》、小値賀島《おぢかじま》および宇久島《うくじま》を含み、北東方から南西方に細長く斜走し、福江島の南南西約一八里（約七〇キロメートル）の東シナ海に浮かぶ男女群島を除く列島の幅は南北に約二三里（九〇キロメートル）、東西に約一五里（六〇キロメートル）の海中にある。長崎から福江まではおよそ五四浬《かいり》（一〇〇キロメートル）、佐世保から有川までは約三五浬（六五キロメートル）である。

島の数は、無人島を含めると百数十島に及ぶが、このうち昭和前期に人が常住する島は二十余島。これらの島々は、多くが北に変化に富んだ海岸線を成し、総延長はおよそ二九〇里（一一六五キロメートル）に及ぶ。

いずれの島も山が多く、また低地も起伏に富み平野と称するものはごくわずかである。山で一番高いのは福江島の父《てて》ケ岳（標高四六一メートル）で、次いで中通島の山王山（標高四三九メートル）である。

岐宿郷全景 ── 昭和前期には、写真右の団助山の南岸付近に九州商船の定期船が投錨し、そこまではしけが往復した＝令和元年

河川で最も長いのは福江島の一ノ河《いんのこ》川（全長一五・三キロメートル）＝長崎県内第六位、次いで同島の鰐《わんご》川（全長一四・七キロメートル）＝同七位である。

二、岐宿町の位置と面積

岐宿町は、福江島の北から中央部にかけて位置し、極北は北緯三三度四七分（福見）、極南は同三二度四〇分（二本楠）、極東は東経一二八度四五分（大曲）、および極西は同一二八度五四分（大川原）までの範囲にあり、北は東シナ海、西は三井楽町、西南は玉之浦町、南は富江町、東は福江市にそれぞれ隣接している。（市町名は昭和二十九〈一九五四〉年現在）。

岐宿町の総面積は、福江島のそれの二七・二パーセントを占め本島最大。東西およそ二・八里（一一キロメートル）、南北およそ三・三里（一三キロメートル）の八五〇〇町歩（八五・三平方キロメートル）と属島姫島三七〇町歩（三・七平方キロメートル）を合わせ八八七〇町歩（八九平方キロメートル）ほどである。そのうち、山林が約七六パーセントを占め、耕地は一〇パーセント強に過ぎない。

三、岐宿町の地勢

岐宿町は、北が東シナ海に接し、東・西・南の三方すべてが山岳をもって一市三町に隣接している。海に面する岐宿、川原、河務、唐船ノ浦、戸岐之首、姫島の六カ郷の海岸線は至るところに大小無数の入江を形成しており、その総延長は約一三里（五二キロメートル）に達す

ドンドン渕滝　　提供：出口氏

る。

岐宿郷は北方にある東シナ海に突き出た比較的平坦な亀甲状《きっこうじょう》台地（以下、「岐宿台地」という）上にあって、南方は城岳に接し平野は約二五〇町歩（約二五二ヘクタール）で、そのうち約八割が耕地である。この台地の東岸に展開する岐宿湾と西岸に展開する川原浦はいずれも深く複雑に入り組んだ天与の良港を形成している。

岐宿湾は、北側に幅およそ二町（二一八メートル）の狭い湾口があり、東側に唐船ノ浦、南側に河務湾がある。いずれも奥深部まで湾口からおよそ三五町（三・八キロメートル）ほどで、湾内は広い。岐宿湾には福江島の内陸部に水源を有する一ノ河《いんのこ》川、鰐《わんご》川、浦ノ川《うらんかわ》（全長四・二キロメートル）、および宇里《うざと》川（全長四キロメートル）の合計四本の二級河川が流入する。宇里川中流には福江島で唯一の滝があり、三つの滝がドンドンと勢いよく滝壺に流れ落ちることから「ドンドン渕《ぶつ》」と呼ばれる。昔この滝は修験者《しゅげんじゃ》の水垢離《みずごり》場だったとも伝わる。

一方、川原浦は、北側に幅およそ二町（二一八メートル）の狭い湾口があり、東側に水ノ浦湾、西側に惣津《そうづ》湾、そして南側に白石《しらいし》湾がある。浦内は広く、湾口から各湾の深奥部までの距離は、水ノ浦湾と惣津湾がいずれもおよそ一六町（一・七キロメートル）、白石湾がおよそ二五町（二・七キロメートル）である。白石湾には大川原川（全長五・五キロメートル）と小川原川（全長一・五キロメートル）の二本の二級河川がそれぞれ流入している。

川原郷は、北岸が東シナ海、東岸が川原浦、西岸が三《み》井楽《いらく》湾にそれぞれ面し、内陸部は福江島最高峰の父ケ岳に接し、右の両河川流域に広がる合計約一二〇町（約一二一ヘクタール）の沖積平野に水田地帯を形成している。

楠原郷は城岳の南側の山麓にあり、福江島の中央部に向かってなだらかに傾斜し、その東方を鰐《わんご》川が北流する。ここは大村領外海地方から潜伏キリシタンが最初に移住して開拓したところでもある。

唐船ノ浦郷と戸岐之首郷は唐船ノ浦の奥に位置している。この浦は両岸に権現岳（標高三六〇メートル）と団《だ》助《ひけ》山が迫り、水深は深く天然の良港を形成している。古くから唐や宋、明の船が貿易のために頻繁に出入りしたので、「唐船ノ浦」の名称が付いたと伝わる。

河務郷は岐宿湾の南端にあって一ノ河川の河口に位置し、その一帯は水田地帯となっている。昔から水害の多かったところでもある。

二本楠郷と中岳郷、松山郷の三カ郷は、岐宿町の南

山内盆地 ── 荒神岳頂上から南方面を望む＝令和元年

部に広がる南北一・三里（五キロメートル）、東西半里（二キロメートル）の山内盆地内にあり、その周辺には西には父ケ岳、南西には七ッ岳《ななんたけ》（標高四三一・八メートル）、東に行者岳（標高三三九・五メートル）などがある。それゆえに、これら三カ郷は一括して通称「山内」と呼ばれる。盆地の広さはおよそ五〇〇町歩（五〇四ヘクタール）に達し、その一帯を鰐川の本支流が網の目のように流れ、福江島最大の穀倉地帯を成している。

　山内盆地のほぼ中央部にすり鉢を伏《ふ》せたような形をした荒神岳《こうじんだけ》（標高一六二メートル）がある。地名「中岳」が由来したという山だ。その頂上には直径一五〇尺（四五メートル）ほどの平らな広場があり、その西側の隅に五島の俳人で高浜虚子とその甥である池内たけしの弟子だった大野きゆうが昭和七（一九三二）年に詠んだ句の碑がある。

　雲雀《ひばり》野《の》やこゝら嶋とも思はれず　　きゆう

　島を訪れた客人をこの地に案内しては、「広いでしょう。広いでしょう」と、その客人より先に口にするのがきゆうの口癖だったそうだ。確かにこの盆地は四方を山々に囲まれて海は見えないし、しかも広大だから、島

大野きゆうの句碑＝令和元年

民なら誰しも自慢したくなる光景がここにはある。

姫島郷のある姫島は、岐宿郷の八朔鼻《はっさくはな》の西方およそ二里（八キロメートル）に位置し、周囲が一里（四キロメートル）ほどの小島である。三井楽町に近い位置にありながら岐宿町に属す。明治元（一八六八）年までは無人島だったが、その年の暮れ上五島のキリシタンたちが厳しい弾圧から逃れて居着き、その後およそ百年間、この小さな孤島で肩を寄せ合って暮らした。しかし、昭和四十（一九六五）年、姫島は再び無人島となる。

余談になるが、前述の池内たけしは「ホトトギス」の同人で『欅』を発行主宰し、大野きゆうなど後進を育てた。彼は昭和八（一九三三）年はるばる五島を訪れているが、その数年後に詠んだ句がある。

今一度見たき五島の島の月　　たけし

もう一度五島に行きたいという募る思いは、昭和十四（一九三九）年の二度目の訪島となって実現した。

第三節　気象

一、気温

冬ぬくき五嶋《ごとう》の嶋と聞きつるに　　　虚子

昭和二十二（一九四七）年、高浜虚子は疎開先の長野県小諸《こもろ》町で大野きゆうの訃報《ふほう》に接し、ご遺族に葉書を寄せて末尾にこの弔句《ちょうく》を添えた。古希《こき》を迎えた昭和十八年のきゆうの句に「冬ぬくき嶋に老い身のありがたく」があるが、虚子はこの句を思い起こして弟子を偲《しの》んだのであろうか。

五島地方は対馬暖流の影響を大きく受け、冬は暖かく、夏は比較的涼しい。いわゆる海洋性気候の特性が顕著な西海型気候区に属する。平成十（一九九八）年現在の過去五十年間の気象データによれば、岐宿町の年間の平均気温は摂氏一六・八度であり、最低気温が摂氏零度以下になった日数は五・四日、また最高気温が三〇度を超えた日数は平均三〇・五日である。

長崎県の平均気温は一〇〇年あたり摂氏一・五〇度の割合で上昇していて、全国平均気温の上昇割合（一〇〇年あたり摂氏一・二六度）より大きい。ちなみに一八八〇年から二〇二〇年までの期間において、全世界で一〇〇年あたりの気温上昇は摂氏〇・九六度であった（気象庁資料）。

二、降水量

岐宿町は夏から秋にかけて晴天が多く、梅雨期や冬期は曇雨天が多い。降水量は年間一七〇〇～二一〇〇ミリメートルで、陽暦六～九月に多く、十～一月は少ない。冬期は雪が降り積もることもある。昭和三十七（一九六二）年以降三〇年間の統計によれば、一日の最高降水量は、昭和六十（一九八五）年の梅雨時期に記録した三二六ミリメートル、また積雪の最深記録は、昭和三十八（一九六三）年陽暦一月二十六日の一・四尺（四三センチメートル）である。昭和後期以降、快晴日の数が増え雨天日の数が減少する傾向がみられる。

三、風　向

五島列島周辺を吹く風は、春は北から北東寄りの風、また夏は南から南東寄りの風である。一方、秋は北東から北寄りの風だが、その期間は比較的短く、急速に冬へと進み、冬の北西から北寄りの風へと変わる。年間を通じて北西風が最も多く、しかも平均して風力が最も強い。

各月の風向については第二章第三節第三項に掲載した。

四、台　風

大正十三（一九二四）年以降およそ七〇年間に福江から一二七里（五〇〇キロメートル）以内に接近した台風は、年間平均四・六個である。観測史上最も多かったのは昭和二十五（一九五〇）年の一五個で、最も少なかったのは同二十八（一九五三）年の一個。つまり台風は毎年、少なくとも一個が必ず五島地方に接近する。

台風が同地方に接近するのは陽暦四〜十一月であるが、平均して八月が最多でこれに九月、七月が続く。五島で観測された最大瞬間風速は、昭和六十二（一九八七）年八月三十一日に福江の西およそ二三里（九〇キロメートル）の海上を通過した台風一二号の五五・六メートルである。

昭和前期頃までは台風が接近すると島民は、家にあるすべての雨戸を閉めて釘で固定し、農業や漁業、林業などへの被害を案じながら、じっとその通過するのを待つのが普通だった。

第四節　潮　流

一、張　落

潮流は潮の干満によって海水の移動が生じる現象である。各島間の狭隘《きょうあい》な海峡を通過する潮流は毎日四回、高速度で勢いを伴って激化する。福江島周辺では同島と久賀島のあいだにある田ノ浦瀬戸、および三井楽町柏崎と姫島のあいだにある瀬戸などで見られる。

田ノ浦瀬戸は、漲潮《ちょうちょう》は北西方向に流れ、落潮《らくちょう》は逆に南東方向に流れる。潮流を励起する潮位差は、大潮期には瀬戸の両端で約一・七尺（〇・五メートル）となり、その時の潮流の最大速度は秒速九尺（二・七メートル）に達する。

昭和三十六（一九六一）年までこの田ノ浦瀬戸を九州商船の汽船が航行したが、汽船が同瀬戸の北端にある糸《いと》串鼻《くいばな》付近を通過するときは、いつも上下左右に大きく揺れるので、誰からともなくその予告があり、乗客は皆気を引き締めた。特に冬場になると、その海域は大陸から強く吹く北西風の影響で時化《しけ》て、いっそううねりが高くなるので船はさらに揺れ、乗客の多くは生きた心地がしなかった。

二、海水温

海水温とは、ある一定の深度における海水の温度をいう。

五島列島付近は、対馬暖流によって高水温の状態が維持され、夏期においては摂氏二四〜二八度で、冬期は一四〜一六度である。東シナ海北部海域の年平均海面水温は、一九〇〇〜二〇一七年の期間において一〇〇年あたり摂氏一・二三度上昇した（福岡管区気象台）。ちなみに地球規模で海水温は一八九一〜二〇二〇年の期間において一〇〇年当たり摂氏〇・五六度上昇している（気象庁資料）。

海水温は気象、水棲生物の分布や生態、ならびに魚群の移動に深く関連するとされる。本章第九節第二項③で詳述するが、昭和末期以降、長崎県下で磯焼けが発生しているが、岐宿台地沿岸もその例外ではない。長崎県総合水産試験場によると、磯焼けの要因は気候変動による高水温化であるという。二〇一三年八月九州・山口県周辺海域では三〇度前後に達し、高水温の影響で上限水温が摂氏二九度前後のアラメやカジメ類が茎の末端から流出して大量に海岸に打ち上げられた（福岡管区気象台）というから事態はいよいよ深刻だ。

今後、五島列島に接近する台風は高水温化の影響でますます勢力を増しかつ衰えにくくなるであろう。

第五節　生　物

一、植　物

福江島は対馬暖流の影響を受けて温暖で、台風が常襲することから比較的多雨の地帯にある。福江測候所における一九九一～二〇二〇年の三十年間の統計によれば、年間平均気温は摂氏一七・〇度で、年間降水量は二三三九ミリメートルである。岐宿町は福江島の北部に位置し、冬に北西風が吹き降水量は少し減るが、入江と岬が複雑に入り組んだ海岸線を成し、山河に恵まれているためハマジンチョウのような南方系の植物が分布する。

《巌立神社叢》

岐宿台地は原始時代には樹林に覆われていたが、そのほとんどが耕地化されたと考えられている。そこに一カ所だけ手つかずの原始林の残る場所がある。台地の北部に位置する、南北約九三〇尺（二八〇メートル）、東西約四六〇尺（一四〇メートル）の長円形の巌立《いわたて》神社の社地だ。

ここにはさまざまな珍しい植物が分布しており昭和四十五（一九七〇）年、長崎県教育委員会によって天然記念物「巌立神社叢《そう》」に指定された。この社叢の中で全国的にも貴重だと言われるのが後述するナタオレノキだ。その数は五〇本を超える。そのうち最大のものは樹高およそ五〇尺（一五メートル）、幹回りおよそ七尺（二・一メートル）である。ナタオレノキ以外にも幹回り一〇尺（三メートル）ほどのタブの巨木が一〇本余あり、拝殿前には

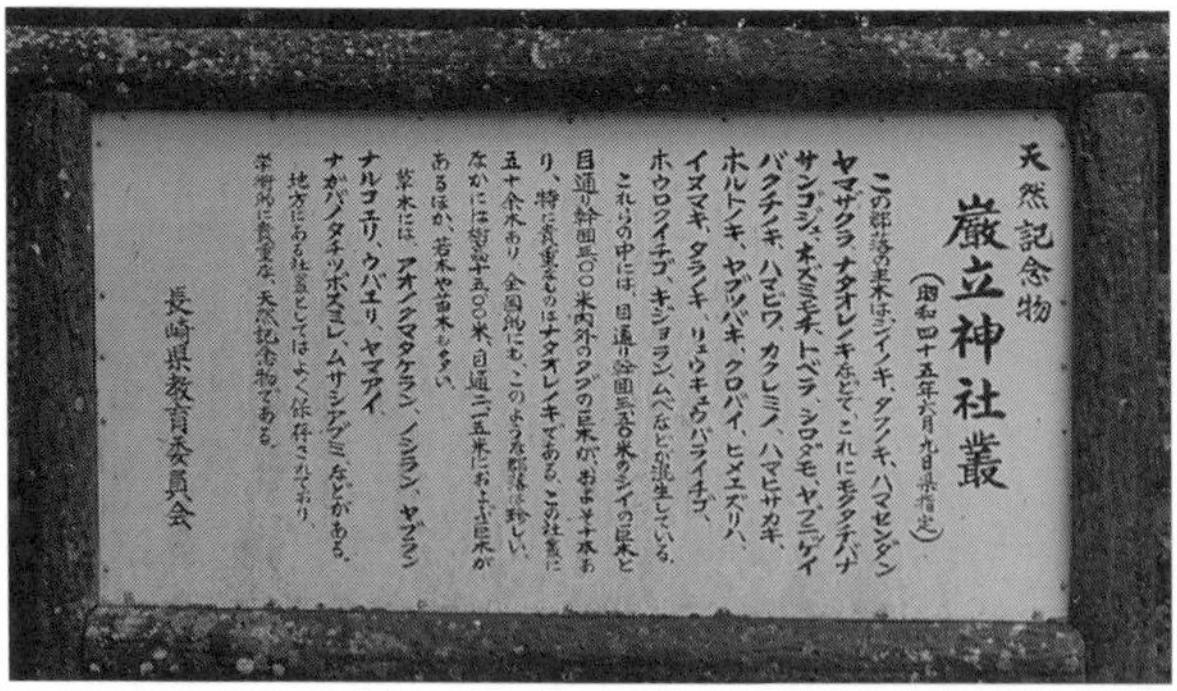

天然記念物巌立神社叢＝平成30年

幹回りはおよそ一二尺（三・六メートル）に及ぶ椎の巨木がある。そのほかハマセンダン、カクレミノ、藪椿《やぶつばき》、サンゴジュなどがある。林床には大きな三つ葉を持つムサシアブミや可愛い白花を幾つもつけるアオノクマタケランが多い。

《ナタオレノキ》

モクセイ科モクセイ属の常緑高木。別名「シマモクセイ」や「サツマモクセイ」「ハチジョウモクセイ」とも呼ばれる。福井県以西の本州、四国、九州、沖縄などに分布する。雌雄異株。樹高はおよそ五〇尺（一五メートル）に達する。葉は長さ三寸（九センチメートル）ほど、幅一寸（三センチメートル）ほどの長楕円形。先端は細く鋭く尖る。表面は緑色で光沢があり、裏面は淡緑色。樹皮は灰色である。

花は白色で葉腋《ようえき》に束生する。花柄は約三分（九ミリメートル）、花冠は直径二分（六ミリメートル）ほどで四裂する。四本の雄しべと一本の雌しべを持つ。花期は陽暦十~十一月で、モクセイに似た芳香を放つ。果実の成熟期は翌年の五~六月で、楕円形で黒碧色に熟す。

木質が極めて硬いことから、そう呼ばれるようになったと言われる。枝や幹は主に農器具の柄に用いられる。

《ハマジンチョウ》

ハマジンチョウは、ゴマノハグサ科に分類される植物の一種。海岸に生えていることとジンチョウゲに形態が似ていることに由来するが、ジンチョウゲとは別のグループに属する。インドシナ半島、中国南部、台湾、南

ハマジンチョウ群落　提供：岐宿町

日本に分布する。日本では、三重県の一カ所、長崎県の五島列島・九十九島の数カ所、熊本県天草の一カ所、鹿児島県、沖縄県に自生が知られている。大きいもので高さが七尺（二メートル）ほどの常緑低木で、枝はよく分かれて海岸を這うように繁茂する。三重県や九州西海岸ではマングローブを構成しないので「半マングローブ植物」とも呼ばれる。葉は厚くて細長く長さが三寸（九センチメートル）ほどで幅は約一寸（三センチメートル）。鮮やかな緑色で光沢がある。

　花は直径一寸（三センチメートル）ほどで薄紫色。花弁は漏斗状で先端が五裂し、内側に紫の斑点が散在する。四本の雄しべと一本の雌しべがある。陽暦一～三月に咲き、めじろがその蜜を求めて集まり、花粉を運ぶ。葉は独特の匂いがする。果実は先が尖った球形をしており海に浮くので、海流を介して分布を広げる。内湾や河口など波静かな海岸の波打ち際に自生し、満潮時に根元が海水に浸かる位置にも生える。

　平成十（一九九八）年頃、岐宿町鰐川河口でハマジンチョウの群落が発見された。枝は海岸を這うように伸びていて株数は不明。五島列島では奈留島皺《しわ》の浦と福江島荒川の二つの群落が知られているが、鰐川のそれは、県天然記念物に指定されている荒川の群落よりも充実しており、将来天然記念物に指定されて保護されることが期待される。

《玉之浦椿》

　藪椿は岐宿町内の全域に自生しており、昔から町民の暮らしに深く関わってきたことから、平成元（一九八九）年に「町木」に指定された。

　藪椿はツバキ科ツバキ属に分類される日本固有の常緑高木で、五島の島々にはおよそ一〇〇〇万本が自生しており、その数は日本一と言われる。

　その中でひときわ輝きを放つのが、発見当時、地球上で唯一無二の濃紅地に白覆輪《しろふくりん》の藪椿で、のちに「幻の椿」とも呼ばれる椿「玉之浦」だ。岐宿町と玉之浦町の境にある父ケ岳の中腹に自生していたところを昭和二十二（一九四七）

藪椿「玉之浦」＝令和元年

玉之浦の幼木＝令和元年

年、岐宿町二本楠郷の炭焼き業者有川作五郎によって発見された。

昭和四十八（一九七三）年、長崎市で開催された「全国椿展」に元玉之浦町長の藤田友一は、世にも珍しいこの藪椿を「玉之浦」と命名して出品する。

ところが、この美しい突然変異種の存在が愛好家のあいだに広く知れ渡ると、現地を訪れる者が相次ぎ、こころない者たちによって天然記念物とも言うべき貴重な遺産は乱獲され、原木はついに枯死してしまう。

玉之浦の実＝令和元年

幸いにも、その子孫は挿し木などによって全世界に広がって人々に愛され、『国際ツバキ名鑑』の巻頭を飾るまでになった。なお、令和二年春には二〇二〇国際ツバキ会議および第三〇回全国椿サミット五島大会が五島市で開催される予定だったが、残念ながら新型コロナウイルスの影響で中止された。

著者の横浜の自宅にある「玉之浦」は偶然、近くの園芸店で目に留まり、その説明書きからそれが福江島父ケ岳の原産であることを知って買い求めた若木であったが、今や樹高一〇尺（約三メートル）ほどに成長して早春、美しい白覆輪の花を咲かせ、蜜を求めてやってくるひよどりやめじろなど野鳥たちで賑《にぎ》わう。秋には数多くの実を付け、翌春になると根元に落ちた種子が双葉の芽を吹く。

この幻の藪椿を挿し木で育て上げ、関東地区に住む郷里出身者や知人たちに贈ると喜ばれ、初めて花が咲いたときは必ず、その感動を伝えてくれる。

《寒蘭》

寒蘭《かんらん》は日本固有の植物の一種で、黒潮の影響を受け、温暖な風土がある紀伊半島、四国および九州の全県に自生する。寒蘭は自生地が点在し、その一つ一つが原種であり、他の個体に見られない個性を持っている。従って、観賞の上から優れたものには雅名を与えて命名、登録するようになった。その第一号が昭和五（一九三〇）年に命名登録された土佐寒蘭の「土佐姫」である。その後全国二十余の蘭会で登録が行われ、昭和五十五（一九八〇）年頃になると、登録品だけでも三二九八品種に達した。

花期は陽暦十～十一月。花は一カ月ほど観賞できるが、翌年の株の成長を考慮して、全部の花が開いて四、五日したら根元から切るのが普通である。

花形は、均等な大きさの主副三弁と二内弁とからなり、これら五弁は幅が狭く先が尖る。主弁は中央に半立ち気味、副弁は左右対称でやや水平に伸びる。すなわち二等辺三角形または正三角形に咲く。内弁の先端は合わさる。花は強い香りがある。鼻頭《びとう》は小さく、舌は肉が厚く先端が巻く。花の直径は二～三寸（六～九センチメートル）で、花茎の四方に三花から十数花をつける。花茎は細長く一尺七寸（五一センチメートル）以上に伸びる。清楚で気品に満ち、すっきりと立ち上がって芳香を放つ姿は、まるで麗人の上品な立ち振る舞いを連想させる。

中国にもこの寒蘭にそっくりの一茎九花があり、こちらも古来、珍重されてきたが、その歴史は日本よりも遥かに古い。

寒蘭の花色は無数にあり、系統でいえば素心、桃色、赤紅色、黄色、青々色、青色、黒色、および更紗《さらさ》がある。素心は、花全体が単色で舌に斑点のないものをいうが、白に近い透明度を有したものが良いとされる。また更紗は、五弁にそれぞれ目立った五本の細い条線が弁の先端近くまで入るものをいい、淡黄色地に桃色や紅色の条線の入る花がより美しい。

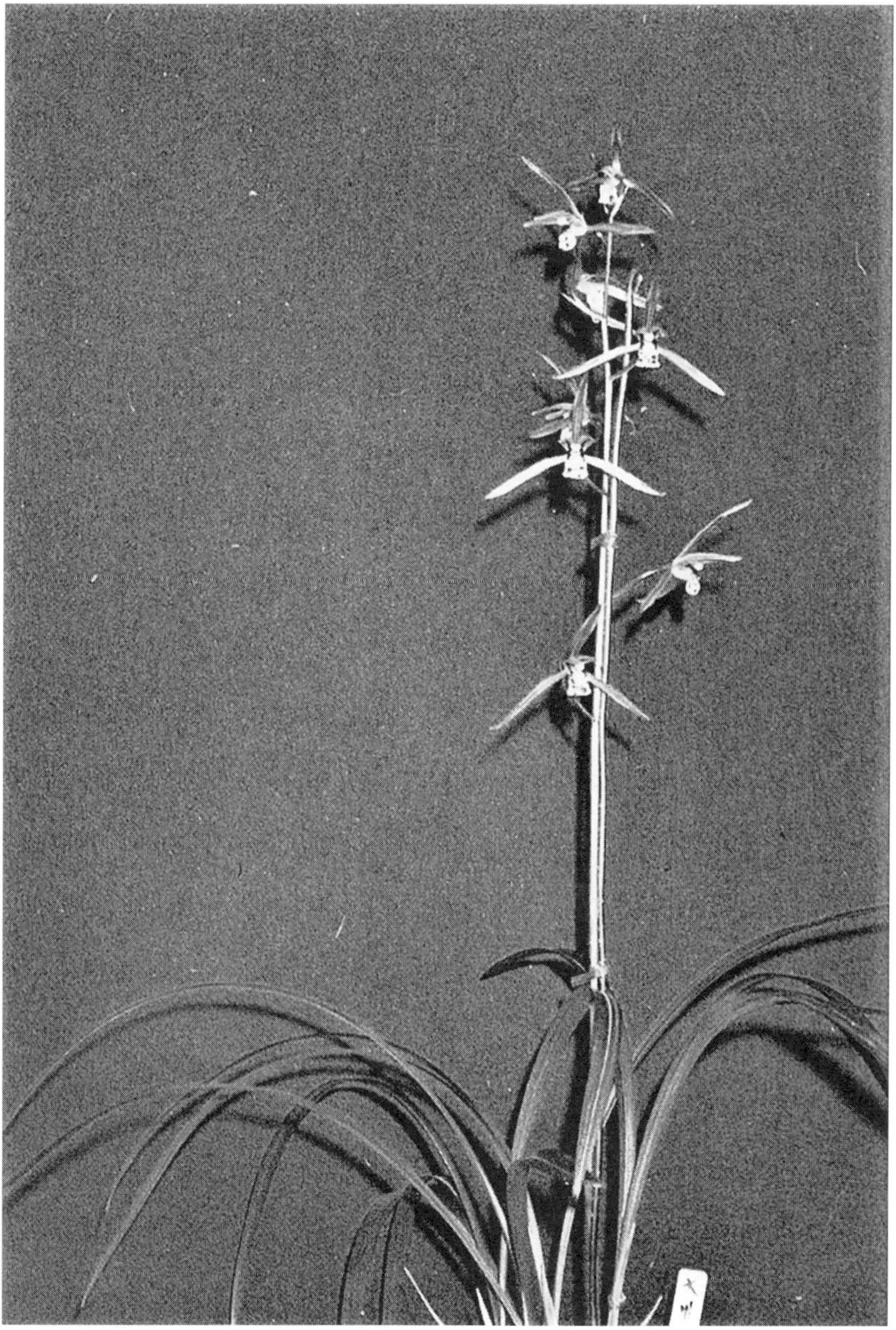

大川原産の寒蘭 ── 花茎が二本あるように見えるが、１本は銅線の支柱＝平成10年頃

葉は光沢があり、幅は約七分（二・一センチメートル）ほどで、草丈は一尺七寸（五一センチメートル）を超える。

葉形は中垂性が多く、葉色は淡緑色から濃緑色まで株ごとに異なる。

毎年秋になると全国の寒蘭の自生地で展示会が盛大に開かれ、全国から訪れた多数の参観者で賑わう。名品は愛好家のあいだで高額で取り引きされ、中には家が一軒建つほどの値が付くものもある。

山河にも恵まれた岐宿町は寒蘭の自生地で、昭和四十（一九六五）年以降、各地域で名品が発見、命名登録されている。中でも昭和四十（一九六五）年に寺脇で発見された「五《いつつ》の華」や四十二年に発見された「寺脇《じきょう》の花」、四十三年に七ッ岳で発見された「俊峰《しゅんぽう》」や「七岳の峰」は全国に知られている。いずれも紅色系で正三角咲きの中輪である。

浦ノ川や大川原川の周辺の山々で発見された寒蘭の中にも、登録されず無銘だが、名品にも劣らぬ美しい花がある。しかし、過去数十年にわたる採取によって、そのほとんどが採り尽くされ、今はどこの山に行っても寒蘭は発見不能なまでに数が減少している。

前頁の図の寒蘭は、著者が昭和末期に帰省した折に、福江市（当時）の専売店で購入した大川原産の若木が、横浜の自宅で一〇年ほどの歳月を経て生長し開花したものである。

花は淡黄色地に紅筋をかける三角咲きの更紗で中輪。副弁の先端が外側にわずかに反って飛鳥の姿を彷彿《ほうふつ》とさせる。黄白色地の舌には濃朱紅色の斑点がある。花茎は細く葉上によく伸び、花間も申し分ない。葉形は露受けの垂れ性で、葉色は濃緑色。全体を俯瞰すると、その凜とした立ち姿はうっとりするほど美しくかつ気品に満ち、その放つ甘い香りは風に乗って流れ、道行く人たちを立ち止まらせずにはおかない。

第六節　人口

一、人口数

岐宿町の人口は戦前までほぼ一定して七五〇〇人前後で推移していたが、近衛文麿内閣が昭和十六（一九四一）年一月二十二日に閣議決定した「人口政策確立要綱」すなわち人口増強策が国民に提示されると一変する。当地でも「生めよ、殖やせよ」という唱導のもと人口が急増し、昭和二十（一九四五）年に九八〇〇人になった。その後昭和三十（一九五五）年頃まで一万人前後で推移した。

しかし、昭和三十五（一九六〇）年、池田勇人内閣が「国民所得倍増計画」を発表すると産業構造が大きく変化していく。第一次産業に依存していた岐宿町では、住民の都市部への流出や少子化の現象が顕著になり、過疎化が急速に進行する。その結果、昭和四十（一九六五）年には八二八五人に、昭和六十（一九八五）年には五一六七人に、そして平成二十七（二〇一五）年にはピーク時のおよそ三分の一に相当する三三〇二人にそれぞれ減少し、それ以降も減少傾向が止まらない。

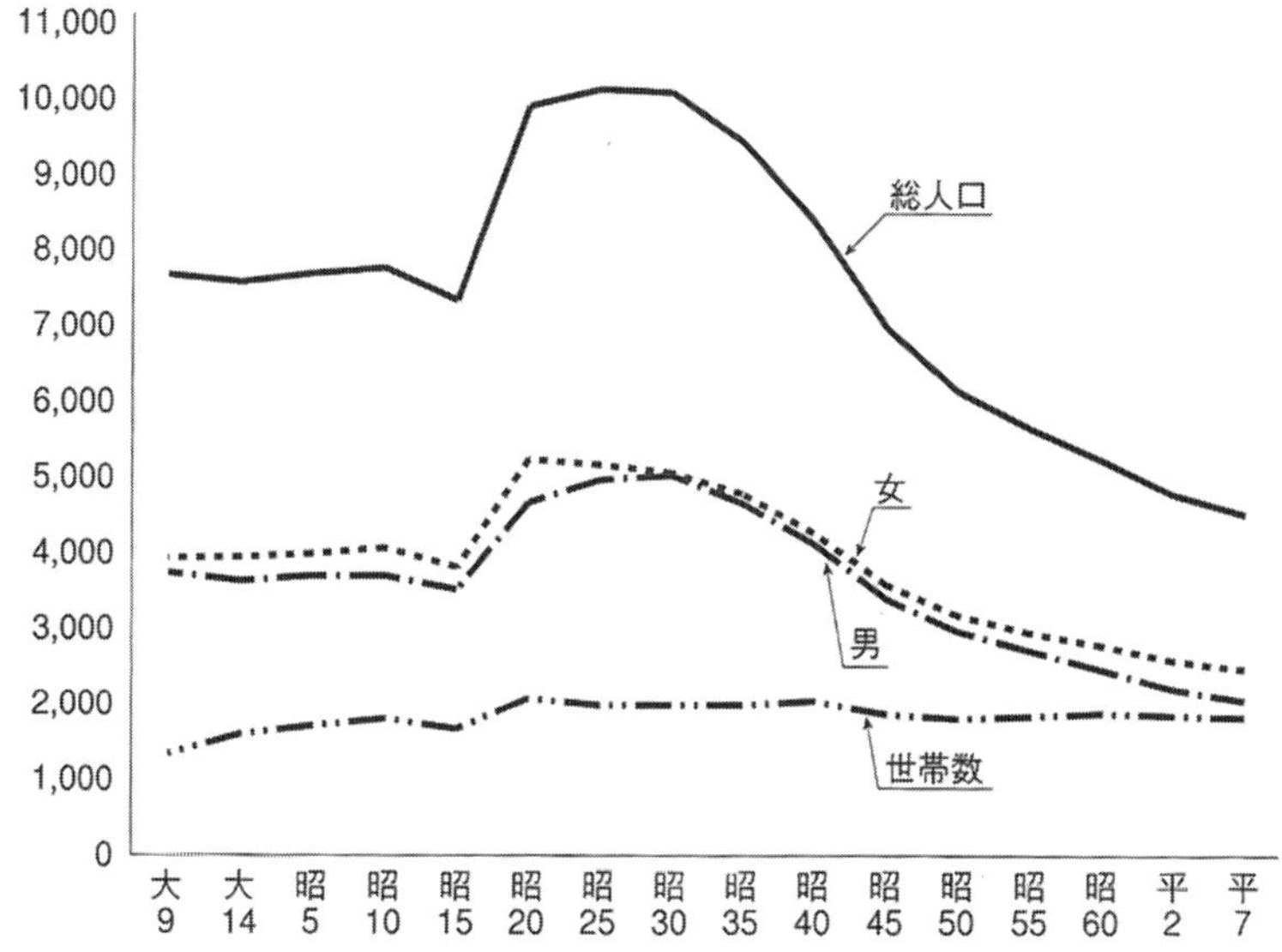

岐宿町の人口推移図　　提供：岐宿町

二、世帯数

世帯数は昭和十六年頃までは一七〇〇前後で推移していたが、その後急増し昭和二十年には二〇五〇になり、昭和四十年までの二〇年間は横ばいで推移した。その後数年間減少に転じて、世帯数は一八〇〇前後になるも再び増加に転じ昭和六十年には一八六〇になった。しかし、その後は減少に転じ三〇年後の平成二十七年には一四七九になる。この間、集落のあちこちで空き家が増えていく。

三、人口密度

戦前まで一世帯当たりの人口と一平方里当たりの人口はそれぞれ四・四一人と一三〇〇人前後で推移していたが、昭和十六年頃から急激に上昇し昭和二十年にはそれぞれ四・七八人と一七〇一人になった。その後一〇年間は横ばいで推移したが、昭和三十年頃から急激に下降し始め、昭和四十年にはそれぞれ四・一一人と一四三六人に、また昭和六十年にはそれぞれ二・七八人と八九七人になった。その後も下降傾向が続き平成二十七年には二・二三人と五七三人になった。

第七節　交　通

昭和前期まで住民は、隣村に行くには徒歩で山を越えることが多かったから、隣村に行くことを「山越え」と言っていた。荷物は手に持たずに背負うのが常で、橋のない川を膝下まで水に浸かって渡ることもあった。

一、道路交通

昭和初期以降、福江島の交通網は次のような過程を経て発達していった。

昭和四（一九二九）年、岐宿自動車（松山久平経営）が外車のセダンを使って岐宿―二本楠間に一日往復三便の路線バスの運行を始める。

昭和十二（一九三七）年、岐宿自動車は経営が悪化し、経営権を玉之浦の久保丈助に譲る。経営悪化の要因は次の三つだったと言われる。①道路事情が悪かったこと、②新路線の開拓がなかったこと、そして③エンジン故障時には長崎からわざわざ職人を呼ぶ必要があったこと――である。

昭和十三（一九三八）年、福江―二本楠間にバス道

新鰐川橋開通式 ── 中央右は旧鰐川橋＝昭和33年　　提供：岐宿町

路が開通し、久保自動車がこの路線でバス運行を始める。

昭和十六（一九四一）年、二本楠―富江間の県道が完成する。同年、株式会社となった五島自動車が大型車の運行を開始する。

昭和二十三（一九四八）年、二本楠を経由する福江―荒川間でバス運行が始まる。

昭和二十五（一九五〇）年、二本楠から憩坂《いこいざか》、川原を経由して三井楽までバス路線が開通する。

昭和三十三（一九五八）年、全長三八五尺（一一八メートル）の新鰐川橋が完成する。

昭和三十七（一九六二）年、藩政時代からあった岐宿―福江間の主要道路（以下、便宜上「岐宿道」という）とほぼ同じルートに県道が開通し、この路線で五島バスの運行が始まる。このことにより、およそ六〇〇年にわたって使用された岐宿道やその近道はその役割を終える。

なお、それ以前から岐宿―福江間には二本楠を経由するバスが運行されていたが、所要時間が一時間以上で運行本数も少なかったので、昭和三十七（一九六二）年頃まで県立五島高校に通う岐宿出身の学生は、福江に下宿するかまたは学生寮に入るのが普通だった。


昭和四十九（一九七四）年、岐宿湾・唐船ノ浦沿いに権現岳の麓を通る河務―戸岐之首間の町林道が開通する。昭和五十四（一九七九）年、この町林道は県道として認可される。

昭和五十（一九七五）年、県道が岐宿から水ノ浦、川原、打折《うっちょり》および中浜を経由して三井楽まで延長される。この年、岐宿を経由する福江―三井楽間の県道は国道三八四号に昇格する。

昭和五十六（一九八一）年、この国道に鰐川口から水ノ浦までのバイパスが完成する。

平成六（一九九四）年、大坂峠《うさかんつひ》の真下に全長四一五メートルの大曲トンネルが完成、車の走行時間が約一〇分間短縮される。

平成八（一九九六）年、全長二八八メートルの打折第三トンネルが開通する。

平成十（一九九八）年、全長三九五メートルの打折第二トンネルが開通する。

以上のように岐宿町内を通る交通網は、昭和三十年代後半以降、急速に整備され、岐宿―福江間は車で所要時間二〇分程度に短縮された。

二、海上交通

五島は周囲を海で囲まれていることから陸路より海路の交通が先に発達した。岐宿町は、岐宿湾や川原浦など深い入江に恵まれ、その奥深い場所に集落があり、しかも各郷の多くは周囲を山に囲まれているので必然的に海路が充実していた。

姫島の船着場＝昭和34年　　提供：岐宿町

　岐宿町の役場や登記所、病院など公共施設は岐宿郷に集中していたので、岐宿港から一里（四キロメートル）ほど離れた唐船ノ浦と戸岐之首の両郷は、昭和二十年代まで全長三三尺（一〇メートル）ほどの郷船を所有していた。

　一方、川原浦では水ノ浦―白石間にわたろ（渡し舟）が運行し、岐宿―川原―三井楽等を往来する者が利用した。

　また、岐宿港から二里半（一〇キロメートル）の距離にある姫島郷は港湾がないため、島民が人力で陸に引き上げる規模の郷船しか所有できなかった。

　以下に五島―本土（主に長崎）間の航路の沿革を記す。

1 九州商船と五島航路

　明治十（一八七七）年以前は、急用の場合、丸木や戸楽の漁船と屈強な若者を雇い、島伝いに片道二、三日かけて五島―長崎間を往復した。

明治十（一八七七）年頃から長崎―上海間を往復する大型船が一〇～二〇日ごとに福江港に入港するようになり、本土への渡航者はこれを利用する。

明治十七（一八八四）年、岩田清次の瓊江《けいこう》丸や深川汽船の玉栄丸が長崎―上五島間に就航、また十九（一八八六）年から松田汽船が長崎―福江間を一週間ごとに運行する。

明治四十四（一九一一）年から九州汽船（現九州商船）が佐世保―上五島―富江間に航路を開設する。

同年、岐宿村田尾房太と玉之浦村久保卯七・藤原枝次が共同で一七七トンの木造船を月八回、五島―本土間に就航させる。

明治四十五（一九一二）年から大川運輸㈱の福山丸（一五〇トン）が月八回、長崎―福江―岐宿―三井楽―玉之浦間に就航する。

その後、同社の若津丸（四二七トン）が長崎―福江―富江―奈良尾―岩瀬浦―有川―榎津間を隔日に運行する。別便で同社の栄城丸（一八九トン）が長崎―榎津―有川―岩瀬浦―奈良尾―福江―富江間を隔日に就航する。

この若津丸は大正五（一九一六）年、濃霧のため椛島《かばしま》付近で座礁し沈没、乗客一四四名中一一二名が死亡する。このとき金福寺関係者だけでも一五名の犠牲者が出る。

大正九（一九二〇）年、五島汽船が発足、五島―長崎間の運行を開始するが、三年後に九州汽船に併合され新興汽船㈱となる。

大正十四（一九二五）年に新興汽船の宇和島丸が遭難、一一九名の死者を出す。

同年、九州汽船は長崎―玉之浦間の運行を新興汽船から継承する。

昭和三（一九二八）年、九州汽船の社名を九州商船に変更する。

昭和十八（一九四三）年、九州商船は航路を変更し、往路を長崎―福江―久賀―岐宿―三井楽―嵯峨島―玉之浦、復路を玉之浦―三井楽―岐宿―久賀―福江―長崎とし、これを二日に一往復の運行にする。

昭和三十二（一九五七）年、右の便の運行を一日一往復に変更する。

昭和三十六（一九六一）年、右の航路の運行の長崎―福江間以外は全部廃止する。

岐宿港の揚降風景 ── 向かいの鎮西神社の背後にある松の巨木群は、この直後に松食い虫の被害に遭って枯死した＝昭和33年頃。
提供：岐宿町

２ 定期船と岐宿港

以上のように、岐宿港に寄航する長崎―五島間の定期船は、明治四十五（一九一二）年から昭和三十六（一九六一）年まで約五〇年間運行された。

当時、岐宿港には汽船が着岸できる場所がなかったので、定期船は湾口に近い団助《だひけ》山の南側に投錨《とうびょう》し、汽船問屋の運行する団平船《だんべいぶね》二隻がおよそ五町（五四五メートル）離れた本船と船着場のあいだを往復し、人や荷物を運送した。

団平船は木造で長さ五〇尺（一五メートル）ほどあり、船幅が広く吃水《きっすい》の浅い平底《ひらぞこ》に近い構造をしており、船体上部は全面が板張りで、その上に人が乗り荷物を積んだ。艪は一挺で、船頭は前後に身体を大きく動かしながらこれをゆっくり漕いだ。

正月や盂蘭盆（以下「お盆」という）の時季になると、船着場付近は大勢の帰省者や送迎者たちで混雑した。

春になると、中学校を卒業したばかりの少年少女たちが長崎や福岡、大阪、東京などの就職先に向かうため、この港で親兄弟や友人たちに別れを告げた。母親は、遠ざかる団平船の上からいつまでも手を振る我が子を岸壁から涙越しに見ながら、また父親は集落のどこかで出航の汽笛を遠くに聞きながら、心の中で我が子の幸せを祈った。

第八節　教　育

戦後、岐宿町には小中学校の三つの校区があった。一つは岐宿郷と河務郷、楠原郷の一部からなる岐宿校区。この校区には二つの分校区――すなわち唐船ノ浦郷と戸岐之首郷からなる岐宿校唐船ノ浦分校区と姫島郷の岐宿校姫島分校区――があった。二つ目は松山郷と二本楠郷、中岳郷からなる山内校区。そして三つ目は川原郷と楠原郷の一部からなる川原校区であった。

寺子屋跡（金福寺）　提供：岐宿町

一方、昭和二十五（一九五〇）年、夜間定時制（四年制）の長崎県立五島高等学校岐宿分校が岐宿郷内に開校した。

本節では昭和前期における岐宿小・中学校の概況、その主な行事であった遠足や修学旅行、運動会および学芸会、ならびに五島高等学校岐宿分校について記してみたい。

一、岐宿小学校・岐宿中学校

1 概況

岐宿の住民は昔から教育熱心で、江戸時代から金福寺に寺子屋があった。明治五（一八七二）年、学制が発布され、明治八（一八七五）年までに全国にほぼ現在並みの二万四千校が設置されたが、岐宿小学校が創立されたのは明治七（一八七四）年である。その二年後に新校舎が江湖《えこ》ノ辻《つじ》に完成するが、それまではこの寺子屋が仮校舎となった。

江湖ノ辻は岐宿郷集落中心部の最も高い場所にあり三六〇度視界が開け、北に東シナ海、東に権現岳、南に城岳ほかの山々、そして西に東シナ海に浮かぶ姫島、および川原浦を囲む山々を望むことができる。

岐宿小学校舎　提供：岐宿町

昭和二十二（一九四七）年三月、教育基本法が制定、同時に学校教育法、同法施行規則が公布されて小学六年制、中学三年制の義務教育制度が確立した。このことにより同年四月、国民学校が廃止され、岐宿町立岐宿小学校と岐宿町立岐宿中学校が江湖ノ辻の同じ敷地内に開設した。

両校共通の校門は敷地の西側にあり、そこから校庭まではおよそ九〇尺（三〇メートル）の緩やかな上り坂になっており、校庭に向かって左側には二宮金次郎の陶器製の像が、また右側には初代校長だった貞方貫之助の功績を刻んだ大きな石碑が建っている。金次郎は、貧しい農村の勤勉で親孝行の子供たちの模範とされ、その像は薪を背負って左手に持つ本を読みながら歩く姿をしている。卒業式が終わると、卒業生たちは担任教師とその像の前で集合写真を撮るのが慣例になっている。

二宮金次郎像＝昭和32年

岐宿尋常高等小学校外裏にて ── このとき13歳だった著者の長兄は、４年後にミッドウェー海戦で戦死した＝昭和13年

岐宿中学校舎＝昭和33年頃　　提供：岐宿町

校舎は両校とも木造一階建てで、敷地いっぱいにほぼ「口」の字形に建ち並び、それら校舎に囲まれるように広い運動場がある。小学校舎は合計四棟から構成され、敷地の北側と南側に各一棟、西側に二棟が建つ。一方、中学校舎は二棟から成り、校門の正面奥すなわち敷地の東側に横一列に並んで建っていて、その南端に体育道具などの収納庫がある。両校共通の職員室は、校門を過ぎて坂を登りきったところの左側にあり、その北隣には給食室、また西隣には医務室兼宿直室がある。この宿直室には毎夜、警備のため宿直員と当直の教師が寝泊まりする。

　両校には体育館はなく、屋内体育や雨天時の大集会、卒業式などはその敷地の西側にある幹線道路を挟《はさ》んで学校の向かい側に建つ青年会館で、また学芸会は同会館や集落の南端にある葉たばこ収納所を借りて開催される。

　この青年会館の敷地には幹線道路脇に樹齢数百年の

銀杏《いちょう》の巨木があり、登下校する生徒たちの成長を静かに見守っている。秋になると、この巨木はたくさんの実をつけ、子供たちはその木の下で、台風の落とした黄色い実を競って拾う。

　春になると南側校舎裏の一段高い細長い土地にある四、五本の山桜の老木が美しい花をつけ人々の目を楽しませる。ここは学芸会など催し物のあとに生徒たちが担任教師と一緒に記念写真を撮る格好の場所でもある。

　終戦直後の生徒数は一学年八〇～一二〇名で、二、三学級に分けられ、毎年入れ替えが行われる。昭和二十三（一九四八）年の岐宿小学校の生徒総数は六五七名、また岐宿中学校のそれは二六六名で、その過半を農家の子女が占める。この頃が生徒数のピークである。生徒の中には戦争で父親や兄を亡くした者も少なくなく、また母親が忙しいときは、弟や妹を背負って授業に出席する者もいる。

青年会館前の大銀杏＝令和元年

　楠原郷の一部や河務郷の児童は毎日、片道〇・五～一里（二～四キロメートル）の道を歩いて岐宿の学校に通う。雨が降ると道は水溜まりができてぬかるみ、歩きにくいが、この頃まだ十分な雨具はない。

　当時、長男や長女以外の子供たちの着る制服は、主に兄や姉のお下がりである。冬になると防寒用に男子も女子も洋服の上に綿入りのどてらを着る。ある児童は鼻水をその袖で拭くので、そこはいつもてかてかとしている。中学生になると男子は、校章と一本の細い白線を付けた学生帽を被る。帽子を持たない生徒もいる。

　履物《はきもの》は、晴れの日は素足に藁草履《わらぞうり》またはゴム草履で、雨の日はゴム長靴《ながぐつ》か下駄《げた》である。教室での上履きはもっぱら藁草履。冬は素足では寒いので足袋を履く。

　通学バッグは、小学生が布製のランドセル、中学生は男子が肩から懸ける帆布《はんぷ》製の鞄《かばん》、女子が手縫いの手提《てさ》げ袋だ。半数ぐらいの生徒たちが、教科書を買う金を節約するために、一学年先輩の使い古しを譲ってもらう。そ

青年会館　　提供：岐宿町

のため教科書が改訂されたりすると、それを知らずに指名された生徒は、旧教科書を大きな声で朗読して恥ずかしい思いをすることもある。

出席簿は男女別・生年月日順に記され、担任教師が毎朝それに基づき点呼を行う。

朝礼は校庭で行われ、全校生徒が朝礼台に向かって学級別・男女別・身長順に縦に整列する。

戦後、アメリカ合衆国から提供された脱脂粉乳の配給があり、小学校の給食室に小ぶりのドラム缶が幾つも並んでいた。給食時間になると学級の給食当番がそれを湯で溶《と》いた液乳を受け取りに行き、教室で柄杓《ひしゃく》を使って皆に分配した。が、多くがその液乳を好まず、常に少なめの分配を要求したので、いつもかなりの量の液乳が余った。当時、砂糖は貴重だったから、代わりにサッカリン錠剤を持参する児童もいた。

卒業式のとき卒業生が歌う唱歌は、小学生は『蛍の光』、中学生は『仰げば尊し』であった。いずれも羽《は》織《おり》・袴《はかま》を着た女性教師の弾《ひ》くオルガンの伴奏に合わせて歌った。

男性教員の一部が従軍、戦死したこと、および就学児童が急増したことなどにより、終戦直後は旧制中学校や高等女学校を卒業したばかりの代用教員が多かった。生徒たちは教師を兄姉のように慕い、教師も生徒たちを弟妹のように可愛がった。生徒たちの親も教師を尊敬し信頼した。男子がたまに教師から体罰を受けて家に帰っても、その親は決して教師を咎《とが》めなかった。それどころか、体罰を受けるほど悪いことをした我が子を叱《しか》った。

当時は、経済的な理由で高校進学率は一割以下であって、中学校卒業生の八割以上が生家を離れて本土に渡って就職し、親元に仕送りするのが普通であった。

なお、後述するが、岐宿郷に定時制高校が開校してからは高校進学率が上昇した。

2 遠足

毎年陽暦四月、小中学校の遠足が行われる。小学校低学年の行き先は京岳《きょんたけ》（一本松）、同高学年は魚津ケ崎《ぎょうがさつ》、また中学生は城岳や志田尾《しだんご》など。このうち、志田尾までの経路が最も長く学校から片道およそ一・三里（五キロメートル）で、それ以外の経路はその半分以下である。

志田尾 ── 橋上からダムの下流を望む。鰐川の左岸に建つ建物付近は昭和前期には叢だった＝令和元年

志田尾は鰐川中流に位置し、昭和十三（一九三八）年に完成した五島列島唯一の水力発電所の志田尾ダムがある。

志田尾に行くには、島の幹線道路を北から南に進み、城岳の南麓から鰐川北岸にかけて人家が点在する楠原郷の中心部を通って、緩やかに続く坂道を福江島の中心部へと向かう。するとやがて鰐川中流に架《か》かる橋に到るが、その一帯が志田尾である。遠足の目的地は、その橋のすぐ手前東側にある広い原っぱ。

途中にある楠原郷は寛政九（一七九七）年、五島で最初に西彼杵郡外海地方の潜伏キリシタンが居着き、明治初期に凄まじい迫害を受けたところで、明治四十五（一九一二）年に信徒と神父が資金を出し合って創建した立派な赤レンガ造りの教会堂がある。その教会堂を南側に見て進むと、間もなく北側に川原郷に通じる道路があるが、この道はかつて教会堂が建設されたとき、半里（二キロメートル）ほど離れた川原小学校に通う楠原の児童たちが下校時に、学年に応じて決められた数のレンガを奈切浜《なきりはま》から運んだ坂道である。

さて遠足の当日、生徒の母親は、我が子のために、日頃めったに食べることのない米ん飯を炊き、にぎり飯を作る。米の蓄えのない家の母親は前日、農家に出向いて米を分けてもらう。我が子に芋飯や麦飯を持たせて、惨《みじ》めな思いをさせたくない親心である。育ち盛りの子供はよく食べるので、にぎり飯は一つが赤ん坊の頭ほどもある大きさに作る。このとき使う塩は、海水を蒸発させて造った、まろやかな味わいとミネラルの豊富なところが自慢の地元産の天然塩だ。にぎり飯の中央に自家製の赤い梅干しを一つ入れ、外側を薄緑色のとろろ昆布で巻き、これを二つ、筍《たけのこ》の皮で包む。おかずは卵焼きが定番で、これに茹《ゆ》で卵やころもん（たくあん）を添えることもある。

この季節は、山の樹々が萌え立ち、桜花がその中にくっきりと白く映える。川は碧《あお》く澄み、底を群れ泳ぐ小魚がいっそう黒く見える。時折、春風がそよ吹き、柔らかい春の光を浴びて生徒たちは身も心も浮き立ち皆、素足に新しい藁草履《わらぞうり》を履いて行く。ある者は弁当の入った風呂敷《ふろしき》包みを斜めに背負い、またある者は腰に巻く。

やがて目的地に着くと、生徒たちは思い思いに志田尾ダムを見学したり、まだ冷たい鰐川に入ったり、新芽を出し始めたばかりの広い叢《くさむら》で遊ぶ。

昼食時間になると、それぞれ仲間たちと叢に陣取り、輪になって風呂敷包みを広げる。誰もが最も楽しみにしていた時間だ。生徒たちは嬉々として、母親が塩を効かせて固めに握った、ずっしりと重いにぎり飯を両手で持って、息をつくのも惜しんで、次から次へとほおばる。そして互いに顔を見合わせて口々にこう言うのだ。「うんまかあ」（美味しい）。「うんまかあ」。

こうして昼飯の時間が過ぎ、やがて陽が西に傾きかける頃、担任教師の指示が出て、生徒たちは名残《なごり》惜しそうに、そろって家路につく。

3 修学旅行

陽暦五月に中学三年生の二泊三日の修学旅行が執り行われる。行き先は長崎である。参加するすべての生徒が九州本土に渡るのは、この時が最初である。まだ見ぬあこがれの都会に胸を膨らませて行く。家庭の事情で行けない者もいるから、参加者数は全体の七割ほど。服装は、男子が詰め襟《えり》・金ボタンの学生服に学生帽、女子が白のセーラー服に紺のスカートである。観光先は、初日が諫早市の農業試験場、二日目が長崎市の平和祈念公園やグラバー園、大浦天主堂などである。各観光地で生徒たちは、貯めた宝引銭《ほうびっぜん》（お年玉）で家族への土産を買うのも忘れない。

昭和三十六（一九六一）年までは、九州商船の定期船が長崎―福江―久賀―岐宿―三井楽―玉之浦間を片道九時間かけて運航していて、岐宿―長崎間は六時間を要した。

著者も修学旅行ではじめて本土に渡った者の一人

岐宿中学校修学旅行 ── 長崎市の平和祈念像の前で＝昭和31年５月23日

である。そのときは総勢およそ七〇名。昭和三十一（一九五六）年五月二十二日午後二時に椿丸（五二六トン）で長崎港大波止に着き、二台のバスで諫早の農業試験場に向かった。その間、バスガイドの案内を聞き漏らすまいと皆、真剣に耳を傾けた。観るもの聞くものすべてが新鮮だった。

　その日の宿泊所は長崎市内にある大きな旅館だった。生徒たちは夕食を終え、しばらくすると大広間にきちんと敷き並べられた布団の上ではしゃぎまわった。消灯時間になっても、ある者は皆と一緒に寝る喜びを曝《さら》け出して騒ぎ続け、またある者は都会に来た嬉しさのあまり興奮して寝つかれなかった。そうしたこともあったからか、著者は不覚にも翌朝、高熱を出して寝込んでしまった。気の毒にも女性教師が付き添うことになり、皆の帰りを待ちながら、たびたび水枕の水を取り替えてくださった。岐宿出身の優しい先生だった。

　その年暮れの冬休みだった。福江市立小学校の教師をしていた姉が、著者が先の修学旅行で見逃した観光地を見せてやろうと長崎に連れて行ってくれた。当時の防寒着と言えば綿入りのどてらだったから、著者はオーバーコートを持っていなかった。やむを得ず姉のコートを借りることにしたが、このときはじめて洋服の前合わせ、すなわちボタン合わせが男女逆であることを知り、長崎で田舎者が女物を着ていることが知れて笑われはしまいかと心配した。連れて行ってもらった観光地は諏訪神社、平和祈念公園、グラバー園、および大浦天主堂だった。今もその時のことをはっきりと憶えている。この姉は、その後も何かと著者の面倒を見てくれ、本書の完成を楽しみにしていたが、平成最後の正月に八九歳で死去した。

4 運動会

陽暦十月、小学校第二運動場で小中学校の運動会が催される。全部落民総出の一大行事である。第二運動場は郷集落の南端にあって、トラック外周の応援席が一〇カ所に区画され毎年、順送りで各部落に割り振られる。当日、朝まだ薄暗いうちから各戸の一人が競うように会場に行き、所定区画の空いている場所にござを敷き、風で吹き飛ばされないように四隅に小さな木杭《きぐい》を打ち込んで固定し、いったん家に戻って出直す。

生徒の着るユニフォームは、男子が白のランニングシャツに白の短パン、女子が白の開襟《かいきん》シャツに紺色のブルマーである。それぞれ左胸に部落名の入った札をつけて頭には紅か白の鉢巻《はちま》きをする。この頃、まだ運動靴は流通していないので皆、裸足《はだし》だ。

前日、子供たちは翌日の晴雨占いをする。自宅前の道路や広場で、履いている藁草履《わらぞうり》を空中高く放り投げて表が出れば晴、裏が出れば雨である。

当日、母親は我が子に精を付けさせようと生卵を飲ませて送り出す。卵殻《らんかく》の尖《とが》った方の先端部に小さな穴を開け、子供の顔を上向きにさせて口に当て卵をすすらせるのである。決して卵を割って器などを用いて飲ませたりはしない。「出陣」に際して「割れること」は縁起が悪いと信じるからだ。

「牛糞《ぎゅうふん》を踏むと走るのが遅くなる」という言い伝えがあり、子供たちは運動会の数日前から道路上に落ちている牛糞をよけて歩く。一方、「馬糞《ばふん》を踏むと走るのが速くなる」という言い伝えもあるが、この頃、馬を飼う農家は少ない。

競技は次の一〇部落の対抗形式で行われる。すなわち――宮町、東町、浜町、本町、青柳町、平町、西町、城山町、河務、および水ノ浦。

各部落間の子供たちの競争意識は著しく強く、運動会当日までリレー練習の様子を他部落の者に決して見せない。

競技にはおよそ次の種類があり、その一部には大人も参加する。徒競争、リレー、網くぐり競争、パン食い競争、二人三脚、障害物競走、人捜し競走、物探し競走、綱引き、騎馬戦、棒倒し、玉入れ、ピラミッド、百足《むかで》競走など。

人捜し競走や物探し競走は毎年、ハプニングがあって場内が笑い声に包まれるが、とりわけ応援に力が入る競技が、全部落を「陸《おか》」（陸側）と「浜」（海側）に二分して行う伝統的なリレーと綱引きだ。このとき「陸」は青柳町、平町、西町、城山町および河務で、一方「浜」は宮町、東町、浜町、本町および水ノ浦で構成される。

岐宿小中学校運動会

昼休みは生徒も応援席で家族と一緒に重箱を囲む。その重箱には母親の作った、子供の好きな馳走がいっぱい詰まっており、この日、子供たちが最も楽しみにしている時間帯でもある。

各学年の競技組分けは身長順で、その賞品は毎年決まっていてノートや鉛筆、消しゴムなどである。競技の結果は部落ごとに集計され、最終的に優勝部落が決定する。

こうして住民も楽しんだ運動会が終わると、各農家では間もなく稲刈りの準備が始まる。

5 学芸会

陽暦一月に学芸会が開催される。演目には演劇と舞踊、合奏、合唱があり、すべての生徒がいずれかに登場する。演目は基本的に学年別に組まれるが、たまに学年をまたぐ場合もある。学校には講堂や体育館がないので、会場は学校のすぐ前にある青年会館かまたは部落のはずれにある葉たばこ収納所である。

舞台には引割幕があり、その上部間口いっぱいに、神

岐宿中学校学芸会＝昭和30年　　提供：岐宿町

社に奉納された幟《のぼり》を借り受けて横にした一文字幕が張られる。演目は、舞台中央に常時三つのマイクロホンを置きっ放しの状態で進行する。

学芸会は生徒の遺る気を引き出す機会でもあるから、演劇の台本作りにおいて教師は、できるだけ多くの生徒に出演機会を与え、役柄や台詞《せりふ》を工夫する。練習は放課後、教室の机を隅に寄せてから行う。本番の舞台小道具は教師と生徒とが合作する。

保護者も学校側に全面的に協力する。母親が我が子の舞台衣装を夜なべして縫うのは言うまでもなく、父親は舞台に必要な大型の資機材を取り揃えて、その設営から撤去までを行う。

この時期は農閑期であるので学芸会当日、大勢の住民が会場を埋め尽くし、我が子や親族の子の出番を待つ。生徒たちは、そうした期待に応えようと、舞台の上で日頃の練習成果を懸命に披露する。

学芸会ではたまに教師たちによる演劇が披露され、こちらもまた好評だ。

二、五島高等学校岐宿分校

昭和二十五（一九五〇）年八月、夜間定時制（四年制）の長崎県立五島高等学校岐宿分校が開校した。この開校は昭和二十二年に公布された教育基本法第三条（教育の機会均等）に基づき町を挙げて誘致活動を行った成果だった。この念願の開校と同時に六三名の第一期生が入学した。

開校当時は新校舎を建築するほどの資金もなく、青年会館を借り受け、机や椅子は役場議事堂の使い古しで間に合わせ、黒板も木目むき出しのものを使用した。それでも向学心旺盛な若者たちは不平一つ口にせず、ぐらつく机や椅子を自ら釘を打って固定し授業に臨んだ。

翌年の昭和二十六（一九五一）年には新たに四六名の

県立五島高等学校岐宿分校＝昭和30年　提供：岐宿町

新入生が入学し二学年の生徒が在校することになった。このため青年会館が手狭《てぜま》になり、授業は岐宿中学校舎を夜間だけ借りて行われた。ところが当時はたびたび授業中に停電があり急遽《きゅうきょ》、音楽などの授業に切り替えられ、薄暗いロウソクの光の中でその授業が行われた。停電になってもたまに授業が続行されたが、あるとき指名された生徒は、中学生が昼間机の中に置き忘れた教科書を間違って読み上げるという笑えぬ笑い話を演じてしまった。体育の時間には、運動場の四隅にそれぞれ六〇ワットの電球を一個吊《つる》して、もっぱらバレーボールを行った。

　この頃は全国的に食糧が不足し食糧増産が叫ばれた時代でもあったので、前津にある農業試験場の農地を借り受けて農業に関する授業や実習を行った。

　昭和二十九（一九五四）年には、山内や川原、楠原および三井楽の各地区から自転車で通う生徒のために、小学校第二運動場に城岳寮を建設した。

　ところが、この年、この分校は廃校の危機に直面することになる。次の三つがその理由であった。すなわち――①設置基準に適合した独立校舎がない、②設置内容が不十分、そして③生徒数が定員を大きく下回っているである。これに対して町当局とＰＴＡが立ち上がり、ほぼ同時に結成された後援会とともに、県当局や関係各方面に対して必死に存続の必要性を訴えた。その結果、その存続が認められ危機を脱した。

　その後、岐宿町たばこ耕作組合所有の葉たばこ収納所の提供を受けて、その内部を改造、昭和三十二（一九五七）年ここに移転を完了した。

　間もなく新校舎の建築が計画され昭和三十五（一九六〇）年、小学校第二運動場に新校舎が完成した。

　昭和三十九（一九六四）年三月全日制分校への切り替えが承認され同年四月、全日制（三年制）の県立五島高

県立五島南高等学校全景＝昭和60年頃　　提供：岐宿町

等学校岐宿分校が発足した。この頃、独立校への昇格を目指して運動が始まった。

昭和四十（一九六五）年、川原郷に用地を確保し、四十二年三月までにすべての新校舎が同地に完成、同年四月に岐宿分校は「長崎県立五島南高等学校」として独立、開校した。通学生の出身地は岐宿町、三井楽町、および福江市であった。

分校創立以来五〇年目の平成十二（二〇〇〇）年には、卒業生の総数は分校三四九名、南校三七七九名の合計四一二八名に達し、在校生徒数は二四一名となる（岐宿町『岐宿町郷土誌』二〇〇一）。

第九節　産　業

岐宿町の産業別就業者数の割合（パーセント）は、昭和三十五（一九六〇）年に農業六六・七、漁業七・二、サービス業六・二、小売業四・七、公益業四・三、林業三・六、その他（建設業、製造業、公務、電気・水道、金融・不動産）七・六となっている。

一、農　業

1 耕地

既述の通り、岐宿郷は東シナ海に突き出た比較的平坦な岐宿台地の上にある。南方は城岳に接し、平野は約二五〇町歩（約二五二ヘクタール）に達し、そのうち約八割が耕地であって、その耕地の七割が畑地で、三割が田地である。

耕地は台風や季節風の風潮害を受けやすいため、その北側および西側には植樹がなされている。

畑地では麦――甘藷《かんしょ》――大豆の二年三毛作が、また田地では稲の単作がそれぞれ一般的に行われ、いずれの作物も自給と販売の両方を目的として生産される。一部分ではあるが、甘藷の代わりに粟が、また大豆の代わりに小豆が自家用に栽培される。

田地は多くが低湿地にあって棚田を形成し、最上段の田の畔《あぜ》には小さな湧水池があり、その湧水が高低差を利用してすべての棚田に配水される。

なお、農産物について別に第九章第一～四節で詳述する。

岐宿台地の耕地 ―― このほか河川流域や山間部にも耕地がある＝令和元年

②役牛

農家は一、二頭の黒毛の五島牛を役牛として飼育する。五島牛は体格が比較的大きく、肢蹄《してい》が強健で性質も温順であるから田畑の耕起《こうき》や作物の運搬などに使役され、その糞尿《ふんにょう》や敷き藁《わら》は肥料として用いられる。

牛はおよそ一年に一頭の子牛を出産し、その子牛は生後八カ月で競売にかけられ、役牛として県内外のほかの農家の手に渡り、その売却代金は農家の家計を支える重要な副収入となっている。

このように重要な役割を担う牛は、「百姓の宝」と呼ばれ、母屋の土間の一隅に部屋があてがわれ、常時家人に優しく見守られながら寝起きを共にする。

③苗床・野菜畑

屋敷《やしき》の近くには苗床・野菜畑があり、特にしたつごえ(厩肥《きゅうひ》)やだらごえ(下肥《しもごえ》)など施して肥やし、自給用の野菜類の栽培や、芋の育苗などを行う。ここで栽培する野菜は、根菜類では大根、かぶ、人参《にんじん》、ごぼう、たまねぎ、里芋、じゃがいも、葉菜類では白菜、キャベツ、ほうれんそう、春菊《しゅんぎく》、ねぎ、ずいき、みょうが、青じそ、赤じそ、果菜類ではぼっだ(南瓜《かぼちゃ》)、トマト、胡瓜、茄子、豌豆《えんず》、唐豆《とまめ》など。

④資源循環型の農業

ほぼ完全な資源循環型の農業体系が維持されている。例えば、稲藁《わら》は牛の餌や床敷きとして使用され、それと牛の糞尿とから、したつごえ(厩肥)が作られ、農地に施されて農産物が育つ。同様に農産物は人間の食糧となり、人間の排泄物がだらごえ(下肥)として農地に施され、農産物が育つ。この間、廃棄物は一切出ない。すなわち、農産物を生産・消費する過程では、廃棄物を出すことなく有機資源を再利用して地力を維持する、いわゆる資源循環型の営みが行われている。それゆえに、この営みは自然環境に悪影響を及ぼすことはない。

しかし、昭和後期以降、機械や化学肥料、農薬への依存が進み、やがて資源循環型の農業は見られなくなっていく。

なお、農産物については別に第九章第二節に詳述する。

5 畑地帯総合整備事業

本書が主として材を取る昭和前期から少し下った昭和四十三（一九六八）年から岐宿町は山内・川原・岐宿・楠原四地区の耕地整備事業に着手したが、岐宿・楠原地区のそれは昭和六十二（一九八七）〜平成十一（一九九九）年に実施された。

本事業目的は、浦ノ川にダムを建設し、両地区の畑地帯の末端灌漑施設の整備、区画整理を行い、水田の汎用化、農地の集団化、農業経営の合理化および安定化を図ることにあった。この事業により、起伏のあった畑作地帯の平坦化・直線化が行われ、個々の田畑の面積は拡大した。

その一方でこの大規模な自然改造は生態系に影響を及ぼした。例えば、水田地帯にある両岸が石垣で川底が土だった小川は全域にわたってコンクリート構造の水路へと変化し、その流域を棲息場としていた鰻《うなぎ》やどじょう、めだか、蛙《かえる》、毛蟹《けがに》、たにし、蛍、とんぼなどが消えた。

二、水産業

岐宿町は、対馬海流が北流する東シナ海に面し、複雑な海岸線や山河に恵まれているので魚介類や海藻類が豊富で四季折々、様々な水産物が獲れる。次の三つの漁場があり、それぞれ固有の特徴を有している。

①五島列島近海＝鰯《いわし》、きんなご（きびなご）、鰤《ぶり》、烏《い》賊《か》、鯵《あじ》、いっさっ（いさき）、真鯛、鯖、くろよお（めじな）、鯨《くひら》など。

②岐宿台地沿岸＝ひさ（石鯛）、あらかっ（かさご）、くさっ（べら）、ごべ（かわはぎ）、きっこっ（たかのはだい）、水烏賊、蛸、みなだこ、伊勢えび、蟹《かに》、鮑《あおっ》、さざえ、みな（すがい）、黒口《くろくっ》、うに、なまこ、めのは（わかめ）、ひじき、あおさ、甘海苔、天草など。

③岐宿湾・川原浦・河川＝魳《かます》、このしろ、きひご（きすご）、鰻、はぜ、鮒《ふな》、しろよお（しろうお）、毛蟹、手長えび、牡蠣《かき》、あさり、しじみ、青海苔など。

なお、地元の漁法や漁場については別に第九章第五節で詳述するが、ここには鰤と魳のそれを記す。

①鰤漁

鰤《ぶり》は初夏、東シナ海から日本海に入って北上し、夏から秋にかけて、北海道周辺で過ごし晩秋、水温が下がると南下を始め、年末には九州北部海域に達し、初春までその周辺で過ごす。その後は東シナ海に移動し、産卵活動を行う。産卵を終えると再び日本海に入り北上を開始する。

福江島の北部沿岸は鰤の大回遊海域にあって、わずか一里（四キロメートル）圏内に二つの鰤大型定置網漁場がある。一つは、三井楽にある岐宿西村家所有（漁業法改正により昭和二十七年に所有権が三井楽町漁業組合に移る）の「赤瀬漁場」で、もう一つは、岐宿にある大洋漁業所有の「立小島漁場」である。

赤瀬漁場は昭和二十四（一九四九）年頃、一回の網入れで鰤四、五万尾、相前後して六〇貫（二二五キログラム）ほどの鮪《まぐろ》三、四百尾を水揚げしたほどで、当時「東洋一」として全国に知られた（「西村家」については第十三章第三項参照）。

立小島漁場は、立小島のすぐ北西沖合にあり、地元で「鰤大敷」と呼ばれる。基地は川原浦の水ノ浦港にあり、漁場までは直線距離で四半里（一キロメートル）強だが、所要時間は、三角形の二辺を通る形になるので、艪船でおよそ三〇分である。基地の近くには、大洋漁業本社から赴任した一人の責任者が家族と住む。

鰤漁が行われる時期は十一月から二月にかけてである。この時期はちょうど農閑期と重なることから、農家の屈強な若者たちが乗組員として雇用されている。

立小島漁場の操業には四隻の船を使う。いずれもエンジンを搭載しない、五丁の櫓を持つ大型の木造船である。

操業の際には、乗組員たちが呼吸を合わせるために一

立小島鰤大型定置網漁　　提供：岐宿町

斉に声を出しながら網を手繰《たぐ》る。大漁の日には一万尾を超える水揚げがある。あまりの数の多さに網を引き揚げられなかったこともあったという。

　操業は危険との隣り合わせでもある。ある日、立小島漁場で網揚げの最中に、にわかに西寄りの風が強くなり時化《しけ》てきて、舟を無理に操舵《そうだ》しようとしたため、主櫓が折れて舟は操舵不能に陥り、強い風波にもまれながら、遂に福江島最北端の糸串鼻《いとくいばな》の近くにある、「きんなご網代」という小さな集落のある海岸まで流されてしまった。このとき、急遽編成された救助隊と乗組員の家族は、弁当や衣類などを背負って、岐宿湾や唐船之浦湾の海岸沿いに四里（一六キロメートル）ほどの道を歩いて、この辺鄙《へんぴ》な漁村に駆けつけた。これと似たような話がほかに幾つもある。

　大洋漁業は太平洋戦争直後、岐宿湾口の北東にある黒《くろ》崎鼻《さつばな》にも鰤大型定置網を設置し、岐宿港汐留《しおどめ》にその基地を設けて操業を開始したことがあった。しかし、この漁場は風波が激しく、網揚げのできる日が限られたうえ、頻繁に網が破損したため、間もなく事業は廃止に追い込まれた。

２ 魳漁

団助山の南側に位置する岐宿湾は魚影が濃く、風波の影響を受けることが少なく安心して操業ができることから古来、多魚種の好漁場である。魳《かます》漁場もここにあり、地元で考案された「魳網《かまひしゃん》」と呼ぶ独特の漁法を用いて操業が行われてきた。

　応永七（一四〇〇）年、宇久藩第九代勝はここを漁場の一つと定め、その使用を許可制にした。「魳網株」を持つ浜百姓は世襲による漁権が保証され、株一口による収益は「五石百

魳網漁＝岐宿湾内にて。　提供：岐宿町

姓」(九〇〇リットルの種子を播《ま》く広さの田畑を持つ中堅層以上の農家)に匹敵したと言われる。藩政時代には、この漁場で獲れる魳は藩主への献上魚でもあった。

魳網《かまっしゃん》の基地は、岐宿港南奥の東岸に位置する小さな舟溜まりにある。そこは、すぐ北側に鎮西神社の森が、また西側の対岸には岐宿台地があって、いずれも風よけになっており、小規模ながら天然の良港を形成している(第一章第一節第三項の写真「浜町遠景」参照)。

この舟溜まりは「魳小屋《かまひこや》」と呼ばれ、六百年以上も前から納屋や網干場、船揚げ場などの設備が集中的に設けられてきた。

漁期は初秋から晩秋にかけてのおよそ三カ月間で、操業は浜百姓の組織する「魳網組《かまひしゃんぐん》」によって次のように行われる。すなわち——一つ漁場につき二隻の舟を配置し、一隻にそれぞれ一〇人ほどが乗り組む。海底に入れた袋網の両端を、陸地に繋ぎ止めた二隻の舟から手や轆《ろく》轤《ろ》を使って引き寄せ、海底を網引きするのである。

このとき浜百姓たちの発する威勢のよい掛け声は岐宿湾内にこだまし、その様子を遠くから見ようと、住民たちが波止場に集まることもあるという。

この漁場のほぼ中央部には団助山から岐宿湾に突き出た小さな半島があり、その東岸に恵比寿神を祀った小さな祠《ほこら》は「恵比寿殿《えぶっどん》」や「恵比寿様《えぶっさま》」、また小半島は「恵《え》比寿殿《ぶっどん》の鼻《はな》」、その周辺の海は「恵比寿浦」とそれぞれ呼ばれている。

毎年、大潮の日となる九月一日にその年の最初の網入れが行われる。その日は恵比寿殿《えぶっどん》の祭日となり、祭が執り行われる。神事は魳網組《かまひしゃんぐん》の二人の若者が目隠しをしたまま恵比寿殿《えぶっどん》の鼻《はな》から恵比寿浦に入って潜り、海底からそれぞれ一つの石を両手で抱えて上がるところから始まる。その石は神石として恵比寿殿《えぶっどん》に奉納されるが、そのときは「海底にあったままの姿」で安置するのが決まりである。それゆえに、その石の天地や向き、傾きなどを変えて上がって来ることは一切許されないのだ。

こうして神石を恵比寿殿《えぶっどん》に奉納し、引き続いてお祓いをして神石に神酒を捧げると、一通りの神事が終了する。このあと全組員で神酒を賜る。

一段落したところで「一番網」を東西の恵比寿浦に入れ、最初に水揚げした魳を恵比寿殿《えぶっどん》に奉納する。その奉納の仕方はいとも簡単で、舟上から船頭が「恵比寿様《えぶっさん》」という掛け声とともに獲れた魳を恵比寿浦に投げ込むのだ。

魳漁は遅くとも十二月二十五日頃まで続けられる。最後の打ち止めのときは、必ず恵比寿殿《えぶっどん》にその旨を報告して、来る年の豊漁を祈願する。

岐宿の波止場の対岸にある、「鯵の神」とも言われる鎮西神社の東裏手には、魳網《かまひしゃん》のとき陸地に舟を繋ぎ止める場所があるが、その海岸にある「ケクッの神鼻」は「魳の神」だと伝わる。

昔ながらのこの漁法は、昭和五十（一九七五）年頃、不漁が続いて経営難に陥り、遂に六百余年に及ぶ操業の幕を閉じた。

今にその隆盛の痕跡を残すのは、「魳小屋《かまひごや》」の地名と港、舟を陸地に繋ぐために海岸に作られた「網止石塚」のみとなった。

3 磯焼けの発生

「磯焼け」とは、沿岸において海藻の群落（藻場）が著しく衰退または消失して貧植生状態になる現象をいう。日本海域で発生している磯焼けの原因については諸説がある。海の貧栄養化、高水温化、魚やウニなど藻食動物による食害、大量の河川の泥水・泥砂の流入などである。

昭和末期以降、岐宿台地沿岸ではこの磯焼けの現象が顕著になり始め、岩礁域をびっしりと覆っていたワカメやヒジキ、ホンダワラなど海藻の群落が沿岸からほとんど消失し、海藻を餌にしていた鮑やサザエ、また藻場を産卵や保育、摂餌の場としていた魚類も同時にいなくなってしまった。今や、波打ち際の景観は一変し、海底には白けた岩が広がっている。

この磯焼けの原因には次の二つが考えられる。――第一は気候変動による高水温化である。既述した通り、東シナ海北部海域の年平均海面水温は、一九〇〇～二〇一七年の期間において一〇〇年あたり摂氏一・二三度上昇した（福岡管区気象台）。

これまで長年、長崎県内の藻場変化の実態を調査し、減少した藻場の回復に取り組んできた長崎県総合水産試験場によると、高水温化が藻場に影響していると考えられる事象が二つあるという。――一つは、これまで問題にならなかった植食性魚類による海藻類の食害が顕在化していることである。高水温化により魚の食圧と海藻の生育のバランスが崩れ、現在の環境条件下で再生可能な海藻種が残り、適応できない海藻種が衰退・消失していると考えられている。実際に、ヒジキやワカメなど大型褐藻類の異常現象に繋がったと思われる、アイゴやブダイなど植食性魚類による食害の拡大が確認されている。

もう一つは、海藻の生育上限水温を超える高水温が発生し藻場に影響していることである。既述したが、二〇一三年八月に九州海域で海水温が摂氏三〇度前後に達し、その影響で生育上限水温が摂氏二九度前後のアラメやカジメなど海藻類が茎の末端から流出し、大量に海岸に打ち上げられる現象が長崎県・福岡県・山口県の広い範囲で発生した。同様の現象は二〇一六年にも長崎県内で見られた。

以上を踏まえ同試験場は、残存し易いホンダワラ類の在来種と南方系の各特性を生かした藻場造成も行っている。

第二は、海の貧栄養化である。著者の私見であるが、昭和後期以降、機械や化学肥料、農薬への依存が進み、それまであったほぼ完全な資源循環型の農業体系が維持されなくなって微生物を多量に含む厩肥や下肥といった有機肥料が耕地へ施されなくなり、その結果、耕地から海への微生物群の供給が断たれたことが原因だと考えられる。

三、商　業

昭和期に入っても物品の流通は従前と大きく変わらなかったが、太平洋戦争後になると定期船による物資の流通が徐々に活発になり、人口増加と相俟《あいま》って食糧小売店、酒店、菓子パン小売店などが増えた。しかし昭和後期（三十三年以降）になると高度経済成長期を迎え、主として次の四つの理由により岐宿町の商業は急速に衰退していった。――第一に、本土都市部への人口流出が加速したこと。第二に、少子化、高齢化が進行したこと。第三に、モータリゼーションの発達に伴い、島内交通網が整備され、岐宿町と福江市（当時）とのあいだが時間的に大幅に短縮されたこと。そして第四に、福江市内に大型店が進出したことにより、本町商店を取り巻く経済的な環境が悪化したこと。

昭和前期末までは岐宿郷内に次に示す小売店があった。

中山酒店、佐々木呉服店、佐々木酒店、小倉酒店、高瀬金物店、前田豆腐店、陳呉服店、山田呉服店、酢谷商店、山下菓子店、江頭たばこ店、平野菓子店、柳田材木店、小倉青果店、松野釣具店、引地菓子店、森岡文具店、近藤文具店、木谷豆腐店、江川靴店。

四、工　業

農業を基幹産業とする岐宿町での工業の発達は遅れた。

経営組織体も小規模であり、就業者数は昭和三十五（一九六〇）年の国勢調査によれば全就業人口のわずか二～三パーセントに過ぎなかった。

昭和前期まであった業種は、豆腐製造、精米、製油、製紙、樟脳製造、染色、鍛冶、鉄工、石碑製造、木炭製造、瓦製造、製材、土木建築などで、次のような業者があった。

田端精米所、田尾精米所、辻野精米所、清川製油所、松尾製紙工場、中野樟脳製造所、柳野樟脳製造所、谷川樟脳製造所、田端樟脳製造所、平山鍛冶屋、寺田鍛冶屋、川向鍛冶屋、大西鍛冶屋、谷川鍛冶工業、松山鍛冶屋、山本鍛冶屋、宇野鍛冶屋、村上鉄工所、松田鉄工所、桜田石碑製作所、大羽石碑製作所、大羽亥石碑工場、成山瓦製造工場、峰瓦製造工場、長瀬瓦製造工場、山田瓦製造工場、御手洗瓦工場、野口瓦製造工場、中島製材所、貞方製材所、引地製材所など。

五、造船業

岐宿は昔から造船業の盛んな土地柄だった。この地が次のような造船に有利な立地条件を具えていたからだ。すなわち――第一に、岐宿湾、川原浦および唐船ノ浦が深い入江となって天然の良港を形成していることであ

佐藤造船所の建造風景＝岐宿港にて　　提供：岐宿町

る。第二に、山林が多く船の材料となる杉の大木が容易に入手できることである。そして第三に、山々から伐りだした杉の大木の運搬に適した河川や内海に恵まれていることである。

船大工が多く住んだこの地には、江戸時代に倉橋島（現在広島県呉市に属す）から五島藩の船大工として招かれたという倉橋家が現存する。この招聘は当時、造船業振興の必要性を感じ取った五島藩の政策によるものと考えられるが、同家には五島藩主に拝謁したときに着たという裃《かみしも》が残されていて、屋号の「大工殿《だやっどん》」も継承されている。

そのほかにも五島藩主は、参勤交代の際に瀬戸内海の水先案内人だった者を岐宿に住まわせているが、その子孫も浜町に住む。

明治・大正期になると、川原白石港を基地とした船舶は、郡内外に木材や薪炭を運輸し、岐宿水ノ浦を基地とした船舶は、海藻やかんころ類を長崎、下関および大阪方面に運んだ。このとき使用された船舶は「ごーろっぷね」と呼ばれる、米五〇〜六〇石を積載できる大型帆船だった。この船も岐宿で建造されたものだった。

戦時中、政府の下命により、佐藤造船所が軍需工場として一〇〇トン級の軍用船を建造したことがあった。こ

ごーろっぷね＝岐宿港にて　　提供：岐宿町

のとき所名は「下五島造船所」に改められ、船大工が下五島全域から徴用の形で集められた。その進水式のときは波止場から同造船所まで見物人で埋め尽くされたという。

戦後も漁船の建造を中心として岐宿の造船業は活況を呈したが、昭和後期に入り次の理由により新造船の受注は次第に減っていった。すなわち——第一に、近海における漁獲量が減少したこと、第二に、若者の都会への流出が進み後継者の確保が難しくなったこと、そして第三に、船体の材料に強化プラスチック（ＦＲＰ）が用いられるようになったことである。

江戸時代以降、岐宿にあった造船所を次に記す。

倉橋造船所（江戸時代）、前田造船所（明治〜大正、浜町）、佐藤造船所（大正〜昭和中期、東町）、倉橋造船所（昭和初期、水ノ浦）、下野造船所（昭和初期〜中期、浜町）、下野造船所（昭和初期〜後期、浜町）、橋本造船所（昭和中期〜後期、白石）、流川造船所（昭和中期、浜町）、浜里造船所（昭和中期、浜町）、倉橋造船所（昭和中期、水ノ浦）、下田造船所（昭和中期、水ノ浦）、菊谷造船所（昭和中期〜現在、水ノ浦）。

第二章　遺跡・史跡

第一節　遺跡

岐宿台地と岐宿湾の南北一里余（四・二キロメートル）東西〇・六里（二・五キロメートル）の範囲に十カ所の古代遺跡がある。鰐川《わにがわ》貝塚、寄神《よりがみ》貝塚、掛塚《かけづか》貝塚、金《きん》福寺《ぷくじ》周辺貝塚、宇里《うざと》貝塚、茶園《ちゃえん》遺跡、崎野《さきの》遺跡、長崎遺跡、浦ノ川《うらのかわ》遺跡および地獄川《じごくがわ》遺跡である。範囲を西に半里（二・〇キロメートル）ほど広げると、川原に小川原《こがわら》貝塚がある。

つまり、一里余四方に実に六カ所の貝塚と五カ所の遺跡の合計十一カ所の古代遺跡が集中しているのである。このうち寄神貝塚は岐宿台地の北方に位置し、その規模は国内最大級と言われる。また掛塚貝塚と金福寺周辺貝塚は、いずれも海岸からもそう遠くない岐宿郷集落のほぼ中心部にあって、民家のすぐ近くで貝層を露出している。

このように狭い範囲に数多くの貝塚や遺跡が集中しているのは、恐らく次のような理由によるであろう。

第一に、東シナ海に面する岐宿台地が比較的平坦な肥沃な広野となって南端を城岳に接して耕作や狩猟に適していたことである。

第二に、台地の東側には複雑な海岸線を有する岐宿湾があり、そこには周辺の山々から栄養分を運ぶ四本の二級河川が流入し、河口付近に広い干潟を形成しており、その一帯には真牡蠣《まかき》など魚介類が豊富に棲息することである。

第三に、東シナ海に面する岐宿台地北部の沿岸一帯は、幅数町（数百メートル）、長さ半里（二キロメートル）余におよぶ広い遠浅の岩礁を形成し、そこは真牡蠣や巻貝など魚介類の格好の棲息場となっていることである。

第四に、台地の西側に位置する川原浦《かわらのうら》は幾つもの奥深い入江を成し、湾奥には二本の二級河川が流入し、干潟を形成しているので、こちらも魚介類に富むことである。

これまでに寄神貝塚、茶園遺跡および鰐川貝塚の三カ所の発掘調査が行われているから、以下に紹介する。

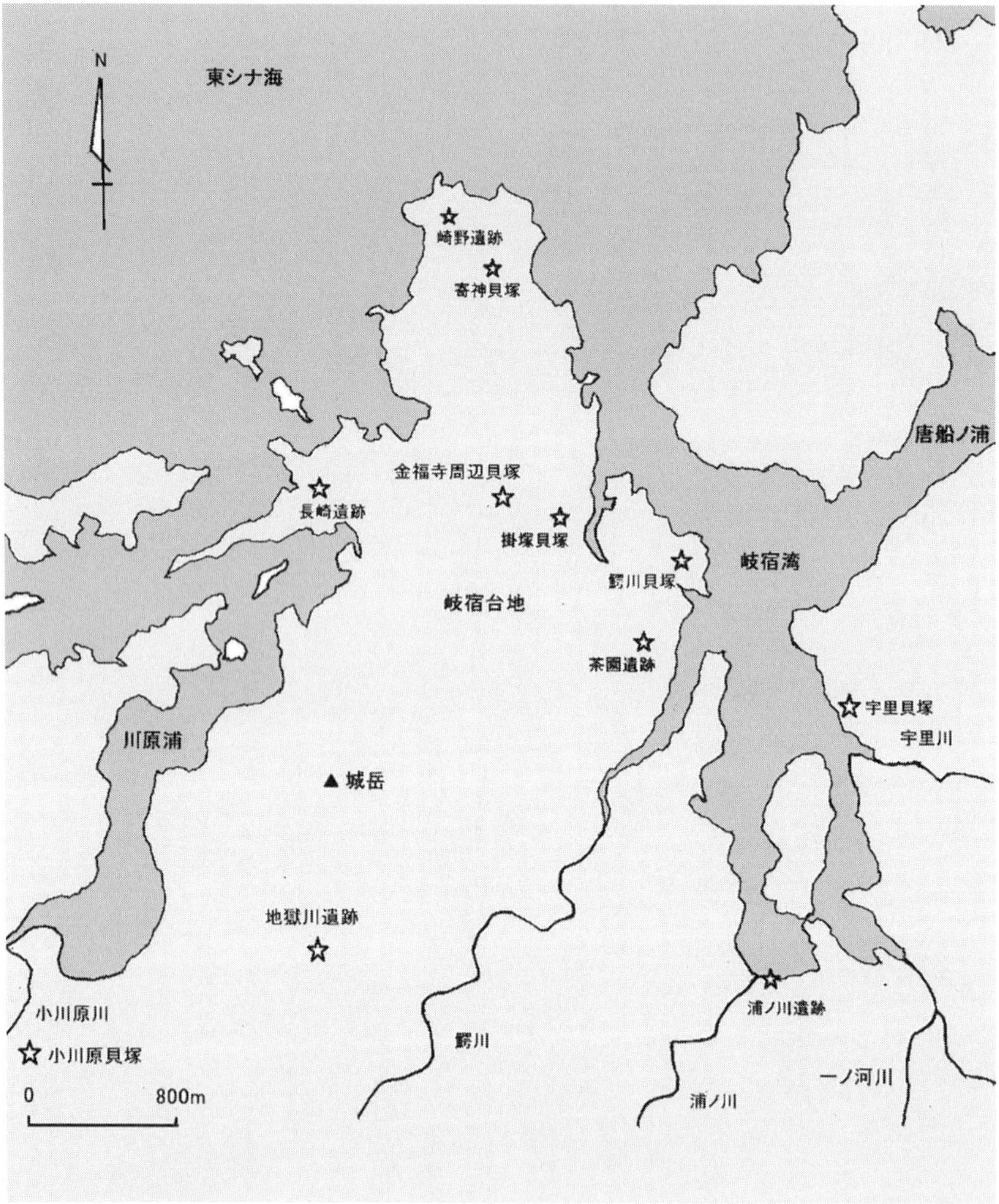

岐宿町北部の古代遺跡群 ── わずか一里余四方に国内最大級の規模と認められる寄神貝塚など11カ所の古代遺跡がある。

一、茶園遺跡

茶園遺跡は、岐宿湾に流入する鰐川の河口左岸の、海岸線から数十メートル内陸に入った標高三〇～六〇尺（一〇～二〇メートル）の溶岩台地上にある。その付近は台地の縁辺が開析して小支谷を形成し、谷奥には小さな湧泉がある。この一帯は現在、丘陵部が畑地、低地が田地となっていて、遺跡はその丘陵部から低地に続く南向きの緩斜面に展開している。

付近の海岸は鰐川の沖積作用によって土砂が堆積しており、干潮時には相当広範囲に干潟が生じ、真牡蠣など貝類の格好の棲息場となっている。

平成九（一九九八）年、岐宿町教育委員会によって発掘調査が行われた。

遺跡の年代は旧石器時代～縄文時代早期で、遺物は全六層のうち表層を除く五層に存在する。遺跡の層序は次の通り。第一層（表層）は黒褐色の表土、第二層は縄文早期～後期、第三層は縄文早期、第四層は縄文草創期、第五層は旧石器時代末の細石刃文化期、そして最下層の第六層は旧石器時代のナイフ形石器文化期である。

出土した遺物は、細石刃、細石核、石槍、スクレイパー、局部磨製石斧、石鏃、打製石斧、石皿、叩石《たたきいし》、縄文土器、草創期土器など。

注目すべきものとしては第四層から出土した縄文草創期の土器と石器群が挙げられる。この石器群の中には「神子柴型」と呼ばれる石斧と石槍が含まれていて、これは本州中央部から東北・北海道にかけて主として分布しており、九州でも近年発見例が増加しているもの。

茶園遺跡発掘調査風景＝平成９年　　提供：岐宿町

この事実によって九州地方の細石刃文化の変遷が、また縄文時代の細石刃文化の石器群と石槍・局部磨製石斧が共伴することがそれぞれ確認された。

　茶園遺跡は旧石器時代の遺跡としては九州の最西端にあり、この地で細石器石器群が発見されたことは、考古学上極めて意義が大きいと言われる。

（参考：『岐宿町文化財調査報告書　第三集、茶園遺跡』〈一九九八〉、『長崎県の貝塚展資料』〈二〇〇〇〉）

二、鰐川貝塚

　鰐川貝塚は、鰐川河口北端左岸の標高約二〇尺（七メートル）の溶岩台地上にある。昭和四十七（一九七二）年、岐宿町教育委員会によって発掘調査が行われた。

　遺物は二層に分かれて存在し、上層からは縄文後期の土器、また下層からは縄文後期前半葉の土器が出土している。

　出土した遺物は、石皿、叩石、石斧などの石器が多く、土器や石鏃《せきぞく》は極めて少ない。また、貝種は二〇種類前後と少ないが、真牡蠣が圧倒的に多い。昭和末期までは、この鰐川貝塚や茶園遺跡に近い海岸は、牡蠣《かき》を打つ大勢の地元の婦人や子供たちで賑わい、早春の風物詩となっていた。

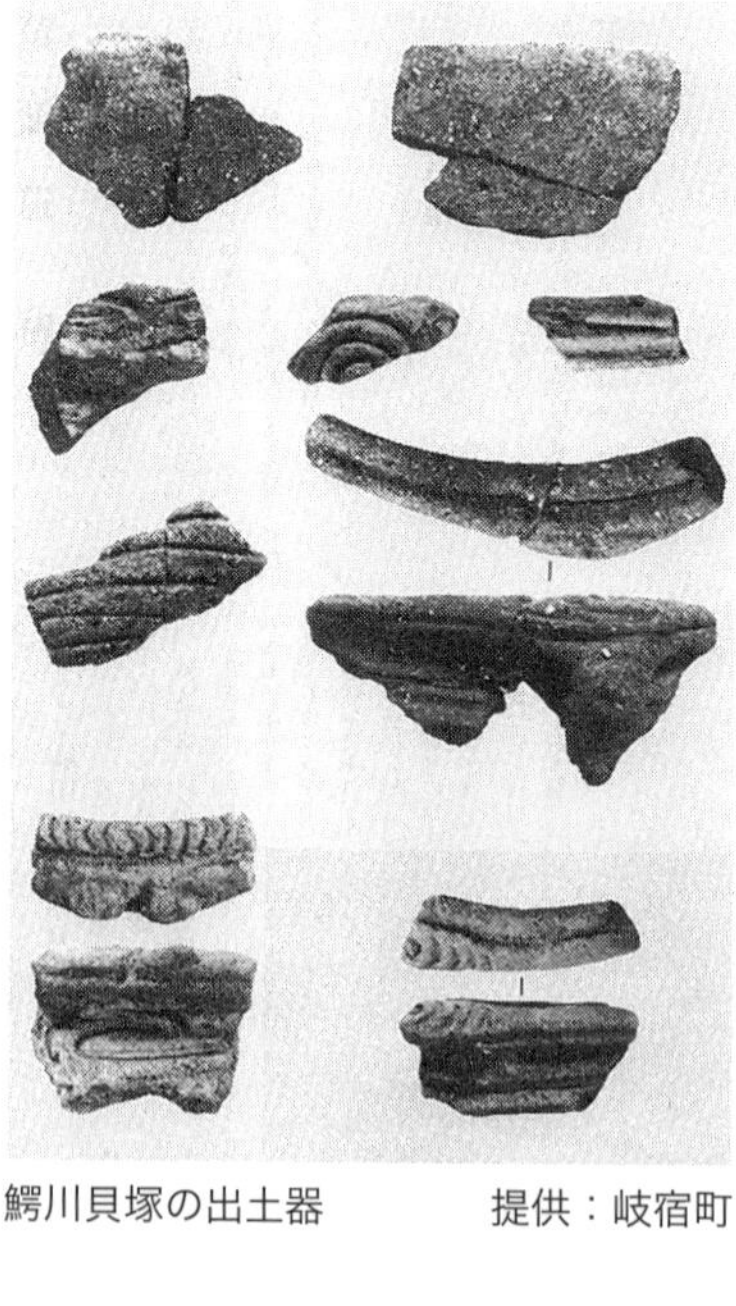
鰐川貝塚の出土器　提供：岐宿町

三、寄神貝塚

寄神《よりがみ》貝塚は、岐宿台地の北部東岸に位置する、寄神からイハンナにかけての標高約五三尺（一六メートル）の一帯にあり、弥生前期後半葉から中期前半葉に至る発展過程を層位的に見ることができ、全国でも最大級の規模を誇り、学術上貴重な遺跡である。

　この貝塚一帯は現在、畑地となっているが、高さ六尺

(一・八メートル)、幅六〇尺（二〇メートル）ほどの土手の全面に牡蠣殻《かきがら》などの断層が露出しているところもあり、また畑地の表土にも白い貝殻が混じっているので、一見してそこが貝塚遺跡であることが分かる。

昭和三十七（一九六二）～三十八（一九六三）年の二年間、長崎県が組織・編成した、九州大学鏡山猛教授を団長とする「五島遺跡総合調査団」により発掘調査が行われた。そして、同遺跡は昭和三十七（一九六二）年陽暦十一月八日「長崎県指定文化財（史跡の部）」に指定された。以下にその概要を記す。

寄神貝塚碑＝令和元年

「これまでに発見された住居址は三基が竪穴《たてあな》式住居で、七基が平地式住居である。いずれも炉を持つ。墓坑《ぼこう》は七尺（二メートル）×五尺（一・五メートル）、深さ一・七尺（〇・五メートル）の楕円形墓坑で、中に五～六体分の人骨と獣骨を含む、特殊な埋葬例である。二次的な骨の収納場所と解される。貝塚の下層からは遠賀川《おんががわ》式土器（弥生前期）が、

寄神貝塚遺跡調査風景１＝昭和37年　提供：出口氏

寄神貝塚遺跡調査風景２＝昭和37年　　提供：出口氏

また上層からは須玖《すぐ》式土器（弥生中期）がそれぞれ出土した。

　貝塚を形成する貝は七三種に及び、この中で岩礁性貝が九〇パーセントを占めており、特に真牡蠣の量は膨大である。貝の種類は、その真牡蠣、イボニシ、アマオブネ、アカニシ、サザエ、スガイ、ハイガイ、ウミニナ、クボガイおよびマツバガサなどである。

　出土した石器には、今山式石斧、磨石斧《ませきふ》、打石斧、抉入《えぐりいり》石斧、打製石鏃《せきぞく》、石皿、叩石、貝輪、猪・鹿類の骨器などがある。

　岐宿湾口は当時、岩礁性の貝類が豊富で、湾頭西岸一帯に集落があったことが、貝塚の散在から想定される。その中でもイハンナ貝塚は、一つのまとまった住居を持つ集団のものである。そこには大きな炉穴《ろあな》を持つ住居の形があり、柱穴を有する平地住居の類いも多く、さらには竪穴も混在する。これらの事実から、この遺跡は明らかに弥生期の各様式の住居を含むと判断できる。

　付近はやや高燥《こうそう》の地で、湧泉《ゆうせん》もあり、居住上好条件を具えている。今は、この貝塚は開墾されて畑地となり、かつて住人の飲用だったと推測される湧水は、水田の灌漑に利用されている。

　この貝塚遺跡においても、磨製石剣や磨製石鏃が出土したことから、金属文化から誘導入された、弥生文化に見る外来的要素が持ち込まれた可能性があると言える。農耕用具が発見されないからといって直ちに、ここで耕作生産が行われていなかったと断定することはできない。

いずれにせよ、この遺跡が貝塚であることは歴然としており、当時の住人が多くの貝を補食していた事実は疑う余地がない。多数出土した石鏃は、狩猟生活への依存度が高かったことを暗示し、また獣・魚などの食料残滓《ざんし》は、狩猟・漁撈《ぎょろう》が盛んに行われていたことを物語っている」

（参考：鏡山猛「第一部　岐宿貝塚」『長崎県文化財報告書　第二集　五島遺跡調査報告昭和三七年昭和三八年度』一九六四）

余談であるが、この発掘調査が行われたのは、夏の暑い盛りであった。当時、郷内に旅館はなく、島外から来た発掘調査員は、地元の寺や公民館などに分散して宿泊した。食事は、地元の婦人たちが作った。

地元の人たちは、珍しい発掘調査の光景を一目見ようと、炎天下を二〇分ほど歩いて現場を訪れ、調査区域の中に入れてもらい、発掘の様子や出土品を間近に見せてもらった。

当時、九大工学部二年生だった著者は、夏休みを利用して帰省中だったので、現場に鏡山教授をお訪ねした。その後、教授は毎日のように拙宅に入浴に来られた。

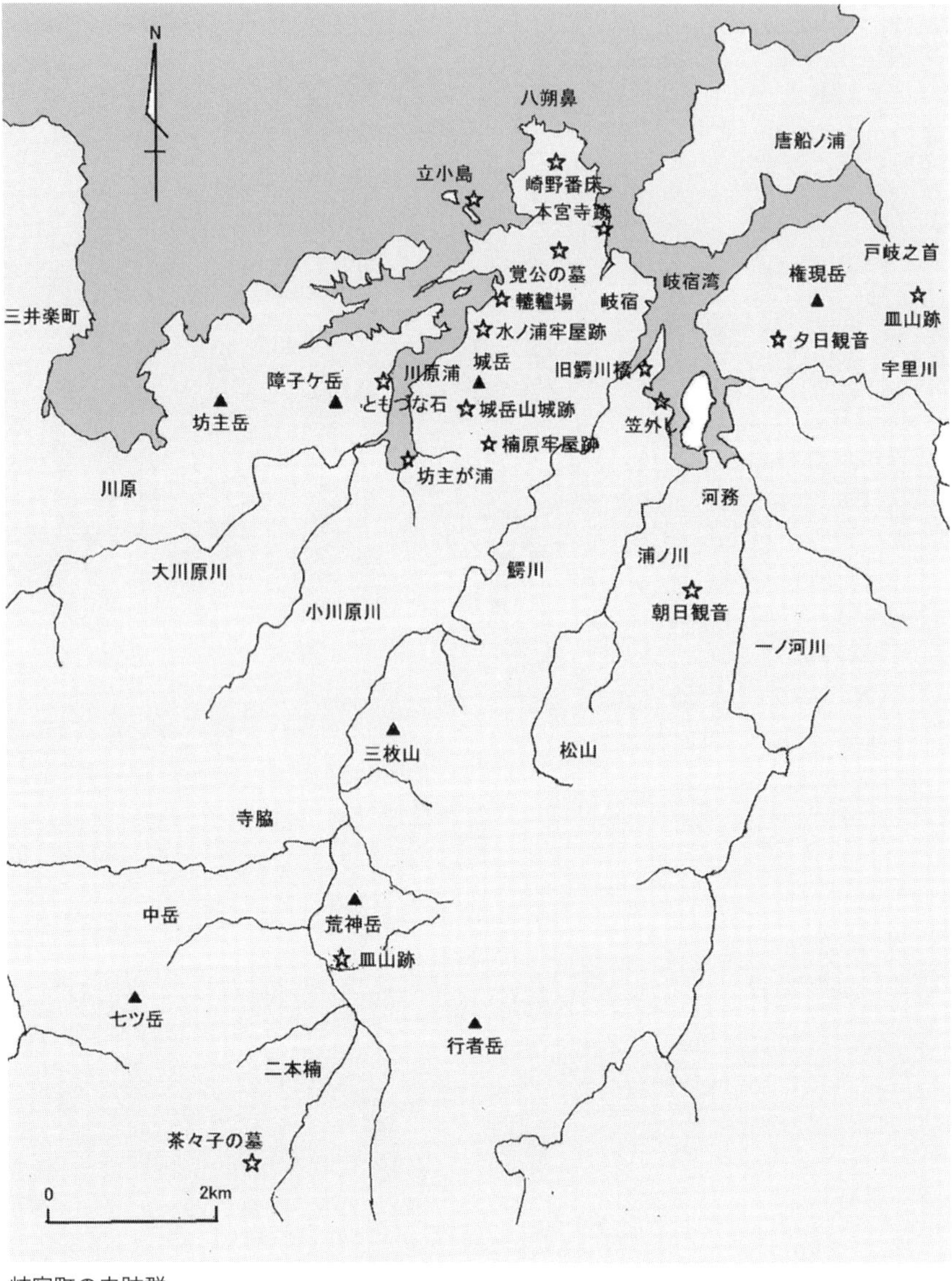
N
八朔鼻
唐船ノ浦
立小島
崎野番床
本宮寺跡
戸岐之首
覚公の墓
権現岳
岐宿湾
三井楽町
轆轤場
岐宿
皿山跡
水ノ浦牢屋跡
夕日観音
城岳
旧鰐川橋
宇里川
障子ケ岳
川原浦
坊主岳
ともづな石
城岳山城跡
笠外し
楠原牢屋跡
坊主が浦
川原
河務
浦ノ川
大川原川
鰐川
朝日観音
小川原川
一ノ河川
三枚山
松山
寺脇
中岳
荒神岳
皿山跡
七ツ岳
行者岳
二本楠
茶々子の墓
0
2km

岐宿町の史跡群

第二節　史　跡

一、遣唐使船の最終寄港地

1 川原浦の地形

川原浦は城岳の西側に位置し、ほぼ四方を山や台地に囲まれ、東西およそ二四町（二・六キロメートル）、南北およそ二二町（二・四キロメートル）の入江を形成している。ここは西海国立公園の一部でもある。北側には、西から東へ一八町（二キロメートル）に及ぶ幾つもの険しい山からなる半島と、逆に東から西へ九町（一キロメートル）ほどまっすぐに延びる、ごつごつした玄武《げんぶ》岩《がん》の切り立つ魚津ケ崎《ぎょうがさつ》の岬があり、これら二つが東シナ海と内海すなわち川原浦とを隔てている。その半島と岬は、俯瞰《ふかん》するとあたかも書院造りの違い棚のような形をしており、その開口部を船はS字状の軌跡を描きながら出入りする。

　浦内は、険固《けんご》な海岸線が複雑に入り組み水深は深く、その中央には西から東に一六町（一・七キロメートル）ほど突き出たもう一つの半島があり、浦をほぼ南北に二

遣唐使船の航路 ── 東（写真の右側）から中央に進行した遣唐使船団は、そこで進路を南（手前側）にとり、違い棚状になった湾口からＳ字状の軌跡を描いて川原浦に入り、中央の寺小島の西側を抜けて、１kmほど南にある白石港へと向かった。船団がそこから出港する際は、逆の航路を進んで東シナ海に出て写真中央から西に進路をとり、写真の左端に小さく見える三井楽の岬（柏崎）とその右にある姫島のあいだを抜けて唐土を目指したと考えられている＝令和元年

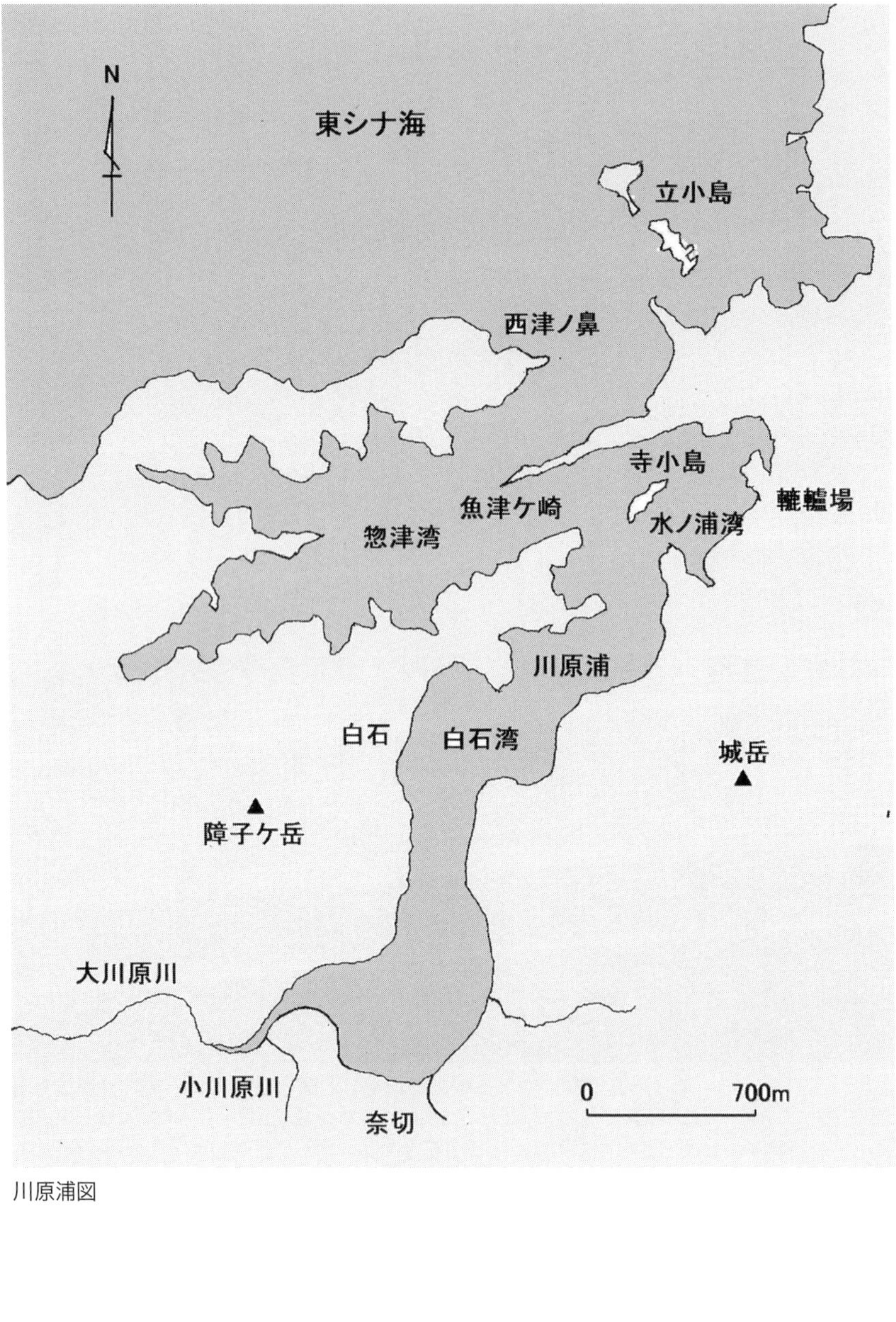
N
東シナ海
立小島
西津ノ鼻
寺小島
轆轤場
魚津ケ崎
水ノ浦湾
惣津湾
川原浦
白石
白石湾
城岳
障子ケ岳
大川原川
小川原川
奈切
0
700m

川原浦図

分する。

　その半島の突端《とったん》のすぐ先には寺小島があり、さながら巨大な和風庭園の池庭の主要部を構成する島を彷彿《ほうふつ》とさせる。

　柳田國男の指針に沿って昭和九（一九三四）年に『五島民俗圖誌《ずし》』（一誠社）を著した橋浦泰雄は、大正十五（一九二六）年と昭和三（一九二八）年に合わせて百日間ほど島内に取材のため滞在したが、同書頁五三一に城岳からの眺望を次のように描写している。

　「此處《ここ》からの眺望は、（中略）水ノ浦の碧津《へきつ》と岐宿湾とを俯瞰し、西方三井楽の岬角《こうかく》の左右に嵯峨島《さがのしま》と姫島とを望んで、優美さと壮大さを兼備している。玉之浦大瀬崎が男性的な点に於て島内第一位に推されるならば、この城岳からの眺望は女性的な美しさに於て島内の首位に推されるべきであろう」

　川原浦内には東側に水ノ浦湾、西側に惣津《そうづ》湾、そして南側に白石湾がある。白石湾は浦央の半島の南側にあり、浦内で東シナ海から最も離れたところに位置し、外海が激しく波打っていても、そこは鏡のように波静かである。かつて白石湾は、遣唐使船が我が国で最後に停泊して唐土を目指した港だったと伝わるが、当時こうした川原浦の地形が同船団の停泊適地として高く評価されたに違いない。

　『肥前國風土記』は、川原浦が遣唐使船の寄泊地であり一〇隻余の船を停泊できるとしている。この叙述は白石湾に限定したものと思われ、これに水ノ浦湾と惣津湾の二水域を加えた川原浦全体では当時、数十隻の船を容易に係留できたで

川原浦の湾口 ── 写真の左が魚津ケ崎。中央奥が惣津湾。遣唐使船団はこの湾口から出入りした＝令和元年

白石湾 ── 遣唐使船の最後の寄泊地。中央約１km先に水ノ浦湾がある。右に見えるのは城岳＝令和元年

あろう。

白石湾奥の内陸部には、南西側に大川原川（全長五・五キロメートル）が、また南側に小川原川（全長一・五キロメートル）があって、両河川は河口の手前で合流し白石湾に注ぐ。河口付近は沖積平野となって水田地帯を形成している。またそこから少し内陸部に入ったところに山内盆地があり、そこは福江島最大の穀倉地帯となっている。川原浦の沿岸や内陸部には人々が住み、農業や漁業に従事している。

このように川原浦は地形的に優れ、後背地には河川や水田地帯があり、人家もあったので、一度に五、六百人の遣唐使節団を受け入れて、必要な水や糒《ほしいい》などの物資の供給、一行の休養、船の修理、風待ちなどに関して諸支援のできる場所だった。つまり川原浦は、遣唐使船団の最終寄泊地としての必要にして十分な条件を具えた港だった。

なお、遣唐使船の発地すなわち最終寄泊地については、川原浦の他にも幾つかの港の存在が提唱されているが、その当否に対する著者の見解を第三節で述べてみたい。

② 遣唐使ゆかりの伝説・史跡

川原浦が遣唐使節団の日本最後の寄泊地であった史実を裏付けるように、川原浦沿岸にはあまたの遣唐使にまつわる伝説や史跡が残されているから、ここにその一部を列記する。

□遣唐使船に積み込んだ神護川の水

白石の障子ケ岳から白石湾に流入する加護川は別名

「神護川《かんごんがわ》」と呼ばれ、遣唐使船が入港するたびにこの川の水を汲んで船に積み込んだと伝わる。

この川の水は長期間腐らず、飲めば体調が整うと言われ、日照りが続いても流量が減ることはなかったので、地元の人々は「こん川ぁ神様《かんさま》ん護《まも》っちぇくだはっちょとよ」(この川は神様が護ってくださっている)と言って、この川を神護川と呼んだという。

遣唐使派遣事業が終了したあともおよそ一千年間、川原浦には国内外の船がしばしば入港したが、そのとき、この川の水が利用されたに違いない。

この川の近くには、数体の水神が祀《まつ》られ、毎年六月十五日に例祭が執り行われている。

□遣唐使が登頂して天候を予測した障子ケ岳と渡航の安全を祈願した正次神社

障子ケ岳の山頂には正次神社が祀られ、境内からは西方に東シナ海を一望できる。ここに遣唐使節団の気象担当者などが毎日登頂して沖を眺め、天候を予測し、神に渡航の安全を祈願したと伝わる。

□遣唐使船のとも綱を掛け結んだ石

白石には遣唐使船団が停泊したときに、船のとも綱を掛け結んだという「ともづな石」がある。かつて海のすぐ近くにあったが現在、港湾が埋め立てられたため岸辺は遠のいてしまい、しかも石の上部しか見ることができなくなっている。三方を壁で囲われた小さな地蔵堂の一階にあって、二階には地蔵が鎮座する。

ともづな石 ── この石に遣唐使船のとも綱を結んだと言われる＝令和元年

遣唐使派遣事業が終了したあと、この石は航海安全・海運隆盛の守護神として崇《あが》められたと伝わり、今もこの地域の住民を守る存在として親しまれている。

□遣唐使船の船首をつなぎ止めた「はんな松」

白石湾の東岸には遣唐使船の船首をつなぎ止めるために張綱が結ばれたという「はんな松」と呼ばれる松の木があった。

□遣唐使船にも積み込んだ塩

白石の窯《かま》百姓は海水を釜に入れ火を焚《た》き蒸発させて塩を作ったが、この塩が遣唐使船にも積み込まれたと言われる。良い塩ができるように祈り祀ったと伝わる塩窯宮が今も残っている。

□遣唐使も参詣した神崎神社

川原浦の最も奥まったところに神崎神社がある。地元の氏神で海上守護神でもある。この神には命がけで大海を渡ろうとした遣唐使の切実な祈りが捧げられたであろう。

□住民が遣唐使との別れを惜しんだ魚津ケ崎

遣唐使船が川原浦から出帆するとき地元の人々は、魚津ケ崎の岬に集合して別れを惜しみ安全を祈ったと伝わる。中には船影が水平線に消えるまで見送った者がいたかもしれない。ここには「遣唐使船寄泊地」の碑がある。

□遣唐使船修理の地

水ノ浦湾の東岸に「轆轤場《ろつろば》」の地名が今に残っている。

遣唐使船修理地碑。──今もこの地は轆轤場と呼ばれる＝令和元年

遣唐使船寄泊地碑──碑銘の揮毫者は当時の県知事佐藤勝也＝令和元年

ここで遣唐使船などを修理した際、轆轤（滑車）を使って船体を陸に引き上げたことから、そう呼ばれるようになったと言われる。

□巌立三所大権現の勧請

第十八次遣唐使節団に加わった空海が渡唐の折、鬼宿村に行き、権現岳の山頂に祀られていた三女神を宮小島に勧請したという伝説がある。これについては後述する。

□笠外し

空海が被っていた笠を置いて権現岳の三女神を遥拝したと伝わる場所がある。河務湾の西岸にあり「笠外《かさはず》し《ひ》」と呼ばれている。

笠外しからの景観 ── ここから空海は正面の権現岳山頂に祀られた三女神を遙拝したと伝わる＝令和元年

□空海の杖つき石

鬼宿と深江（福江の旧名）の中間に「大坂峠《うさかんつひ》」と呼ばれる急峻な峠があるが、ここに「杖《つえ》つき石」という空海にまつわる伝説がある。右の二つの空海伝説ついては第十章第二節に掲載した。

3 今も囲碁の盛んな白石

白石では、昔から農漁民の間で碁が盛んに打たれている。遣唐使の影響ではないかと言われるが、真偽は不明である。

遣唐使節団には棋士が含まれていたから、船団が白石湾に停泊中、骨休めのために上陸し、農家などを借りて碁を打った遣唐使がいて、それを見た住民が碁に興味をもったとも考えられる。

ちなみに、次のような当時の囲碁にまつわる史実が曹復『遣唐使が歩いた道』（二玄社、一九九九）などに見える。

①囲碁好きの玄宗皇帝が皇太子だったときに、入唐学問僧で囲碁の名手だった弁正《べんしょう》と碁を打った。

②延暦二十三（八〇四）年、第十八次遣唐使の大使藤原葛野麻呂に従って入唐した伴小勝雄《とものおかつお》は、碁が強かったことから遣唐使メンバーに選ばれ、唐の皇帝の指名した第一級の棋士・顧師言《こしげん》と対局したが、そのとき鎮神頭《ちんしんとう》（一手で両シチョウを防ぐ手）の妙手を放った顧に敗れた。

③晩唐になると、日本の囲碁のレベルが中国のそれに接近して、唐で中日囲碁大会が開かれるようになった。

二、川原郷と新羅人

『岐宿村郷土史』（一九一八）には、次の趣旨の記録がある。

「天武《てんむ》天皇六（六七七）年五月、新羅《しらぎ》人の阿喰朴刺破《あじゃかんらっぱ》徒人三〇、僧三人、血鹿島《ちかしま》（福江島）に漂着す。是《これ》我が青史の新羅人の漂着を記したるものの始めなりとす。而して載籍《さいせき》に其の何れ地なりやを記《しる》さずといえども、思うにその漂着せしは岐宿村川原《かわら》郷にはあらざるか。すなわち阿喰《あじゃ》は十二阿尺干にしてその濁音は『あじゃくかん』なり。今日同地方にジャカンなる助詞の使用せられるは、すなわち考証の一つにして、川原郷に牛喰湾《うしくりや》なる地名の存するは阿喰より転変し来れるにはあらざるかこれ考証の二なり云々」

大川原には「牛喰《く》わんど」という岩穴がある。昔そこに外国人が住んでいて、牛を殺して食ったと伝わる。

三、川原浦――貿易の中継基地――

1 遣唐使以降の外交

唐への使節団派遣が中止された以降も五島と中国、朝鮮、その他の諸外国との交流は続いた。

『日支交通史』には次のような主旨の記録がある。

「遣唐使事業が終了した承和《じょうわ》六（八三九）年から唐朝が滅亡した醍醐《だいご》天皇の延喜《えんぎ》七（九〇七）年に至るおよそ七〇年間に張支信《ちょうししん》、支隣徳《しりんとく》、李延考《りえんこう》、李達《りたつ》、詹景全《せんけいぜん》、欽良暉《きんりょうき》らをはじめ唐商が頻繁に往来したが、彼らはおおむね唐の明州（寧波）を出発し、肥前値賀島（五島）を経て博多大津に入港した。ここでの貿易ははっきりしているものだけでも三〇回以上に及んだ。当時の留学生はいずれも唐船によって往復した」

2 勘合貿易の基地

室町時代になると、日本と明国《みんこく》の間で勘合《かんごう》貿易が盛んに行われた。このとき勘合船の寄泊地が川原浦であったことが『大明譜《だいみんぷ》』に記録されている。その一部が『岐宿町郷土誌』に次のように記されている。

「天文十六（一五四七）年、第十一次勘合船（大内氏ノミ）四隻、正使、策彦周良《さくげんしゅうりょう》副使、釣雲《ちょううん》、二月山口を発ス、『大明譜』ニヨレバ、四月一日、川原浦ニツキ、五月四日、四隻共ニ出帆シ、六月一日、共ニ定海に入リ、後、罌山《おうざん》ニ移リ、手続ノタメニ空《むな》シク日月ヲ過シ、明年三月十日、寧波《にんぽー》ニ上陸シ嘉賓《かひん》堂ニ入リ、十八年四月、北京ニ入リ、八月、北京ヲ発シテ帰途ニ着ケリ。（下略）」

上は、その末期に貿易を独占した大内氏が明に送った最後の勘合船の記録であるが、このとき、勘合船団は二年半ほどの年月をかけて山口―明国間を往復し、この間、川原浦に一カ月間以上停泊したことが分かる。これほど長く停泊したということは、恐らくここで風待ちに加えて船の最終点検・修理、水や食料の補給、椿油などの輸出品の調達、乗組員の休養などが行われたに違いない。

なお、当時の日本の輸出品は、刀剣、銅、硫黄《いおう》、金、漆器《しっき》、扇、播絵《まきえ》などで、輸入品は、銅銭、生糸、綿糸、織物、陶磁器、書籍、香料などだった。

なお、応永十一（一四〇四）年から天文十六（一五四七）年にかけて派遣された勘合船は十七次八四隻に達したという。

岐宿の人々は川原浦や唐船ノ浦に寄泊した勘合船のことを「かごぶね」と呼び、昭和二十（一九四五）年頃まで、同じような形をした三〜四隻の船が連なって沖を通ると、年寄りは「かご船《ぶね》んごちゃ」と言ったという。

3 五島西部取締の中心地

大永七（一五二七）年、第十七代藩主盛定は藤原源九郎左衛門吉勝を大値賀島西部取締に任命して岐宿村に派遺、西津（川原浦、水ノ浦湾内）に居住させて当時、勘合船や歳遣船のほか諸外国船が頻繁に出入した川原浦を中心とする五島西部の浦々を監督させている。

四、唐船ノ浦 ― 外国商船の自由貿易港 ―

唐船ノ浦湾 ── 唐や明などの商船や倭寇船が入港したと伝わる。港は湾奥にあった＝令和元年

唐船ノ浦は岐宿湾の東奥に位置し、北に団助山、南に権現岳、東に宇知石山があり、三方を山に囲まれた約〇・七里（三キロメートル）に及ぶ細長い天然の良港である。

古来、唐や宋、明などの商船や倭寇船が頻繁に入港したところで、いつしかその名も「唐船ノ浦」と呼ばれるようになった。

福江藩は福江の江川と唐船ノ浦を外国貿易港として指定していたが、福江城下の江川は役人の見張りが厳しく、入港手続きも面倒だったことから、商船は厳しい出入規制が設けられていなかった唐船ノ浦に、より多く入港した。このため藩は唐船ノ浦に庄屋や籠司《ろうじ》、船見などを住まわせて税の徴収を徹底した。

しかしその後、福江島における外国との貿易は、幕府によって禁じられる。『五島編年史』の慶長十九（一六一四）年の項に次の記述がある。

「唐船ノ貿易ヲ長崎一ケ所に定メラル。依《よ》ッテ、深江川入口、奥浦ノ唐船ノ浦ニ於ケル自由貿易ヲ禁ズ。（後略）」

庄屋の跡は唐船ノ浦の中心部に今も残っており、屋敷内には屋敷神や水神が祀られている。

部落内には、土神や牛神、屋敷神、水神、地蔵、観音などが数多く祀られていて、往年の繁栄ぶりを彷彿《ほうふつ》とさせる。

唐船ノ浦の氏神は大曽根《おおそね》神社で、福江藩の管轄下に置かれ、岐宿の巌立神社が藩名代として管理した。

五、岐宿―宇久氏の五島最初の本拠地―

宇久氏の始祖とされる家盛の出自には二説がある。一つは桓武平氏の子孫とする『平姓五島系譜』説で、もう一つは清和源氏武田氏の流れとする『源姓五島家系図』説である。平氏説は、平忠盛の四男で清盛の弟にあたる家盛を祖とするもので、家盛は久安六（一一五〇）年に京都を去って行方不明となったが、平家が壇の浦で滅亡したのちの文治三（一一八七）年に宇久島に移ったとされている。

一方、源氏説は、武田兵衛尉有義の子武田次郎信弘を始祖とする。武田信弘は文治三年、平戸島の黒髪山麓に居を構えたが、のちに宇久島に渡って城を築き、やがて宇久次郎家盛と号した。鎌倉幕府に忠誠を尽くした功により、従五位下肥前守に叙せられたと言われる。

しかし、右のいずれの説も確証はない。

宇久氏は代々、宇久島の矢本館を本拠として発展し、南北朝時代には北朝方に属し、九州探題今川了俊による松浦党の一揆契諾《いっきけいだく》に署名している。

永徳三（一三八三）年、第八代宇久覚は矢本館を引き払い福江島岐宿に移る。その二年前に、覚はそれまで男子に恵まれなかったため、阿野対馬祥林の子松熊丸（一二歳）を養子とする。

覚は岐宿の城岳に山城を築き五島統一に着手する。が、六年目の嘉慶《かきょう》二（一三八八）年に死去する。同年、松熊丸は名を勝《すぐる》と改め家督を継ぎ、岐宿から深江《ふかえ》（福江の旧名）に移住、辰ノ口に城を築き本拠とする。しかし五島統一は容易ではなく、成就するのは応永二十（一四一三）年である。このとき五島各地の豪族によって「宇久浦中契諾」が交わされ、勝は名実ともに宇久氏第九代当主となる。覚が五島統一を目指して岐宿に移り住んでから実に三〇年後のことだった。

1 城岳の地形と山城

城岳は、岐宿台地の南端に位置し、四方に緩やかな裾野を持つ標高七一二尺（二一六メートル）の山で、古くから「城のあった山」と親しまれ、岐宿小学校の校歌にも「万古《ばんこ》動かぬ城岳を背負いてたてる岐宿校」とある。

覚がこの城岳に築いた山城は、室町時代に多く見られた根小屋式山城で防御型の城であった。山城は、普段から城主が住む、いわゆる「居城《きょじょう》」ではない。城主は、

城岳と水ノ浦湾 ── 現在、城岳山頂には電波中継基地がある。中央の白い建物が水ノ浦修道院、その右が水ノ浦教会堂＝令和元年

平時には麓《ふもと》で領民《りょうみん》とともに生活し、有事には急遽《きゅうきょ》、山上の城に移動して立て籠《こも》るという使い方をする。

　八合目辺りには、武者揃広場跡があるので、この付近に本丸に当たる主廓の陣屋があったと推測される。ここから西に三〇〇尺（九〇メートル）ほど斜面をまっすぐに登ったところに山頂があり、そこには砦《とりで》と烽火《のろし》台があったと伝わる一〇坪ほどの広場がある。

　山頂からは、東方に権現岳（標高三六〇メートル）と唐船ノ浦、西方に川原浦と三井楽、姫島、北方に岐宿台地と東シナ海、上五島の島々、そして南方に楠原や山内盆地を望むことができる。

　城岳は周囲に展望を妨げる天然障害物がないので、敵の動きをいち早く発見して有利に戦闘を展開できるうえ、有事には烽火により援軍と連絡を取り合うことができる。また、山の斜面に生い茂る野生の樹木は、敵の接近や通過を困難ならしめる障害物となる。さらに山城は平地から遠い山地にあるため、射撃効果を無能ならしめる。加えて、七合目辺りには湧泉があり、山裾には幾つも小川があるから、籠城のための水源の確保に問題はない。いちいち挙げると切りがないが、城岳は防御者にとって戦略的に極めて有利な地形と立地、森林地を有しているのである。

　これらの事実からも、ここに山城を築いた覚が、並外れた軍事的洞察力の持ち主だったことが分かる。

　なお、明治時代までは、金福寺の梵鐘《ぼんしょう》の音を合図として、村民がどこからでも一斉《いっせい》に武者揃広場跡を目指して山を駆《か》け上がり、最初に到達した者が、その年の最も速い勇者と定められるしきたりがあったが、これは、不測の敵襲来に備えて武者が普段から訓練を怠らなかった六百余年前のなごりだったと伝わる。

２ 石塁

山頂を中心にして武者揃広場跡から時計回りに回ると、南から西、北側斜面にかけて自然石を使った防御のための石塁がある。この石塁は、総延長が約三・八町（四一六メートル）に達し、高さ平均約五尺（一・五メートル）幅三尺強（一メートル）で、上部には土を盛って固め、盾《たて》や柵《さく》を設置できるようにしてある。また、石塁の内側（背後）には、幅三〜六尺（〇・九〜一・八メートル）の武者走りと呼ばれる通路が設けられている。

北西側斜面には山頂から折口（第一章第一節第四項「岐宿郷周辺字図」参照）にかけて二つの舌状《ぜつじょう》台地があり、それぞれに馬蹄《ばてい》形をした砦《とりで》専用の石塁がある。その第二舌状台地の石塁の中ほどに、第一章第一節第一項で既述した岐宿の「岐」の文字が彫られた石がある。周囲の組石に比べてひときわ大きく、表面が縦五寸（一五センチメートル）、横一尺三寸（四〇センチメートル）ほどあり、文字は石鑿《いしのみ》のような鋭利な工具で陰刻されている。

山城全体を俯瞰すると、石塁は北西側斜面に集中しており、海側からの侵攻を想定して構築されたことが分かる。それには、次のような当時の事情があったと推せられる。すなわち――第一に、およそ百年前に元寇《げんこう》があったことから、引き続き大陸からの侵攻に備える必要があったことである。第二に、当時は天下を二分した南北朝動乱の最中であったから、南朝方の侵攻にも備える必要があったことである。そして第三に、覚が鬼宿《きしく》（岐宿の旧名）に移住した年の翌年、覚を含む松浦党の間で「一揆契諾」が締結されているから、福江島内陸部からの侵攻はないと想定されたことである。

六、覚公と正室の墓

覚は、このように城岳に城を築き五島統治を目指すが、岐宿在住わずか五年にして、嘉慶二（一三八八）年七月六日、享年五八で死去した。後を継いだ養子、宇久家九代伊豆守勝《すぐる》は、覚を金福寺（第三章第二節第一項参照）に葬《ほうむ》り、同寺の開基とした。戒名は「金福寺殿空海全太大居士」。官位は従五位下尾張守。

覚の墓碑は、墓地の入口付近にあり、石造の玉垣《たまがき》に囲まれた二基のうち正面から見て右側がそれである。左側の墓石は欠損と摩滅のため確認できないが、『岐宿村郷土史』に福江藩士貞方某《なにがし》のものであると記録されてい

宇久家八代尾張守覚の墓＝令和元年

ることから、『岐宿町郷土誌』は、それをさらに発展させて、慶長《けいちょう》三（一五九八）年、第二十一代五島藩主玄雅《はるまさ》の命により貞方家を継いだ平田甚吉《じんきち》こと貞方勝右衛門源雅貞《まささだ》のものではないかとしている。その根拠としているのが次である。すなわち——貞方家の中で覚の墓碑の隣に埋葬されるほど格式のある人物は歴史上、第二十二代盛利《もりとし》の叔父で貞方家中興の祖と言われた貞方良可とこの雅貞の二人が筆頭であるが、良可の墓碑は玉垣の外に建っていて、雅貞の墓はどこにも見当たらない、というものである。

　ここで著者は、覚の奥方にまつわる悲話に触れておかねばなるまい。諸資料にはおよそ次のような主旨が記されている。

覚公（右）と正室の墓＝平成30年

「覚が宇久島矢本館を引き払い岐宿に移住する折、懐妊中だった奥方は産婆らに付き添われて後の便で出発した。船が上五島中通島に差し掛かったとき、北風が強くなり波が高くなってきたが船は先を急いだ。そして有川湾を横切り友住と頭ケ島の間にある、地元では潮流の早いことで知られる瀬戸を抜けようとした。しかし、船はたちまち激しい潮流に呑《の》まれて転覆する。近隣の村人たちが救助に駆けつけたときは既に遅く、奥方と産婆の遺体は赤尾の近くの海岸に漂着していた。村人たちは、奥方の遺体を魚目の浄福寺《じょうふくじ》（浄土宗）の裏山に葬《ほうむ》り、その御霊に豊玉姫命の神霊を勧請して、『孕《はらみ》大明神』の神号を奉り、赤尾の氏神として祀った」

これは夫の覚が死去する五年前の話であるが、その後、奥方の遺骨が宇久五島家の菩提寺の一つである金福寺に移されたとか、分骨されたとか、あるいはその遺骨の有無に係わらず奥方の墓が金福寺の墓地に建立されたという事実は今も確認できていない。

それでは正室の墓は金福寺にはないのだろうか――著者は次のように考える。すなわち――覚の墓碑の隣に建つそれは、これまで推せられているような貞方雅貞のものではなく、奥方のものではないか、と。

その根拠とするところは、次の六つである。――第一に、当主の墓を建てるときに、墓碑の位置をわざわざ正面中央から右にずらしてまで、不特定の人のために一基分の墓碑の空間を用意しておくことをするだろうか。仮にそれを雅貞のものとすると、雅貞が死去したのは覚の死の二六八年後のことだから、その間ずっとこの空間を空けていたことになるし、さもなければ雅貞の墓碑を建てるために、中央に建立されていた当主の墓をわざわざ掘り起こして右側に寄せたことになる。他に墓を建てる場所はいくらでもあるというのに、そういうことをするだろうか。

第二に、当主の墓碑と正室のそれを一対として横に並べて建立する例は、当時から全国にも少なからず存在したので、決して珍しいことではなかった。

第三に、二つの墓碑の芝台《しばだい》（地面と接する最下部の厚い台石）は厚みや大きさがほぼ同じであることから、生前の二人は同位または相当であったと思惟《しい》されるが、その地位に相当するのは正室をおいてない。

第四に、芝台の苔の付き方は見るからに両者まったく同じであるから、二つの芝台は同時代に同質の石材から造られたものと考えられる。

第五に、雅貞は明暦二（一六五六）年に八七歳で死去したが、その六三年前に他界した貞方良可の墓碑は、第十三章第二項の写真に見るように、覚の墓碑の隣に建つ墓碑とは形式が大きく異なっている。しかも良可の墓碑に刻まれた二百数十文字に及ぶ碑文はほぼ解読できるが、雅貞のものとされる墓の碑文は摩滅して解読不能である。これら二つの事実から判断しても覚の墓碑の隣に建つ墓碑を雅貞のものだとする主張にはいささか無理がある。

そして第六に、二つの芝台は寄り添うようにぴたりと接して据《す》え付けられている。二人が他人同士かまたは地位の異なる人同士であれば、こうした配慮は不要であるし、それどころかおかしいとさえ言える。

永徳《えいとく》元（一三八一）年、岐宿に移住する二年前、それまで男子に恵まれなかった覚は、阿野対馬祥林の子松熊丸（一二歳）を養子とする。のちの宇久家第九代藩主の勝《すぐる》である。その松熊丸は養母とわずか二年間しか一緒に暮らさなかったが、この間、養母に深い愛情を注がれて育てられたに違いない。宇久氏の血統ではない松熊丸に後を継がせるため、周囲の説得に心血を注いだと伝わる覚が死去したとき一九歳になっていた勝は、養父母の恩に報いるために、今に残る形で二人の墓を建立したのではないだろうか。

なお、『西村家永代記録』に天明《てんめい》四（一七八四）年、御廟所《ごびょうじょ》（覚公の墓）が傷んで粗末に見えたことから、西村団助が申し出て建替えたとあるので、現在に残る御廟の姿がそれであろう。しかし、その建替え工事の範囲は不明である。

七、茶々子の墓

茶々子は宇久家第九代勝の娘である。勝は嘉慶二（一三八八）年、父覚が死去すると、本拠を岐宿から福江辰ノ口に移し、父の期待通り五島を統治し、数多くの功績を残して宇久五島藩の中興の祖と呼ばれるようになったが、移住に先立ち、茶々子を西の守りとすべく山内の城に残したと伝わる。

茶々子の墓は、二本楠郷のユッサ山の麓にあり、「茶々子神社」とも呼ばれる。

なおユッサ山とは、ゆっさ（戦《いくさ》）が行われた山のことであ

茶々子の墓　　提供：岐宿町

る。神社境内には茶々子が平家の七人の残党の冥福を祈るために建立したという七体の地蔵尊（自然石を含む）が祀られている。

八、本宮寺跡

本宮寺跡＝令和元年

巌立神社本殿の東側には二町（約二一八メートル）ほど離れたところに、永徳三（一三八三）年以来真言宗の仏事を営むかたわら神社の管理を行う別当寺だった本宮寺《ほんぐうじ》の跡地がある。

寛永十四（一六三七）年、巌立神社は藩主より五島四社に定められ、知行《ちぎょう》三〇石（内訳：田地一町九反二七歩、畑地三町二反三畝一五歩、宅地千八百三九坪）を下賜され、本宮寺が村内各郷にある神社や知行を管轄した。宝暦五（一七五五）年、知行は三一石七斗七升に加増され、同時に本宮寺にも二二石一升三合二勺が下賜された。

しかし明治元（一八六八）年に新政権によって発布された神仏判然令や同三年に発布された大教宣布により全国に廃仏毀釈《はいぶつきしゃく》思想が広まり明治四年、本宮寺は掛塚《かけづか》にあった妙永寺《みょうえいじ》とともに廃されて金福寺に統合される。

本宮寺跡地の北隣には本宮寺墓地がある。そこは昭和三十二（一九五七）年頃まで十数本の樹齢数百年の松の巨木があったことから「松山墓《まっちゃまんはか》」と呼ばれ親しまれていたが、その松は松食い虫の被害に遭ってすべて枯死した。

本宮寺跡地と本宮寺墓地の東側は岐宿湾西岸に続く崖になっており、そこからは東側に岐宿湾や団助山、権現岳を、また北側に広大な東シナ海を望むことができる。

九、藩政時代以来の岐宿道

岐宿―福江間には藩政時代から藩主も頻繁に往来した「岐宿道」がある。既述した通り、岐宿は永徳三

（一三八三）年、宇久八代覚が宇久から移住し五島藩の礎を築いたところで、自ら創建した山城の跡や巌立三所大権現（のちの巌立神社）、金福寺があり、同寺には自身の墓がある。それゆえに本拠が福江に移ったあとも歴代藩主は、この藩の「聖地」を「岐宿殿」と敬称付きで呼び毎年墓参を欠かさず、しばしば鹿狩りや競馬を楽しむために出掛けた。この道路沿いには次のような幾つもの史跡がある。

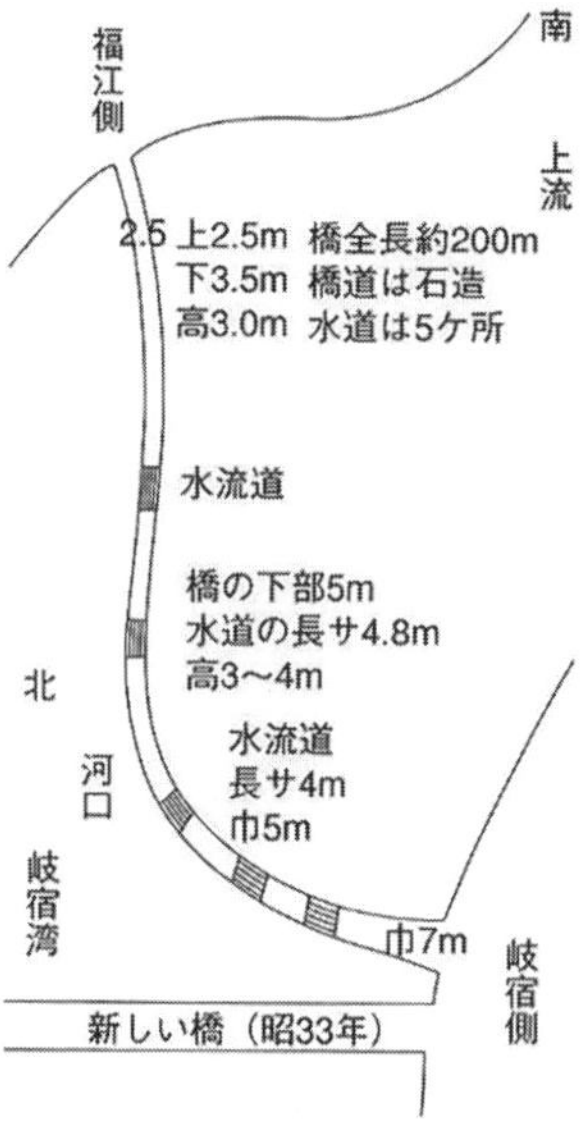

旧鰐川橋の平面略図　　提供：岐宿町

1 鰐川橋

岐宿郷中心部からおよそ一〇町（一・〇九キロメートル）福江寄りにある鰐川河口に「鰐川橋《わんごんはひ》」がある。江戸時代中期（一七二〇年頃）に架けられた、長さ約六七丈（二〇〇メートル）のS字状石積み造りの橋である。以前、橋が洪水のたびに流されたことから、村民が藩主に願い出て架けられた橋だと伝わる。

設計・施工責任者は、五島藩きっての土木の天才と言われた高峰十之進である。十之進は大雨の降った直後、そこに住民を集めて二組に分け、一本の縄の各端を持たせて両岸に立たせ、その縄を伸ばしたり縮めたりさせな

旧鰐川橋 ── 満潮時であろうか、水面の迫る橋上を人と牛がゆっくりと歩いている。岐宿側から写す。　提供：出口氏

干潮時の鰐川河口 ── 写真中央部にあった旧鰐川橋の積み石のほとんどが持ち去られ、左端（福江側）にわずかに原形を留める＝令和元年

がら、流れの引っ張る力の最も弱い位置を知り、その縄の位置に沿って竹を立て、そこに橋を建設したという。

　こうして完成した鰐川橋は大きく蛇行《だこう》し、橋の幅員はその場所の水流速に比例して増減し八・三～二三尺（二・五～七メートル）、河床からの高さは一〇～一三尺（三～四メートル）で、途中に五カ所の水流道を持つ。比類ない堅固な建造物で、猛烈な台風や大雨に遭っても一度も崩壊することがなかった。

　ところが、島内でもモータリゼーションが進展しつつあった昭和三十三（一九五八）年に全長四三丈（一二八メートル）の新鰐川橋が完成すると、それまで二三〇年余り人々の生活を支えていたこの橋は役目を終える。その後、橋は放置され、積み石が他に転用されるなどして次第に崩れていった。現在、その橋は福江側のほんの一部を除いて原形を留めていない。

　旧橋は全国的に極めて珍しく、歴史的にも学術的にも価値の高い建造物だっただけに、その消失が惜しまれる。

②さばくさらかし岩

　鰐川橋から五町（五四五メートル）ほど河務郷寄りの山中に「さばくさらかし岩」と呼ばれる巨岩がある。昔、少し間抜けの魚売りがこの岩の下を通りかかったとき、今にも岩が落ちてきそうだったので、落ちてから通ろうと待つうちに、さばを腐らせてしまったという。それ以来、人々はこの岩を「さばくさらかし岩」と呼ぶようになったと伝わる。空海の「笠外し」（第二章第二節第一項②参照）は、ここのすぐ河務寄りのところにある。

さばくさらかし岩 ── 右にいまにも落ちてきそうな巨岩が見える。
提供：出口氏

3 一里塚

岐宿から福江方面にちょうど一里（四キロメートル）行った道路脇に「一里塚」（一里神）がある。江戸時代初期に建てられたのだという。

目印として植えられた椎《しい》の木は今や大木になって森をつくり威厳を保っている。

旅人はこの神を一ノ河川の渡河や大坂《うさかん》峠《つひ》の山越えの守護神として崇《あが》め、青柴《あおしば》を手折《たお》って供え旅の安全を祈願する。

一里塚　　提供：岐宿町

4 朝日観音

朝日観音は、観音山（標高三八七メートル）の東面中腹にある。一里塚の少し福江寄りの道路脇にある鳥居から三町余（約三五〇メートル）階段を登ると、そこには屹立《きつりつ》する巨岩と洞窟《どうくつ》があり、その奥にあるもう一つの岩《がん》窟《くつ》のなかに大小二体の観音像が祀《まつ》られている。一月、五月、九月の各十七、十八日の例祭日には、大勢の人たちによって諸仏事が営まれる。

「朝日観音」の呼称は次の故事に由来する。――「一年に一日だけ洞窟奥まで差し込む朝日が観音の後光となって外界を照らすことがあり、この光を受けることができれば、直ちに願いが叶《かな》う」

朝日観音　　提供：出口氏

昔、占星術に長《た》けた修験者《しゅげんじゃ》がその日時を預言したと伝わる。

朝日観音は、安産や喘息《ぜんそく》に御利益《ごりやく》があると言われ、今でも自分の息を一節の女竹《めだけ》に吹き込み、蓋《ふた》をして観音に捧《ささ》げる参詣者が少なくない。

5 一ノ河川

一里塚から福江方向に岐宿道を進むと、両側から急《きゅう》峻《しゅん》な山々が迫り、深い谷を形成している。その谷を北流するのが一ノ《いんの》河川《こかわ》だ。富江地区にある大山瀬（標高三六〇メートル）北東側斜面を水源とする二級河川で、五島では最も長い。大雨のたびに洪水を引き起こす暴れ川としても知られる。

後述する大坂《うさかん》峠《つひ》に通じる近道はこの川の右岸にあり、その道幅は最も広いところで三尺（九〇センチメートル）ほど。この川の渡瀬は一里塚の少し福江寄りにあり、人々は膝下まで浸かってそこを渡る。そこから大坂《うさかん》峠《つひ》まではおよそ一・三里（五キロメートル）である。

6 大坂峠

一ノ河川の右岸沿いに近道を福江方向に進むと、やがて険しい大坂峠《うさかんつひ》に至る（当地では、高所や山頂、天井を「つひ」と呼ぶ。また「おお」をしばしば「うう」と発音する）。立木や岩などに掴《つか》まらなければ登ることのできない難所だ。それゆえに昔、馬に乗る藩主やその家来、駕籠を使う者たちは大きく迂回して一ノ河川の左岸沿いにある本道（岐宿道）を利用した。岐宿からこの峠まではおよそ二・五里（一〇キロメートル）、峠から福江まで一・八里（七キロメートル）ほどある。

峠からは南東方角の遙か先に優しい姿をした鬼岳《おんだけ》（標高三一五メートル）と広大な五島灘の海を、また眼下には小さな籠淵《こもつぶつ》集落を望むことができる。

既述したが現在、この峠の真下には大曲トンネル（全長四一五メートル）がある。

十、崎野番床

福江島は九州最西端にあり国防の要衝の地であったことから第二十二代五島藩主盛利は、寛永十四（一六三七）年に江戸幕府より異国船を見張る「異国船方在役」を命じられ、以後幕末まで五島藩はこの役を務めることになる。寛永十八（一六四一）年以降は、頻繁に異国船が渡来したため海防に専念するようになり、ごく当たり前のように参勤を免ぜられた。

盛利は、異国船の通航を監視するため領内七カ所に遠見番所を設けた。すなわち——福江島玉之浦大瀬崎《おおせざき》、同富江番所山、同岐宿崎野、黄島、嵯峨島、祝言島《しゅうげん》、および宇久島の各番所である。

その後、さらに異国船の通航が頻発したことから正保《しょうほう》四（一六四七）年に四カ所を増設し、同時に防御強化のため嵯峨島から三井楽柏へ、また祝言島から魚目曽根崎へ二番所を移転させた。このとき増設されたのは、福江島福江鬼岳、奈留島遠見番山、奈良尾福見、および中通島有川友住の番所だった。この増設により五島藩の番所数は合計十一カ所となる。

岐宿の崎野は、東シナ海に突き出た岐宿台地の北部一帯を呼ぶ地名である。ここからは大海原を真西から北東方角まで一望できる。異国船の見張り櫓《やぐら》は一帯の最も高い場所に建てられた。見張りには、徒歩（小身の士）一人、足軽一人、および人夫一人の三人一組で当たった。文化五（一八〇八）年には遠眼鏡《とおめがね》（望遠鏡）が設置され、見張りが強化された。

なお、地元の人たちはこの番所《ばんしょ》のことを番床《ばんどこ》と呼んだ。

十一、立小島

立小島《たっこひま》は魚津ケ崎の二町（二一八メートル）ほど沖合にあって二島から成り、大小五つの岩山が北西から南東にかけておよそ五町（五四五メートル）ほど連なる。各山頂部は枝振《えだぶ》りのよい黒松に覆《おお》われていて、それがごつごつした白褐色の岩肌や紺青《こんじょう》の海、紺碧《こんぺき》の空と良く調和して、美しい景観を作り出している。

立小島 ── 左に見える屹立した巨岩がその呼称の由来だという。遣唐使船団は、その巨岩のすぐ横を通過したと考えられる＝平成30年

沖側にある島の北西面は激しい風波に浸食されて絶壁を成している。そこから少し離れたところに屹立した巨岩があり、これが「立小島」の呼称の由来だと伝わる。

立小島は明治九（一八七六）年頃まで古名を「談合《だんごう》島《じま》」と称した。その名は永徳三（一三八三）年、宇久覚が岐宿に攻め入り五島統一に着手したとき、ここで軍議を開いたことに由来するという。平安時代には遣唐使たちがこの島のすぐ西側を通って川原浦に寄泊し、再びそこを通って西に進路をとり、東シナ海の遥か彼方にある唐土を目指した。

この島の北西側は鰤《ぶり》の大回遊海域になっており、既述した大洋漁業所有の鰤大型定置網がある。

大潮の干潮時には、立小島と魚津ケ崎が陸続きになり、地元の人々はその時間帯にこの島に歩いて渡り、海藻や魚介類を獲る。

十二、権現岳

権現岳（標高三六〇メートル）は岐宿湾の東に位置し、市杵島姫命《いちきしまひめのみこと》、田心《たごころ》姫命および湍津《たきつ》姫命の三女神が降臨したと伝わる神山である。山頂にはそれら三女神の石造祠《ほこら》があり、また西面の中腹には「夕日観音」がある。北面の山裾は唐船ノ浦湾に接し、南東面中腹には福江島唯一の滝「ドンドン渕《ふち》滝」がある。この滝は、かつて権現岳修験者の禊《みそぎ》の場だったと伝わる。

1 三女神伝説

その三女神の話は次のように語り継がれている。すなわち「延暦《えんりゃく》二十三（八〇四）年、入唐の折に鬼宿村白石に立ち寄った空海は、住民から不思議な話を聞いた。

権現岳 ── この山頂に祀られた三女神を空海が宮小島に勧請したと伝わる＝令和元年

権現岳には毎夜三つの火明かりが生じ、中秋の頃その火が鬼宿湾（のちの岐宿湾）の西にある宮小島に飛ぶのが見え、笛や太鼓の音も聞こえたというのだ。

そこで空海は権現岳に足を運び、これら三女神を厳立三所大権現と崇《あが》め宮小島に勧請《かんじょう》した」と。

2 夕日観音

権現岳の西面中腹には、山裾《やますそ》にある鳥居《とりい》から二町（二一八メートル）ほど先に、互いに重なり合う三つの巨岩があり、その中央部の洞窟に夕日観音が祀られてい

夕日観音　　提供：出口氏

る。

「夕日観音」の呼称は――六道の迷界にいる衆生を救うために化身する観音の姿がまさしく諸種の光を以て下界を照らす夕日と共通しており、その夕日に観音が相対することに由来する。ここから大海に沈む夕日を観れば、そこに西方浄土を想わない者はいないであろう。例祭日は一、五、九月の各十七日、十八日。

十三、本宮寺六地蔵

宮町（旧称坊里《ぼさと》）には、通称「よっかどん、いぞさん」と呼ばれる「本宮寺六地蔵」が祀られている。北に延びる本宮寺参道の入口にあって、そこから西に進むと巌立神社参道入口へと通じる三叉路《さんさろ》の北西角地にあり、高さ約七尺（二メートル）の立柱六角面に各一体の地蔵像が彫られている。文禄三（一五九四）年、文禄《ぶんろく》の役の折、朝鮮の陣中で病死した第二十代藩主純玄《すみはる》や大勢の将兵の霊を供養するために慶長四（一五九九）年に建立された。

本宮寺六地蔵＝令和元年

柱の正面に「頼延《らいえん》」とあり、これがその建立者だと推定されるが、その名が史料に残されていないことから、二説がある。すなわち――一説は、本宮寺和尚《おしょう》ではないかというもの。もう一説は、財力のあった貞方家の者ではないかというものである。例祭日は一、五、九各月の十七日。なお、貞方家については第十三章第二項を参照願う。

十四、水ノ浦牢屋跡

明治元（一八六八）年陽暦十二月末に水ノ浦でキリシタンの厳しい弾圧が始まると、帳方の水浦久三郎宅が牢屋に急遽《きゅうきょ》改造され、三十余人の水ノ浦の信徒たちが監禁された。その後、楠原や姫島、打折の信徒たちもここに投獄された。一時、その数はおよそ百人に達し、男女が畳の間、土間、牛部屋、床下の芋竈《いもがま》（冬の間、芋を貯蔵する場所）に溢れた。半年後の明治二（一八六九）年陽暦五月に囚徒のほとんどが釈放されたが、各地区で指導的な役割を担っていた久三郎ら八人は引き続き明治四年まで監禁された。

この建物は明治十八（一八八五）〜二十五（一八九二）年、修道院として使われたが、老朽化したため昭和十（一九三五）年に解体された。

十五、楠原牢屋跡

水ノ浦で弾圧が始まると間もなく楠原でもキリシタンの弾圧が始まり、帳方の狩浦喜代助宅が牢屋に改造され、キリシタンの戸主ら三三人が捕らえられて監禁された。二〇日後に代官所が楠原・水ノ浦両牢屋を統合したため、楠原の囚徒は水ノ浦の牢屋に移された。

この建物はその後再び住居として使われていたが、昭和二十九（一九五四）年に解体された。

第七章第一節第一項にある茅葺きの家の写真がこの建物である。平成八（一九九六）年にこの牢屋跡は、大幅に縮小された形で復元された。

十六、皿山跡

文禄・慶長（一五九二〜一五九八年）の役の折、主に西国武将が連れ帰った朝鮮人の陶工が、後年五島に配されて各地に窯が作られ、陶器が盛んに焼かれたと伝わる。

明和四（一七六七）年の記録によれば福江島には小田（福江）、田野江（富江）、八本木（繁敷）、松山（山内）、小田（梨山）および籠淵に窯があったという。この記録にはないが、戸岐之首にも陶器窯があったと推せられる。

五島で生産された陶器は「五島焼」と呼ばれ、山に造られた窯で主に皿や茶碗など食器類が焼かれたことから、陶器窯のことを地元では「皿山」と呼んだ。

山内窯は岐宿町中岳郷の荒神岳の南南西麓にあって、そこは東上手に清水が湧き出でて小さな谷間を形成している。登り窯跡は北斜面にあり、そのほかの生産施設は谷間沿いにあったと考えられている。

昭和四十（一九六五）年頃まで原形を保っていた陶器窯は、その後崩壊してしまい今はその形跡を見ることができないが、付近一帯と小川の中には多数の焼物の破片が散在し、往時を偲ばせる。

原材料に原因があったのか、仕上がりは薄青色で白色を出すことができなかったことから、製品の商品価値は低かったという。

岐宿町東端にある戸岐之首の皿山跡は、部落中心部から南へ半町（五〇メートル）ほど離れた小高い山の中腹にあったと推せられる。そこは開墾されて畑地となっており窯跡は特定されていないが、付近の畑の畔には陶器の破片や陶具などが積み上げられており、今なお地中から破片が出土するという。

第三節　遣唐使船最終寄港地の考察

歴史的考察において直面する問題は、情報が極めて少なく、しばしば事件の真実がまったく分からないということである。それゆえに、その成果はどうしても「推論」の域を出ない場合が少なくない。

遣唐使派遣事業は、基本的に技術・制度・文化などを当時の中国から学び取り、日本に持ち帰ることを主目的としたが、その記録は極めて少なく、従って昭和前期までは遣唐使を取り扱った書籍の数もまたわずかで、木宮泰彦『日支交通史』金刺芳流堂（一九二六）、同『日華文化交流史』冨山房（一九五五）および一般読者向けに書かれた森克己『遣唐使』至文堂（一九五五）の三書をみる程度だった。それ以来、半世紀余もこの種の本は新たに世に出なかったこともあり、この間に両者の学説が世に浸透し定着した。

その後、さらなる歴史的研究が行われるようになり、その結果さまざまな重要な新事実が明らかにされている。

そこで著者は、未だ深く研究がなされていない「遣唐使船の最終寄港地」に焦点を当て、諸史料、著者自身の出会った幾多の経験、および現地に関する知見などに基づき探究することにした。

その場合、著者は既存の諸史料にある疑わしい事実を確定すべく、もっぱら歴史的な観点に拠る歴史的研究に加えて、理論的真理を適用する批判的研究を試みることにした。諸史料の中には、叙述者が意識的ないし無意識的に虚偽や錯誤の主張や提起、報告をしている場合があるから、その後の探究者は真実を追求して事実を明らかにする労を惜しんではならないと考えるからである。

一、遣唐使の全貌

1 遣唐使の次数

遣唐使派遣事業は、推古《すいこ》天皇八（六〇〇）～二二（六一四）年に実施された遣隋使派遣事業のあとを受けて、舒明《じょめい》天皇二（六三〇）年に始まり、最後の使節団が出発した承和五（八三八）年までの二百余年間実施された。そのあとにも寛平六（八九四）年に菅原道真が大使

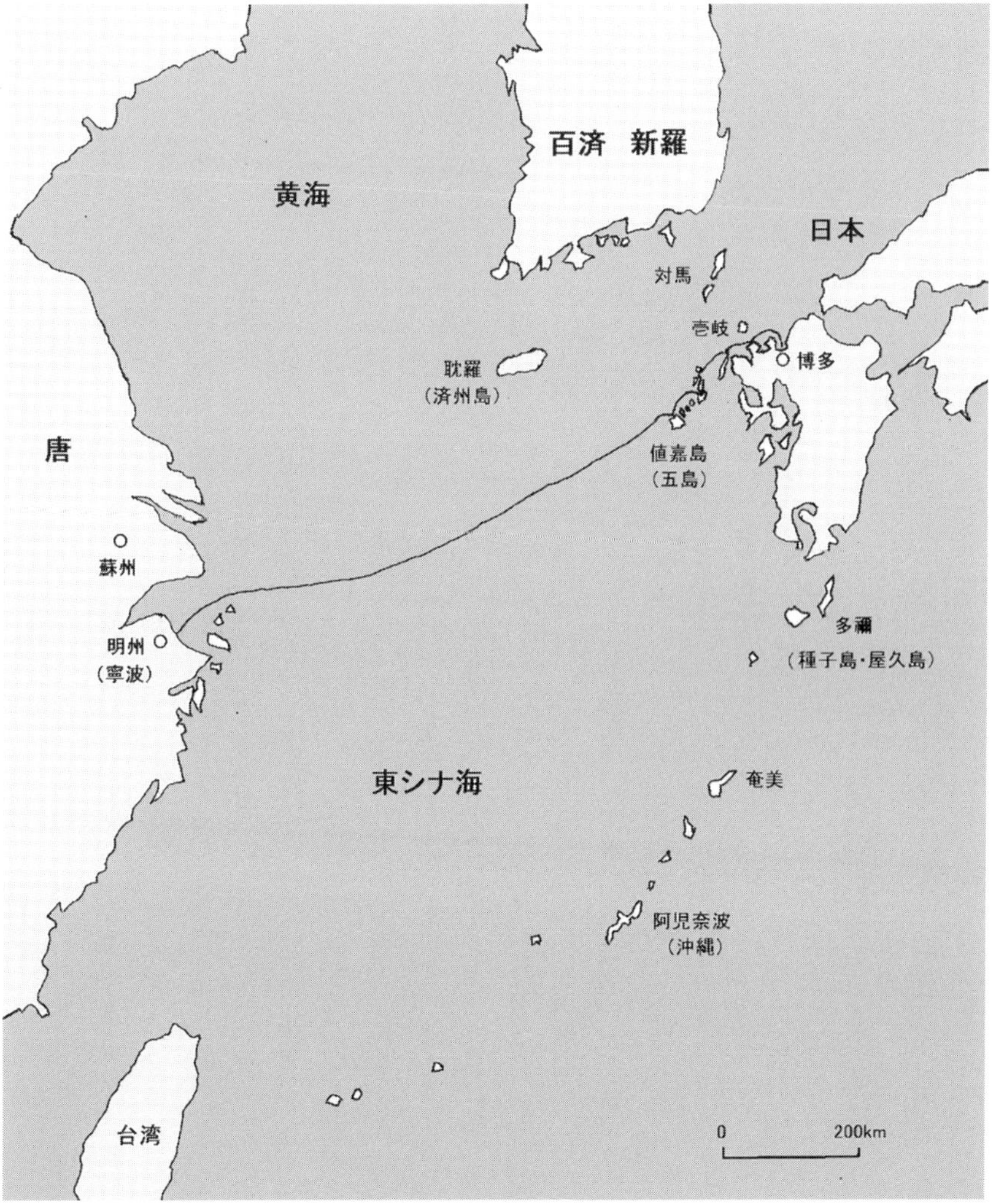

南路 ── 五島列島を経由して一気に東シナ海を横断し唐土の明州（寧波）などに至る航路。130年余り採用された。五島列島川原浦から目的地までは約760km、６～９日を要したと言われる。星と風が頼りのまさに命がけの航海だった。

に任命された計画があったが、実行されなかった。

次数に関しては一二回、一四回、一五回、一六回、一八回、および二〇回という六通りの説があるが、本書では実行されたか否かを問わず、知られるすべての派遣計画に次数をつけた東野治之氏らの二〇回説を採用した。同氏らが言うように、計画だけに終わった使いも歴史的な意義が大きいからである。なお、実際の渡航数は一五回だったと言われている。

2 遣唐使船の航路

遣唐使節団の渡海航路は、北路、南路、および南島路の三通りが知られているが今日、北路と南路の二つの存在だけが有力視されている。

北路は、難波津《なにわづ》を出発して博多大津から壱岐、対馬、朝鮮半島西岸を通り、渤海《ぼっかい》を横断し山東半島北岸にある登州に上陸、この先の陸路を通る経路である。遣唐使派遣では舒明天皇二（六三〇）年の第一次から天智《てんぢ》天皇六（六六七）年の第六次までの使節がとったが、朝鮮半島の政治情勢の変化により使用されなくなった。

一方、南路は、難波津を出発して博多大津、平戸島を通り、五島列島から東シナ海を一気に横断し、長江河口域にある明州（寧波《にんぽー》）などに上陸し、このあと大運河に入って西へ進み長安に至る経路である。大宝《だいほう》二（七〇二）年の第八次から承和《じょうわ》五（八三八）年の第十九次までの使節がとった。なお、天智天皇八（六六九）年に出発したとされる第七次遣唐使節団のとった往復経路は不明である。

南島路は、博多大津を出帆してから平戸島に寄港するかして天草や薩摩に沿って南下、さらに西南諸島を島伝いに南下したのち渡海して長江河口域に着岸する航路であるが、この航路が存在したとする学説（木宮泰彦『日支交通史』や『日華文化交流史』、森克己『遣唐使』）は、杉山宏氏の検討によりその存在が証明できないことが判明した（「遣唐使船の航路について」一九九五）。東野氏もその著書（『遣唐使』岩波書店、二〇〇七）の中で、南島路は南路の往復から気象条件によって外れてしまった遣唐使船が、やむをえずとった航路であるとしている。

3 遣唐使派遣事業の遂行監理

遣唐使の派遣は、国家の一大事業であったから、朝廷を中心とする当時最高次のプロジェクトマネジメント

（事業遂行監理《かんり》）が行われたと推せられる。

北路による派遣が終了し南路によるそれが開始するまでのおよそ三〇年間には、その後に実施されるすべての派遣事業の基礎となる、長安までの経路や派遣時期などを含む全体の遂行計画が立てられたであろう。そしてその計画には、派遣事業を首尾良く成就するための安全、経費、工程および品質の各要素を包括する基本遂行方針があったと思惟される。

その方針の基幹事項の一つを成したのが「基本航路」であり、特に国内航路の決定段階では、各寄泊候補地における綿密な踏査が行われ、少なくとも次のような諸事項が確認されたに違いない。すなわち――各寄泊地間の距離、港湾の地形、潮流、気象、水や食料の調達、船の修理、人家の数、休養環境、風待ち港としての適性などである。

中でも最終寄泊地すなわち唐土への発地は、とりわけ入念に吟味されて決定されたであろう。なぜならば、その地から一気に横断する東シナ海は、不確実という煙雲に包まれた全行程中最も危険な海洋空間であったから、発地はその危険を最も避け得る、すなわち唐土への最短の位置にあって、しかも長旅に備えた船の点検、乗船者の休養、水や食料の補給、順風待ちなどに適した天然の良港でなければならなかったからである。

こうして決定された基本航路は、九州では博多大津―唐津呼子―庇良嶋《ひらしま》―宇久島―五島列島中通島相子田―福江島川原浦の各港を経由する航路だったと考えられる。

そして、すべての遂行された派遣事業はその安全、経費、工程および品質を所定の目標に近づけるために次のようなプロセスを経たであろう。すなわち――毎回、各派遣事業の遂行計画を立て、その遂行後に一定の評価を行い、その結果を次の派遣計画に活かすのである。今日的に言えば、いわゆるＰＤＣＡ（計画Plan―実行Do―検証Check―改善Action）のサイクルを経ることによって、回を重ねるたびに派遣事業を最適化していくことを目指すのだ。

それゆえに毎回、出発前にあらかじめ基本航路上にあるすべての寄泊地を含む工程表が作成され、それを携えて使節団は難波津を出発し、特別の事情がない限り、中継港を飛ばすとか、基本航路から逸《そ》れて別の港に立ち寄るとか、あるいは別の進路を選ぶことはしなかったと推測できる。

仮に中継港を一つでも飛ばすと必ず夜間を組み込んだ航行になり危険であるし、また任意に未知の寄泊地や進路を選ぶことがあれば、次の問題が生じるからである。

——第一に、船は座礁の危険や激しい潮流による遭難、時間の浪費など予測できない諸問題に直面しかねない。

第二に、知乗船事《ちじょうせんじ》（船長）や船師（航海士）が、終始一貫して同じ航路を繰り返し慣熟することによってしか体得できない、指揮における熟練、正確および確実という技能、ならびに確からしさの法則（蓋然性《がいぜんせい》を経験的に法則化したもの）を手中に収める機会を失い、その結果、航行の都度、危険に満ちた未知の世界を何ら既知の判断基準を持たないまま行動することになり、リスクは依然として高いままか、あるいはいっそう増大する恐れがある。

そして第三に、計画になかった港や進路などの追加的事前踏査が必要となり、そのために朝廷は余計な資源（人・物・金）および時間を投入しなければならない。

ところが、後述するように『続日本紀《しょくにほんぎ》』に第十六次遣唐使が合蚕田浦で一カ月以上も順風を待ったとあり、また『日本後紀《にほんこうき》』に第十八次遣唐使は肥前国松浦郡田浦から唐土に向けて出発したとあることから、唐土への発地は当初から特定されていなかったように考えられ、発地の位置に関して諸説があるのもまた事実である。

しかし、この壮大な国家プロジェクトがその遂行規準を欠き、成否が大きく左右される場面で、その遂行に練達していない大使の判断に委ねたとか、あるいは無計画の行き当たりばったりの杜撰《ずさん》な管理体制でもって遂行されたと考えても良いものだろうか。

なお、五島列島には、基本航路上にあった最後の二港すなわち相子田と川原浦のほかにも、遣唐使にまつわる伝説を持つ土地が幾つも存在し、これらの一部を唐土への発地だとする見解があるが、実はそれらは入唐時または帰朝時に東シナ海で遭難した遣唐使船の漂着地であって、唐土への発地ではなかったであろう。

4 遣唐使節団の組織

船団は四隻からなり、派遣後期になると一回につき五、六百人の編成で、使節、通訳、船員、技手、技術研修生、および留学者から構成され、それぞれの職務や権限は細分化され、次のような職位があった。すなわち——使節は大使、副大使、判官、録事《ろくじ》、史生《ししょう》（書記官）、雑使《ぞうし》（庶務）、傔人《けんじん》（従者）。通訳は訳語《おさ》、新羅《しらぎ》・奄美訳語《あまみのおさ》。船員は知乗船事《ちじょうせんじ》（船長）、船師《ふなし》（航海士）、柂師《かじし》（操舵長）、挾杪《かじとり》（操舵手）、水手長《かこちょう》（水夫長）、水《か》手《こ》（水夫）。技手は主神《しゅじん》（神主）、卜部《うらべ》、医師《いし》、陰陽師《おんみょうじ》、

画師《えし》、射手《しゃしゅ》、音声長《おんじょうちょう》、音声生《おんじょうしょう》、船匠《ふなしょう》。技術研修生は玉生《ぎょくしょう》（ガラス、釉《うわぐすり》）、鍛生《たんしょう》（鍛金《たんきん》）、鋳生《ちゅうしょう》（鋳金《ちゅうきん》）、細《さい》工生《くしょう》（木竹工）。留学者は留学生《りゅうがくしょう》（長期留学）、学問僧（長期留学）、還学僧《かんがくそう》（短期留学）、請益生《しょうやくしょう》（短期留学）、傔従《けんじゅう》（従者）。

　言うまでもなく、最高指揮官は大使である。ちなみに最澄《さいちょう》は還学僧、空海《くうかい》は学問僧、橘 逸勢《たちばなのはやなり》は留学生であった。

5 遣唐使船の構造

　遣唐使船は帆船で二本のマストを備え、船底は尖《とが》り、船体は補強のための隔壁など部材を組み合わせて造り、帆は竹を細く裂いて編んだ網代《あじろ》帆または布製の帆だったと推定されている。

　また船の大きさは、長さ一〇〇尺（三〇メートル）、幅三〇尺（九メートル）弱、吃水《きっすい》八・六尺（二・六メートル）、排水量二七〇トン、積載量一五〇トンぐらいと推定されている（石井謙治「海上交通の技術」一九八七）。

　ちなみに、およそ七百年後の一四九二年にコロンブスが初の大西洋横断の時に使用した三隻の帆船のうち最大のサンタマリア号は、全長約二三・五メートル、全幅約七・三メートル、吃水約二・一メートルで、ニーニャ号とピンタ号はいずれも全長約二〇メートルだった。三隻には総勢九〇人ほどが乗り組んでいたと言われている。

6 航海の成功率

　舒明天皇二（六三〇）年に始まった第一次遣唐使から承和五（八三八）年の第十九次遣唐使までの二百余年間に日本から派遣された遣唐使船は三六隻に及び、二六隻が無事に帰着している（上田雄『遣唐使全航海』草思社、二〇〇六）。従って七割強が往復に成功した勘定になるが、往路の成功率は九割強、また復路のそれは八割弱だったという。羅針盤《らしんばん》もなく、台風の接近も寸前まで知る術《すべ》もなかった時代の帆船による航海において、これほどの高い数値を残し得たのは、恐らく第一に、現実的な基本方針に基づき作成した遂行計画の個々の事項を現場で適正に捌《さば》いたこと、また第二に、航海術や造船技術が一般に知られているような未熟なものではなかったこと――であろう。

二、遣唐使船の五島での寄泊地

1 肥前國風土記

『肥前國風土記《ひぜんのくにふどき》』は、現在の佐賀県と長崎県とを合わせた領域の風土記である。和銅《わどう》六（七一三）年に元明《げんめい》天皇が諸国に地理・産物・伝承などを書き出した風土記を編纂するよう命じた際、その命に従って編纂されたものである。編纂年は、天平《てんぴょう》四（七三二）年節度使設置以後、同十二（七四〇）年郷里制廃止以前に限定する見解が有力とされるが、確証はない。『出雲國風土記』は天《てん》平《ぴょう》五（七三三）年に完成し聖武《しょうむ》天皇に奏上されたと言われるから、恐らく『肥前國風土記』の完成時期もその頃だったであろう。

『肥前國風土記』には、五島における遣唐使船の寄泊地に関する叙述もあり、遣唐使船の寄泊地や航路を判断するうえで貴重な史料となっている。だが、完全な形での原本は存在せず、微妙に内容の異なる幾つかの写本が現存している。

　そこで私は、次の三つの写本を取り上げて、遣唐使に関する叙述部分を比較してみた。すなわち――一つは、平安時代末期に書写されたと考えられ、昭和三十（一九五五）年に国宝に指定された最古の書写本（以下「国宝指定本」という）である。もう一つは、伊勢神宮祠官で国学者でもあった荒木田《あらきだ》久老《ひさおゆ》が寛政《かんせい》十一（一七九九）年、長崎の人・大家惟年の写本によって校正し、同十二（一八〇〇）年に刊行した書写本（以下「久老本」という）である。そして最後は、享保九（一七二四）年神主源頼久が書写した写本を明治三（一八七〇）年に藤原直諒が書写した写本（以下「明治三年写」という）である。

国宝指定本原文：

「（上略）彼白水郎富於馬牛。或有一百餘近嶋。或有八十餘近嶋。西有泊船之停二處。一處名、曰相子田停。應泊少餘船。一處名、曰川原浦。泊一十餘船。遣唐之使、従此停發到美祢良久之埼。即川原浦之西埼是也。従此發船指西度之。此嶋曰白水郎、容貌似隼人。恒好騎射。其言語異俗人也」〈注〉行書で書くと両者は似るから「廿」が「少」に誤写されている）。

国宝指定本訳文：

「（上略）その白水郎《あま》は馬牛《うまうし》に富む。或《あるい》は一百《もも》餘《あま》り

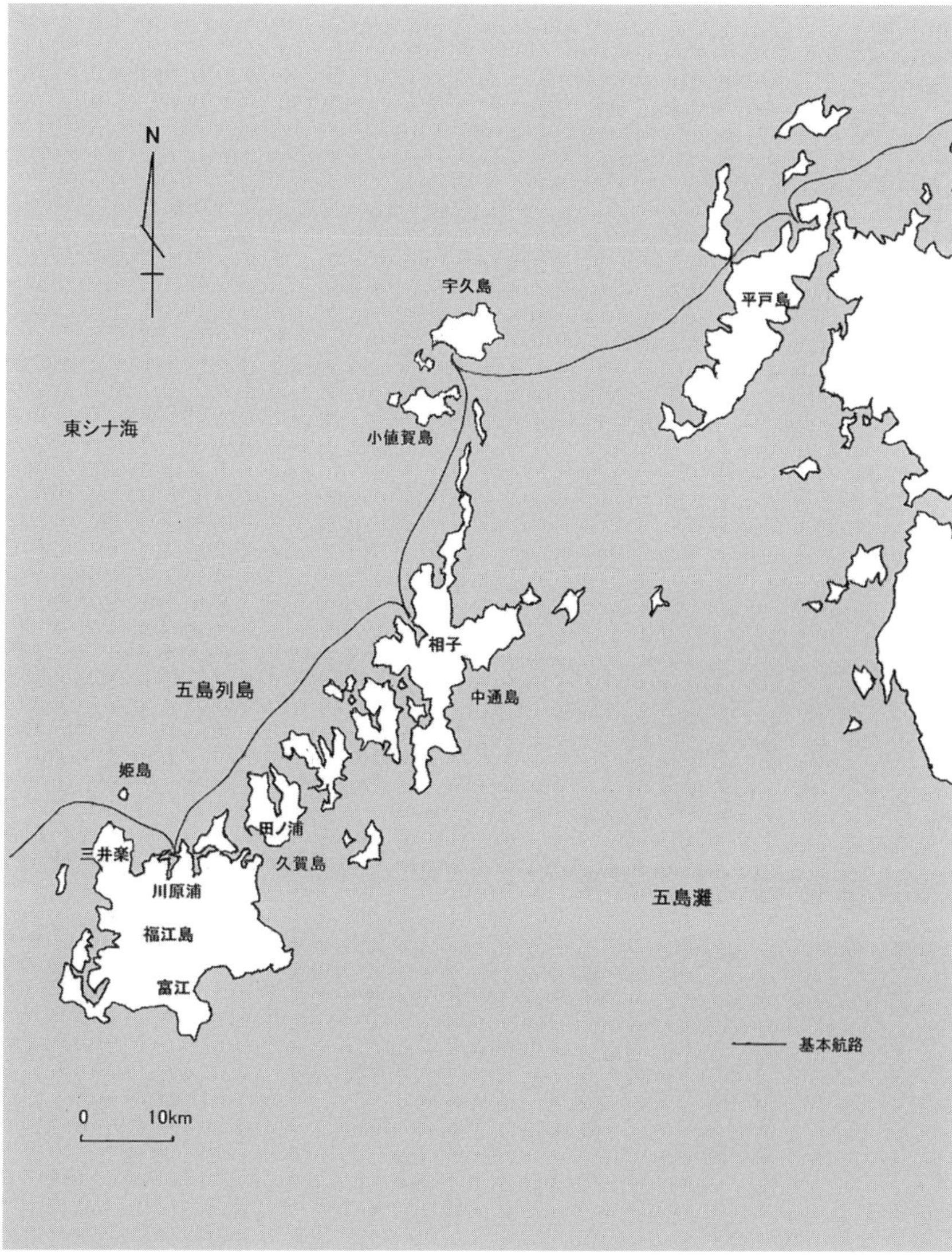

遣唐使船の基本航路図 ── 庇良嶋・宇久島・中通島相子田・福江島川原浦に寄泊する航路が遣唐使船団の基本航路だったと考えられる。当時の遣唐使船の１日の航行距離は32〜40km、航行時間は８〜10時間だったと言われる。

の近の嶋あり、或は八十《やそ》餘りの近の嶋あり。西に船を泊《は》つるの停《とまり》二處《ふたところ》あり。一處《ひとところ》の名は相子田《あひこた》の停と曰ふ。二十《はた》餘《あま》りの船を泊つべし。一處の名は川原《かはら》の浦《うら》と曰《い》ふ。十《とを》餘りの船を泊つ。遣唐《からくにゆく》の使《つかひ》は、この停より發《ふなびらき》して美祢良久《みねらく》の埼《さき》に到る。すなわち川原浦の西の埼是《これ》なり。ここより發船《ふなびらき》して西を指《さ》してこれを度《わた》る。此《こ》の嶋の白水郎、容貌《すがた》隼人《はやひと》に似たり。恒《つね》に騎射《うまゆみ》を好めり。其《そ》の言語《こととひ》は俗人《つねびと》に異《こと》なるなり」

この国宝指定本に比して、久老本は「富於馬牛」を「當於馬牛」、「少餘舩」を「二十餘舩」、「相子田停」を「相子之停」、「泊一十餘舩」を「應泊十餘舩」、「美祢良久」を「美禰良久」〈注〉禰は本字で祢は俗字)、「埼」を「濟《わたり》」、「此嶋曰白水郎」を「此嶋白水郎」に校正している。

一方、明治三年写は「相子田停」を「相子曰停」、「美祢良久」を「美禰良久」に作っている以外は国宝指定本と同じである。

②遣唐使船の五島での寄泊地

右の『肥前國風土記』の叙述に登場する三つの地名は、相子田が五島列島中通島の青方・相河、また川原浦が福江島の岐宿川原浦、そして美禰良久ノ埼《みねらくのさき》が福江島の三井楽柏崎であると言われる。このうち、美禰良久ノ埼を除く相子田と川原浦の二つが遣唐使船の寄泊地（寄港地）であったと考えられる。

③美禰良久ノ埼は寄港地ではなかった

今日、「美禰良久ノ埼が遣唐使船の最終寄港地である」とする学説が通説になっている。例えば『世界大百科事典』平凡社（二〇一四）には「美弥良久ノ埼は遣唐使の船が寄港し、やがて西南海上に船出してゆくところであった」とあり、また『日本大百科全書』小学館（一九八八）にも「美弥良久は遣唐使（南路）の日本最後の寄港地をなした」とある。そのほかにもこの種の事例は枚挙にいとまがない。

それだから著者は、ここで遣唐使と美禰良久ノ埼、川原浦、相子田のあいだの内的連関を追求し、右の学説に内在する問題点を明らかにしたいと思う。

その第一は、美禰良久ノ埼（現在の柏港）は当時、我が国で地理的に唐土に最も近い位置にあったが、遣唐使船の寄泊地に必要とされる物理的な諸条件を具《そな》えた港と

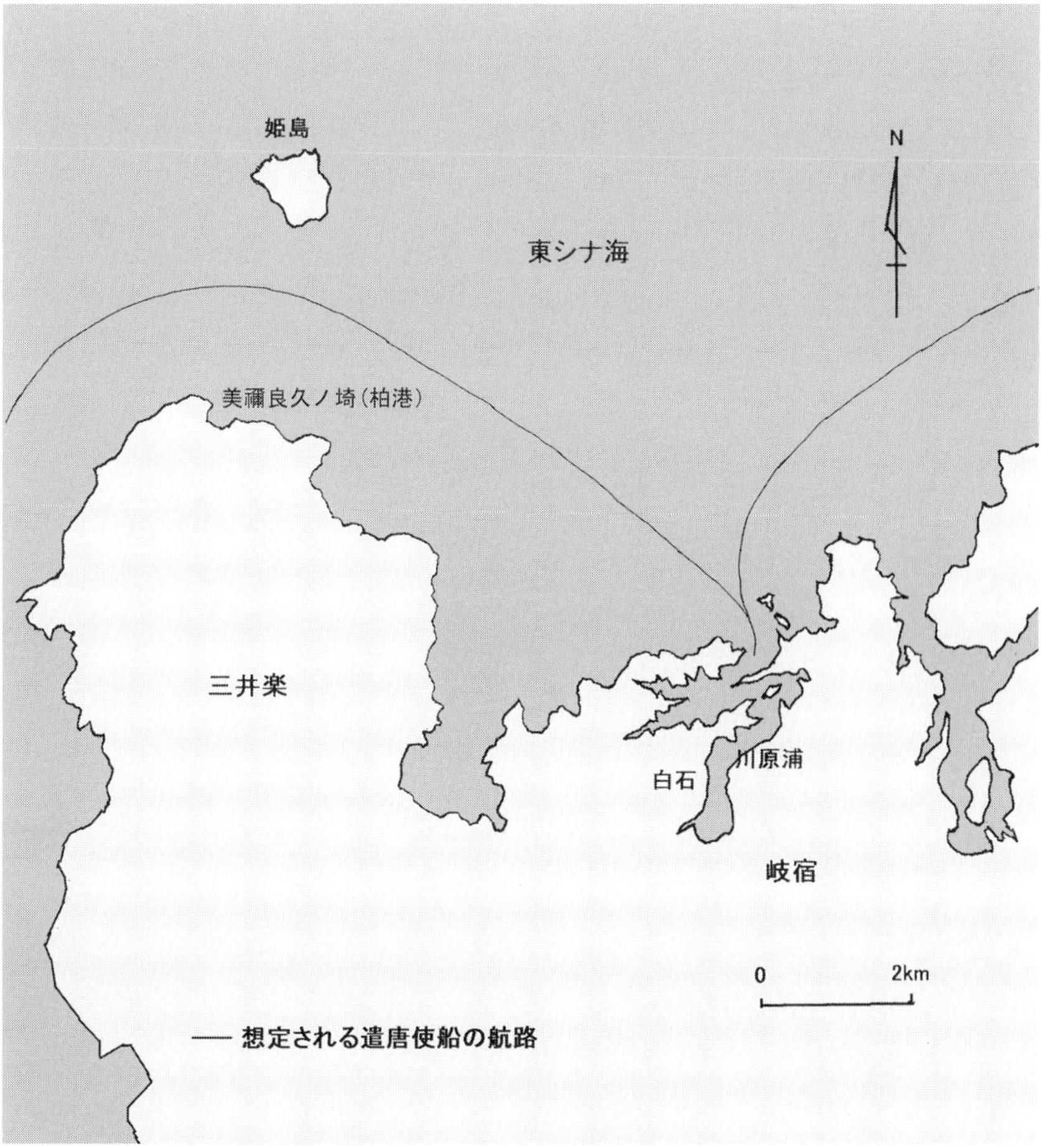

川原浦と美禰良久ノ埼の位置関係図 ── 川原浦は美禰良久ノ埼の東およそ２里（８km）のところにあり、天然の良港を形成している。遣唐使船団は川原浦の白石に寄港したあと、美禰良久の岬と姫島のあいだを通って唐土を目指したと考えられる。

は言えなかったことである。

同港は、半月状の奥行きの浅い湾を形成しており、開口部が最も広く幅一一〇〇尺（三三〇メートル）、奥行き五三〇尺（一六〇メートル）で、湾内の水面積は川原浦のそれの四〇分の一程度である。

しかも同港は北北東に広く開いていて、北ないし東寄りの風波を避けることはできない。五島列島付近では特に夏から秋にかけて台風が数多く接近するから、その時期に遣唐使船のような陸上に引き揚げることもできない大型船がここに寄港するのは危険だった。現在、同港開口部の北側と内部の東側の両方に船着場を囲うように人工の防波堤が構築されているが、そのような事情があったからにほかならない。

第二は、三井楽は水が乏しく、米はほとんど産出しなかったから使節団が必要とする十分な量の生水や糒《ほしいい》を補給できるところではなかったことである。三井楽にはこれといった川がなく、その一帯は井戸を普通に掘っても容易に水が出るような地質ではないので、昭和三十年代に岐宿町川原の大川原ダムから水道が引かれるまで、各家庭は雨水を溜めて生活用水の一部にしていたのである。

ちなみに遣唐使節団は総勢五、六百人の編成で、福江島―明州間の距離は四一〇浬（七六〇キロメートル）、所要日数は通常六〜九日間（上田雄『遣唐使全航海』）であったので、渡海中に必要な糒の量は約一五〇俵、また生水の量は約九〇石（一六キロリットル）と推定される（ここで所要日数を一〇日、一日一人当たりの糒と水の消費量をそれぞれ一升と一・五升と仮定した）。加えて約一年間唐土の港に停泊して、帰朝する使節団を待つ総勢二五〇人程度の船員の食糧や水も、ある程度は積み込んでおかなければならない。恐らく積み込んだ糒の総量は右の数倍にも達したであろう。このうちどれほどの量の補給が最後の寄泊地で必要だったかはっきりしないが、少なくとも一定量の新鮮な生水の補給は必要だったと考えられる。

さらに、最終寄泊地であれば使節団は、順風を待ったり長旅に備えたりするために、長いときは一〇日間以上そこに滞在したであろうから、その間の食料や水も寄泊地は用意する必要があった。仮に、糒の補給が必要だったとすると、前もってその連絡をしていなければ使節団は、それが出来上がるまでその地に少なくとも数日は滞在しなければならなかった。糒は、米を搗《つ》いて蒸すか煮てから天日で乾燥させるからである。

なお、後述するが、第十八次遣唐使船団の空海たちが乗った第一船は、日本側の最後の寄泊地を出港してから海上を漂流すること三四日後に福州の赤岸鎮《せきがんちん》に到着したと記録にあるから、この事実からも、船に積み込んでいた食料や水の量は、渡海中に通常必要とする量を大きく上回っていたことが容易に推測できる。

また、柏崎に「ふぜん川」と称する直径およそ一〇尺(三メートル)の井戸があり、ここの水を遣唐使が使ったという伝説があるが、この井戸は港から少し離れた内陸部にあり、その水量も五、六百人が渡海中に必要とする量には明らかに満たないので、恐らく出国時または帰国時に漂着した遣唐使あるいは頻繁に漂着した唐・宋・明船や朝鮮船の乗組員がこの井戸を使ったのであろう。

第三は、美禰良久ノ埼からおよそ二里(八キロメートル)東に位置する川原浦で、既に渡海に必要な水や食料など物資の補給、乗船者の休養、船の修理などを完了して出帆していたわけだから、美禰良久ノ埼にわざわざ立ち寄って、そのことを繰り返す必要はなかったことである。

第四は、柏崎にある港は「風待ち港」としての役割を果たしたという者もいるが、その見解は次の三つの理由により妥当ではないことである。すなわち――一つは、十分に風を読んだうえで約二時間前に川原浦を出航したばかりの遣唐使船が、再び「風待ち」のために、わざわざ柏崎にある港に寄港したとは考えられない、ということである。二つ目は、この港で風を待つうちに台風が襲来したら避けようがなく、また付近には逃げ場がなかったから、そのような人や船の安全が確保されない港で、風を待つわけにはいかなかった、ということである。そして三つ目は、十分な生水や糒を供給できない港で風を待って、いたずらに船に積み込んだ水や食料を消費するわけにはいかなかった、ということである。

第五は、接近した二つの港が同時に寄泊地として選ばれることは、常識的にも考えられないことである。仮に、三井楽柏崎にある港が遣唐使船の最後の寄泊地であったとするならば、その近くにもう一つの寄泊地は不要であったはずであるから、川原浦が遣唐使船の寄泊地として歴史に登場することはなかったであろう。しかし、そうではなかった。

第六は、中通島相子田から美禰良久ノ埼まで直接航行するのは、工程上無理があったことである。当時の遣唐使船の一日の行程は、航行距離が一七～二二浬(三二～四〇キロメートル)、航行時間が八～一〇時間だったと言われ、中通島相子田から川原浦まではそのぎりぎりの範囲内にあったが、相子田から美禰良久ノ埼まではそうではなかった。相子田から美禰良久ノ埼まではおよそ二四浬（四五キロメートル）あり、仮にこのルートを選んだとすると遣唐使船は通常の行程よりも一時間以上余計に航行しなければならなかった。当時、日没後の沿岸航行や着岸は非常に危険だったので、それほどリスクのある行程が採用されることはなかったであろう。

第七は、美禰良久ノ埼が遣唐使の寄泊地の一つであったならば、『肥前國風土記』には「西に船を泊つる停二處あり」ではなく「西に船を泊つる停三處あり」と記され、かつ相子田や川原浦と同様に美禰良久ノ埼にも停泊できる船の数が記されていなければならないが、そうした記述はないことである。

それだから『肥前國風土記』にある「美禰良久ノ埼に到り」を「美禰良久ノ埼に停泊し」とか、また「ここより発船して」を「ここから出航して」と解釈するのは妥当ではない。繰り返しになるが、遣唐使船は二時間ほど前に、川原浦で用件を済ませてから出航しており、美禰良久ノ埼に立ち寄る理由はないからである。結局、この部分の記述は、前後の文脈から次のように解すべきではないか。すなわち――川原浦を出航した遣唐使船は、美禰良久ノ崎の沖合に到達し、ここで東シナ海に入って舵を切ると同時に帆をいっぱいに張って速度を速め、唐土を目指した、と。

なお、川原浦は、既述の通り、室町時代には日本と明国のあいだを盛んに往来した勘合船（遣明船）や朝鮮に派遣された歳遣船の寄泊地となったところであり、第十七代藩主盛定が大値賀島西部取締を置いた港でもあった。このように川原浦は唐滅亡後も我が国の重要な貿易拠点としての役割を担った。

4 美禰良久は目標地点だった

天長《てんちょう》十（八三三）年から嘉祥《かしょう》三（八五〇）年までの一八年間を扱い、貞観《じょうがん》十一（八六九）年に完成した『続日本後紀《しょくにほんこうき》』の承和《じょうわ》四（八三七）年七月条には、最後の派遣となった第十九次遣唐使に関する次の記述がある。

「大宰府が傳《でん》を馳《は》せて言ふ。遣唐三船は共に松浦郡旻楽崎《みみらくのさき》を指して発行《はっこう》す。第一、第四船はたちまち逆風に遭《あ》ひて壱岐《いき》嶋に流着す。第二船は方々漂流したのち値賀《ちか》嶋に漂着す」

ここにある「旻楽崎」は「美禰良久ノ埼」と同じで現在の三井楽、また「値賀嶋」は五島と言われる。〈注〉貞観以後、「みねらく」が「みみらく」となっているが、どこかで「美禰良久」の禰《ね》（祢）を彌《み》（弥）に書き誤ったか。

ところで、前述した通り、美禰良久ノ埼は港湾の地形、物資調達などの面で寄泊地としての必要条件を満たしておらず、遣唐使船の最終寄泊地ではなかったと推測されるが、どうして寄泊地でもない旻楽崎を遣唐使船が目指したのだろうか。その理由を著者は次のように推測する。すなわち――第一に、当時、朝鮮半島や中国との海上国境は、中央政府の出先機関である大宰府の管轄下にあったから、大宰府で知られた旻楽崎はあくまで西の国境の地であって、そこが港のある地であるか否かは問うところではなかったのではないか。ちなみに、多少時代は下るが貞観十三（八七一）年の『貞観式追儺祭文《じょうがんしきついなさいもん》』には、当時の日本国の境界が東方の陸奥《むつ》、西方の遠値嘉、南方の土佐、および北方の佐渡であったことが記されているが、ここにある遠値嘉が現在名の福江島であり、その島の最西端にあるのが旻楽崎だった。

第二に、旻楽崎の近くに良港川原浦があったことが挙げられる。博多大津を出帆してから川原浦に至るまでに遣唐使船は途中四つの寄泊地を経由したと考えられるが、知乗船事（船長）や船師（航海士）は、旻楽崎を目指して島伝いに船を進めれば、やがてそのすぐ手前にある最終寄泊地の川原浦に到達することは知っていた。従って、目指す場所は川原浦ではなく旻楽崎でも構わなかったのである。

要するに、旻楽崎とそこからおよそ二里（八キロメートル）のところにある川原浦との連関は、なおアフリカ大陸の最南端に近いケープ半島の突端に位置する喜望峰《きぼうほう》とそこから約一三里（五〇キロメートル）離れたところにある良港ケープタウンとの連関の如くであったと考えられる。すなわち、遣唐使たちが旻楽崎を目指したのは、今から五百余年前、ヨーロッパからアフリカ大陸を廻ってアジアを目指した船乗りたちが、その第一の目標地点を、手前にある寄港地のケープタウンではなく、その先にある、港はないが世界に知れわたった喜望峰としたのと同じようなものだったであろう。

ちなみに『三井楽町郷土誌』に次の叙述がある。

「美弥良久とは三井楽の古代名であり、美弥良久の埼とは、遣唐船の航海の目標となる地形や地理的条件から考え柏港乃至柏崎の称である。『肥前国風土記』にある川原の浦や相子田の停ほどの規模を持たなかったにせよ、少なくとも使船の風待港や臨時寄港地の役目は充分果たす寄泊地であったと思われる。ここには水を遣唐使船に補給したと伝わる『ふぜん川』や遣唐使ゆかりの岩獄神社があり、最近『空海記念碑』が柏崎に建てられている」

5 最後の寄港地は川原浦だった

以上の考察から次のように結論づけることができるであろう。すなわち――遣唐使船の唐土への発地は、一般に言われているような三井楽の柏崎ではなく、岐宿の川原浦だった、と。

三、遣唐使船と季節風

遣唐使が目指す唐土の明州（他にも揚州など幾つかの上陸地があった）は福江島の西南西の方位にある。

気象庁データによると、東シナ海域の月別平均風向は次の通りである（月表示は陰暦。陽暦の一カ月遅れとした）。すなわち――一月は北北西風、二月は北風、三月は北東風（微）、四月は南東風（微）、五月は南東風、六月は南風、七月は南東風、八月は北東風、九月は北北東風、十月は北風、十一月は北北西風、および十二月は北北西風である。

遣唐使派遣と季節風の関係については、これまで幾つか見解が示されているが、ここで次の二つを紹介したい。

「日宋貿易の研究」でも知られる森克己は、その著書『遣唐使』至文堂（一九五五）頁五九で次のように述べている。

「中国商船の日本より本国へ帰航する時期は、既に述べたように北西風の吹き始める八・九月の頃か、或いは北西風から南東風に変わる三・四月頃であるのに対し、遣唐使船は南東風の盛んに吹いている六・七月頃に船出している場合が多く、これでは逆風を冒《おか》して渡航するわけで、みすみす死地に赴《おもむ》くようなものである。したがって逆風を衝《つ》いて出帆した遣唐使船のうち特に南路を選んだものは、殆《ほとん》ど例外なく毎航遭難し、犠牲者を出しているのである。しかもこれは全く季節風に対して無智であったところよりおこっている（下略）」

この見解には誤解があるように思う。それは、南東風の盛んに吹いている六・七月頃に船出している遣唐使船は逆風を衝いて渡航するとした点である。前述の通り明州は五島列島福江島の西南西の方位にあるから、南東風は完全な順風ではないにせよ、逆風ではない。または八・九月頃に吹き始めるのは北東風であって北西風ではない。北西風が吹き始めるのは十月頃である。従って、中国船は北東風つまり順風の吹く季節を選んで帰航したのであろう。

次に、この森克己『遣唐使』を典拠にしたと思われるが、司馬遼太郎『空海の風景』中央公論新社（一九七八）頁二三七にも似たような描写がある。

「列島の最南端に福江島がある。北方の久賀島と田ノ浦瀬戸をもって接している。船団はこの瀬戸に入り、久賀島田ノ浦に入った。田ノ浦は、針金のようにまがった長い岬《みさき》が、水溜《みずた》まりほどの入江をふかくかこんでいて、風浪をふせいでいる。この浦で食糧を積み、船体を修理しつつ、風を待つのである。

風を待つといっても、順風はよほどでなければとらえられない。なぜなら、夏には風は唐から日本に吹いている。が、五島から東シナ海航路をとる遣唐使船は、六、七月という真夏をえらぶ。わざわざ逆風の季節をえらぶのである。信じがたいほどのことだが、この当時の日本の遠洋航海術は幼稚という以上に、無知であった。逆風に遭遇すれば船は覆《くつがえ》らざるをえないのだが、ほとんど迷信のように真夏をえらび、しばしば遭難した。秋になれば、風は日本から唐土に吹き、この航路にとって順風になる。その簡単な事実に気づかず、何度も遭難をかさね、なお懲《こ》りることなく、この第十六次遣唐使船（本書では第十八次遣唐使船とした。著者注）もこの季節に田ノ浦に待機している」

「弘法にも筆の誤り」か、司馬はここで東シナ海における季節風の風向を真逆に捉《とら》えている。実は季節風は夏には大洋から大陸へ吹き、冬には大陸から大洋へ吹くのである。

秋になれば、確かに順風の北東風が吹くが、遣唐使がこの季節を待つことなく渡海したのには正当な理由があった。すなわち——秋には東シナ海や西日本に台風が最も多く接近するのに加えて、秋に渡航すれば一行の長安への到着が朝賀《ちょうが》の儀礼に間に合わなくなる恐れがあったのだ。

全航海の成功率については既述したが、右の森克己や司馬遼太郎の描写内容は、当時の我が国の海事分野における技術水準をあまりにも低く見過ぎてはいないだろうか。

我が国は、遣隋使や遣唐使を派遣以降、隋や唐の先進文化を学び、あらゆる分野において文化水準を高めつつあったから、航海術や造船技術も一定の水準にあったと考えられる。建築や彫像、書画、文学といった現代人も及ばないほどの高い芸術文化水準を誇った時代に、海事分野だけがひとり他に立ち遅れていたとは考え難い。

ところで、中国船が中国と川原浦とのあいだを頻繁に往来した季節と風向に関して地元の『川原郷諸事記録』に次の趣旨の叙述があるのでここに付記する。

「昔、岐宿村川原には多くの中国人が居着き、その墓も十数基残っているが、当時しばしば中国人が山伐りに来て伐木《こたき》（薪）を千石船に積んで帰った。この船は五月の黒南風《くろばえ》に来て、秋の青北《あおきた》に帰った」

ここで黒南風とは、空が黒ずむ梅雨期に吹く南風のことであり、また青北とは、主に西九州で八月から九月にかけて、晴天の日に吹く北寄りの涼しい風のことである。

なお、司馬遼太郎は右の叙述に若干見えるように、第十八次遣唐使船の唐土への発地を久賀島田ノ浦としている。当時、参考にする資料は森克己『遣唐使』や中島功『五島編年史』以外になかったと思われるから、同氏がそう考えたのも仕方ないが、その発地に対する私の見解を本節第七項①において述べてみたい。

四、第十六次遣唐使

文武《もんむ》天皇元（六九七）年から桓武《かんむ》天皇の十（七九一）年の九五年間を扱う『続日本紀』の巻三十四の宝亀《ほうき》七（七七六）年閏《うるう》八月庚寅《こういん》（六日）の項と宝亀八（七七七）年四月十七日の項に第十四次（本書では第十六次）遣唐使に関する次の趣旨の記録がある。

「先に遣唐使は肥前国松浦郡合蚕田《あひこだ》ノ浦《うら》に到着し、ここで一カ月以上を過ごしたが順風が得られなかった。季節は秋に入ったので、博多大津に引き返し、大使の佐伯今毛人《さえきのいまえみし》は次のように上奏した。『今、既に秋に入り逆風が吹き始めた。よって来年の夏を待って渡海させていただきたい』」。

十一月十五日大使の佐伯今毛人《さえきのいまえみし》は、平城京《へいじょうきょう》へ戻り節刀《せっとう》を返上した。だが、副使・大伴益立《おおとものますたち》や判官・海上三狩《うなかみのみかり》らは太宰府に留まった。

翌年の四月十七日、同使節団は再び都を出発したが、今毛人が羅城門《らじょうもん》を出たところで病と称して都に留まったため、結局このとき使節団は大使不在のまま出発した。

六月二十四日（陽暦八月二日）に四船は順風を待って出帆し、七月三日（陽暦八月十日）副使小野《おのの》石根《いわね》らの乗った第三船は第一船とともに揚州の海《かい》陵県《りょうけん》（江蘇省泰州市《こうそしょうたいしゅうし》）に到着した」

五、合蚕田浦の位置

ところで、上述の合蚕田浦の位置について異なる二つの学説がある。一つは、『肥前國風土記』にも見える五島列島中通島の相子田が合蚕田浦だとする説である。『新日本古典文学大系　続日本紀』岩波書店（一九八九）の校注者である青木和夫・稲岡耕二・笹山晴生・白藤禮幸らが提唱する。

もう一つは、五島列島久賀島田ノ浦が合蚕田浦だとする説である。『遣唐使』の著者・森克己および『五島編年史』の著者・中島功らが提唱する。

そこでこれから両学説に対する私の見解を述べてみたいと思う。

森克己は『遣唐使』頁五〇で次のように述べている。

「この航路は、筑紫の大津浦を出帆して、肥前国松浦郡値嘉島《ちか》（平戸・五島列島）の庇良島《ひら》（平戸島）・宇久島・遠値賀島《おちか》（小値賀島《おぢか》）・合蚕田浦《あいこのた》・福江島等に寄港して順風を待ち、一気に東支那海を横断して揚子江口地域の港の楚州・揚州・明州等に入港する航路であり、帰航もまた逆に、揚子江口地域の港から出航し、値嘉島を目指して一直線に東支那海を横断するものである。往航の実例としては、宝亀七（七七六）年筑紫を出帆した第十四次遣唐使船が五島列島の福江島と久賀島の中間にある合蚕田浦に寄泊して風待ちをしており（続紀三四）（下略）」

ここで森は、五島列島の福江島と久賀島の中間にある合蚕田浦が遣唐使船の寄泊地だとしているが、この場合は少なくとも三つの問題があるように思う。第一に、右の傍点の部分の記述は『続日本紀三十四』にはない。

第二に、森の言う航路は、本節第二項①に図示した

「遣唐使船の基本航路図」と同様に五島列島の北側を島伝いに進む航路だと推せられるが、当時、遣唐使船の一日の行程は一七〜二二浬（三二〜四〇キロメートル）だったと言われるから、仮にこの合蚕田浦が中通島の相子田ではなく久賀島田ノ浦であったとすれば、中通島には寄泊地が存在しなかったことになって、船団は直前の寄港地（森のいう遠値賀島《おちか》〈小値賀島《おぢか》〉）から田ノ浦まで通常二日分の行程を一気に進まなければならなかった。しかし船団が国内にあるあいだは、そのような危険な夜間航行を含むとか、あるいは日没後に到着する可能性のある行程を遣唐使が選ぶことはなかったであろう。

そして第三に、久賀島田ノ浦は、奥行きおよそ二五〇〇尺（七五〇メートル）、また幅最大一三〇〇尺（四〇〇メートル）の規模であるから船団が停泊できる港ではあったが、わずか六・五浬（一二キロメートル）離れた地点には川原浦という規模の大きい天与の良港があり、遣唐使船団はいずれその沖合を通るわけだから、そのような至近距離に二つの寄泊地は不要だった。

従って、森のいう航路上にある合蚕田浦は、中通島の相子田でなければならない。

なお『続日本紀』に第十六次遣唐使が順風を待って一カ月以上を過ごしたとあることから、合蚕田浦が唐土への発地だったとにわかに断定すべきではないであろう。なぜならば、前述の佐伯今毛人の不可解な行動からも看取できるように、大使はもともと渡唐には消極的であったと推せられ、それゆえに一つ先にある唐土への発地・川原浦に移動しなかった、とも考えられるからである。

さて、中島功はその著書『五島編年史』頁一三で次のように叙述している。

「当時、平戸瀬戸ヲ南下セル船ハ田ノ浦瀬戸ヲ渡リテ支那ニ発洋セルモノノ如シ、故ニ田ノ浦ハマサニ久賀田ノ浦ナルベク、合蚕トハ田ノ浦ノ対岸今ノ奥浦湾ナルガ如シ、コノ両泊ヲ合称シテ合蚕ノ田ノ浦ト称セシナラン」

ここにある合蚕田浦は、森のいう合蚕田浦と位置は一致するが、森が考えた遣唐使船の航路とはまったく別の航路上にある。前述の通り、森の考えた航路は五島列島の北側を島伝いに進むそれだと推せられるが、中島のいう航路は五島灘を一気に南下し、久賀島の南側から北西に転じ田ノ浦瀬戸を通る航路である。中島は、その田ノ浦瀬戸にある合蚕田浦は久賀島の田ノ浦とその対岸にある福江島奥浦湾の古称「アイコ」を合わせた名称だとしている。

なお、次の二つの事実から判断して、森は中島に影響を受けた可能性がある。すなわち――一つは、『五島編年史』の「序」や「追記」によると、同書は昭和十四（一九三九）年頃に脱稿したのち東京の印刷所で校正を終えたが、時あたかも戦時下にあり、しかも著者は昭和二十（一九四五）年に長崎で被爆し死去したこともあって稿が行方不明となり、その存在が明らかになったのは昭和三十（一九五五）年頃だったとある。一方、森は昭和十六（一九四一）年に史料編纂官を務め、二十年に「日宋貿易の研究」で博士号を取得、二十三（一九四八）年に『日宋貿易の研究』、三十年に『遣唐使』を著している。

もう一つは、森は『遣唐使』の中で合蚕田浦の呼称を中島と同じ「合蚕ノ田浦（あいこのたのうら）」とし、『國史大系　第二巻　續日本紀』経済雑誌社（一八九七―一九〇二）および黒坂勝美編『國史大系　第二巻　續日本紀』吉川弘文館（一九三五）など第一級の史書にあるような「合蚕田ノ浦（あいこだのうら）」とはしていない。

いずれにせよ、中島の主張する航路はその存在自体が定かではなく、また森や中島らの主張する合蚕田浦は、遣唐使船の停泊地としての位置および適性において少なからず問題があるように思う。それゆえに本件を別に本節第七項[1]において深く掘り下げて論じることにしたい。

六、第十八次遣唐使

延暦十一（七九二）年から天長十（八三三）年までの四十二年間を記す『日本後紀』には次のような趣旨の叙述がある。

「延暦二十二（八〇三）年に藤原葛野麻呂《ふじわらのかどのまろ》を大使とする第十八次遣唐使節団を乗せた四船は難波津を出発したが、間もなく暴風雨を受けて船が破損し航行不能に陥り、翌年の延暦《えんりゃく》二十三（八〇四）年五月十二日、船団は再度、難波津を出発した。第一船には大使のほか空海や橘逸勢らが、第二船には副使石川道益《いしかわのみちます》ほか判官菅原清公《すがわらのきよもと》や最澄らが、第三船には判官三棟今嗣《みむねのいまつぐ》らが、そして第四船には判官高階《たかしな》遠成《とおなり》らが乗っていた。

それからおよそ一年後の延暦二十四（八〇五）年五月十八日、これら四船のうち唐に渡った第一船と第二船は帰途につき明州（寧波）を出帆、大使藤原葛野麻呂や最澄らが乗った第一船は六月五日に對馬《つしま》嶋《じま》下県郡《しもあがたぐん》阿禮《あれ》村（厳原《いづはら》町阿連《あれ》）に、また唐で病死した副使石川道益に代って引率者になった判官菅原清公らが乗った第二船は、六月十七日に肥前国松浦郡血鹿嶋《ちかじま》（五島列島）にそれぞれ帰着した。

　帰朝報告（奏上）の中で、藤原葛野麻呂は次のように報告する。葛野麻呂等は去年七月六日（陽暦八月十四日）、肥前国松浦郡田浦より出発し、四船が海に入った。七日午後八時には第三船と第四船は火信が途絶え、死生の間を彷徨《ほうこう》した（下略）」

　実は、これら第三船と第四船は生還していたことが、のちの記録で分かる。その記録によると、延暦二十四（八〇五）年七月四日、第三船は肥前国松浦郡庇良嶋《ひらしま》（平戸島）から遠値嘉嶋《とおちかじま》（福江島）を目指して出帆したが、たちまち南風に遭って孤島に漂着、判官三棟今嗣らは船を放棄、脱出して太宰府に帰り着く。一方、このとき第三船とともに庇良嶋から遠値嘉嶋に向けて出帆したであろうと推測される第四船の動向に関する史料は一切ないが、無事に唐に渡っていたことがその後の記録で分かる。

　さて、留学期間が二〇年間と定められていた学問僧の空海と留学生の橘逸勢は、長安で第四船の引率者・判官高階遠成に会い、一緒に帰国できるよう唐朝から許可を得て欲しいと頼む。高階遠成はその頼みを聞き入れて皇帝に申請、唐に渡ってわずか二年弱しか経っていなかった両者の帰国許可を得る。こうして高階遠成は入唐して約一年後の大同元（八〇六）年八月、両者らを伴い第四船で明州から出航、帰途につく。ところが、船は途中で暴風雨に遭い五島列島福江島玉之浦の大宝《だいほう》に帰着する。空海はここで真言密教を開いたと伝えられ、そこにあった大宝寺はのちに「西の高野山」と呼ばれるようになる。

　その後大同元（八〇六）年十月、空海は博多大津に帰着、太宰府に滞在する。

　しかし、空海が規定に反してわずか二年の留学期間を経て帰国したことから、朝廷は対応に困ったのか、大同四（八〇九）年まで空海の入京を許可しなかった。

　ところで仮にこのとき空海が帰国していなかったとしたら、日本の歴史は大きく変わっていたであろう。なぜならば、空海が次に帰国できる機会は、唐や新羅の商船などを利用しない限り、三三年後の藤原常嗣《ふじわらのつねつぐ》を大使とする第十九次遣唐使船が帰途につく承和《じょうわ》六（八三九）

年八月までなく、そのとき空海は生きていれば六五歳になっており、実際、空海が六二歳で入寂《にゅうじゃく》したことを考慮すると、唐で既に亡くなっていた可能性が高いからである。それゆえに高階遠成が乗った第四船がたまたま一年遅れで往復したことは、我が国の歴史上極めて大きな意味を持つ。

七、第十八次遣唐使船の発地に関する考察

大使藤原葛野麻呂の帰朝報告にある、四船が大陸へ向けて出帆したという肥前国松浦郡田浦は、一体どこなのか。それに関しては現在、少なくとも次の四つの学説がある。すなわち――久賀島田ノ浦説、平戸島田ノ浦説、福江島川原浦説、および福江島三井楽説である。このうち三井楽説にある三井楽は、既述したように寄泊地ではなかったと推せられるから、ここではその他の三学説に関して分析し、私見を述べたいと思う。

既に述べたように『肥前國風土記』には、相子田と川原浦が寄泊地であったことに加えて、美禰良久の沖合が遣唐使船の日本最後の通過点であったことが記されており、さらにその風土記のおよそ百年後に成立した『続日本後紀』にも、最後の派遣となった第十九次遣唐使節団が旻楽崎を目指し筑紫（博多大津）を出発したことが記録されている。

これらの記録から、一三〇年余のあいだ南路をとった遣唐使節団は、当初から一貫して美禰良久を目指す航路を採用したと考えられ、そのとき五島では相子田と川原浦の二港に寄泊したと推せられる。すなわち、その航路が朝廷の定めた遣唐使船の基本航路だったと考えられる。

さて、右の三つの学説のうち最初の説にある久賀島田ノ浦は、その基本航路上にはなかった。また二つ目の説にある平戸島田ノ浦は基本航路上にあったが、その航路の最終寄港地ではなく中継港だった。それだからこの場合次のように解せられる。すなわち――本事業において唐土への発地は特定されておらず、その場所の決定は大使に一任されていたと。

しかし果たして、国家の大事業の成否に大きく関わる発地を決めないまま朝廷が使節団を都から送り出しただろうか。また、遂行に練達していない大使にそのような重大な判断を委ねただろうか。

1 久賀島田ノ浦説

上述の通り肥前国松浦郡田浦から第十八次遣唐使船団の四船が揃って出航したと記録にあることから、この田浦が久賀島田ノ浦であって、最澄や空海らが乗った四隻からなる遣唐使船団がここで風を待ってから渡海したとする学説がある。

中島功『五島編年史』、『日本大百科全書』、司馬遼太郎『空海の風景』、郡家真一『五島物語』国書刊行会（一九七四）のいずれもこの学説を典拠にしている。なお、森克己『遣唐使』は、久賀島田ノ浦とは明言せずに松浦郡田浦としている。が、「田浦」は森のいう航路上にはないから、同航路上にある合蚕田浦と同一だと考えられる。

しかし、この学説には数多くの問題がある。すなわち――第一に、仮に合蚕田浦が田ノ浦だったとしたら、佐伯今毛人を大使とする第十六次遣唐使節団には合計約六〇〇人が乗船していたと考えられるので、渡海に備えて積み込んでおいた糒《ほしいい》を一切消費しなかったとすれば、田ノ浦滞在中の米の消費総量は一八〇俵に達した勘定になる（滞在期間を一カ月、米の消費量を一日一人当たり四合と仮定した）が、収穫の秋を前にしてこれほど大量の米を狭小な田ノ浦港周辺で調達できたとはとうてい考え難い。

第二に、『五島編年史』の著者らが主張する、前述の平戸島付近から一気に五島灘を南下して、五島列島の南側から田ノ浦瀬戸を通って渡海する航路（以下、「五島灘航路」という）は、その存在そのものの確証がない。

仮にこの航路が実在した場合は、基本航路の三日分の行程を一挙に昼夜兼行して航行するので、一〜二日分の行程短縮が期待できた。しかし反面、この五島灘航路の途中には小島や岩礁が点在するから、その付近を四船が夜間に航行すれば座礁や沈没の危険があったし、また船はうねりの高いことで知られる五島灘を、この季節に吹く南寄りの風つまりほぼ真正面から吹く逆風を受けて艪《ろ》舵《かじ》だけで航行しなければならなかった。さらに目標地への到着の時間帯が、接岸ができない日没後になる可能性があった。

しかし、このとき船団は渡航を急がなければならないほど切羽詰まった状態にはなかった。しかも国内には別により安全な基本航路があるわけだから、少なくとも船団が国内にあるあいだは、そのような無謀とも思える行動をあえて取る必要はないであろう。

第三に、五島灘航路は五島灘を南下した船が、途中から北西の方位つまり逆方向に進んで田ノ浦瀬戸を通るので、不必要に大きく迂回《うかい》することになる。船団の目指す唐土の明州は福江島の西南西の方位にあるので、そのまま直進して福江島の富江港付近に寄泊すれば良いわけで、何もわざわざ久賀島田ノ浦に寄泊して福江島の北側を通り、一一浬（二〇キロメートル）余も遠回りする必要はない。

第四に、既述した通り、わずか六・五浬（一二キロメートル）離れたところには良港川原浦があり、遣唐使船団はいずれその沖合を通るわけだから、田ノ浦が寄泊地になる必然性はなかった。

第五に、第一章第四節第一項で既に述べたが、田ノ浦瀬戸は潮の漲落時にはさながら激流する大河の如くで、しかもその激流は、北端にある糸串鼻付近の海域で最も激しさを増すから、この瀬戸での操舵《そうだ》を親しく体験したことのない者にそれを委《ゆだ》ねるのは危険だった。

第六に、田ノ浦が「風待ち港」だったとする学説があるが、しかしそこは必ずしも風向や風力を正しく判断できる位置にはなかった。田ノ浦は久賀島南西岸に位置して田ノ浦瀬戸に面し、東シナ海には面していないからだ。

そして第七に、田ノ浦の周辺とそこに至る海上ルートの入念な事前調査が必要であり、そのための人・物・金・時間の投入は避けられなかったであろう。そうまでして、至便でもない久賀島田ノ浦港を新たな最終寄港地として選ぶ必要があっただろうか。

それでは、五島灘航路とは別の航路すなわち基本航路上を途中まで進んで、最後に川原浦ではなく久賀島田ノ浦に寄泊し、そこから渡海したと仮定した場合はどうか。

この場合は、二つのルートが考えられる。その一つは、基本航路上の川原浦の手前六・五浬（一二キロメートル）のところで基本航路から逸れて反時計回りに航行して田ノ浦に至るルートである。このルートの場合、逸れたところから田ノ浦までは三・三浬（六キロメートル）あり、しかも田ノ浦から渡海する船は島伝いに必ず川原浦のすぐ沖合を通るから結局、唐土への航行距離が基本航路よりも六・五浬（一二キロメートル）も長くなる。

もう一つのルートは、基本航路上の川原浦の手前八・六浬（一六キロメートル）のところで基本航路から逸れて時計回りに航行して田ノ浦に至るルートである。この場合、逸れたところから田ノ浦までは一一浬（二〇キロメートル）あって結局、このルートは八・六浬（一六キロメートル）も余計に迂回することになる。加えて、このルートは潮流の速いことで知られる奈留《なる》瀬戸と田ノ浦瀬戸の二つの難所を通らなければならず、前述の反時計回りの航路よりも時間を要しかつ危険だった。

以上のように久賀島田ノ浦には、遣唐使船のそこに至るルートに問題があり、加えて停泊地としての適性にも問題がある。

さて、第三章第一節第二項に掲げた岐宿の巌立神社の『巌立神社由緒記《ゆいしょき》』（全文）に、空海による勧請《かんじょう》の話が記されているが、その編纂から五七年後の昭和十四（一九三九）年に脱稿した『五島編年史』に引用された「其由緒《そのゆいしょ》」では、その話がまったく別の内容になっているから、ここで両者を対比し私見を述べてみたい。

『巌立神社由緒記』（原本）：

「（上略）幸ナルカナ僧ノ空海最澄入唐ノ折、桓武《かんむ》天皇ノ御宇《ぎょう》延暦《えんりゃく》二十三甲申《こうしん》年鬼宿村ノ内白石ノ港へ碇泊《ていはく》セラレシ折柄、件ノ事情ヲ語リケレバ夫レ社ヲ早ク建テ巌立三所大権現ト勧請セヨトテ、空海鬼宿ノ地ニ来タリ権現岳ニ向キ遙拝アッテ宮小島ニ勧請シ玉《たま》イ、産土神《うぶすなかみ》ト崇《あがめ》メテ村中ヲ祈願シ玉ウ。（下略）」

「其由緒」（『五島編年史』頁一七）：

「巌立山ニ霊火アリ、明年《あくるとし》空海渡唐ノ途、田ノ浦ニ寄舶《きはく》シテコノ地ヲ過グルトキ、ソノ勧ニヨリテ宮ノ小島ニ巌立権現トシテ勧請ス、時ノ神職ハ阿比留左京之助ナリ（其由緒）」

『五島編年史』の著者は、この引用文に引き続いて、原本にもある阿比留氏の由来について詳述している。だが、その著書の「引用書目一覧」には『巌立神社由緒記』の記載がなく、従って「其由緒」の出典を明らかにしていない。

さて、「其由緒」は次の三点で原本と著しく異なっている。――第一に、原本に空海らが鬼宿村白石の港に停泊したとある部分が「其由緒」にはなく、空海は田ノ浦に寄泊したことになっている。

第二に、原本には、空海は鬼宿村に来て宮小島へ巌立権現の勧請を行ったことになっているが、「其由緒」では空海は鬼宿村には行かずに、沖合を通る船上で勧請の仕事をしている。

そして第三に、「其由緒」にはおよそ五八〇年もあとの人である神職の阿比留左京之助があたかも空海と同時代の人だったかのように記されている。

「其由緒」の引用の目的がそのすぐあとに続く「橘逸勢、僧空海等久賀島田ノ浦二寄泊ス」（『五島編年史』頁一八）という著者の自説の立証にあったのは明白であるが、そもそもこの資料は右の第三の事実からも明らかなように信頼に足るものではない。それではこの資料にあるそのほかの叙述はどうか――。

本件には、その当否を判断するうえで考慮すべき理論的真理が三つある。すなわち――一つは、白石港と田ノ浦港とは互いに接近しているから、遣唐使船が連続して両港に寄泊することはない、ということである。

もう一つは、空海は白石港に立ち寄らなければ、巌立三所大権現の勧請の話を知る由もなかった、ということである。

そして三つ目は、空海は鬼宿村に行かなければ巌立三所大権現の勧請を行うことも、またその結果を村民に知らせることもできなかった、ということである。

ところが「其由緒」は、空海は田ノ浦に立ち寄って、従って鬼宿村に行くこともなく、知る由もなかったはずの勧請の仕事を遠く離れた船上で成したかのような描写になっている。つまり、そこには事物間の必然的かつ現実的な連関が少しも認められない。

一方、鬼宿村では巌立三所大権現の勧請が行われ、その結果として現在の巌立神社が実在するのであるから、空海が鬼宿村の白石港に立ち寄ったとする原本の叙述は筋が通る。

従って、空海による巌立三所大権現の勧請があったとすれば、空海らの乗った船の寄泊した港は、鬼宿村白石であって久賀島田ノ浦ではない。

なお、岐宿（鬼宿）には右の勧請伝説のほかに、白石港周辺にも数多くの遣唐使にまつわる伝説や遺跡があり、加えて永徳三（一三八三）年に宇久島から鬼宿村に移り住んで五島藩の礎《いしずえ》を築いた宇久覚は、空海が権現岳から宮小島に勧請したという巌立三所大権現を現在の地に遷宮し、その五年後に死去したが、自身の戒名《かいみょう》には「空海」の二文字がある。この事実からも、今から六三〇年余前には既に、そのさらに五八〇年余前に空海が鬼宿村を訪れたという伝説が存在していたと考えてよいであろう。

以上の考察によって明らかになった諸事は次のように要約できるであろう。すなわち――第一に、久賀島田ノ浦は、中通島相子田や福江島川原浦のように、遣唐使船の寄泊地だったとする確かな史料を欠く。第二に、合蚕田浦は田ノ浦ではなく相子田であると考えられる。第三に、田ノ浦に至る五島灘航路は、その存在が確認されていない。第四に、田ノ浦に至る航路は不必要に大きく迂回し、しかも田ノ浦は潮流の速い瀬戸に面し、正しい風向を読み取れる位置にはない。第五に、天与の良港川原浦の近くにもう一つの寄泊地が必要だったとする有力な根拠がない。そして第六に、『五島編年史』に引用された「其由緒」の叙述内容は明らかに信憑性《しんぴょうせい》に欠ける。

２ 平戸島田ノ浦説

葛野麻呂の帰朝報告にある肥前国松浦郡田浦が庇良嶋《ひらしま》（平戸島）田ノ浦であったとした場合、第十八次遣唐使船団がその港で取った行動およびその後の経過は、次のように想定されるであろう。すなわち——午前十時頃、四船はそろって庇良嶋を出航した。そして翌日の午後八時頃までに約六五浬（一二〇キロメートル）進んで福江島の北の沖合十数キロメートルの地点に到達した。ところがその頃、風波が発達して嵐になってしまった。やがて日は暮れて辺りは真っ暗闇となり、第三船と第四船は行方不明となった、と。

だが、この想定には次の六つの問題がある。すなわち——第一は、庇良嶋は本来、基本航路の中継港であって唐土への発地ではなかったから、船団は前例のない未知の渡航を決行しなければならなかったことである。

第二は、川原浦から唐土の明州までの航海距離はおよそ四一〇浬（七六〇キロメートル）だが、庇良嶋からは約六五浬（一二〇キロメートル）も長くなり、距離が一六パーセントも増える分、余計に乗船者は不確実という煙霧に包まれた海上空間に身を置いて危険に晒され、肉体的辛苦や心労が増大する恐れがあったことである。

元来、遣唐使派遣は決して無計画の行き当たりばったりの仕事ではなくて、一個の壮大な事業であることは、派遣そのものの性質から推して明白である。身の安全が何よりも重視されるべき一大事業の遂行において、明らかに最善とは言えない、さらに言えば組織全体に危険を呼び込みかねない行動を取ることは、如何なる情況下であれ正常な判断ではない。

第三は、田ノ浦は遣唐使船のような大型船四隻の停泊に適した港ではなかったと思われることである。既述したように、遣唐使船の大きさは長さ一〇〇尺（三〇メートル）、幅三〇尺（九メートル）弱、吃水《きっすい》八・六尺（二・六メートル）、排水量二七〇トンほどだと考えられているが、入江は平戸島の北端に位置し規模が小さく、奥行きはおよそ七七〇尺（二三〇メートル）、幅は最大三七〇尺（一一〇メートル）で、水深は浅く五メートル以上の範囲は南岸部に限られる。しかもその入江は北東寄りの風波を避け難い。

第四は、葛野麻呂のいう肥前国松浦郡田浦は、庇良嶋の田ノ浦ではなく別の港だった可能性があることである。既述のように翌年庇良嶋を出帆した第三船の場合、出港地は肥前国松浦郡庇良嶋となっているが、前年出帆した四船の場合は庇良嶋ではなく田浦という別の地名となっているからだ。当時、庇良嶋は遣唐使船の主要な中継地だったから、仮にそこから船団が出帆したとしたら、葛野麻呂はその地名を田浦ではなく庇良嶋としたのではないか。

第五は、田ノ浦が庇良嶋と同一だとすると、上述したように、翌年出発した第三船は庇良嶋から遠値嘉嶋（福江島）を目指して出帆したとあるから、前年出発した船団も同様にしたと考えられることである。つまり、その場合、船団は庇良嶋から直接唐土を目指さなかったであろう。

そして第六は、庇良嶋から直接唐土を目指したとしたら、四船が四散した地点は福江島の北の沖合であったと推せられるから、船団は引き返して出直しを図ったであろうが、実際にはそうはしなかったことである。

以上のように、平戸島田ノ浦が唐土への発地だとする説には疑わしい事実が存在するので、これまた別の主張が対抗するのを回避できないのである。

それでは肥前国松浦郡田浦は一体どこなのか――次項で私見を述べることにしたい。

3 福江島川原浦説

本事業においては、派遣を首尾良く成就するためにあらゆる最善策が徹底的に検討され、その一つとして基本航路が設定され、唐土への発地は原則として一定であったと考えられる。第十八次遣唐使船団においても、第一船と第二船が唐に渡った翌年の延暦二十四（八〇五）年、前年嵐に遭って渡航できなかった第三船が庇良嶋（平戸島）から遠値嘉嶋（福江島）に向けて出帆したと記録にあるから、最澄や空海たちの乗った前年の四隻からなる船団もこれと同じ航路をとっていたと推せられる。

川原浦については既に概観したが、ここが遣唐使船の最終寄泊地となった理由は、船団の唐土への発地としてほぼすべての要件を満たした天与の良港だったことだと考えられる。中でもとりわけ重要だった条件は、我が国で唐土に最も近い港であることだったであろう。言うまでもなく、渡海における不確実さは、目標地点から遠のくにつれて次第に増大し、逆に目標地点に近づくにつれて次第に減少するからだ。それゆえに船団は、中継港から渡海せずに、あくまでも「安全第一主義」に徹すべきなのである。

川原浦は、既述したように、室町時代には遣明船（勘合船）や歳遣船などが頻繁に出入りしたため、五島藩が西部取締を置いたほどの地であるから、ここが以前、遣唐使船団の発地であったことは想像に難くない。

さて、第十八次遣唐使船が川原浦から渡海したとする場合はおよそ次のように推測できるであろう。すなわち——庇良嶋から遠値嘉嶋を目指して出航した四船は途中、宇久島および相子田の二港を経由して三つ目の港・川原浦に到着した。そしてそこに停泊した四船は七月六日にそろって唐土を目指して出帆し翌日、福江島の西南西の沖合約五〇浬（九〇キロメートル）付近で嵐に遭遇し、午後八時に第三船と第四船が行方不明となった、と。

このように推測すれば、船団が四散した地点は後述の『福州観察使に与うる入京の啓』にある「既ニ本涯《ほんがい》ヲ辭《じ》シ、中途ニ及ブ比《ころ》ニ、暴雨帆ヲ穿《うが》チ、牀風柁《しやうふうかぢ》ヲ折ル」の「中途」とも一致する。またこの地点であれば、船団が引き返して出直さなかったことにも納得がいく。だが、仮に庇良嶋から直接唐土を目指したとした場合は、四散したとき船団はまだ福江島の北の海上にいたと考えられるから、そこは「中途」というにはいささか早すぎるであろう。

なお、船団が四散したあと第一船と第二船は唐土に渡ったが、第三船と第四船はおよそ一ノット（時速一・八五二キロメートル）の対馬海流に乗って数日内に九州西岸のどこかに漂着したと推せられる。

以上の考察によって我々が知ったのは次の諸件である。——第一に、第十八次遣唐使船団の唐土への発地に関しては複数の説がある、ということである。第二に、そのいずれの説も決定的な根拠を有していない、ということである。第三に、船団の取った行動がよく分からないということである。そして第四に、それだから我々は次の二つの判断基準によって真実に迫るほかはないということである。すなわち——一つは、各説において想定される船団の行動が果たして本事業を首尾よく成就するための最善の仕方に従っていたかどうか、ということである。もう一つは、記録にある出航後の情況を考慮した場合、どこを発地と推測するのが妥当なのかということである。

こうして私が到達した結論は――上述の二つの判断基準のいずれをも満たすのは、川原浦だけである、ということだった。

しかしこの場合、葛野麻呂の奏上にある地名と齟齬が生じるから、大変失礼だが、大使報告か書写などに何らかの問題があったのではないか、と考えざるを得なかった。

なお『日本後紀』の編纂には次の経緯があったことをここに記しておく。すなわち――推定全四〇巻から成る『日本後紀』の原本は散逸し、江戸時代中期になって次の一〇巻分の写本（三条西実隆・公条父子によるもの）が三条西家で発見され、塙保己一（一七四六―一八二一）によって初めて刊行された。――桓武紀五、八、一二、一三の四巻、平城紀一四、一七の二巻、および嵯峨紀二〇、二一、二二、二四の四巻の合計一〇巻である。

その後、『日本後紀』の復元作業が、六国史《りっこくし》（奈良時代から平安時代にかけてまとめられた古代の歴史書で『日本書紀』『続日本紀』『日本後紀』『続日本後紀』『日本文徳《もんとく》天皇実録』および『日本三大実録』の六部をそう呼ぶ）を記事別に分類した『類聚国史《るいじゅうこくし》』や六国史などを要約した『日本紀略《にほんきりゃく》』の二つの文献をもとにして地道に行われ、全四〇巻が完成した（遠藤慶太『六国史』中央公論新社、二〇一六）。

従って、第一二巻に収録されている葛野麻呂の奏上部分の写本は散逸を免れた。そしてその部分は、上述のように、塙保己一の門人によって再び書写がなされ発行された。つまり今日我々が目にする『日本後紀』は、その刊行までに書写が幾度か繰り返されて完成した写本なのである。しかし、我々が本章第三節第一項1『肥前國風土記』で見たように、写本は必ずしも原本の通りではない場合もある。

なお六国史などの要約を記した『日本紀略』には、『日本後紀』にある次の叙述の「臣葛野麻呂等」から「都テ卅四箇日」までの部分が単に「云々」とだけ記されており、再確認できない。

「大使従四位上藤原朝臣葛野麻呂上奏シテ言《げん》ス。臣葛野麻呂等、去年七月六日、肥前国松浦郡田浦従《よ》リ発シ、四船海ニ入ル。七日戌《い》ノ剋《こく》、第三第四ノ両船、火信《かしん》応ゼズ。死生ノ間ニ出入シ、波濤《はとう》ノ上ヲ掣《せい》曳《えい》セラルルコト、都《すべ》テ卅四箇日。八月十日、福州長渓縣赤岸鎮《せきがんちん》已南《いなん》ノ海口ニ到ル」。

いずれにせよ、岐宿や川原浦には空海や遣唐使に関連する遺跡や伝説が数多いのは事実である。今後、優れた篤学の士によって本件の真実が明らかになることを願いたい。

４ 福州観察使に提出した書にある「本涯」

空海の詩、碑銘、上表文、啓、願文などを弟子の真済《しんぜい》が集成した『遍照発揮性霊集』がある。これに第十八次遣唐使の大使藤原葛野麻呂が福州の観察使閻済美《えんせいび》に提出した書『福州観察使に与うる入京の啓』が収録されている。

この啓は、大使や空海たちの乗る第一船が海上を漂流すること三四日後の八月十日に福州の赤岸鎮《せきがんちん》に到着し、その後そこを離れて馬尾《ばび》（福州）に移動した十月三日以降に書かれたものである。このとき一行の入国許可を取得すべく大使が幾度か書いて州の治所に提出した文書がその都度黙殺されたため、一行は窮地に立たされるが、大使に頼まれた空海が代筆した啓が観察史を驚嘆させ、その窮地を救ったと伝わる。この啓に次の一節がある。ここで賀能《かのう》は大使の唐名である。

原文：
「賀能等、身ヲ忘レ命《めい》ヲ銜《ふく》ミ、死ヲ冒《おか》シテ海ニ入ル。既ニ本涯《ほんがい》ヲ辭《じ》シ、中途ニ及ブ比《ころ》ニ、暴雨帆ヲ穿《うが》チ、戕風柁《しやうふうかぢ》ヲ折ル。高波漢《かん》ニ沃《そそ》ギ、短舟裔々《たんしうえいえい》タリ」

訳文：
「私賀能らは一身を忘れて天皇の命令をうけたまわり、死の危険をおかして航海に乗り出した。こうしてひとたび本国の岸を離れて中途にまで及んだころに暴風雨が帆を破り、大風が柁を折ってしまった。高波は天ノ河にしぶくほどとなり、小舟は波間にきりきり揉《も》むありさまとなった」（『弘法大師空海全集第六巻』筑摩書房、一九八四）

さて、三井楽柏崎に高野山清涼院住職・静慈圓氏がその碑文を揮毫したという堂々たる「辞本涯」の碑がある。それゆえに巷間では三井楽こそ空海たちが我が国で最後に立ち寄った地であると考えられている。

しかし次の二つの理由により、そのことを実証するのは極めて難しい。すなわち——第一に、前に述べたように、葛野麻呂は四船の唐土への発地を肥前国松浦郡田浦だったとしており、三井楽の古称である美禰良久ノ埼だったとはしていないからである。

また第二に、既述したように、私の考察によれば、遣唐使船の我が国最後の寄港地は、三井楽柏崎の手前およそ二里（八キロメートル）のところにある岐宿川原浦であって、三井楽は遣唐使船の進路上にある国内最遠の目標地点だったと考えられるからである。

しかし、いずれにせよ、百三十余年間、南路をとった遣唐使船が終始一貫して三井楽の沖合を通ったと考えられ、その地はまさに我が国の西の果てにあって、命がけで唐土に向かう遣唐使たちが船上から最後に見る国土だったことは疑う余地がない。恐らく彼らは、ここでまだ見ぬ唐土に思いを馳《は》せながらも、二度とその土を踏むことはないかもしれない祖国に別れを告げたであろう。

なお、「涯」には「岸」のほかに「果て」の語義もあるから、川原浦のような「岸」ではなかったにせよ、三井楽柏崎に「辞本涯」の碑があっても何ら不自然ではない。

5 玉之浦への避難説

福江島玉之浦に朱鳥《しゅちょう》十二（六九八）年に創建された白鳥《しらとり》神社がある。延暦二十三（八〇四）年、最澄が入唐の際にここに参拝し、帰朝後の弘仁《こうにん》年間（八一〇〜八二四年）に自作の十一面観音像を奉納としたと伝わる神社だ。この十一面観音像は明治元（一八六八）年、神仏判然令に従い、藩政時代に白鳥神社の別当寺であった大寶寺に移され今日に到っている。

右の伝説は、最澄らが乗った第二船が玉之浦に避難したという確証を直ちに与えるものではないが、しかし我々は本命題を実証しようとする一切の試みを放棄してはなるまい。

なぜならば第一に、既に述べた通り、第十八次遣唐使船団が唐土に向けて日本最後の寄港地を出帆した翌日の七月七日、嵐に遭って四散したとき船団は福江島西南西の沖合約九〇キロメートルの海上にあったと推測され、その地点から船団は強風と対馬海流によって押し戻され、たまたま第二船だけが玉之浦に避難できたとも考えられるからである。

また第二に、第二船が明州に到着したのは七月下旬だったと考えられていて、しかも福江島から明州までは通常六〜九日の行程だったと言われているので、同船は風波が収まるまでの数日間、玉之浦に停泊する余裕があった勘定になり、その間に最澄が白鳥神社に参拝することは物理的に可能だったからである。

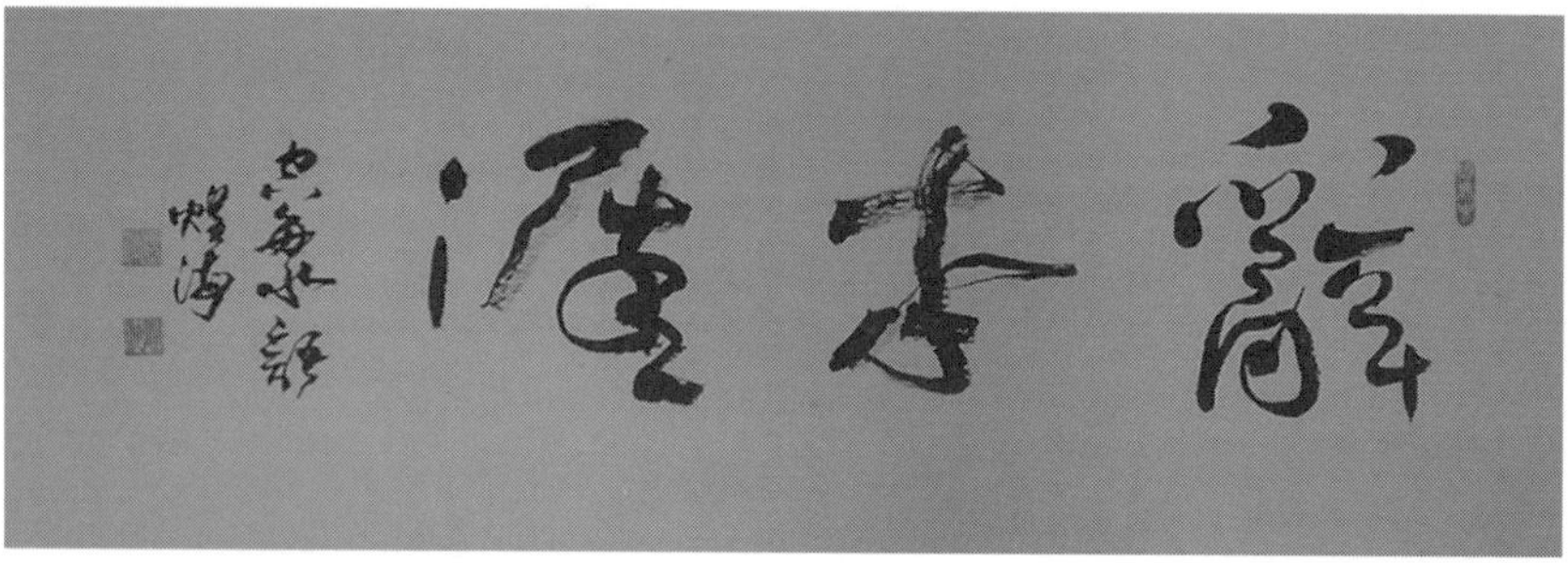

辭本涯（空海の語句）2015年　煌海書　(26.5 cm ×78 cm)

第三章　神社・寺院

第一節　神　社

一、宮小島金刀比羅神社

宮《みや》小《こ》島《ひま》は岐宿湾西岸にある周囲およそ六七丈（二〇〇メートル）の小さな島で、延暦《えんりゃく》二十三（八〇四）年、第十八次遣唐使船団が鬼宿《きしく》村川原浦白石に寄泊した際、空海によって権現岳の巌立三所宮から勧請されたとされる田心姫《たごころひめの》命《みこと》、湍《たき》津《つ》姫命および市杵島《いちきしま》姫命の三女神（巌立三所大権現）が祀《まつ》られたところである。

それからおよそ五八〇年後に三女神は現在の巌立神社の地に移されたが、その跡に祀られたのが金刀比羅《こんぴら》神である。爾来《じらい》、この神は海陸の守護神として崇《あが》められ毎年、漁業関係者によって例祭が執り行われている。

なお、昭和四十六（一九七一）年に始まった港湾改修

宮小島金刀比羅神社　　提供：出口氏

巌立三所宮　　提供：岐宿町

工事で宮古島は周囲が埋め立てられ陸続きとなった。

二、巌立神社

□由緒

巌立神社は永徳《えいとく》三（一三八三）年、宇久家第八代覚が宮小島から現在地に三女神を移し、新たに弥陀勢至《みだせいし》観音の神体を奉祭《ほうさい》し「巌立三所大権現」と号したのが起源だと伝わる。『巌立神社由緒記』（一八八二）に次のようにある。

「抑《そもそ》も巌立神社ハ巌立三所大権現ト唱エ奉リキ。今ヲ去ルコト一〇七九年前、人皇第五十代桓武天皇ノ延暦二十二年ノ春、鬼宿村ノ東方、巌立権現トイウ高山ニ、毎夜三ツノ火明リ、不思議ノコトアレドモ遠方ノ山トイイ、夜中ノコトナレバ、見届クル人モナカリシニ中秋ノ頃ニ至リ、夜半ニ三ツノ火、権現岳ヨリ宮ノ小島トイフ所ニ飛ビユクヲ見及ブ人アリテ、其ノ事ヲ老人ニ告グレバ、申シ合ワセテ誠心ノ三人ヲ選ビ、宮小島ニ遣ワシ尋《たず》ネシモ何ノ験《しるし》モナケレバ、引キ取リノ積リニテ立チ去リニシフト、笛、太鼓ノ声アリ。其レ何事ゾト立チ帰リ深ク尋ネ見ルニ平石ノ脇ニ姫椿一本有リ、其ノ姫椿ノ中ニ白幣《はくへい》三本アリシ故ニ此《これ》御知ラセカト其ノアタリヲ掃除シテ立戻リ、次第ヲ村中ニ知ラセケレバ、村民打寄リ三本ノ幣ヲ神ト崇メ奉ラント評議決定ス。ソノ夜村民ニ、早ク宮小島ニ祠ヲ建テ三本ノ白幣を備エテ、三女神ヲ安置セヨト御告アルニ、幸ナルカナ僧ノ空海最澄入唐ノ折、桓武《かんむ》天皇ノ御宇《ぎょう》延暦《えんりゃく》二十三甲申《こうしん》年鬼宿村ノ内、白石《しらいし》ノ港へ碇泊《ていはく》セラレシ折柄、件ノ事

巌立神社竣工式＝昭和13年　提供：岐宿町

情ヲ語リケレバ夫《そ》レ社《やしろ》ヲ早ク建テ巌立三所大権現ト勧請セヨトテ、空海鬼宿ノ地ニ来タリ権現岳ニ向キ遙拝アッテ宮小島ニ勧請シ玉《たま》イ、産土神ト崇《あが》メテ村中ヲ祈願シ玉《たま》ウ。ソノ遙拝ノ時空海笠《かさ》ヲ置カレシ所ヲ笠外《かさはず》シト云イ初テ後世ノ今ニ伝エシ事トゾ。其ノ後、永徳三癸亥年、家盛公八代ノ孫宇久尾張守源覚公、鬼宿ノ地ニ宇久島ヨリ移ラセ玉ヘルモ、世モ全クハ治マラズ深ク彼是御誓願アリ、岐宿ト改メ、南向清浄ノ地ヲ開キ初テ宝殿、拝殿ヲ造リ、神門ヲ建テ宮小島ノ古キ権現ヲ移シ、新タニ弥陀勢至観音ヲ神体ト備エ、岐宿村中産土神ト尊敬奉リ、対馬国ヨリ来ル阿比留左京之助ト云ウ者ヲ代々ノ神主ト定メラレ、天下泰平国家安穏ヲ祈レヨト有ケレバ、怠ラザルニ、御領主五島淡路守源朝臣盛利公御時代ニ至リ、殊勝ノ神職等ト御賞アリテ、五島ノ四社ト改メラレ、別段崇敬ノ社トナリ、寛永十四年神職阿比留新右衛門時代、祭料高三十石下シ賜リ、爾来、明治ノ大御代ニ至リ、王政御一新ノ折柄神仏御取リ分ケノ御勅命有ケレバ、明治元戊辰八月、弥陀勢至観音ヲ取リ除キ、同年九月十四日、源朝臣西村正輔ヨリ家宝トシテ伝ワル剣、玉、鏡ヲ清メ御神体ニ献納有リ。ヨッテ其ノ剣ヲ田心姫命、玉ヲ湍津姫命、鏡ヲ市杵島姫命ト崇メ奉ル。明治三年九月、巌立神社ト改メ奉称ス」

昭和十三（一九三八）年、社殿全部を建て替える。巌立神社は藩主が五島で建立した最初の神社で、今

城岳（216m）八合目にある武者揃広場跡から見た岐宿郷集落の一部 ── 巌立神社の鳥居（上部中央）と金福寺（中央）が鬼門（北東）の一直線上にある＝令和元年

もその威厳と品格を保つ。例祭日は陽暦九月十五、十六日。

巌立神社と金福寺は、城岳から見て鬼門《きもん》（北東の方位）にあり、覚が災難封じのために建立したことが分かる。また八合目付近にある武者揃《むしゃぞろい》広場跡からは巌立神社の鳥居と金福寺本堂が一直線上に見えるから、陣屋もその付近にあったと推せられる。

□社地

巌立神社は、岐宿郷の北部に座し、広大な土地を所有している。現在、南北約九三〇尺（二八〇メートル）、東西約四六〇尺（一四〇メートル）の長円形の社地が原始林に覆われているが、これは全所有地の一部に過ぎない。そのすぐ東および南側一帯には「坊里《ぼうざと》」と呼ばれる、神事を司《つかさど》る社家も住む集落があるが、その付近もかつては社地だったという。

巌立神社の鳥居＝令和元年

□表参道

神社の入口には最上部の笠木《かさぎ》に反増《そりまし》を持つ明神《みょうじん》型の石造りの堂々とした鳥居がある。ここから拝殿までおよそ五六〇尺（一七〇メートル）あり、その間を参道が南北にまっすぐに延びる。戦前まで五月五日と九月九日の年二回、ここで流鏑馬祭《やんさんまつ》が執り行われていた。

表参道は拝殿に向かってわずかに広がりを見せる。鳥居付近の道幅は十三尺（三・九メートル）だが、そこから四七〇尺（一四〇メートル）奥に進むと道幅はおよそ一八尺（五・五メートル）である。

この構造には恐らく一つの仕掛けが隠されているであろう。すなわち、参詣者が参道入口に立つと拝殿が近くに見え、拝殿に着いて後ろを振り向くと、歩いてきた参道が思いのほか長く見えるようにしてあるのだ。この仕掛けは人の目の錯覚を上手に利用した遠近法の手法の一つであるが、このトリックによって参詣者は帰るとき、

表参道 ── 道幅は奥に向かってわずかに広がりを見せる。両側の石垣は四分勾配をもって積まれ全面が苔で覆われている＝令和元年

遠くまで来たのであるから、神のご加護《かご》がいっそう増大するに違いないと感じるのである。参詣者に対する優しい配慮がなされているのだ。同じようなトリックは、巌立神社より約二三〇年後に建立された日光東照宮の参道でも見られる。

一方、巌立神社より約二〇〇年前に整備された鎌倉鶴岡八幡宮の若宮大路の真ん中にある、一段高く盛り上がった参道段葛《だんかずら》は、二の鳥居から本宮入口の三の鳥居まで一五二〇尺（四五七メートル）ほどあるが、本宮に向かって逆に狭くなっている。これは、二の鳥居付近から攻め入る敵兵に段葛《だんかずら》を長く見せ、本宮を遠く感じさせて混乱させ、迎《むか》え討《う》ち易《やす》くすることを目的としているのだという。

このように九州最西端の辺境の地に建つ巌立神社は、中規模とはいえ日光や鎌倉の日本を代表する二つの格式のある神社の参道に劣らぬ工夫がなされているのだ。

この神社にはこの他にも後述する幾つかの工夫がなされており、これらの事実からも、建立者の覚が卓抜な軍事的天才の持ち主であったばかりでなく、傑出した文化的知見を具えた武将でもあったことが分かる。

巌立神社の表参道の両側には高さ四尺（一・二メートル）ほどの石垣が四分勾配《しぶこうばい》（傾斜角六八度）をもって積

忠魂碑――鳥居のすぐ東側に建つ。当時、参道両脇に数十本の松の巨木が生えていた＝昭和31年

まれていて、その両外側は石垣と同じ高さに土が盛られている。ここには昭和三十二、三（一九五七、八）年頃まで樹高一〇〇尺（三〇メートル）ほど、幹回り八尺（二・四メートル）ほどもある、樹齢数百年の松が数十本、太い根を張り、その一部を地上にむき出していた。

が、当時五島列島を襲った松食い虫の被害に遭《あ》ってすべてが枯れ、伐採された。

参道は拝殿前の広場付近で両側に「八」の字状に広がり、両側に狛犬《こまいぬ》が鎮座《ちんざ》し、さらに東側に手水舎《ちょうずや》、また西側に幹回り一二尺（三・六メートル）ほどの樹齢数百年（恐らく六百年以上）の椎の巨木が配置されている。拝殿前広場の東側には東参道が東南東にまっすぐ延び、また西側には鳥居を構えた「大神宮」の祠《ほこら》がある。

余談だが、前掲の忠魂碑の写真の裏面には、こう添え書きがある。――「昭和三十一年二月二十一日建立。発起者柳田長平次五五才。二二四柱」と。この写真にある松が枯れて伐採された当時、たまたま私の父（長平次）は一階建ての板葺きの家を解体して二階建ての瓦葺《かわらぶ》きの家に建て替えたが、一階天井の二本の梁《はり》にその松の一部が使われている。一本が二七尺（八・二メートル）×一尺二寸（三六センチメートル）×五寸（一五センチメートル）ほどである。木は伐《き》られたあと、その樹齢以上の耐久性があるというから、この家の梁もそうあって欲しいと願う。

巌立神社拝殿＝令和元年

□社殿の構造

現在の巌立神社の社殿は、後掲の「巌立神社社殿平面図」にみる通り、本殿と幣《へい》殿《でん》、拝殿で構成され、それらが縦に連なるいわゆる権《ごん》現造《げんづく》りで、太平洋戦争直前の昭和十三年（一九三八）年に建て替えられた。

本殿は、神《しん》霊《れい》を宿した神体を安置する社殿で神殿ともいう。幣殿は、祭儀《さいぎ》を行って幣帛《へいはく》を奉る社殿で、本殿と拝殿のあいだに位置し、両建物を繋ぐ構造になっていて中殿《ちゅうでん》ともいう。

拝殿は、祭祀《さいし》・拝礼を行うための社殿で、神職などが着座するところである。

一般の参拝者は、この拝殿の手前で拍《はく》手《しゅ》をして拝礼を行うが、祈《き》禱《とう》の際には拝殿に上がることもある。

拝殿から本殿までは一七間（三〇メートル）ほどあり、完全な左右対称の構造になっている。基壇《きだん》（地面に石や土を

弊殿外観＝令和元年

本殿概観 ── 拝殿から本殿までは屋根で繋がっており、拝殿上り口から本殿扉まで14間余（25.8ｍ）ある＝令和元年

盛り平らにした壇）は地上から二尺（六〇センチメートル）ほど高く、真っ平らな隙間《すきま》のない石敷《いしじき》である。その上に柱の土台となる沓《くつ》石《いし》と高さ二尺余の基礎柱がある。

拝殿は入母屋造りで、屋根に千鳥破風《ちどりはふ》を取り付け、前方に堂々とした優美な唐破風《からはふ》の向拝を持つ。拝殿は外寸で間口が五・五間（一〇メートル）、奥行きが四間（七・二メートル）で、正面奥にある幣殿とは木連格子戸《きづれこうしど》で仕切られている。拝殿の正面および両側面はガラス入りの木連格子戸になっており、雨戸はない。拝殿の外周に幅三・七尺（一・一メートル）の濡縁《ぬれえん》と手摺《てす》りがある。

拝殿の屋根は瓦葺きで向拝部だけが銅板葺《どうばんぶき》になっている。

幣殿の第一の間は間口が三間（五・四メートル）、奥行き三・五間（六・三メートル）の畳《たたみ》敷きで、手前両脇にそれぞれ拝殿から続く三畳の物置がある。両外壁は、物置の部分がガラス入りの縦格子戸《たてこうしど》、それ以外はガラス入りの木連格子戸である。第一の間の屋根も瓦葺きである。毎年八月十四、十五の両日（戦後、陽暦九月十五、十六日に変更される）に執り行われる例祭の時は、この第一の間に神輿《みこし》がいったん安置されてから外に運び出される。

幣殿の第二の間は、第一の間より床が二尺（六〇センチメートル）ほど高くなって間口がさらに狭くなり一・五間（二・七メートル）、奥行きが三間（五・四メートル）あり、板敷きである。両外壁は手前二間（三・六メートル）が板張り、残り一間（一・八メートル）がガラス入りの縦格子戸で、正面奥がガラス入りの木連格子戸となっている。

この木連格子戸の三間（五・四メートル）先に、神体が安置されている本殿の扉がある。本殿と弊殿は屋根で繋がっているが、その間に両側壁はない。つまり、その空間はいわゆる吹きさらしである。

本殿の床は弊殿第二の間の床よりさらに四尺（一・二メートル）ほど高くなっていて、本殿前に幅五尺（一・五メートル）ほどの七段の階段があり、本殿の周りに幅三・七尺（一・一メートル）の濡縁と手摺りがある。吹きさらしの部分の床、階段、手摺りいずれも木製である。

本殿は平入造《ひらいりづくり》で縦一・六間〈二・八メートル〉×幅二・六間〈四・七メートル〉（以上、外寸）。屋根の棟に二つのX字状の千木《ちぎ》とその間に五つの円筒形の鰹木《かつおぎ》がある。

屋根は、弊殿第二の間から本殿まではすべて銅板葺きとなっている。

拝殿を除く社殿すなわち本殿と弊殿の外周には、地上に石造りの玉垣《たまがき》があり、そのすべての柱石に、この社殿が建て替えられた当時の男女寄進《きしん》者名が刻《きざ》まれている。

社殿は、表参道の中心線の延長から一間ほど東に寄って、しかもわずかに西向きに回転して建てられている。覚は、この巌立三所大権現（巌立神社）を建立したとき同時に金福寺も建立したが、既述の通り、この寺もまた城岳から見て鬼門（北東の方位）の位置にある。

そういうわけで、巌立三所大権現の拝殿からは、南北に延びる表参道の延長線上に、山城のあった城岳を見ることはできない。しかし、単なる偶然なのか、あるいは意図的にそうしたのかはよく分からないが、表参道の延長線上には、鰐川のすぐ南に位置する鍋山《なべやま》（標高二八三メートル）の山頂がある。

社殿（本殿・弊殿・拝殿）を包むように椎、タブノキ、ハマセンダン、ナタオレノキ、山桜などの樹木がうっそうと茂り、毎年のように接近する台風から体を張ってこの建物を守る。神聖な一帯は静まりかえって時

本殿扉＝令和元年

厳立神社社殿平面図

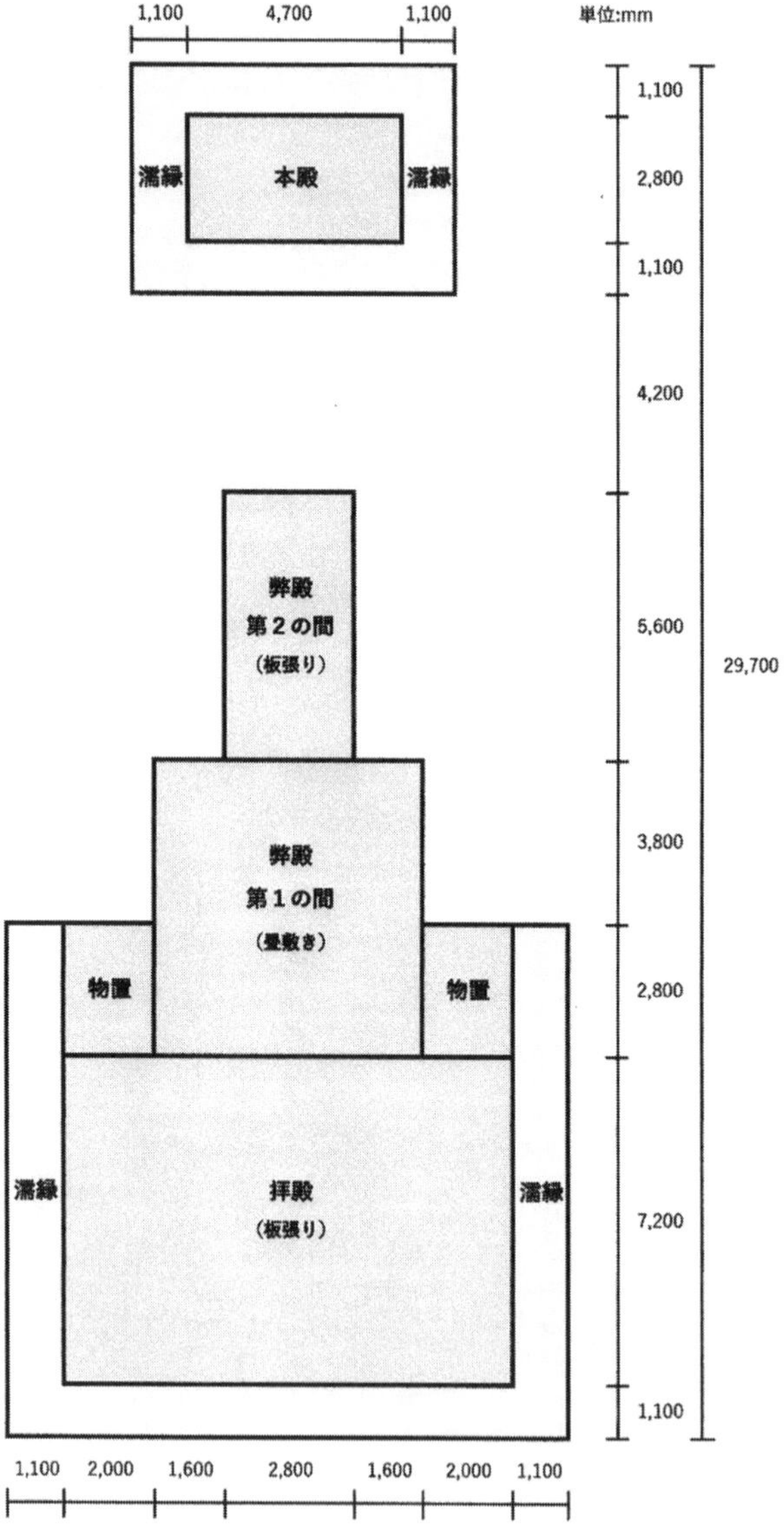

〈注〉本図寸法（外寸）の一部は著者の目測に拠った。本文内の寸法は「内寸」で表示したので、本図とは若干の差異がある。

折、風にそよぐ樹々の葉の音ばかりが聞こえてくる。

□東参道

社殿と後述する本宮寺のあいだには、同寺が廃寺になる前まで主に巌立神社および本宮寺関係者が使用したと思われる狭い東参道がある。この参道の入口には明《みょう》神《じん》型の鳥居が建ち、その前には「寺ン馬場」と呼ばれる、かつて競馬行事の時に馬を繋《つな》ぎ止めた広場がある。

巌立神社東参道＝令和元年

東参道は、長さがおよそ二〇〇尺（六〇メートル）、道幅が八尺弱（二・三メートル）ほどで、拝殿前の広場に向かって緩《ゆる》やかな上り坂となっている。

その両側は石垣が積まれて高さ二・三尺（七〇センチメートル）ほど高くなっており、そこに生い茂る諸種の樹木がその小道に覆《おお》いかぶさるように枝を伸ばしている。陽は高い林の梢《こずえ》を照らし、木洩れ日がその道を通う人の心を洗い清めて、神聖な空寂の境に引き入れる。辺りはひっそりとして物音ひとつ聞こえない。

□社務所

表参道の半ばほどを東に分け入れば、武家屋敷風に上部に玉石を積んだ石垣があり、その奥に、樹々や孟宗竹《もうそうちく》の林に囲まれるように社務所がひっそりと佇んでいる。

三、山里大山祇神社

山里は岐宿郷集落の南部に位置し、当地で最も早く開拓者が定住した地と言われる。そこは城岳を水源とする渡河川が流れ、田畑開墾の適地と考えられたのであろう。

大山祇神社は、その部落の南端に祀られ、その小さな社殿の周囲を原始林が優しく包む。

山里大山祇神社＝令和元年

開拓者は、開墾に先立って将棋駒の形をした自然石を神体として崇め、守護を祈願したと伝わる。神社は通称「山ノ神」と呼ばれ住民に親しまれている。

例祭日は九月二十二日だったが戦後、陽暦九月十五日に改められた。

巌立神社で流鏑馬祭が執り行われる日には、その神事のあと笠狩殿《かさかっどん》（流鏑馬で矢を射る騎手）が騎乗のままここに来て、流鏑馬を奉納する。この神社の維持管理は、門前に住む出口・貞方両家が行っている。

四、保食神社

「保食」は「うけもち」と読む。五穀（米、麦、粟、稗《ひえ》、豆）豊穣の守護神を祀る神社である。柳田《やなだ》部落（青柳町）にあり、その肥沃《よく》な点において五島でも随一と言われる崎野平野の入口に座す。面する通りはかつて馬責馬場だった。例祭日は巌立神社と同じ。

保食神社＝令和元年

第二節　寺　院

一、金福寺

金福寺《きんぷくじ》は永徳三（一三八三）年、宇久覚が宇久島から岐宿に移り城岳に築城した直後に巌立三所大権現とともに建立した寺で「雨宝山《うほうざん》金福寺」と号す。宗派は曹洞《そうとう》宗《しゅう》。嘉慶二（一三八八）年に享年五八歳で死去した覚自身の墓もここにあり、法号は「金福寺殿空海全太大居士」。

岐宿台地のやや北央部に位置し、付近には貝塚遺跡があり、寺の西側にある墓地はその貝塚上にある。寺と墓地の北側は少し高くなって樹木が生い茂り、南側は小さな谷を形成して自然湧泉から西河川《にこんがわ》が西流する。

慶長二（一五九七）年、福江の大円寺《だいえんじ》四世固山《こざん》堅宗《けんしゅう》和尚を招いて開山、法燈《ほうとう》も継承する。宝暦五（一七五五）年の知行は、一四石二升八合七勺。

明治元（一八六八）年、神仏判然令に従い巌立三所大権現から神体の弥陀勢至観音を移し金福寺の本尊とした。それ以来、巌立神社例大祭の時には必ず神輿《みこし》を寺内に入れて神楽を奉納することが慣わしとなっている。なお、他寺には神輿が入ることはない。

明治四（一八七一）年、前年に神道を国教とすることを定めた大教宣布に従い、本宮寺（真言宗）と妙永寺（浄土宗）は廃され金福寺に統合される。

金福寺は岐宿小学校の「前身」でもある。同寺は嘉永《かえい》元（一八四八）年に寺子屋を開設し、児童に読み書き計算などを

金福寺＝平成30年

教えていたが、明治七（一八七四）年、そこが「公立岐宿小学校」の仮校舎となり、九年七月に江湖《えこ》ノ辻《つじ》に正規の校舎が完成するまで使用された。

宇久五島藩主が五島で最初に建立したこの寺には岐宿郷内で最も古い仏像や経典《きょうてん》が残されている。

昭和期の住職は五島道観および道照であった。

二、大雄寺

大雄寺《だいゆうじ》は岐宿郷集落の中心部よりやや東に位置する浄土真宗の寺で、通称「東《ひがひ》の寺《てら》」と呼ばれ、本尊は阿弥陀如来。明治十六（一八八三）年、浄土真宗本願寺派の本山である龍谷山本願寺（通称西本願寺）より寺号「大雄寺」を拝受《はいじゅ》する。これを機に、明治十二（一八七九）年からあった説教所を廃止して新寺院を建立、正式に「西本願寺派海雲山《かいうんざん》大雄寺」と号す。

『岐宿村郷土史』には、本寺創設の経緯がおよそ次のように記されている。

「西村正輔《しょうすけ》が寺院建立を同志に諮《はか》り明治十二（一八七九）年に本山説教所を建設、福江の善教寺《ぜんきょうじ》より神古正山と大八木諦順の両師を交互に招いて布教に努める。その後三人目の布教者となった佐藤知桓が明治十六（一八八三）年、本仏拝受と同時に大雄寺の住職となり、布教に専念する。その結果、門徒は郷内に止まらず三井楽地方においても日に増加する。」

大雄寺＝令和元年

ところが、住職は明治二十六（一八九三）年、鹿児島県下の某寺で布教滞在中に死亡した。同年、同師の養嗣子《ようしし》嶺雲《れいうん》が住職を継ぎ、布教に尽力すると、いよいよ建物が手狭になった。このため住職は本堂再建を企画、時の寺総代西村力之助、寺田直吉、竹下多吉、犬塚犬之助が門徒一同と熟議の末、建設費七千円を以て大正三（一九一四）年十二月に上棟、仮遷仏《せんぶつ》式を執り行う」

歴代の住職は初代佐藤知桓、二代嶺雲、三代味法、四代秀峰、五代雄峰。

三、圓長寺

圓長寺《えんちょうじ》は岐宿郷集落の中心部よりやや西に位置する浄土真宗の寺で、通称「西《にし》の寺《てら》」と呼ばれる。同じ宗派で集落のやや東に位置する大雄寺と区別するための呼称だ。

本寺創設の経緯は、寺伝におよそ次のように記されている。

「寛永元（一六二四）～五（一六二八）年、岐宿や三井楽、玉之浦の三カ村で福江の善教寺の住職が伝道を始める。

文政十（一八二七）年頃、門徒が漸増《ぜんぞう》したことにより、岐宿村松山郷に『善教寺松山出張所』を開設する。

明治四十二（一九〇九）年、善教寺第十四世七里圓長《えんちょう》が松山出張所を岐宿郷の現在地に移転、『善教寺岐宿説教所』と称する。

昭和二十二（一九四七）年十一月二十五日寺号を『光雲《こううん》山《ざん》圓長寺《えんちょうじ》』と号す。この寺号は開基であった七里圓長に由来する」

歴代の住職は初代七里圓長、

圓長寺＝令和元年

二代大章《だいしょう》、三代ミサ、四代隆章《りゅうしょう》。

四、通福寺

通福寺《つうふくじ》は松山郷寺脇にある曹洞宗の古刹である。文治《ぶんじ》元（一一八五）年に起こった文治の乱で敗れて五島に落ち延びた平家の武将が建立したと伝わる寺で、正式には「荘厳山通福寺《そうごんざんつうふくじ》」と号す。本尊は千手観音菩薩《せんじゅかんのんぼさつ》。

その創設の経緯は『岐宿村郷土史』におよそ次のように記されている。

「通福寺は華開曇公《かかいどんこう》禅師を開基とする寺。禅師は平家の豪族で仏に帰依して剃髪《ていはつ》、僧となる。道徳高尚にして、その名は西国に知れわたり布教の師範と呼ばれる。当初、七ツ岳山頂から四方を眺望し、この地を永住の地と定め寺を建てる。寺には大小三三体の仏像を安置し、寺号を『荘厳山通福寺』と称す。

その寺は当初、寺脇と松山部落のあいだを流れる鰐川流域にある、平家の落人《おちうど》を祀《まつ》る首塚胴塚付近に建っていたが、延宝《えんぽう》六（一六七八）年、二代西江越《えつ》村《そん》和尚が荒廃した寺の再建に着手、堂宇《どうう》を現在の地に移転して、四年の歳月を経て天和《てんな》元（一六八一）

通福寺＝令和元年通福寺

年の秋に落成する。このことにより越村和尚は二代中興の祖と称されるようになる。このとき地名も寺《てら》脇《わき》に改められ、千手観音を本尊とする。それ以来一二世三三〇年を経て現在（大正七年）中尾貫之助氏が福江の清浄寺《せいじょうじ》から転嫁して住職となる」

通福寺は、堂宇の法堂が間口八間（一四・四メートル）奥行き七間半（一三・五メートル）の堂々たる寺で、岐宿町で最も古い歴史を持つ。宝暦年間の知行《ちぎょう》は三六石二斗五升七合。その寺領の田畑は五町余（約五ヘクタール）に達し、境内は広く本堂から東へおよそ一〇〇尺（三〇メートル）離れたところに原始林に囲まれた大山祇神社（通称「山ノ神」）があり、七年ごとに祭も執り行われる。

なおこの寺の開創年に関して『岐宿村郷土史』（一九一八年）と『五島編年史』（一九七三年）とのあいだに齟齬《そご》がある。同編年史は開創を二年後の天和三（一六八三）年としている。

五、西福寺

西福寺《さいふくじ》は、川原郷小川原集落の中心部にある。金福寺や通福寺とともに岐宿三福寺の一つで、本尊は十一面観世音菩薩である。西を尊ぶ仏教の世界で西福寺の寺号を授かっているので、それ相応の格式を持った寺だと考えられる。

宝暦年間の知行は五石三斗一升であった。次の言い伝えが残っている。

「その昔、本尊の十一面観世音像を故あって通福寺に移したところ、川原郷内に悪疫が流行する。郷民はそれが観世音の祟《たた》りであるとして、通福寺より元の西福寺に戻すことにする。郷民が観世音を馬に乗せて寺脇を出発、憩坂《いこいざか》を過ぎて小川原に近づくと、馬の背の観世音が『カランカラン』と音を出す。これを聞いて人々は、西福寺に戻る観世音が喜びを告げておられるのだ、と言って互いに頷《うなず》き合った。それからは、悪疫も終息し郷内に平和が戻った」

西福寺には寺宝として、釈迦涅槃象《しゃかねはんぞう》の掛絵と天下一肥後守正幸の名刀が代々伝わるという。掛絵は日本に三幅ある中の一つで国宝級の文化財と言われ、毎年四月八日の祭日に開帳される。

寺知行を貰《もら》えなくなった明治以降は、郷民が食糧などを持ち寄って堂守人を支えていたが、昭和四十六（一九七一）年に堂守人が死亡したあとは無住寺となっている。

寺の境内には三三体の地蔵菩薩が安置され、産土神《うぶすなかみ》も鎮座し、背後の大嶽《おおたけ》山には大嶽宮や経塚《きょうづか》なども祀《まつ》られている。

西福寺　　提供：岐宿町

第四章

キリシタン迫害と教会

第一節　キリシタンの五島への移住

一、外海地方から五島へ

徳川幕府が切支丹《きりしたん》禁制令を発布してから十二年目の寛《かん》永《えい》元（一六二四）年以来五島で途絶えていたキリシタンの灯《とう》火《か》が再び点《とも》される時が来た。寛政《かんせい》八（一七九六）年十一月二十八日、五島福江藩と大村藩とのあいだで、大村領の千人の農民を五島福江領に移住させる「及相談貫取」の約束が取り交わされたのだ。いわゆる「千人貫い」の約束と言われる移住協定である。

この協定が成立した背景には両藩に次の事情があったと言われている。すなわち――一つは、人口問題である。福江藩では当時、開墾の余地はあるものの農民の絶対数が不足し生産高が低く年貢不足に悩んでいた。一方、大村藩では人口が大きく膨らみ、食べるものにも事欠く情況で産児制限が行われていた。ちなみに時代は多少下るが、福江藩の人口は天保十（一八三九）年、三万五三八三人で、大村藩のそれは天保十二（一八四一）年、一一万七三〇〇人余である。石高は福江藩が一万二五三〇石（富江藩に分知《ぶんち》していた三〇〇〇石を除く）、大村藩は二万七〇〇〇石だったので、石高当たりの人口は福江藩が二・八二人、大村藩は四・三四人だった。

もう一つは、宗教上の問題である。大村藩には当時禁止されていたキリストの教えを守る潜伏キリシタンが数多く住んでおり、同藩は彼らの処遇に苦慮していた。一方、キリシタンのあいだでも教理に反する「子殺し」が藩によって強制され、仮に隠して子供を育てても入籍や分家は許可されなかったから、そのような情況から逃れたいと考えるキリシタンが少なくなかった。

寛政九（一七九七）年十一月二十八日、大村領から公式移住第一陣の一〇八名が福江島の奥浦村六方《むつかた》に上陸した。彼らは、大村藩の中でとりわけ人口の多い西彼杵《にしそのぎ》半島の南西部に位置する外海《そとみ》地方集落の黒崎および三重出身者で、ほとんどが潜伏キリシタンであったと言われる。

彼らの移住先は奥浦村平蔵《ひらぞう》、大浜村黒蔵《くろぞう》、岐宿村楠原《くすはら》および同村唐船ノ浦福見の四カ所だった。岐宿村楠原に移住した家族の出身地は黒崎だったが、唐船ノ浦福見に移住した家族のそれは記録がない。この時の移住者はいずれも御用百姓として優遇されたと伝わる。

翌年以降一時、大村藩の事情で協定は中断したが、その後外海地方で潜伏キリシタンに対する藩の監視が厳しくなったこともあり、公式移住者千人のほかにも血縁などを頼りに私的な移住が後を絶たず、五島への移住者数は最終的に三千人以上に達したと推定されている。岐宿村の水ノ浦や楠原、打折《うちおり》に住みついたキリシタンは、神《こう》ノ浦や大野、牧野の出身者たちだった。キリシタンの中には五島内でさらに移住する者があり、明治元（一八六八）年以降、上五島から迫害を逃れた大勢の信徒たちが岐宿村の姫島や惣津《そうづ》に移住している。

当時、外海地方の人々は、遙《はる》か西方沖に望む五島の島々にあこがれて「五島へ五島へ皆行きたがる、五島はやさしや土地までも」と詠《うた》い、島に行けば土地もあるし信仰も続けられると期待していた。ところが五島に来てみると、実際に割り当てられたのは、ほとんどが農業に適さない山間の狭隘《きょうあい》で痩《や》せた土地であり、漁をするにも辺鄙《へんぴ》な入江や離れ小島などにある土地で、期待は無残にも裏切られた。そして、いつしか信徒たちはこう詠うようになった。「五島極楽、来てみりゃ地獄、二度と行くまい五島の島へ」と。

二、水ノ浦への最初の移住者と時期

明治四（一八七一）年の時点で岐宿村へのキリシタンの移住先は、岐宿郷内水ノ浦の全部、楠原郷の一部、川原郷内の打折と惣津の全部、唐船ノ浦郷内の福見の全部、および姫島郷の全部であった。同年の岐宿村全体の移住百姓の戸数は六六戸で、人口は三九八人（男二〇五人、女一九三人）であり、大正六（一九一七）年頃になると人口は八五四人に達した。

このうち移住時期がはっきりしているのは、前述の寛政九（一七九七）年の楠原と福見だけである。そこで著者は、水ノ浦への最初の移住者は誰で、その時期はいつだったのかを諸資料に基づき考察してみた。

その結果、水ノ浦への最初の移住者は喜蔵、藤兵衛、福右衛門、勇吉および竹藏の五人、ならびにその妻子であり、移住時期は享和四（一八〇四）年以前であったろうと判断した。

五社神社文書に収められた天保《てんぽう》六（一八三五）年の『岐宿村地押野畠帳《ぢおしのはたちょう》』には、岐宿村移住者として右の五人の名があり、その名請《なうけ》筆数は次の通りである。すなわち――喜蔵が二九筆（合計一町四反《たん》三畝《せ》＝約一万四〇〇〇平方メートル。字名は道之浦《みんのうら》・西津《にしつ》・

魚津《ぎょう》ヶ崎《さつ》）、藤兵衛が二五筆（畝数・字名は省略。以下同）、福右衛門が七筆、勇吉が七筆、竹藏が三筆である。さらに喜蔵は右の名請人であることに加えて、「享和《きょうわ》改《あらため》」（享和年代の調査）の結果、折尾之上《おりおのうえ》の四畝余の畑地開作人としても記載がある。

そこにある「享和」は一八〇一〜一八〇四年の元号であるから、喜蔵は遅くとも享和四（一八〇四）年には既に水ノ浦に移住していたと考えられ、藤兵衛、福右衛門、勇吉および竹藏の四人も喜蔵と同時期にそこに移住したと推定される。そして、彼らはその後およそ三〇年の歳月をかけて前述の『岐宿村地押野畠帳』にみる広さの田畑を持つに至ったと考えられる。

ところで『岐宿村郷土史』（一九一八）には、移住者の子孫である水浦捨五郎（当時七五歳）の談話が載っている。すなわち――水ノ浦への最初の移住者は、神ノ浦出身の水浦久三郎とその子五平・勇造、および藤兵衛・福右衛門の兄弟の合計五人、ならびにその妻子であった、と。

前述の推定とこの談話のあいだには、藤兵衛・福右衛門の兄弟を除く部分で明らかな齟齬《そご》がある。恐らく次の理由により久三郎とその家族は最初の移住者ではなかったのではないだろうか。すなわち――第一に『岐宿村地押野畠帳』（一八三五）に記載されているのは喜蔵、藤兵衛、福右衛門、勇吉および竹藏の五人であって、そこには久三郎の名がない。

第二に、久三郎は死去した明治六（一八七三）年に七〇歳だったから、その誕生年は享和三（一八〇三）年頃であったと推せられる。久三郎が移住したときに五平と勇造の二人の息子を持っていたならば、そのとき久三郎は二〇歳以上であったはずだから、その移住時期はどんなに早くても文政《ぶんせい》六（一八二三）年以降でなければならない。しかし別の記録によれば、大村領から福江藩への直接移住は文政四（一八二一）年にほぼ終息しており、同年以降の移住はわずか二軒に過ぎない。

そして第三に、水ノ浦で久三郎とともに迫害を受けた大勢の戸主たちの名が、水ノ浦教会堂第二代主任司祭だった浦川和三郎（在任期間は明治三十九年七月〜四十二年七月）が著した『五島キリシタン史』国書刊行会（一九七三）にみえるが、そこには喜蔵や藤兵衛、福右衛門、勇吉、竹藏の名がない。

それゆえに久三郎は、喜蔵や藤兵衛・福右衛門兄弟と同世代ではなく一世代後の人だったと考えられる。（参考：『岐宿町郷土誌』、阿部律子「五島キリシタン史年表」〈二〇〇九〉、岩崎義則「五島灘《ごとうなだ》・角力灘《すもうなだ》海域を舞台とした一八～一九世紀における潜伏キリシタンの移住について」〈二〇一三〉、浦川和三郎『五島キリシタン史』)

三、潜伏キリシタンの小組織

潜伏キリシタンの小組織には、「帳方《ちょうかた》」や「水方《みずかた》」、「触役《ふれやく》」といった指導系統の役職がある。

帳方とは、バスチャン暦を所持し、祝日や復活祭など聖なる日の日取《ひど》りを太陽暦でできた一六三四年の教会暦から日本の太陰暦に繰り直す役、および禁教下では口承によっていた「オラショ」と呼ぶ祈りの言葉や教義を伝承する役のことである。

水方とは、帳方から伝えられた祝日や祈りの言葉、教義を触役に伝える役、および洗礼を授ける役のことである。

そして触役とは、一戸一戸の信徒を掌握していて、水方から伝えられたことを各人に流す役のことである。

第二節　キリシタン迫害の歴史

一、岐宿村における迫害

1 大浦天主堂へ

慶応二（一八六六）年、上五島頭《かしら》ヶ島から常蔵と増蔵の二人のキリシタンが水ノ浦を訪れ、黒船の来航と長崎の大浦に天主堂が創建されたことを伝え、正統信仰に帰依《きえ》することを勧《すす》めた。

世の中が大きく動き始めたことを感じ取った帳方水浦久三郎ら三人は、この年の十一月八日（陽暦十二月十四日）、小舟を漕《こ》いで長崎に向かう。水ノ浦から長崎まではおよそ六〇浬（一一二キロメートル）あり途中、船の難所と言われる福江島最北端にある糸串鼻《いとくいばな》を回り、田ノ浦瀬戸を抜けて東へ進み、やがてうねりの高いことで知られる五島灘を横断するという、まさに命がけの航海だった。

当時の大浦天主堂は三つの鐘塔《しょうとう》と尖塔《せんとう》を持つゴシック風の木造建物で現在のものに比べて規模が小さく、献《けん》堂《どう》式が挙行されたのは前年の元治《げんじ》二（一八六五）年一月十四日（陽暦二月十九日）だった。三人は完成して間もないこの天主堂でプティジャン神父（後に司教）に面謁《めんえつ》した。神父の歓迎を受けた三人は、幾多のメダイ（聖母マリアやイエス・キリスト像などが彫られたメダル）や十字架などを頂戴する。

三人は、神父に心から礼を述べて天主堂を辞《じ》すと、仲間たちの待つ故郷へと急いだ。舟の上で三人は強く願った。小さくても良いから一日でも早く、水ノ浦でも聖堂を持てることを。しかし、その念願が叶《かな》うのは、それからおよそ一三年後である。その前に潜伏キリシタンたちの上を大きな歴史の悲劇が襲う。

2 仏壇・神棚の廃棄

水ノ浦に帰ると久三郎らは早速、常蔵と増蔵に頼んで本格的に教理学習を始めた。そして一方で、水ノ浦から水浦捨五郎ら二人、楠原から狩浦犬蔵ら三人を選び、頭ヶ島に派遣、伝道師養成に乗り出した。信徒たちの信仰は日増しに深まり、ついに各家から仏壇や神棚《かみだな》を廃棄するほどになっていった。

3 水ノ浦での弾圧

キリスト教を禁止する政策を江戸幕府から引き継いだ明治政府は明治元年（一八六八）切支丹宗門禁制を布告する。これにより五島でも禁教の信徒に対する摘発が行われ弾圧が始まった。いわゆる「五島崩れ」である。岐宿村の水ノ浦、楠原、打折および姫島に居着いた潜伏キリシタンもその対象から逃れることはできなかった。

水ノ浦キリシタン牢屋跡　提供：岐宿町

明治元年十一月十一日（陽暦十二月二十四日）のクリスマスであった。水ノ浦の信徒たちが帳方の水浦久三郎宅に集まり夜半過ぎから祈りを捧げていると突然、足軽が踏み込んできた。

翌日、信徒たちは残らず岐宿代官所に出頭を命じられ、そこで改心を強要された。しかし、信徒たちは誰一人としてそれに応じる者はいなかった。するとその翌日、足軽たちが久三郎宅に押入り、座敷や納戸《なんど》の壁板を剝《は》ぎ取り、直径二寸（六センチメートル）ほどの丸太を壁に沿って格子状に打ち付けて、その家を仮牢《かりろう》に改造した。

4 楠原での弾圧

水ノ浦の信徒が捕縛されてから間もなく楠原でも弾圧が始まった。楠原の信徒は残らず岐宿の代官所に呼び出され、取り調べを受けた。このときも棄教を強要されたが誰一人応じる者はいなかった。すると帳方の狩浦喜代助宅が牢屋に改造され、戸主三三人がここに監禁された。時節は酷寒の師走《しわす》の初め頃だったが、牢内で着る物と言えば筒袖の着物一枚であった。

　二〇日が過ぎて代官所が楠原と水ノ浦の両牢を統合することにしたため、楠原の囚徒《しゅうと》たちは全員水ノ浦の牢に移された。十二月四日、姫島の竹山豊次郎ら一八名の信徒たちも捕らえられ、この水ノ浦の牢に監禁された。

5 厳しい拷問

水ノ浦の牢に移されて三日目、楠原の信徒たちの半数が代官所に呼び出された。間もなく拷問《ごうもん》が始まった。役人は狩浦喜代助ら六人を裸にして地べたに座らせ、長く太い青竹で滅多打ちにした。やがて竹は砕け、破片が肌に食い込み、肉は割けて血が噴《ふ》き出た。一人は瀕死の重傷を負い、戸板に載せられて水ノ浦に担ぎ込まれた。

　次の日、楠原の残りの信徒たちが代官所に呼び出された。この日は、樽に張った水の中に頭を突き沈められて水を飲まされる拷問が行われ、引き続き宇田捨五郎ら二人は、鞭《むち》のようにしなるゆすの木で叩《たた》かれた。続いて行われたのが算木責《さんぎぜ》めだった。二人は角材の上に正座させられ、膝《ひざ》の上に顎《あご》まで達する大きな重石《おもし》を載せられた。一時間もすると捨五郎は気を失った。

　残虐な拷問を見せつけられ、信徒たちは大きく動揺した。その様子を窺《うかが》っていた足軽は、聖母像を持ち出してそれを一人の信徒の足に当てて踏ませた。それを見た信徒たちは、もはやこれまでと観念し、改心を申し出た。

　この楠原の信徒たちの改心表明があってからすぐ、監禁されていた水ノ浦の信徒たちも同様に改心を申し出て釈放された。帰宅した信徒たちはコンチリサン（痛悔《つうかい》）を唱えて、罪の許しを懇願した。明治元（一八六八）年の暮れも押し詰まった頃のことだった。

6 再び牢へ

明治二（一八六九）年一月二十三日、福江藩の役人は水ノ浦で宗門改《しゅうもんあらため》を実施した。このとき信徒たちは一同、この機を逃さず一カ月前に心ならずも口にした改心を取り消した。すると、間もなく久三郎をはじめ信徒たちは再び捕縛《ほばく》された。姫島の竹山豊次郎ら四人も代官所に出頭して改心を取り消し、そのまま水ノ浦の牢に投獄された。

　引き続いて楠原の信徒たちも水ノ浦の牢に監禁された。水ノ浦の牢は言いようもないほど窮屈になった。牢の中では、婦女子は座敷と納戸に、また男子は上がり口、土間、床下の芋竈、牛部屋（五島では牛馬を屋内で飼う）に溢れた。

7 弾圧の終わり

明治二（一八六九）年五月、監禁されていた信徒たちは、岐宿掛塚にある妙永寺《みょうえいじ》（神仏判然令により明治四年に廃寺となる）の境内に引き出された。そこで一人ひとり裸にされて、足軽たちに左右から腰部をしたたか打たれた。そして、このいわゆる「叩き払い」を最後として全員が放免された。

しかし、指導的な役割を担っていた水ノ浦の水浦久三郎ら二人、姫島の磯辺留蔵、楠原の狩浦喜代助ら四人、および打折の中浜栄助の合計八人は、その後も引き続いて水ノ浦の牢に監禁された。その監禁はそれから二年余に及んだ。

こうして見ると、岐宿の役人はすべて無情な「鬼」の如くに見えるが、実はそうではなかった。足軽の中には、キリシタンをいたわり、あくまで初志を貫くよう激励する者もいたし、鮪《まぐろ》の漁期になると青年が船に乗れるように取り計らうとか、田植えの時季になると老人を身代わりに入牢させて青年を仕事に出すとか、さらに楠原の婦女子に命じて水ノ浦の田植えを手伝わせることもあった。

信徒たちに漸く平和が戻ったのは、明治四（一八七一）年、右の八人が釈放されたときであった。

明治六（一八七三）年一月二十七日（陽暦二月二十四日）太政官《だいじょうかん》布告により「切支丹《きりしたん》禁制令」が撤廃され、徳川家康が慶長十七（一六一二）年三月に発令して以来およそ二六〇年間続いた長い迫害の時代は終わる。

しかし、その直後の三月三日（陽暦三月三十日）、水ノ浦のキリシタン復活に尽力した水浦久三郎は七〇歳の生涯を閉じる。そしてその遺志は、残された信者たちと、その後水ノ浦修道院の創立者となった久三郎の娘カネに引き継がれてゆく（参考：浦川和三郎『五島キリシタン史』）。

8 姫島への避難とその後

姫島は、岐宿郷八朔鼻の西方およそ二里（八キロメートル）、三井楽村柏崎の北方〇・六里（二・四キロメートル）に位置する、東シナ海に浮かぶ周囲がおよそ一里（四キロメートル）の島である。

その昔、唐土に向けて鬼宿村川原浦を出帆した遣唐使船は、二時間後にこの島と三井楽の間にある瀬戸を通過した。そのとき使節たちが日本で最後に見る国土の一つがこの孤島だったのである。

　岐宿村（町）に属し、島の内陸部は樹木が茂り、あちこちに湧泉があるが、島の周囲は切り立った海岸を形成して船着き場に適した入江もない。明治元（一八六八）年までここは無人島だった。

姫島＝令和元年

　ところが同年十一月末頃、この島に大きな変化が起きる。厳しい迫害から逃れて上五島桐ノ浦の竹山豊次郎らキリシタンたち先発陣がここに上陸したのである。豊次郎らは、遅れて来る第二陣を受け入れるため、住む場所や船着き場などの整備を始めた。が、間もなくそのことは、三井楽代官所の通報により岐宿代官所の知るところとなった。

　同年十二月四日、岐宿代官所は役人を島に送り込み、豊次郎ら一〇歳以上の男子一八人の信徒を捕らえ、水ノ浦の牢に監禁した。やがて彼らは水ノ浦や楠原、打折の信徒たちとともに激しい拷問に耐えられず、改心を表明、釈放された。

　しかし明治二（一八六九）年一月二十三日、福江藩の役人による宗門調査が行われた際、姫島の指導者四人は改心を取り消し、再び水ノ浦に一時監禁される。

　同年五月、人質の一人を除く豊次郎ら三人が解放されて島に帰ってみると、桐ノ浦から第二陣の信徒たちが既に到着し、島はおよそ三百人の難民で溢れかえっていた。やや遅れて上五島の冷水《ひやみず》や藻繰《もくり》の信徒たちが加わったが、その冷水の信徒の中には数年後、川原郷惣津ノ浦に移り住んだ家族もいた。岐宿代官所はこれら難民の岐宿村への居着きを拒むことはなかった。

　姫島の集落は南東の斜面にあり、キリシタンたちはそこで肩を寄せ合うようにして暮らした。ある者は狭い斜面を耕して作物を作り、またある者は海に出て魚貝や海藻を取った。

岐宿小中学校姫島分校舎 ── 島民待望のテレビが学校に設置された。当時在校生数は小学生12名、中学生５名だった＝昭和34年
提供：岐宿町

　明治二十二（一八八九）年、岐宿小学校姫島分校教場が開設されたが、待望の姫島教会堂を創建したのは、大正七（一九一八）年だった。

　戦後になると島を離れる者が相次ぎ、昭和二十（一九四五）年、一三二人だった島の人口は、その一〇年後には八一人に減少する。

　住民の中には昭和三十四（一九五九）年、ブラジルに移住した三世帯一五人もいた。

　昭和四十（一九六五）年陽暦十二月二十八日、七世帯三八人の離島を最後に姫島は再び無人島となり、そこで精一杯生きた人々の生活を約一〇〇年にわたって支え続けた島の役目を終える（参考：『岐宿町郷土誌』）。

二、山ン田における迫害

1 唐船ノ浦福見から中岳へ

　寛政九（一七九七）年、外海地方からの公式移住第一陣一〇八名のキリシタンの中には、岐宿村の唐船ノ浦郷福見の荒地を割り当てられた家族がいた。その地は、福江島戸岐半島西岸にある小さな入江一帯だった。一家は、磯辺に近い小石混じりの痩せた狭い荒地を開墾し農業を始めた。ところが、そこは東シナ海から吹く季節風による風潮害の激しいところでもあった。毎年、作物が塩害に遭い、年貢どころか種子の確保にも苦労するほどだった。

　そこに住みついて五〇年余が過ぎ、代替《だいが》わりしていた利助一家は、長男の栄八、次男の庄八ら六人の子供を持つ八人家族になっていた。相変わらず苦しい生活を続けていた。

　そのことをよく知る岐宿村の代官と庄屋から利助一家に新しい移住先が知らされたのは嘉永《かえい》六（一八五三）年正月のことだった。その地は岐宿村中岳《なかだけ》郷の「籾《もみ》の木」

であった。

その年の春、利助一家は役牛二頭に家財道具を括《くく》り付け、家族は一人ひとり家財道具や食糧などを背負って、住み慣れた福見を後にした。一家は山道を唐船ノ浦湾奥まで行き、そこから同湾岸沿いに進んで河務に至り、さらに一ノ河川沿いに大曲《おおまがり》、二里木場《にりこば》を抜け、行者岳の南麓にある新移住地にたどり着いた。福見からおよそ五里（二〇キロメートル）、八時間の行程だった。

2 山ン田の開拓

新天地は福江島の中心部に近い、山間の僻地《へきち》で一ノ河《いんのこ》川の上流に位置していた。一家は野宿をしながら、まず樹木を伐採し、すすきを刈り集めて掘立小屋を建てた。移住して一年目は焼畑に集中し、二年目以降は開田に明け暮れた。そして一〇年の歳月を費やして、岐宿・富江両村の境界を成す一ノ河川を越えて富江《とみえ》村の繁敷《しげじき》へと田地を広げていった。

やがてこの情報は島内や外海地方のキリシタンのあいだに広まり、新たに数家族が米作を目指してこの地に居着き、慶応年間その数は八世帯になった。そしてこの地は、山田を拓《ひら》いたことから「山ン田」と呼ばれるようになった。

3 山ン田での弾圧

当時、富江藩によるキリシタンの監視は、福江藩に比べて弱かった。明治維新の混乱に乗じて福江藩主の盛徳《もりのり》が朝廷に内奏《ないそう》して、明暦《めいれき》元（一六五五）年に富江藩に分《ぶん》知《ち》した三千石の領地を蔵米禄《くらまいろく》三千石と引き替えに手中に収めてしまったことにより、いわゆる「富江騒動」が勃発し一触即発の情況に到り、富江藩はキリシタンの監視どころではなかったのである。

その頃、庄八は富江藩から組頭《くみがしら》に任命されて帳方を兼務し、父の利助が水方で、長男の栄八が触役頭であった。利助一家は、生まれ故郷の半泊《はんとまり》や浦頭《うらがしら》、大泊《おおどまり》、水ノ浦、楠原、黒蔵《くろぞう》などに住むキリシタンたちと連携していたので、いずれ山ン田にも迫害が及ぶものと覚悟していた。

明治三（一八七〇）年三月、ついにその時が来た。三月十六日、八軒の信徒たちは、富江村の庄屋に呼び出され、棄教を迫られた。信徒たちがそれを拒否すると、この日を境として、代官や庄屋、村役人、村民などによる制裁が始まり、田畑、牛馬、農機具、家財道具、穀類など一切を没収された。

四月二日、八軒の信徒たちは皆、山に追い立てられた。その二日後、庄屋の斡旋《あっせん》により帰宅を許されるが、四月七日、代官に捕らえられて牢に監禁された。

その後も代官による投獄、算木責めなどの激しい拷問が繰り返され、神棚の設置や寺参りなども強要された。加えて、村民による田畑や牛馬、農器具、穀類、金銭などの略奪も行われた。

食べる物も住む家もなくなるこうした酷《むご》い迫害にたまりかねたのか、明治四（一八七一）年六月十三日と二十八日の二回にわたって富江村の庄屋宛に信徒たちが差し出した改心の誓詞が今に残るという。

4 弾圧の終わり

明治六（一八七三）年一月二十七日（陽暦二月二十四日）、「切支丹禁制令」が解除され、長いあいだ続いた迫害は終わった。

庄八は長兄の栄八とともに水ノ浦を訪れ、水浦捨五郎に教えを受けた。二人はそこで二日間を過ごし、山ン田に帰り、三年ぶりに復活祭を迎えた（参考：『岐宿町郷土誌』）。

第三節　教会堂の創建

旧水ノ浦教会堂＝昭和10年頃　　提供：岐宿町

慶応二（一八六六）年に久三郎ら三人が大浦天主堂でプティジャン神父に面謁《めんえつ》して以来、水ノ浦に聖堂を建てたいと願う同地の信徒たちは、生活が困窮する中、建設資金を蓄え続けた。そして明治十一（一八七八）年、他に先駆けて聖堂建設を計画し、長崎教区副司教サルモン神父の指導を受け、明治十三（一八八〇）年、待望の教会堂を水ノ浦に完成させた。それ以降、五島列島各地で聖堂の創建が相次ぎ、その数は実に五〇余に達した。

一、水ノ浦小教区の誕生

当時、奥浦村大泊に常駐する下五島唯一の司祭が、下五島全域を巡回、司牧《しぼく》していた。

明治三十五（一九〇二）年七月、日本南教区の教区長クーザン司教（プティジャン司教の後任）により、水ノ浦小教区が設立され、その管轄部落が姫島を除く岐宿村全域と富江村山ン田となる。そのとき水ノ浦教会堂に着任した初代主任司祭は青木義男師であった。

その後、この小教区の楠原、打折、および山ン田に教会堂が建立され、水ノ浦教会堂に常駐する主任司祭がこれら三つの教会堂を定期的に巡回することになる。な

水ノ浦地区 ── 山裾にある墓地から水ノ浦集落・水ノ浦湾・東シナ海を望む。中央右の白い建物が水ノ浦教会堂、その右が水ノ浦修道院＝令和元年

お、姫島は地理的に三井楽に近いことから三井楽小教区に属した。

二、水ノ浦教会堂

眼下に美しい水ノ浦湾、また遠くに雄大な東シナ海を一望できる城岳の山麓の小高い丘の上に二代目の水ノ浦教会堂は西を向いて建っている。初代の祈りの場が約六〇年の歳月を経る間に、吹きつける潮風などによって老朽化したため、昭和十三（一九三八）年に建て替えられたものである。正面から見るその白く優美な外観は、まさに白鷺《しらさぎ》が羽を広げようとしているかのようだ。木造教会堂としては国内最大規模を誇る教会堂である。

三廊式床に四分割りリブ・ヴォールト天井の様式を採用しており、木造重層屋根に八角形の鐘塔と尖塔が聳《そび》える。その姿は、長崎の国宝大浦天主堂と見紛うほどである。

教会堂から南側に少し進み、急峻な坂道を登ると、城岳中腹に海の眺めの素晴らしい、手入れの行き届いた墓地がある。ここには水ノ浦の帳方だった水浦久三郎ら信徒たちの墓や二十六聖人のひとりであったヨハネ五島の像がある。その坂道をさらに登って墓地を抜けると、杉

水ノ浦教会堂＝令和元年

林の中に人がやっと通れるほどの楠原地区に通じる山道がある。かつて厳しい弾圧のあった明治初期、楠原のキリシタンたちが水ノ浦の牢屋に移されたとき死を覚悟して歩いた道でもある。教会堂の近くにはその牢屋跡があり、当時の悲惨なキリシタン迫害の歴史を今に留める。

　この教会堂の建て替えのきっかけになったのは、昭和十一（一九三六）年八月、旧教会堂で長崎司教早坂久之助師による堅信《けんしん》式が行われた際、同司教が信徒たちに贈った次の言葉だったという。「水ノ浦小教区の信仰生活がさらに豊かになるように、一日も早く大きい聖堂を建てなさい」。第八代主任司祭浜田朝松師は早速、信徒とともに新しい教会堂の建築に向けて動き出す。そして当時、たまたま鉄川組（鉄川与助）が請け負っていた雲仙教会堂の建築工事が、諸般の事情により中止となっていたことから、これを譲り受けて水ノ浦教会堂として建てることにしたのである。

　建築資材や職人の大半は長崎方面から船で搬送され、船着場から工事現場までの資材の運搬、土手掘削による敷地の拡幅、および余剰掘削土による海岸の埋め立て作業は、地元の信徒たちが担当した。このとき土の運搬は、現場と埋め立て地のあいだにワイヤーを張り、それにもっこを吊《つる》して行った。この建築工事には幼児を除くすべての信徒が献身的に奉仕した。

　修道女も同様だった。彼女らは、地元で採れる、みな（すがい）などの貝殻を焼き砕いて漆喰《しっくい》用の石灰を作った。そしてそれを練り合わせ、左官作業を手伝った。浜田朝松師も毎日、現場に出て、汗まみれになって陣頭指揮に当たった。

　こうして水ノ浦教会堂は完成し、数々の名作を世に残した鉄川与助の最後の作品になった。

　昭和十三（一九三八）年四月二十七日、長崎司教山口愛次郎師を迎えて盛大な落成祝別式が執り行われ「聖母被昇天」に捧げられた。

この教会堂は戦中、目立ちすぎて敵の標的にならぬよう、白い壁をコールタールで真っ黒に塗ったこともあったというが、その後、平和な世になり再び白い壁を取り戻した聖堂は今、静かに信徒たちを見守りながら朝昼夕、水ノ浦湾にアンゼラスの鐘の音を鳴り響かせる。すると田畑の中では農夫たちが鍬《くわ》を棄《す》て、また舟の上では漁師たちが釣り糸を置き、ひざまずいて胸に手を組み、静かに目を閉じて神への敬虔《けいけん》な祈りを捧げるのである。

三、楠原教会堂

楠原は、寛政九（一七九七）年に外海地方からキリシタンが最初に居着いた地域で、水ノ浦よりも信徒の戸数も人口も多かったが、教会堂がなく、信徒たちは水ノ浦の教会堂まで城岳を越えて通っていた。そのため、明治四十二（一九〇九）年七月、水ノ浦教会堂の第三代主任司祭として着任した二四歳のチリー師は着任早々、楠原における聖堂建築を計画した。信徒たちは相変わらず貧しい生活を送っていたが、以前から立派な聖堂を建てたいという強い願望があったからチリー師の考えに賛同し全面的に協力した。建築工事は鉄川組が請け負い、設計・施行において下五島地区長・堂崎教会堂主任司祭ペルー師の指導を受けた。

この教会堂は、木造レンガ造り重層屋根の三廊式床、四分割りリブ・ヴォールト天井で、尖頭アーチ窓のゴシック様式である。レンガ造りの教会堂としては、下五島では堂崎教会堂、井持浦教会堂に次ぐ三番目のもの。構内にファチマの奇跡のコーナーが設置されている。

楠原教会堂＝令和元年

建築に使った大量の良質の木材は、一里（四キロメートル）以上も離れた寺脇の山奥で伐採して運んだが、その作業は命がけの労苦を伴うものであった。赤レンガは、島外から船で運ばれ、千年以上も昔に遣唐使船団が寄泊した白石湾奥の奈切の浜に陸揚げされた。楠原から川原小学校に通う児童たちも、学校からの帰途、半里（二キロメートル）ほどある坂道を、決められた数のレンガを背負って運んだ。また漆喰用の石灰は、婦人たちが水ノ浦湾や白石湾で採れる、みな《いゝ》などの貝殻を焼き砕いて作った。さらに基礎工事用の石材やコンクリート工事用の資材の運搬も信徒たちが人力で行った。これら諸作業に要した信徒のマンアワー（人数×時間）と労苦は想像もつかないほど膨大なものだった。こうして明治四十五（一九一二）年、待望の教会堂が三年の歳月を経て落成した。

建築資金は、信徒たちが貧しい暮らしの中から合計三千円を拠出し、不足分は全部チリー師が調達したと伝わる。イエズスの聖心像や聖母子像は、離郷した篤信の信徒たちが寄贈したものだった。

一方、チリー師は、祭器具や祭服を新しく取り寄せ、着々と落成式の準備を進めていたが明治四十五（一九一二）年一月に突然、長崎に転任することになり、自らの発案で落成した楠原教会堂でミサを捧げることは叶《かな》わなかった。

教会堂が落成した翌年の大正二（一九一三）年、長崎司教コンパス師によって新聖堂は祝別され「聖家族」に捧げられた。新教会堂の落成は、楠原のみならず水ノ浦小教区の信徒たちにとっても大きな喜びとなり、こぞってその落成を祝った。

この楠原教会堂が完成してからは、楠原と水ノ浦との両信徒たちは、定期的に両教会堂で交互に祈りを捧げるようになり都度、老若男女を問わず、両地区のあいだにある城岳を越えた。教会堂から少し離れたところには、激しい迫害のあった明治元（一八六八）年、戸主三三人が捕らえられて、二〇日間監禁された牢屋敷跡がある（参考：『水ノ浦修道院一〇〇年の歩み』）。

四、打折教会堂

打折は、岐宿町の海岸線の最西端部の谷間にある小さな集落で、住民は外海地方の神ノ浦からの移住者や水ノ浦・姫島からの再移住者の子孫である。先祖の一部は既述の五島崩れのとき水ノ浦や楠原、姫島の信徒たちとともに水ノ浦の牢に監禁され、厳しい拷問を受けた。

明治六（一八七三）年「切支丹禁制令」の高札が撤去

打折教会堂　　提供：岐宿町

されると、五島列島各地に教会堂が次々に建築されたが、この打折には長いあいだ教会堂がなく、信徒たちは日曜日のミサに参加するために、徒歩で片道一時間半をかけて楠原教会堂に行くか、あるいは舟でほぼ同時間かけて水ノ浦教会堂に通っていた。それゆえに彼らもまた地元に聖堂を建てたいと強く願っていた。

　その信者たちの念願が叶うのは、ずっとあとの昭和十（一九三五）年のことである。この年、水ノ浦教会堂の第八代主任司祭浜田朝松師の指導のもと集落の裏山の中腹に教会堂が落成したのだ。それは水ノ浦教会堂に遅れること実に五五年後、また楠原教会堂に遅れること二三年後のことだった。ところが、この教会堂までは道らしい道はなく、信徒たちは田畑の畦道《あぜみち》を歩いて通った。

　その後、この教会堂は海から吹き上げる潮風などによって急速に老朽化した。このため、水ノ浦小教区の「信仰の自由百年記念祭」関連事業の一環として建て替えられることになり、昭和四十六（一九七一）年、広大な白良《しらら》ケ浜を望む浜辺に現在の教会堂が完成した。このとき同時に共同墓地も現在地に移転した。

　昭和四十八（一九七三）年三月二十二日、新教会堂は長崎大司教里脇浅次郎師によって祝別され「諸聖人」に捧げられた。この二代目教会堂は切妻の民家風の建物で、棟に十字架を掲げている。

　現在、この集落の住民の大半は漁業で生計を立てており、毎日のように、この教会堂のすぐ前の浜辺から舟で海の幸を求めて沖に向かう。

五、姫島教会堂

姫島は三井楽小教区に属していることから島民は、明治十三（一八八〇）年に三井楽教会堂が完成してからは、そこに舟で通っていた。島民の念願が叶ったのは、三井楽に通い始めておよそ四〇年後のことである。大正六（一九一七）年、姫島で教会堂の建設が始まり大正七（一九一八）年四月に落成、「大天使聖ミカエル」に捧げられたのだ。

姫島教会堂＝昭和30年頃　　提供：岐宿町

この教会堂は、三井楽浜ノ畔にあった庄屋の家を譲り受けて、三井楽教会堂の主任司祭山頭源太郎師の指導のもと聖堂に改造されたものだった。完成後は年に数度、三井楽教会堂の主任司祭によってミサが捧げられるようになり、島民は三井楽に通う必要はなくなった。

昭和六（一九三一）年当時の主任司祭西田三郎師の指導のもと教会堂は、三〇坪の弓形の天井に石灰が塗られ、窓にステンドグラスがはめ込まれ、教会堂内に厳かで神秘的な光が降り注ぐようになる。

しかし、既述したように戦後、島を離れる者が相次ぎ、昭和四十（一九六五）年、最後の住人が離島して島は再び無人化し、教会堂はおよそ半世紀にわたる歴史を閉じる（参考：川上茂樹『姫島』一九八八）。

六、繁敷教会堂

富江町繁敷《しげじき》にある山ン田への最初の移住者は、既述したように岐宿村唐船ノ浦郷福見の出身者であった。そういう事情からか繁敷教会堂は水ノ浦小教区に属する。ここに初代の教会堂が創建されたのは大正八（一九一九）年である。水ノ浦教会堂の第五代主任司祭山川清師の指導のもと建設が進められて完成、祝別されて「大天使聖ミカエル」に捧げられた。その後、定期的にミサが捧げられ、その都度、水ノ浦教会堂の主任司祭が五里（二〇キロメートル）の道を歩いて訪れ、住民には「道蓮寺《どうれん》」

や「山ン田教会」と呼ばれて親しまれた。

ところが、太平洋戦争中、食糧増産政策の一環として、この地で灌漑用ダムの建設工事が始まると、この教会堂は作業員宿舎として使用され、昭和十八（一九四三）年頃、作業員たちの火の不始末により焼失してしまう。

昭和二十三（一九四八）年、信徒たちは二代目の教会堂の再建に着手、第十五代主任司祭片岡吉一師の指導を受けて落成する。

しかし、昭和四十六（一九七一）年、二八年前に戦況が悪化して中断していたダムの建設工事が再開し、この教会堂は湖底に沈むことになる。信徒たちは再び祈りの場を失うことになったのである。二度目の聖堂建立からわずか二三年後のことであった。この頃になると、住民の中に長崎市や外海町に再移住する者が相次ぐ。

残った数家族の信徒たちが三代目の教会堂を建立したのは昭和四十八（一九七三）年のことである。このときは第十九代主任司祭中田武次郎師の建設指導を受け、翌年の六月二十四日、長崎大司教里脇浅次郎師によって祝別された。

この教会堂は、ダム湖の東岸沿いの道から東へ一五町（一・六キロメートル）ほど登った山中にある。切妻造の簡素な建物で、外壁は人目を引く優しい薄紅色に塗られ、正面入口上の壁に黒味を帯びた十字架があり、これがなければ民家と見紛《みまが》うほどの聖堂である。内部は全体的に質素だが、手入れが行き届いて清らかであり、厳粛な雰囲気が漂う。

教会堂脇にある道路を一町（一〇九メートル）ほど奥に進むと、そこには信徒のものと思われる数戸の家がひっそりと寄り添うように建つ。

山ン田教会堂（繁敷教会堂）＝令和元年

第五章　風俗習慣

第一節　住民の気質

訪島者が五島で最も強く印象に残った事柄の一つが「島民の温かい人情」だというから、岐宿郷民の長所の第一もまたその人情であろう。例えば郷民は、自らは普段、質素倹約を旨として、芋やかんころなど粗食に甘んじているにも拘《かか》わらず、郷外から来た貧者や乞食《こじき》などが自宅を訪れた際には、持ち前の優しさや思い遣り、寛容などを以て、特別の日のために蓄えてあった米、麦などを恵与する。

また、相互扶助の精神が住民間に深く根付いており、例えば商品の売買は、代金を後払いする「掛け売り」で行われ、元手なしで大きな買い物ができるし、また重要な資金繰りの手段となる「頼母子講」も盛んに行われている。

祝言や葬儀は個人の家で執り行われるのが普通だが、そのとき人々は支援の求めの有無に拘わらず、自分の仕事を後回しにしてでも出向いて加勢するし、近隣住民はその家を参列者の待機所として積極的に開放し、もてなす。

さらに普段作らない食べ物を作ったときや、珍しい土産物が手に入ったときには近隣にその一部を配る。

後述するが、農家は母屋の一角に牛部屋を設けて役牛を飼い、常時温かい目を配り、何か異常があればすぐに対応するようにしている。

昭和前期には際立っていたこうした住民の人情は六〇年以上が過ぎた今も決して廃れることはない。例えば、人里離れた道路を車で走行中に、同方向に歩く者を見かけると、たとえそれが見ず知らずの者であっても、車を止めて乗るように奨める光景は、ごく普通に見られる。

岐宿生まれ岐宿育ちの彼らの目立った習性の一つは、事物を先読みして行動することである。人と接するときも例外ではない。彼らが他人に善意を施す際の一挙一動は、まさに「一を聞いて十を知る」といった具合に進んでいく。しかもその立ち振る舞いは実に気配りに満ち、自然であり、そしてさりげないのである。

著者は、本書を述作する際、両親が三十数年前に残してくれた隠居所（空き家）に寝泊まりして取材したが、例えばこういうこともあった。終戦直後に使用していた普段着類や晴れ着、道具類を大切に保管しているという

墓碑＝令和元年

家に、それらの写真を撮らせてもらうため伺うと、着物類は座敷の畳の上にきちんと並べ、また道具類はきれいに洗って待っておられた。昼前に一通り仕事を終えて帰ろうとすると奥さんが、残り物があるので弁当を作るが必要かと問う。申し訳ない、と私が答えると、彼女は台所で素早く弁当を作ってくれた。あとで知ったが、その日は地元に一軒しかないコンビニエンスストアの休業日だった。

長所の第二は、篤《あつ》い信仰心を持っていることであろう。仏教徒は等しく先祖を敬い、一様に大きくて立派な仏壇を持ち毎朝、仏飯を供えて手を合わせ、神棚に向かって拍手する。社寺の年中行事には積極的に参加する。

また風格のある墓を建立し、主婦は少なくとも毎週一、二回、水の入った手桶を提げて墓地に行き、花柴《はなしば》が枯れれば山に採りに行って新しいものと取り替える。集落の至るところに祠《ほこら》があり、近くの住民はそこに頻繁に参拝し、新しい花などを供え、水を取り替える。

浄土真宗門徒は、親戚筋の六、七世帯による「おくんや」と呼ぶ一つの集団を組織し、各世帯の逮夜《たいや》（月命日の前夜）に全家長が一堂に集まり、仏壇の前で読経する。子供たちでさえも、七言を一句とした一二〇句から成る偈《げ》（詩）「正信念仏偈《しょうしんねんぶつげ》」をほぼ暗誦《あんしょう》しており、逮夜の時は末席で大人たちと一緒に読経する。また、法事は盛大に執り行い、都会に住む家族はそのたびに帰郷する。

そして第三は、よく働くことであろう。晴れた日には田畑に出て、雨の日には土間で藁《わら》仕事に励み、決して時間を無駄にしない。主婦は、そうした作業に加えて、多い者は生涯に一〇人以上の子供を産み育てながら、普通に食事の支度、掃除、洗濯、針仕事など一切の家事を手作業で行う。

住民の気質の中で短所と思われるものの第一は、変革を望まないことであろうか。少し時代は遡るが、大正七（一九一八）年に発刊された『岐宿村郷土史』には次の趣旨の叙述がある。

「他人が新しい事業を始めた場合、たとえそれが善事であっても決してよく言わない。それゆえに地元の発展のために新しい事業の腹案を持っていても、その者はなお逡巡《しゅんじゅん》して空《むな》しく時を過ごすとか、あるいは一切《いっさい》を運命に委ねて拱手傍観《きょうしゅぼうかん》するとか、さらには力なくその悪風に同化する」

また同書には、明治から大正にかけて地元の若者らが、本土に渡った者たちに刺激されて徐々に美服を着るようになったことを決して好ましく思わなかった老人の談話も掲載されている。

しかし、こうした保守的な空気の漂う中にあっても、村民の中には特筆に値する社会貢献をした者も少なくない。例えば、のちに「東洋一」として知られる鰤大型定置網漁場を三井楽赤瀬で発見し、得た莫大な収益を以て福江藩の財政を支援し、各地のインフラを整備した団右衛門・団助親子など西村家累代の人々、岐宿自動車という会社を創設し、五島で最初に路線バスを運行した松山久平、および五島―本土間に定期船を就航させた田尾房太らである。

短所の第二は、時間を守らないことであろうか。戦後になるとそういう例は少なくなったが、例えば『岐宿村郷土史』には次の趣旨の記載がある。

「村民の短所の一つは、時間を遵守《じゅんしゅ》しないことだ。有志間にはこのことをやかましく言う者もいるが、実行する者は少ない。それゆえに、有志間の集会が一時間ほど遅れるのは通例で、一般村民の午前中の会合が午後に及ぶこともしばしばである。それだから学校児童の遅刻も甚だ多い。ただし現在、その非を悟り、悪癖改善に努める兆しがあるのは喜ばしい」

第二節　風俗習慣

一、相続と分家

農家の後継者は言うまでもなく長男である。大規模農家でも次男が親から農地をもらって分家することはあっても、三男以下が分家することはほとんどない。従って一般に長男以外の男子の多くは大工や左官、木挽《こび》きなどの職人、船員、商売人、勤め人などを目指して独立する。中には進学するとか、たまに幼少の頃、他家から望まれて養子縁組される場合があるが、その数は多くない。

男子の後継者がいない農家は、長女の結婚相手を婿養子《むこようし》に迎えて家督《かとく》を継がせるのが一般的である。

長男が結婚すると、両親は家督をその者に譲って別に家を建て隠居《いんきょ》するのが普通だが、稀にこういう例もある。すなわち——長男に家督を譲った両親は一部の田畑を持って家を出て、新たに建てた家で次男と一緒に住み、親子で働いて財産を増やし、次男を分家、独立させるのだ。さらにそのあと三男以下とも同様なことを繰り返すのである。

いずれの場合も分家や隠居は本家の近くに建てる。

二、泊　宿

男子が数えで一五、六歳になると、「泊宿《とまっやど》」といって比較的大きな農家に寝泊まりする習慣が太平洋戦争前まであった。その目的は第一に農業に関する知識や生産技術の習得であり、また第二に社会常識の習得であった。従って「宿親《やどおや》」には相応の見識と人格を備えた人物が選ばれた。

泊宿は夜間一回につき二、三人の若者を対象として行われた。若者たちは自宅で早めに夕食を済ませたあと夜具を持ってその家に行った。このため「授業」は夜間に屋内でできる内容に限られた。

宿親はまず若者たちを囲炉裏《いろり》の周りに集め、かきならした灰の上に火箸《ひばし》で図示しながら農作業の要領などを丁寧に教えた。

次に、土間にねこだ（藁縄《わらなわ》で編んだ頑丈な筵）を敷いて藁《わら》仕事の実習を行った。編桁《あみけた》を据えて米俵《こめどおら》、芋俵《いもどおら》、かんころ俵《どおら》、種物俵《たねものどおら》などを若者たちに交互に編ませるのである。宿親は上がり口の踏段《ふみだん》に腰掛け、編み手の手元をじっと見つめ、細部にわたって正しい要領を教えた。

実習内容には、とりわけ精密さが要求される牛具の製作もあった。一口に牛具といっても鞍、鉢巻《はちまき》、鼻口《はなぐち》、牛《うし》綱《づな》、腹帯《はらおび》など十数種があり、中には作り方が悪いと、荷《に》崩《くず》れを起こしたり、牛馬を余計に疲労させたりするものもある。

宿親はこの他にも農具や生産用具、生活用具の製作や使い方などについて教えた。

長男以外の若者は他の職業に就くのが普通だったから、その親によるこうした教育はあまり効果を発揮しなかったが、宿親による教育は有効だった。

この泊宿における宿親の最後の総仕上げは、若者たちに嫁の世話をしてやることだった。それぞれに三～五人の好きな女性の名前を挙げさせ、その中の一人と縁組みを成立させるのである。若者たちの親の中には、嫁を世話してもらうために息子を泊宿に出す者もいたほどだった。

この泊宿は、宿親を自分の意思で自由に選べる点でも若者たちには好評だったが、日本が太平洋戦争に向かって不穏な空気に包まれる中、次第に消えていった。

三、婚　姻

昭和前期までは古くからあった婚姻の慣習が残っていた。例えば――①概して早婚であること、②郷内結婚が多いこと、③血族結婚が比較的多いこと、④婚姻の成立には親権が強く関わること、そして⑤異教徒同士の結婚は稀であること、などである。

しかしこうした婚姻の慣習も昭和後期になると徐々に消えていく。

①嫁選び・嫁貰い

嫁選びは、当人同士の意思よりも両家の結びつきに重きが置かれる。両家の釣り合い、家柄、職業などが考慮されるが、「嫁貰っなら親貰え」とか「親がしゃべれば子もしゃべっ」といった注意を促す言い伝えもあるほどだから、概して身元の知れた者同士による結婚が多い。

嫁貰いは、嫁をもらう男性側の父方と母方の男性二人を立てて進める。両人は女性側を訪問する際、必ず火を灯した提灯《ちょうちん》を提げて行くのが慣わしである。たとえ日没前であってもそうするのだが、これには二つの深い意味がある。すなわち一つは、不退転の覚悟で事に臨んでいることを第三者にも知らしめること、もう一つは、事が順調に運ぶように女性側に無言の圧力をかけること。

娘は承諾していても決定権は家長にあるので、こうして両人は女性側の家長の承諾を得るまで幾晩も足を運び、その都度、行く人の数を増やし女性側に誠意を見せるのである。このとき男性側と女性側には、次の三つのしきたりがある。すなわち——、

①男性側は必ず提灯を持参し、その火を消さぬこと。
②女性側の家では正座を崩さぬこと。
③話が済むまでは茶も煙草も勧めないこと。

家長から「明晩、縁者に集まってもらい、本件を相談したい」という返事を貰えば、ほぼ内諾を得たことになる。

翌晩、嫁を貰いに行った男たちは、再び女性側を訪れ縁談がまとまったことを確認する。確認すると、そのうちの一人が男性側の家に行ってその旨を告げ、あらかじめ用意された皿盛りの鯛二尾と酒などを女性側の家に運び込む。そのあと男たちは、同席した女性側の親族と座を囲み、それぞれ挨拶の盃をとり交わす。

翌日、男性側が別に立てた「介添人《きゃーぞえ》」と呼ぶ身内の女性二人が女性側を訪ねる。このとき両人は茶や酒肴《しゅこう》を持参してお礼を述べ、女性側と祝言の日取りを決める。ちなみに当時、この地には結納を取り交わすしきたりはない。

なおこの頃はまだ異教徒同士の結婚はタブー視されている。仮に仏教徒とキリスト教徒の二人が結婚を望んで駆け落ちでもすれば、当人は親の勘当を覚悟しなければならない。

しかし昭和後期以降は異教徒間であっても両人の意志が尊重され、右のような例はなくなった。

2 祝言用の食事作り

縁談がまとまると農家では間もなく祝宴用食材の手配を始める。自給自足が生活の基本だからだ。例えば大根やにんじん、ごぼう、えのいも（里芋）、じゃがいもなどの根菜類は、間に合えば例年より多めに見積もって栽培する。不足する材料がある場合は、親族が持ち寄ってそれを補充する。魚介類は前もって漁師に予約してお

く。

祝言用の食事作りは数日前から花婿の生家で始まる。献立は生ずし、煮しめ（切干し大根、にんじん、ごぼう、里芋、厚揚げ、昆布などで作る）、魚の煮付け、蒲《かま》鉾《ぼこ》、刺身、酢の物、天ぷら、羊羹《ようかん》、寒天、煮豆などが定番で、これにぞうよなど季節料理が加わる。多くが原材料からの手作りで、しかも列席者は数十人に達するから、食事作りを大勢の親族や近隣の婦人たちが手伝う。

仕出しが大がかりになると「仕出人」と呼ぶ祝儀用の食事作りに長けた者を起用し、采配《さいはい》を委ねるのが普通である。その場合は、人の配置、料理の仕込み、味付け、細工、飾り付けなどは、その者の采配のもとで進行する。が、加勢人たちはおおよそ遣り方に精通しているので、仕出人に大きな負担がかかることはない。

一方、花婿の母親は数日間、食材の用意など各方面で気を遣い、文字通り寝る時間もないほどだ。

③ 祝言

祝言の式は花婿の生家で行われる。たまに長崎などに住む岐宿出身の男性に岐宿の女性が嫁ぐ場合があるが、このときは岐宿におけるその男性の親戚筋の家が祝言の会場となる。

式当日、花嫁をその生家まで迎えに行く「連《つ》れ人《にん》」と「追遣《おいづきゃっ》い」と呼ぶ大役がある。前述の二人の「介添人《きゃーぞえ》」と「小樽提《おたっしゃ》げ」の合計四人がその役を務める。介添人は原則として花婿の父方と母方の各おば、また追遣いは花婿の親戚の男性、そして小樽提げは花婿の親戚の女児である。

介添人は正装（黒留袖《とめそで》）を着用し、また小樽提げは振り袖を着て八合入りの小さな朱塗りの酒樽《さかだる》を手に持つ。これら三人の女性がうち揃《そろ》って花婿の家から花嫁の家へ向かって出発したあと、しばらく間をおいてから三人を追うように、正装（五つ紋の黒紋付羽織袴《はかま》）を着用した追遣いが花嫁の門出の催促に向かう。この間、先に出発した三人は花嫁の生家で花嫁の兄弟夫婦や親族、友人と祝宴を張る。

髪結いの手を借りて美しく日本髪を結い上げ、一生に一度の晴れ着を身につけた花嫁は、追遣いにせき立てられるようにして両親への挨拶を済ませ、花婿の待つ祝言式場へと歩いて向かう。

道中、嫁入り行列ができて、先頭には追遣いが立ち、そのすぐ後ろに花嫁、二人の介添人と小樽提げが続き、さらにその後ろに花嫁側の親類縁者や知人たちがずらり

嫁入り行列 ── 結婚式・披露宴は婿の実家で執り行われ、花嫁はその生家から歩いて会場に向かう。　提供：岐宿町

と立ち並ぶ。道路の両側または片側は、美しい花嫁姿を一目見ようと集まった大勢の見物人たちで賑《にぎ》わう。それを見て追遣いが「良か花《はな》嫁《よめご》ば見ちぇくれれー」（美しい花嫁を見てくださーい）と連呼すると、見物人たちは口々にこう言って答える。「ほんなこつ、良か花嫁《はなよめご》よなー」（本当に美しい花嫁ですよー）。こうして郷民に祝福を受けながら、行列はゆっくりと進み、やがて花婿の家に到着する。

祝言は、結婚式と披露宴を兼ねている。式場となる、合わせて一六〜十八畳ほどの座敷と次の間は、既に畳替えがなされ、障子や襖《ふすま》もきれいに張り替えられている。列席者が多いときは三グループに分かれ、時間をずらして交代で順番に一番座、二番座、および三番座につく。そのとき二番座以降の列席者は、隣家や自宅などで待機する。

床の間と床脇棚のある上座の中央に、花婿と花嫁が座り、その両人を挟んで二人の介添人が座る。本土の遣り方に倣って媒酌人を立てるときは、その夫婦がさらにその四人を挟むように座る。その前方両側にそれぞれ両家の列席者が座る。その場合、上座から見て右が婿側列席者の座席、また左が花嫁側列席者のそれである。町長など地元の有力者が列席するときは最上座に座る。双方の挨拶に続いて婿側の親類の中からその役に選ばれた者が花婿花嫁の中に入り、三三九度の酒盃を交換させる。そのあと列席者は順に礼酒をいただく。それが一通り終わる頃、各列席者の前に酒肴を盛った銘々膳《めいめいぜん》が置かれ、祝宴に入る。

座が早く回転するようにと婿側の親族が中心になって列席者間を巡り、上戸下戸の区別なくほとんど強制的に大盃三杯の酒を飲ませる。この行為を当地では「三杯《さんば》」

と呼ぶ。列席者を一人でもしらふで帰宅させたりすると、あとで花婿の生家は酒の出し惜しみをしたなどと悪い噂が立つから、この三杯で手加減を加えることは禁物とされる。

昔は、花婿は祝宴の席に座らない風習があったが、戦後は祝宴が始まるとすぐに各列席者へのお礼と挨拶を兼ねて、酌をして回るようになった。花嫁も早めに衣装替えを済ませて、各列席者に杓《しゃく》をして回るが、こちらは花婿と違って返杯を遠慮して、最後まで列席者をもてなす。

祝言風景１ ── この頃既に媒酌人を立てる習慣があったのか、正面両端にその姿（著者の両親）が見える＝昭和30年頃

カトリック信者の結婚は次のように進められる。まず、両人のあいだで固めの杯を取り交わしたら、速やかに神父にそのことを報告する。神父は、新婦とその母親を教会堂に呼び出し、承諾の真否を確認し、三代系譜を提出させる。両人が六親等以内の近親者でないことを確認したら、二人の婚姻を広告する。信者から支障がある旨申し出がなければ、その婚姻は許可されたことになる。

そうなると、神父は新郎新婦を呼び出し、婚姻の教理と心構え、挙式時の礼法などの指導を行う。

祝言風景２ ── 花嫁が列席者に挨拶している＝昭和37年頃

結婚式は、新婦が籍をおく教会堂で行うのが通例である。この場合、両人は神父の司式に従い、二人の保証人の立ち会いのもと、夫婦の誓いを行い、新郎から新婦に指輪を贈る。列席者はミサを捧げて、両人に神の祝福と恵みがあるようにと祈る。

こうして教会堂での結婚式を終えると、自宅で披露宴を開くが、その場合、列席者は三親等以内にとどめ、酒肴も簡素なものとする。

4 三日戻り

祝言の当日から三日目に、花婿と花嫁は一緒に嫁の生家に行く。これを「三日戻り《みっかもどっ》」という。この日、嫁の生家はその親族を呼んで祝宴を張り、婿と親族間に親族関係が成立したことを祝う。これを以て婚儀は終了する。

四、出産と祝

1 帯巻き

妊娠五カ月目の最初の戌《いぬ》の日に安産を祈って妊婦は腹帯を巻く。戌（犬）は出産が軽く、一度にたくさんの仔犬を生むことから、安産の象徴とされてきたからだ。帯は長さ一五尺（四・五メートル）ほどの晒《さら》しを使う。巻く要領はおよそ次の通り。まず晒しを半分の幅に折り畳んでからくるくる巻き取る。次に折り目を下にして少し斜めに腹に当て胴に巻く。一周したら手を添えて布地をねじって折り返し巻いていく。これを三、四周回繰り返す。二周したところで、最初に当てた布地の端を折り返せば帯がずれにくくなる。最後に布地の端部を斜めにたたんで帯の上端から帯と肌のあいだに差し込むと完了。

2 出産

出産は通常、自宅で産婆の立ち会いのもと行う。身体を動かさないと難産になると言われ、妊婦はその直前まで普通に仕事をする。出産は納戸で行い、男子はそこへの出入りを差し控える。難産の場合は、天井から太い綱または晒し帯を下げて、産婦はこれにすがって出産する。産後、胎盤胞衣は土間の隅にある小便桶の置き石の下に埋める。

妊婦に関する禁忌や俗信に次のようなものがある。

①妊婦が火事を見るとほやけ（火に焼けたような赤

黒いあざ）のある子が生まれる。

②赤子と子牛が同時に生まれるのは良くない。

③蛸を食べると蛸に似た子が生まれる。

④妊婦は葬儀に参列してはいけない。

3 産後の養生

産婦は産後、梅干し入りの粥《かゆ》や味噌汁《みそしる》で力をつける。また、摂ると「さかしゅなっ」（元気になる）と言って、あらかっ（かさご）やおこぜ、ぞろ（手打ちうどん）など乳の出がよくなるものを食べる。また親類縁者は堺重箱にさぞめし（小豆やささげ入りの飯）や煮物を詰めて差し入れる。

床上げは通常、男児であれば五日目、また女児であれば七日目に行うが、諸事情で三日目あたりから起き出して仕事に従事する者もいる。

4 名付け祝い

産後、「かんたれ」と呼ぶ「名付け祝い」と「床上げ祝い」を兼ねた宴を男児であれば五日目に、また女児であれば七日目に、いずれも産児の自宅で催す。この日招待された親戚や近隣の者、立ち会った産婆は、産衣《うぶぎ》または金銭を贈るのが通例である。

座敷に全員が着座すると、父方の祖父が産児に命名する。産児は祖父母の名や父母の兄弟姉妹の一字を貰ったり、決まった名を継承したりする習慣がある。例えば、産児が長男や長女であれば父方の祖父母、また次男や次女なら母方の祖父母、三男や三女であれば父方の長兄夫妻、四男や四女であれば母方の長兄夫妻の名の一字をもらうといった具合である。命名の際に両親の願望や世相を反映したり、字画占いをしたりするのは昭和後期以降である。

命名書は祖父が書いて神棚に捧《ささ》げ、産児の幸せを祈る。

命名が終わると引き続き祝宴が開かれる。このとき出る「祝い膳」には鯛、出世魚、赤飯、煮しめのほか縁起物とされる料理、祝い酒が並ぶ。

カトリックでの名付けは洗礼前に行われる。名付けの要領はおよそ右と同様だが、洗礼は出産数日後に行われる。この時は身近な親戚筋が父母に代わって産児を伴い教会堂に行く。産児はそこで神父から洗礼名が授けられて洗礼を受ける。そして、この日が正式な名付け日となる。

5 宮参り

出産後三三日目に氏神に参詣し、産児の健やかな成長と長寿を祈願する。このとき産児は晴れ着を打ち掛けられ、祖母または伯母に抱かれて行く。

カトリックでは、産後一カ月を過ぎて母体が平常に復した頃、母親が私的に産児を伴って教会堂に行く。

6 初節句

女児が初めて迎える三月節句を「初節句」と呼びこの日、その子に晴れ着を着せ、重箱に馳走を詰めて家族全員で祝い、女児の健やかな成長を願う。

一方、男児の初節句は初めて迎える「五月節句」で、この日に鯉のぼりを揚げ、菖蒲の葉を風呂に入れて健やかな成長を願い祝う。

7 初誕生祝い

子供が生まれて満一年になることを「むかあっ」と呼び、最初の誕生日に「歩み初め」を祝う。その日に搗《つ》いた紅白や日形月形の大餅をその子に踏ませ、健康で力持ちの子に育つようにと願う。このときは餅をもろぶた（浅い木箱）に入れ、餅の上に半紙を置いて床の間に置く。親は、子供に晴れ着を着せて藁草履《わらじょっ》を履《は》かせ、介添えをしながら餅を踏ませる。子供が踏んだめでたい大餅はよま（凧糸）で切って小分けし、客や親戚、近隣の者に配る。

この祝いの時は、筆や本、そろばん、これに女児であれば裁縫道具を加えて並べ、いずれかを取らせ、その子の将来を占う風習もある。

五、葬儀と年忌

郷内で死者が出ると、その親族全部が当家に集って葬儀万端を準備し、隣組は葬具作りや墓穴掘りをそれぞれ手分けして無償で受け持ち、懇意な者や世話になった者は死者の家を訪れて哀悼の意を表し香典を供える。郷内のほとんどの戸主は野辺送りに参列する。このようなことは、立場が逆になったときにも同じように行われるから、人々のあいだに相互扶助の精神が浸透しているのである。

当郷民の主な宗教宗派は、主として浄土真宗・曹洞宗・カトリックの三宗派で、それぞれに特有の葬儀と年忌の様式があるが、ここでは当地で最も人口の多い浄土真宗門徒のあいだで普通に見られる様式を中心に述べてみたい。

ただし、その様式はもはや浄土真宗本来のものではなく、他宗派の様式が入り混じっている。例えば、臨終とともに死者は極楽浄土に行くと考える浄土真宗では本来「引導の儀式」や「追善供養」はないが、当地ではこれらが普通に営まれる。さらに浄土真宗では過去帳を仏壇に供えるのが本式だが、当地では位牌が仏壇に祀られる。

1 臨終・末期の水

人が臨終に近づくと、その者が生き返って欲しいとか、あるいは安らかに旅立って欲しいと願って、末期の水をその者の口に含ませる風習がある。その水は通常、水質が柔らかく「紫の水」といって地元で重宝されている河津川《かわつ》（通称「二又河《ふたまたご》」）の水である。一方、本人が希望する末期の水もある。幼い頃から農作業の時によく飲んだ田んぼの湧き水などだ。

末期の水をとるのは配偶者か最も血縁の濃い者である。また末期の水を汲みに行く役は、その役を買って出る本人の甥《おい》などである。

カトリックでは、臨終が近づくと神父を自宅に招き、「聖油の秘蹟」を行う。まず、卓上に十字架を立て、その両脇に蠟燭《ろうそく》を灯す。神父は死に瀕《ひん》した者から最後の告白を聞き、聖体拝領を行い、目や口、手、足などに聖油で十字架を印して、その者のすべての罪からの解放と永遠の安息を神に祈る。近親者は枕元に集まり、ロザリオ（聖母マリアへの祈り）を唱え、永遠の安息を祈る。

2 通夜

人が死んだ当日、遺族や隣組の者が湯を沸かして遺体をきれいに拭《ふ》く。遺体を清めて来世へ旅立たせるためだ。拭いた遺体には着物の襟《えり》を普段とは逆に合わせて着せ、枕を北にして布団の上に寝かせる。そのとき死者が男性であれば髭《ひげ》をそり、女性であれば、その顔に薄化粧をしてわずかに口紅をさす。そして故人の顔を白布で覆う。

浄土真宗の門徒の家では、枕元には仏壇の前机か白木の机を置き、その上に三具足（香炉、花瓶《かびん》、蠟燭）を置く。

また、神棚を和紙で封じ、死の汚れが神聖な神棚に入らないようにする。神道では、仏教と違って死を汚れとしているためだ。この行為を「神棚封じ」と呼び、忌明けまでは神棚の扉を閉じたままにしておく。遺族はその年、神社への参詣、祭礼なども差し控える。また、死人や柩《ひつぎ》を置いている部屋には猫《ねこ》を入れないようにする。

手次寺《てつぎでら》の住職が到着し、枕《まつだ》はずひ（枕経）の読経が始まると、その場にいる者は皆、正座、合掌して、「南《な》無《む》阿弥陀仏《あみだぶつ》」と念仏を唱える。

この日は、遺族や懇意な者たちが夜通し蠟燭に火を灯して線香を焚《た》きながら故人を偲《しの》ぶ。

カトリックでは、通夜の折、近親者や近隣の者が集まって、ロザリオの祈りを捧げる。

3 葬儀の食事

通夜や葬儀の日の食事は死者が出た家で行われる。料理は精進料理である。その定番は、第九章第二節第四項2《煮しめ》に詳述するが、煮しめ、甘酢《あます》和《あ》え、味噌汁、および米ん飯である。その料理作りから盛り付け、配膳、後片付けに至る作業は当日、加勢する親族や近隣の者たちが手分けして行う。

用意する食事は大量になるから、例えば米ん飯は、直径三尺（九〇センチメートル）ほどの平釜《ひらがま》を用いて、庭に備え付けた竈《かまど》または移動式ドラム缶製の竈で炊《た》く。

なお、この地方では、とりわけ高齢の老人を抱える家庭では、普段から少なくとも籾《もみ》一俵と豆腐用の大豆三升ほどは手をつけずに残しておくのが普通である。

4 法名

浄土真宗では、仏弟子としての名を「法名」と呼ぶ（浄土真宗以外では「戒名」ともいう）。人が死ぬと速やかに手次寺《てつぎでら》の住職にその旨を報告し、故人の法名を授かる。法名は、生前の故人の功徳などによって決められ、手次寺の過去帳に俗名とともに記録される。なお、本山参りをした者の中には、その折に法名を授かった者もいる。

5 弔問

弔問《ちょうもん》は早いほど良いとされる。友引の日には弔問を避ける者もいるが、近隣の者や親しかった者は、その日のうちに死者の家に行き哀悼の意を表する。弔問を受けるのは、喪主と遺族である。弔問には遠縁の者や知人、交誼《こうぎ》のあった者などが郷内外から訪れ、一人ずつ正座して、喪主に向かって哀悼の意を表したあと、香典を供え焼香して帰る。香典は通常、身内であれば籾一俵が相場である。

なお、葬儀における縁者の着衣は、男性が紋付き・羽織・袴で、女性が紋入りの喪服である。一般に女性は紋付きの羽織を着用しない。履物《はきもの》は、急遽《きゅうきょ》葬儀用に編んだ紙の鼻緒を持つ藁草履である。

6 出棺

通夜の翌日、手次寺住職を導師として死者の自宅で読経のうえ出棺を執り行う。納棺の仕方は、いわゆる座棺《ざかん》方式で、遺体の足を折り曲げて座らせ、死者の手に念珠を掛けて胸の前で両手を合掌させるのである。このとき柩の中には死者が生前愛用した物も入れる。

納棺が済むと、棺桶《かんおけ》の上部を二本の担《かつ》ぎ棒で挟んで帯状の白い晒《さら》し布で縛《しば》って固定し、柩《ひつぎ》の上に約四尺四方の「柩のまわっ」を据え、さらにその上に「とまぶっ」と呼ぶ霊屋を載せる。そして、その霊屋が動かぬように屋根に二本の白い晒し布帯を担ぎ棒と平行に掛け、その両端をそれぞれ二本の担ぎ棒の前後にしっかりと結びつける。

出棺は、座敷の縁側から直接庭へと近親者によって執り行われる。このとき導師や近親者は座敷の縁側から出入りし、玄関を使用しない。柩を担ぐのは、四人の近縁の若者である。

前庭や道路には、葬列に加わるために集まった大勢の人たちが出棺の様子をじっと見守りながら待機する。

カトリックの納棺は、神父を自宅に招き行う。納棺は、故人を仰向けに寝かせた状態で納める、いわゆる寝《しん》棺《かん》方式。安置した遺体を神父と遺族、近親者が囲み、神父の唱導で祈り、聖書朗読、聖歌斉唱の順で故人の安息を祈って聖水を遺体に撒《ま》く。そのあと遺体を遺族の手で納棺するが、そのとき両手を胸の上で組み、そこに十字架とロザリオを置く。柩に蓋《ふた》をして黒布で覆い、白布を縫い付けてかたどった十字架が柩の真上にくるようにする。神父の祈りと故人を偲ぶ言葉、聖歌斉唱、全員での祈りが続き、さらに神父、遺族、親族、知人の順で撒水《さっすい》を行う。

柩は、神父の出棺の祈りや遺族の故人との別れのあと神父に導かれ、遺影と共に自宅を出て教会堂へと運ばれる。

7 野辺送り

葬列は自宅から手次寺に向かい、そこで住職の読経の中、当家の家族、親族、その他一般会葬者の焼香が行われる。それが終わると、いよいよ墓地への野辺送りとなる。

郷内には本宮寺墓地、金福寺墓地、西屋敷墓地、水ノ浦墓地の四箇所があるが、カトリック教徒の眠る水ノ浦墓地を除いて、他の三つは必ずしも宗派別に分かれているわけではない。

葬列は、故人の名前などを記した銘旗《めいき》を先頭に、旗・高張提灯《たかはりちょうちん》一対、花籠《はなかご》、弔花《ちょうか》、楽人二人、諷経《ふうきょう》僧侶、導師、遺影、白木の仮の位牌、柩、柩の傍らにつく故人の伴侶《はんりょ》、小天蓋《しょうてんがい》、親族の女性、親族、および一般会葬者が順に列を成して続く。その場合、銘旗は町内会長が、また遺影や位牌は遺族が、そして小天蓋は本家の者がそれぞれ持つ。葬具は、そのほぼすべてを手作りし、死者を手厚く葬ることを心掛ける。

葬列は、楽人の奏《かな》でる笛の調べが響く中、ゆっくりと集落の本道を進む。辻々では花籠の長さ九尺（二・七メートル）ほどの柄竿《えざお》を地面に突いて、籠《かご》の中にある銭花を道路に散らす。辻には人だかりができていて、子供たちは銭花を拾い、大人たちは柩に向かって合掌し、故人との別れを惜しむ。

やがて葬列が墓地に到着すると、遺族や埋葬関係者を除いて参列者は解散する。このとき数人の近親者が墓地の出入口に立って低頭し、参列者を見送る。帰り道では、近親者が先行し、その後ろに一般会葬者が続く。帰途、遺族は遺影を裏返して持つのが習わしとなっており、参列した者は振り返ったり、寄り道をしたり、また水も飲んだりしてはならないとされている。

野辺送り　　提供：出口氏

カトリックでは、葬列は十字架を先頭にして侍者、神父、柩、遺族、男性、女性の順に列を成し、ロザリオを唱えながら教会堂へと進む。

やがて葬列が教会堂に到着すると、そのまま聖歌の流れる中を聖堂の中心に進み、遺体の脚が祭壇を向くように柩を安置する。葬儀は神父の司式のもと進行し、参列者全員で聖書朗読、聖歌斉唱の順に故人の安息を祈って終える。

葬儀のあと、十字架を先頭にして侍者、神父、柩、遺族、男性、女性の順に列を成し、ロザリオを唱えながら墓地へと向かう。

墓地に到着すると、神父が香を焚き、墓場と柩に聖水を撒き、祈りを捧げる。賛美歌の流れる中、遺族と会葬者は順に柩に聖水を撒水《さっすい》し、土を被《かぶ》せて埋葬する。埋葬した柩の真上には洗礼名と俗名を書いた十字架を立てる。

8 埋葬

埋葬方式は、基本的に土葬である。ただし、伝染病に感染して死亡した者は火葬となる。火葬の場合は、火葬場から遺骨となって一旦自宅に帰り、そこから送り出されて手次寺へと向かう。

墓穴を掘ることを「くぼんほっ」といい通常、隣組がこれに当たる。墓穴はおよそ三尺（九〇センチメートル）四方、深さは五尺（一・五メートル）ほどである。掘削は、その場に酒を供えてから始め、葬儀の始まるまでに済ませておく。

埋葬場に到着した柩は墓穴の近くに据え、その前で導師が死者に引導を渡す。そのあと導師が読経する中、墓穴に柩を静かに下ろして土を被せ、埋葬

西屋敷墓地（通称おこんひら）＝平成30年

を終える。

次に柩の真上に正方形の厚い石を敷き、その上に霊屋を設置する。そしてその屋根には霊屋が台風で吹き飛ばされないように大きな重石を載せる。銘旗は四十九日法要を営むまで、その墓地の隅《すみ》に立てておく。その間、この旗は故人の墓地への道標となる。遺族は数年後に霊屋を撤去し、新しい墓碑を建立する。

⑨避病院

鰐川《わんご》河口にある半島状の蕨崎《わらびざき》の東岸に終戦直後まで、地元の人たちが「避《ひ》病院」と呼ぶ、主にあかはら（赤痢）に感染した者を隔離する病棟があった。赤痢は食品や水を口から摂取するとか、あるいは糞便《ふんべん》で汚染された手指、蝿《はえ》、食器などを介するなどして、菌が口に入って感染する病気である。症状には全身の倦怠感、寒気を伴う発熱、下痢、血便、腹痛などがある。

この避病院は病院とは名ばかりの施設で、これといった薬物療法や対症療法を持たなかったので、隔離された患者の多くがここで死を迎えた。患者の中には幼い子供もいて、母親が付き添って世話をした。古老の話によると、小学二年生のとき同級生の一人があかはらに感染し、ここに隔離されて亡くなったという。その母親の悲しみは如何《いか》ばかりであったろうか。

この病院の近くには火葬場が設けられており、そこから一筋の煙が立ち昇ると、それを遠くから眺めた人々は、気の毒そうに口々に、こうつぶやいたという、「今日は誰《だ》っが死んだんじゃろか」（今日は誰が死んだのであろうか）と。

六、死者の供養

①寺参り

葬儀の翌日、故人の近親者は、手次寺に参拝して、住職の読経に合わせて読経し、住職の法話を聴く。そのあと住職に布施と永代供養料を手渡し、墓地に向かう。

②追善法要

葬儀のあと、仏壇の前に中陰壇を設け、その上に遺影や白木の位牌を安置し、花や灯明、香炉を置く。故人の死の前日から四十九日目まで営まれる法要を「追善法要」と呼び、七日目ごとに執り行われる。最初の七日目を初七日、次の七日目を二七日《ふたなのか》（十四日）、同様に三七日《みなのか》、四七日、五七日、六七日、および七七日（四十九日）と呼ぶ。当地では主として初七日と七七日の法要が営まれる。七七日法要は四十九日法要、満中陰法要、または忌明け法要とも呼ばれる。初七日法要と七七日法要の時に着る服装は、葬儀の時と同じ正装である。

カトリックでは仏教の法要に相当する儀式を「追悼ミサ」と呼び、故人の死後、三日目、一週間目、三〇日目に教会堂で親族や友人、知人を招いて営む。一年後の昇天日（命日）には仏教の一周忌に相当する「死者記念ミサ」を盛大に執り行う。それ以降は特に決まりがないが三年目や一〇年目、二〇年目に追悼ミサを執り行うこともある。追悼ミサでは、聖歌の斉唱や祈禱、聖書の朗読などを行い、そのあと教会堂や自宅で茶話会を開き故人を偲ぶ。

３ 初七日と精進あげ

初七日は、故人が三途《さんず》の川のほとりに到着し、そこで激流を渡るか、あるいは緩流を渡るかの裁《さば》きを待つ日とされ、遺族は故人が無事に川を渡れるように法要を営む。遺族はこの日までは肉や酒の摂取を一切断ち、もっぱら精進料理を食べる。この場合、精進入りの日に鍋に灰水を入れて茶碗《ちゃわん》類を煮て清めるのが通例である。初七日法要を終えると、酒肴を用意して「精進あげ」を執り行い、普段の食事に戻す。

４ 四十九日法要

故人が死去した日の前日から数えて四十九日日に、親類縁者が遺族の家に集まり、四十九日法要を営む。この日、住職を招き、中陰壇の正面に住職、その後ろに親類縁者が正座し、故人が極楽浄土に行けるように供養する。この法要を終えたら、漆塗《うるしぬ》りの本位牌を仏壇に安置し、住職が本位牌の「魂《たましい》入れ」を行う。一方、白木の位牌は手次寺に納める。

故人の冥福を祈って喪《も》に服していた遺族は、この法要を一つの区切りとして、葬儀に関わる一切の行事を終える。これを「忌《き》明け」と呼び、忌が明けると遺族は平常の生活に戻る。

なお、この日までを「忌中」と呼び、七日目ごとに親類縁者や後述のおくんやの者たちが遺族の家に集まり、中陰壇の前で一緒に読経し、茶を飲みながら故人を偲ぶところもある。

5 月忌法要とおくんや

その一部を既述したが、岐宿には昔から「おくんや」と呼ぶ、一組を六、七世帯で構成する、浄土真宗門徒の組織が数多く存在し毎月、各世帯の逮夜《たいや》（月命日の前夜）に集合して読経する風習がある。

逮夜の当日、当家は仏壇の供花を取り替えて、故人の好物を供え、子供は親に代わって構成員の家を回り、逮夜の案内をする。各構成員は夕食や入浴を済ませて、当家に集まる。読経は日没後に始まる。総代が仏壇の正面に正座し、その後ろに他の構成員や当家の子供を含む家族が座って、経文を唱和する。総代は輪番で、当家以外の家長が務める。

読経は一時間弱で終了し、そのあとは茶を飲みながらの雑談となる。この頃、当地ではまだ新聞を購読する家も、またラジオを持つ家も少ない。雑談は気象や行事、冠婚葬祭、教育、政治、経済、文化、宗教、農業、漁業、世の中の動向など広範囲に及び、情報交換の場ともなる。

なお、おくんやに死者が出た翌月の逮夜を「初逮夜」と呼ぶ。

6 法事

一般に法要と法事が混同されがちであるが、両者は厳密に言えば違う。法要は僧侶を招いて読経してもらい、故人の冥福を祈る行事である。「追善供養」ともいう。これに対して法事は、法要およびそのあとにする会食などを含む総合的な行事である。

年忌法要には一年、三年、七年、十三年、十七年、二十五年、三十三年、および五十年の忌がある。これら法要は一周忌を除きその年より一年前に営まれる。法要の回数は故人が亡くなった年を一年目とする「数え年」で数えるからだ。それゆえに、例えば三回忌は満二年目に、また三十三回忌は満三二年目にそれぞれ営まれる。

一般に、「弔い上げ」を三十三回忌に営み、それ以降の法要を省略する場合が多い。その場合、位牌を先祖代々の位牌に合祀する。三十三回忌を迎えると、故人は極楽浄土に行って祖先になると考えられているからだ。従ってこの三十三回忌は四十九日法要と同等に大規模な営みとなる。

法要や法事は、命日に遺族の家で営まれる。その日は、遠方の親類縁者も集まり、手次寺の住職を招き、仏壇の前で浄土三部経と呼ぶ仏説無量寿経・仏説観無量寿経・仏説阿弥陀経三経典を読経し、講話を聞く。

法事の際に用意する食事は、一周忌から三十三回忌まではすべて精進料理である。饗応には八十椀と黒漆塗りの高脚膳《こうきゃくぜん》を使用する。

7 墓参り

既に述べたが、地元の人々は篤《あつ》い信仰心を持ち普段から墓参りを欠かさない。婦人たちは、少なくとも毎週一、二回は井戸水を入れた手桶を提げて墓に参り、生花や花柴、水を取り替えて線香を供え、周囲を清掃する。時間があれば、親戚の墓に参って水を補充する。

故郷を離れた者は、お盆や法事の際にしばしば帰省して墓参を怠らない。

8 墓碑

太平洋戦争中までは、どこの家も墓は故人ごとに一基ずつ建立し、墓碑（竿石《さおいし》ともいう）に故人名を刻んでいたが、戦後になると、その風習は次第に消えてゆく。すなわち、新しく建立する墓碑は、一家当たり一基となると同時に墓碑銘の多くが「〇〇家之墓」となり、墓碑の傍らに亡くなった家族の法名または戒名などを順に刻む墓誌を置く形式へと変わっていったのである。

墓碑用の石材は、以前は彫りやすい砂岩や唐津石だったが、これらに代わって硬くて良質な御影石が広く用いられるようになった。墓碑の大きさは一尺（三〇センチメートル）角以上のものが多く、以前と変わらない。それゆえに墓はますます立派になっている。

第六章　年中行事

一、正月の準備

1 煤取り

「煤取り」は正月を迎えるための準備の一つで、当地では十二月二十三日に行う。「煤払い」ともいう。山から伐《き》ってきた笹竹を用いて神棚や天井、壁にたまった煤を取り除く大掃除である。この日はこの煤取りに加えて、障子の張り替えや畳の表替えを行うほか、神棚の榊《さかき》を取り替えて神酒《みき》を供える。

2 門松

当地では多くの家が十二月二十四、五日、山から伐ってきた松や竹、へご（うらじろ）、つん（ゆずりは）で門松を作り、門前または戸口に飾る。

松は中国で古来、不老長寿や生命力、繁栄の象徴とされ、日本でも「祀《まつ》る」につながる、めでたい木とされた。また昔から神は梢《こずえ》に宿るとも考えられていた。それゆえに、正月に門松を作って飾り、年神を家に迎え入れるための依《よ》り代《しろ》とするようになったと言われる。

煤取りが済んでおれば、門松をいつ飾っても良いが、二十九日と三十一日の両日は避けるしきたりがある。二十九日は「二重苦」や「苦松」（苦が待つ）に、また三十一日は「一日飾り」や「一夜飾り」に繋《つな》がるとされているからだ。門松は正月七日まで飾る。

3 墓掃除

十二月二十五日頃から墓周りの掃除や草取りを行う。山から竹と花柴を伐ってきて花立てを作り、古くなった花立てと取り替え、花柴を供える。

4 注連縄

十二月二十七、八日、稲藁《いなわら》で必要数の注連縄《しめなわ》を作り、神棚や玄関の上、幸木《しゃんぎ》などに張る。

5 幸木

昔、海で丸太棒につかまって助かった遭難者が島に居着いたことから、その棒のことを「幸木《しゃんぎ》」と呼び、それに山海の産物を懸けて祝い祀ったのが、この風習の起源だと伝わる。十二月二十七、八日から表口を入った土間の一隅に吊す。幸木《しゃんぎ》は直径五寸（一五センチメートル）長さ一間（一・八メートル）ほどの松やタラの木の丸太棒の皮を剝いて作り、それに平年は十二カ所、また閏年は十三カ所に縄をほぼ等間隔に巻いて結び、その縄の端を五寸（一五センチメートル）ほど下に垂らしておき、正月にはその縄の先に塩をまぶした鰤《ぶり》や鯛《たい》、烏賊《いか》などの生魚や干魚、鰹節《かつおぶし》、海藻、稲穂《いなほ》、鶏《にわとり》、鶏卵《けいらん》などを下げる。また棒の両端にはそれぞれ四本の大根と一枚の昆布を、さらに中央部には橙《だいだい》やつんの葉、大へごを下げて全体を飾る。

　飾り物は十四日までに少しずつ取り外し煮焼して食べる。つまりこの風習は、正月に金銭が外部に流出するのを防ぐ効果も期待されているのである。

　幸木《しゃんぎ》は、その家に不幸が続くとか、あるいは家を建て替えるとか、特別の事情がないかぎり新調しないのが通例である。従って、幸木《しゃんぎ》は古いものほど価値があるとされ、住人の自慢となる。

6 餅搗き

十二月二十七、八日、各家は餅《もち》を搗《つ》く。竈《かまど》に蒸籠《せいろ》を高く積み重ねて餅米《もちごめ》を蒸《む》し、土間に据えた餅搗臼《もっつっうひ》で搗く。搗き終えた餅は、土間に続く次の間に置いた広さ三尺×二・五尺（九〇×七五センチメートル）ほどの延べ板の上で主婦たちが手際《てぎわ》よく白餅、餡《あん》餅、鏡餅にしていく。

　餅のことを当地では「ぼうち」、鏡餅のことを「せっそ」と呼ぶ。せっそは、嫁入りした娘が嫁ぎ先から産《うみ》の親へ送り届けるのが通例であるが、そのような娘のいない家では、自家で作って供える。

餅搗臼　　提供：岐宿町

　二十九日に搗くのは、「苦餅」（苦持ち）や「二重苦」に繋がるとして嫌い、大晦日に搗いたり飾ったりするのは、それぞれ「一夜餅」や「一夜飾り」といって避ける。それゆえに餅を神棚や仏壇、床の間などに供える日は、二十七日、二十八日、三十日のいずれかである。

　餅の飾り方は、神棚や仏壇であれば、両サイドに各三重ね（一重ねは餅二個を重ねたもの）を、また水神や牛部屋、船霊《ふなだま》（船の守護神）、床の間であれば、中央に一重ねを供える。いずれも正月十一日まで供えておく。

7 年木

年木《としぎ》は十二月二十二日頃、山から伐ってきた直径一・三寸（四センチメートル）ほどの椎の木を、長さ一尺三寸（三九センチメートル）ほどに切り、これを二つに割って、割木の端に一枚のつんの葉と一本のへごを挟《はさ》み、その周りを細縄《ほそなわ》で二重に巻いて固定して作る。

昭和初期にこの風習はなくなったが、それまでは大晦日の昼間に床の間や重要な諸器具などに、その一対を左右に供えた（立てかけた）。また石神や石仏などにもその付近に住む者がこれを供えた。

8 歳暮

大晦日に、世話になった人に下駄《げた》や蠟燭《ろうそく》、タオルを、また親には下駄や草履、線香、蠟燭、せっそをそれぞれ持って行く。

9 正月料理の準備

大晦日は主婦にとって忙しい日である。この日は、良い新年を迎えるために、その夜と正月三が日に食べる馳《ち》走《そう》を準備する。ぞろ（手打ちうどん）や雑煮、だし汁、豆腐、蒲鉾、煮しめなどである。だし汁をつくるために多くの家が鶏を潰す。また鰤《ぶり》が手に入れば、それを使った料理を作る家もある。

10 年越し

歳《とし》の晩（大晦日の夜）は、無事に一年が終わったことを感謝しながら年を越す。囲炉裏《いろり》にほたい（太い薪《たきぎ》）を焚き、一家そろって蕎麦またはぞろを食べる。風呂に入って新しい下着に着替え、除夜の鐘を聞きながら床に就く。

二、正月の行事

陰暦では一年の初めは「春が始まる日」である。すなわち立春を一年の初めの日とするが、月の満ち欠けがより重視されるため、立春に最も近い新月の日を元日と定める。

元日は全戸が休業して新年を祝う。毎年正月に各家にやって来る年神を迎えるための門松や注連縄、餅、幸木、年木などは旧年中に所定の場所に飾ってあるから、元日は国旗を戸口に掲揚し、床の間にある掛軸を縁起物の書画と取り替える。

1 若水くみ

若水とは、縁起を祝って元日の朝早く最初に汲《く》む水のことをいう。この日、家長は誰よりも早く起きて水神に参り、井戸から若水を汲んで神棚に供える。元日に若水を飲むと、その年は一年中、災難に遭わないと言われているから、家族はそれを飲んで無病息災を祈る。

2 元日の禁忌や言い伝え

一年の計は元旦にあり――当地にも元日に心掛けるべきさまざまな禁忌や言い伝えがある。

①入浴や洗濯をしない（服〈福〉を洗い流すから）。
②箒《ほうき》を使わない（福の神を家から掃き出すから）。
③戸を開けない（福の神が家から出て行くから）。
④大きい声を出さない（びっくりして福の神が家から出て行くから）。
⑤火箸《ひばし》の音を立てない（右に同じ）。
⑥賽銭《さいせん》以外の金を使わない（浪費に繋《つな》がるから）。
⑦女は出歩かない（縁起が悪いとされた）。
⑧最初に男が家に入ってくると男の子が生まれる。
⑨元日に良くないことがあると、それが一年中続く。

3 元旦の食事

元旦には、家族は一人ひとり神棚、仏壇、座敷の長押《なげし》の上に飾ってある先祖や他界した家族の写真に手を合わせたあと、卓袱台《ちゃぶだい》の周りに座り、その年の五穀豊穣や子孫繁栄、無病息災を祈願しつつ、一同で「おめでとうございます」と言って雑煮など正月料理を食べ、新年を祝う。そこには、遠く離れて暮らす息子や娘のために陰膳《かげぜん》も用意される。

4 氏神参り

二日の朝、家族は家長から順に若風呂を済ませて神酒をいただき、賽銭を持って近くの氏神へ参詣する。

5 年始まわり

氏神参りが終わると男性は、親元や親戚、隣人、友人などの家を訪問、年始の挨拶をして回る。一方、女性は、午前中は家にいて午後、年始まわりをする。女性が年明けに最初に入った家は、一年中縁起が悪いと信じられているからだ。

6 宝引銭

当地では、お年玉のことを「宝引銭《ほうびっぜん》」と呼ぶ。宝引は、昭和初期まで正月に子供たちのあいだで見られた福引きの一種で、束ねた数本の縄を引かせて、縄の端に結わえた木槌《きづち》または橙《だいだい》の果実を引き当てた者が賞品を得る遊びである。

木槌は大黒様の持つ「打出《うちで》の小槌《こづち》」にちなんで縁起の良いものとされ、また橙は強い生命力があることから、一家代々の繁昌に繋がるとされ、正月の鏡餅の上には必ず飾られる縁起の良い果実である。このほか賞となる金銭や物品を縄に結びつけることもあった。

この宝引は昭和初期以降、いつとはなしに「宝引きでもして遊んで来い」と言って、大人が子供に与えるお年玉「宝引銭《ほうびっぜん》」に形を変えて行ったという。

宝引銭《ほうびっぜん》は、正月三が日に大人が親戚を訪問する際、子供たちに贈るのが通例である。それゆえに、親戚の多い子供たちがその親から宝引銭をもらうことはほとんどない。

7 獅子舞

当地には「獅子駒《しひこま》」と呼ぶ神楽がある。祭囃子《まつりばやし》に合わせて獅子と天狗とが勇壮に舞い踊る獅子舞だ。青年団

獅子舞　提供：出口氏

員が中心となって正月二日と三日、邪気払いを目的として郷内全戸を廻り、奉納する。

この舞で獅子と天狗が繰り広げる物語のあらすじはこうである。

天狗が獅子を神前に連れ出して舞を奉納しようとするが、獅子はそれに抵抗し、腹ばいになって寝てしまう。そこで天狗は、その獅子を突き起こそうとする。するとそれに怒った獅子が天狗に襲いかかる。こうして獅子と天狗との激しい戦いが始まるのだ。しかし獅子は、天狗の神業になす術もない。最後には、獅子が天狗に従って神前で舞を奉納する。

この舞には一定の準則がある。その第一は、舞は次の順序で進行すること。すなわち――①始め獅子、②立ち獅子、③寝獅子、④囃子、⑤天狗舞（ささらとも言う）、⑥荒れ獅子、⑦納め獅子である。第二は、天狗は獅子を盛り立てるように動き回りながら舞うこと。そして第三は、獅子は必ず各家の上座の座敷から下座の玄関へと舞い下がることである。

舞の一行は合計一五人ほどで構成される。すなわち――団長、先祓《さきばら》い（先回り）、獅子頭、天狗、尾持ち、太鼓奏者、笛奏者、勧進元、用具守、および交代要員である。

一行は初日にまず、諸用具を持って巌立神社へ参詣してお祓いを受け、続いてそこで初舞を奉納する。

一行の進む郷内経路は毎年ほぼ一定している。先触れの太鼓の音が近づくと、家々は障子や襖を取り外して座敷や次の間を開放し、賽銭《さいせん》を用意して一行を待つ。

到着すると、笛と太鼓の音に合わせて舞が進行し、やがて前掲の④囃子の場面に差し掛かる。すると一行について回る十数人の子供たちが、庭や土間から大きな声で一斉にこう言ってはやす。「獅《し》ー子《し》や寝《ね》ーた、どん腹《ばら》打《う》った、ちーやほい」

嬰児《えいじ》のいる家で舞が終わると獅子は、その家の祖母に抱かれた孫が怖さのあまり泣き叫ぶのも構わず、その頭を噛《か》んでその邪気を払う。

こうして正月三が日が過ぎると人々は、新年はきっと良い年になると信じて、また普段と変わらぬ生活を始めるのである。

8 初働き

正月二日は仕事始めで午前中だけ働く。農家では畑に鍬《くわ》を入れたり、唐穂《からほ》（麦や大豆の実を叩き落とす道具）の用材を山に伐りに行ったり、縄や草履を編む。漁師は海水で船を洗って国旗と大漁旗を立て、大工は木材に鑿《のみ》を入れ、商家は気前の良い初売りをする。子供たちは気持ちを込めて吉祥語などを筆で半紙に書き、神棚に掲げる。

9 鬼の目（鬼火）

「鬼《おん》の目」は火祭りの一種で、当地では江戸末期頃まで正月七日に次のように執り行われていた。

すなわち――七日の午前三時から四時頃、各部落にある広場にその部落の子供たちが集まり、当日未明に取り外した松飾りと前日までに小山のように積み上げておいた竹木に火を付ける。親たちも寝ておれず、三々五々とやって来てそれを手伝う。やがて燃えさかる青竹がパンパンとはじけると、子供たちが一斉に「鬼《おん》の骨、鬼《き》太郎がずべ」（「ずべ」は肛門）と大声で連呼するのである。

この鬼の目には次のような言い伝えがある。――①その火で餅を焼いて食べると元気になる、②その残り火を持ち帰って火種にし、煮炊きをして食べると病気をしない、③燃え残った竹を屋根の上に放り投げておくとその家には雷が落ちない、④その灰を火鉢や竈に入れておくと魔除けになる、そして⑤書き初めの書をその火で燃やし、その灰が高く舞い上がるほど縁起がよく、かつ能筆になる、など。

このとき竹木を集めるのは子供の役目である。子供たちは一週間前から山に分け入って竹や柴、大へごなどを伐り採ってきて広場に積み上げておく。すると、そのことを知るほかの部落の子供たちがひそかにその一部または全部を盗み取るのだ。そうなると、盗まれた側も黙ってはいない。やがて盗み合いが始まり、いずれの側も見張り番を置くことになる。実はそれもまた子供たちにとって正月の楽しみの一つでもある。

ところが、ある年このことが高じて喧嘩《けんか》になり、火を付ける者が現れ、積み上げた竹木の中に寝ていた番人が焼け死ぬという、かつてない惨事が発生する。

この痛ましい事件に加えて安政六（一八五九）年正月二日、三五九棟の家屋を焼失した大火の火元が、その五日後に予定されていた鬼の目の行事と関係があった。

それゆえに、その年の鬼の目は中止され、それ以降もこれが行われることはない。

10 御正忌

御正忌《ごしょうき》とは、浄土真宗の開祖親鸞《しんらん》の恩徳に報謝《ほうしゃ》するため、毎年その忌日に営む仏事をいう。親鸞の忌日は陰暦十一月二十八日で、同月二十一日の通夜から二十八日まで七日間法会《ほうえ》を営む。本願寺派（西本願寺）では、忌日を陽暦に換算して、一月九日の通夜から十六日まで執り行う。この期間中、地元の門徒は夕食や入浴を早めに済ませ、子供たちを引き連れて寺に参拝して読経し住職の説教を聴く。このとき子供たちも大人と一緒に読経するが、中には経典をほぼ暗誦して読む者もいる。休憩時間になると、学年別に集まって親が持たせたあめがた（芋飴《いもあめ》）や夏みかんを食べながら会話を楽しむ。

⑪ もぐら打ち

十四日の夕方に、五、六人の男の子たちが一組になってもぐら打ちをする。田畑を荒らすもぐらの害を防いで豊作を祈る行事である。子供たちは当日、藁《わら》を叩《たた》いて直径三寸（九センチメートル）ほどの束《たば》を作り、それと袋を持って各家を回り、玄関先の地面を打ちながら、大声で次のように囃《はや》し、お礼に餅や小銭をもらって帰る。

十四日んもーんだ打っ
米米《ごめごめ》一升《いっしゅ》に　紙一丈《かんいっじゅ》
それについたる　餅《もっ》三つ
鼠《ねずん》の食りゃかけでん　太《ふと》かっぱ
ここん家《え》のかかさんの子ば持《も》っときゃ
めめんよか子ば　持たっしゃれ
十四日んもーんだ打っ
十四日んもーんだ打っ
さあさ　ここん家の旦那《だんな》さんに　お祝い申す
籾一俵《もんいっぴゅ》に　紙一丈《かんいっじゅ》
そーれにそーえて　餅《もっ》三つ
鼠《ねずん》の食りゃかけでん　太かっぱ
十四日んもーんだ打っ

⑫ 藪入り

十六日――この日は皆仕事を休む。若者たちは当番の家に酒肴を持参して飲食する。またこの日は地獄の釜蓋《かまぶた》が開くといって、奉公人や地主の田畑で働く者が解放されて実家に帰ることのできる日でもある。青年会への入会や奉公人の入れ替えは大抵この日に行われる。

⑬二十三夜様

正月、五月および九月の各二十三日の夜は、「二十三夜様」と呼び、当番の家に人々が集合し月を拝む。このとき当番の家は手間を掛けて酒肴を用意し、各家からも馳走を重箱に詰めて持参する。この夜の月は午前一時頃に出るので、人々は夜通し起きて世間話をするのが通例である。

三、二月の行事

①初朔

二月一日を「初朔《はつじゅたつ》」と呼び、この日に各家は白かんころ（薄切り芋の生干し）の粉や米粉でだんご（「だご」ともいう）を作って神仏に供え、一家の無病息災を祈願する。

②彼岸

我が国には、中国から伝わった二十四節気や五節句のほかに日本独自の雑節がある。雑節とは、農家が季節の移り変わりを適確に掴《つか》めるように設けた特別の暦日のことで、次の九つがある。節分、彼岸、社日《しゃにち》、八十八夜、入梅《にゅうばい》、半夏生《はんげしょう》、土用、二百十日、および二百二十日である。

彼岸は、春分・秋分を中日として、その前後各三日を合わせた七日間である。この期間に営む仏事を「彼《ひ》岸会《がんえ》」といい、その初日を「彼岸入り」、また最終日を「彼岸明け」と呼ぶ。

春分と秋分は、太陽が真東から昇り、真西に沈むことから、太陽が沈むところに西方浄土《さいほうじょうど》を想って落日を拝んだのが彼岸の始まりだという。これがやがて、祖先供養の行事へと趣旨が変わって定着した。

当地では彼岸に、各家が赤や青といった色とりどりの彼岸だごや餅を作って仏前に供えて祀《まつ》り、寺や墓に参って先祖を供養する。各寺はこの期間、彼岸会を営む。

巌立神社では彼岸の中日に祭礼を執り行い、大神楽四八番を奉納する。

③復活祭

イエス・キリストの復活を祝うキリスト教最古、最大の祝日。春分のあとの満月に続く日曜日がこの祝日となり、陽暦三月二十一日から四月二十五日の間を年によって移動する。当地の水ノ浦や楠原、姫島、打折、山ン田のキリシタン部落は、復活祭前夜から喜びに包まれ、教徒が晴れ着を着て各教会堂に集まりミサを捧げる。

四、三月の行事

1 三月節句（雛祭）

節句は、古代中国の陰陽五行説を由来として日本に定着した暦で、季節の節目となり、伝統的な年中行事が執り行われる日である。一年に人日《じんじつ》の節句（一月七日）、上巳《じょうし》の節句（三月三日）、端午《たんご》の節句（五月五日）、七《しち》夕《せき》の節句（七月七日）、および重陽《ちょうよう》の節句（九月九日）の五節句がある。

「三月節句」はこの上巳の節句のことで、いわゆる「桃の節句」や「雛祭《ひなまつり》」などと呼ばれ、当地では三月三日と四日の両日、全戸が仕事を休んで女児の健やかな成長を願う。

雛人形は昔から嫁入り道具の一つとされていて、七段飾りを持つ家は大地主などごく一部に限られている。雛人形は三月節句の一〇日ほど前から座敷に飾られるので、その間、子供たちは連れ添ってそれを見せてもらいに行く。家人は喜んで彼女らを迎え入れ、茶・だんごを振る舞う。

磯での重開き　提供：岐宿町

三月節句には一年中で最も手間をかけて最高の馳走《ちそう》をつくる。各料理の作り方は、第九章で詳しく述べるが、いずれの料理も原材料を加工して作るので、その手間は相当なものである。例えば、豆腐料理を作ろうとすれば、半日間ほど水に浸しておいた大豆を石臼で碾《ひ》くことから始め、その後数多くの行程を経て豆腐を作らなければならないのである。

およそ万事がこういった具合だから、主婦は節句の二、三日前から料理の準備に取り掛かる。作る料理は油《あぶら》揚《げ》、つつ豆腐、煮しめ、板蒲鉾《かまぼこ》、巻蒲鉾、すり身の天ぷら、鮑《あわび》の煮付け、卵の厚焼き、茹《ゆ》で卵、寒天、羊羹《ようかん》、黒豆、赤飯、昆布《こぶ》巻き、巻きずし、かす巻きなど多種に及ぶ。このため主婦は忙しくて寝る暇もない。

各家の女の子たちは一カ月前から、節句で披露する踊りの稽古《けいこ》を始める。このとき踊りの指導をするのは最上級生である。昼間は通学や家の手伝いがあるので稽古は夜間に行う。中には父親からこう言って叱られる女《おなご》子もいる。「女ん子は、夜《よ》さっ遊《あそ》んぎゃ行《い》っもんじゃなかっ」（女の子は、夜、遊びに行くものではない）と。それでも父親の目を盗んでこっそり稽古場に通う。

子供用三段重＝令和元年

節句の当日、晴れ着を着た女の子たちは郷内にある八つの部落（宮町、東町、浜町、本町、青柳町、平町、西町および城山町）ごとにそれぞれ二、三組に分かれ、馳走の詰まった三段重を持って重開きの会場に向かう。
昼間の会場は海辺、野山、神社の境内、蓮華草の咲く田んぼ、および邸宅の庭園などで、どの部落も毎年ほぼ一定している。例えば、宮町は毎年「宮んの」と「巣《す》籠《ごも》」の二組に分かれ、前者は巌立神社境内の樹齢数百年の松林を、また後者は

三月節句の集い＝昭和28年、東町　提供：野口氏

汐留《しおどめ》の海浜をそれぞれ会場としている。

会場に着くと、各自が持参したござを敷き、その上に車座になって座り、馳走を食べ、しゃべり、お手玉や縄《なわ》跳《と》び、かごめかごめ、しりとりなどをして遊ぶ。

夜間の会場は、裕福な家の座敷などである。前半は食事と踊りの時間で、全員の歌に合わせて一人ひとりが順に踊りを披露する。後半は歌の時間で、皆の手拍子に合わせて各自が順に歌を披露する。もし順番がきてもすぐに歌えない者がいれば、皆で「ほって出せ、ほって出せ」と連呼してせかす。童謡のほか草津節や炭坑節、黒田節、五木の子守唄、ひえつき節など数多くの民謡、流行歌なども飛び出し、さながら大人顔負けの宴会となる。

一方、男の子たちも晴れ着を着て、やはり部落ごとに二、三組に分かれて、昼間は凧揚《たこあ》げなどをして遊ぶ。夜間は組の一人の家を空けてもらって宴会を開く。参加者は全員三段重を持って集まり、馳走を食べながら唱歌や民謡、流行歌を歌ったり、あるいは踊ったりして興じる。

大人たちも、思い思いに寺などに集まり、飲み、食い、歌い、そして踊る。

節句は、農作業などに一定の区切りをつけて物事の終始を確認し、けじめをつける日でもある。岐宿には「あほん節句働《ばたら》っ」（馬鹿が節句に働く）という俚諺《りげん》があるが、これは共同作業の多かった昔、一人でもその時々の仕事を終えない者がいる限り、次の共同作業に進めなかったことから、先賢がそれを戒めるために言いふらした言葉だという。

五節句のうち最も盛大な行事でもあるこの三月節句には次のような囃子がある。

年に一度《いつどん》三月節句にゃ
鍋釜《なべかま》売っちぇん
酒盛《さかもり》りゃせれとの　親父《おやじ》の遺言
持っちぇ来い　持っちぇ来い
酒持っちぇ来い

（年に一度の三月節句には、鍋釜を売ってでも酒盛りはせよとの親父の遺言だ。持って来い、持って来い、酒を持って来い）

2 凧揚げ

三月節句の頃、男の子たちは自分で凧《たこ》を作って凧揚げを楽しむ。その場所は集落に数カ所あり、いずれも大体、人里から離れた農道や田畑の畔《あぜ》などである。

凧は菱形《ひしがた》で二本の骨を十文字に組み合わせて作り、ねつき（根付け糸）がつき、その先端が一本のよま（凧糸）に繋がり、操縦が自由になっている。ある者は揚がった凧の高さを競い、またある者は喧嘩凧《けんかだこ》（凧合戦）を興じる。

当地にはこの種の凧のほかにバラモン凧がある。この凧は、三月節句に父親が幼い息子の悪魔払いや健やかな成長、立身出世、無病息災などを祈願して作って揚げる。岐宿ではほとんどの父親がバラモン凧を作ることができ、昔から右のような風習があるから、多くの家が一年中、家の最も目立つところにバラモン凧を飾っている。

バラモン凧はある程度風が吹かなければ揚げることができないが、いったん空高く揚がると、その弦《げん》の発する重い唸りが遠くまで響き渡る。すると、あちこちの家から大人たちのこう噂《うわさ》する声が聞こえる。「今日ぁバラモンば揚げちょっばいね」（今日はバラモン凧を揚げているようだね）

なおバラモン凧の由来については第十章第三節を、また凧の遊び方と作り方については第十一章第一節と第二節をそれぞれ参照願う。

平成期のバラモン凧＝令和元年

3 おだいしさん

真言宗門徒のあいだでは三月二十一日、各戸に祭壇を作って弘法大師（空海）の像を安置し、餅や果物、野菜、酒などを供え、戸や障子を開け放って、誰彼の区別なく参拝者を接待する。

また、最寄りの地蔵堂に各自が大師像を持ち寄って安置し、供え物を供えて読経する。

おだいしさん　提供：岐宿町

五、四月の行事

1うつ採り

毎年、四月の大潮の時「うつ採り」と称し海藻のうつやおごを採る行事がある。岐宿郷を挙げての一大催事で、一家総出の「磯祭り」である。

うつはフクロフノリのことで、紅藻類フノリ科フノリ属の海藻、いわゆる布海苔《ふのり》である。岩礁海岸の潮間帯《ちょうかんたい》で岩に付着して生育する。体は円柱状中空で、直径一分（三ミリメートル）程度、長さ二寸（六センチメートル）ほどで、先端は不規則に叉《さ》状《じょう》に分岐する。色は濃紅色。織物の糊《のり》付けや漆喰《しっくい》の材料に利用され、五島列島近海で採取されるものが、特に

うつ採り風景1　提供：出口氏

良質とされる。

一方おごはオゴノリのことで、紅藻類オゴノリ科オゴノリ属の海藻である。やはり潮間帯の岩などに付着して生育する。体は直径五厘（一・五ミリメートル）程度、長さ三寸～一尺（九～三〇センチメートル）になり、多数の分枝を持ち紐《ひも》状をしている。色は濃紅色。食用として刺身のツマなどに用いられるほか、天草《てんぐさ》とともに寒天の原料となる。

「うつ採り」はおよそ次のように進行する。まず、昔から行われてきたように前日までに、岐宿台地の海岸線を西から時計回りに立小島《たつこひま》・浜田、惣瀬《そうぜ》・コウラ・松《まん》ノ下《した》、ウウブッ・戦ケ崎《たたきがさき》、榎津《えのきん》、八朔《はっさく》、津間田《つまた》、寄神《よっがん》、および尼崎《あまざき》と呼ぶ八つ磯に区分し、宮町、東町、浜町、本町、平町、城山町、西町、および青柳町の八部落に割り当てる。この割り当ては毎年、決まった順番で順送りに行われるので、各部落はすべての磯を八年周期で一巡することになる。

次に、岩場に境界を設けるためにロープを張り、各家の代表者がロープの内側でうつやおごを採取する。うつは専用の道具や鮑の殻を用いて削ぎ取り、おごは手でむしり取る。代表者以外の者がロープの内側に立ち入ることは禁止される。

代表者たちが両海藻をざっと採り終えたら、ロープを前進させ、その外側をその他の者に開放する。この遣り方を繰り返して隣の磯と境界線まで前進する。

うつ採りに使う道具は空き缶で作る。すなわち、空き缶を円周に沿って、幅六分（一・八センチメートル、長さ五寸（一五センチメートル））に切り、それを刷毛状の木板の前方に半楕円状に固定するのである。

代表者たちが採取したうつやおごは、全採取作業完了後にその大部分を青年

うつ採り風景２　　提供：出口氏

団の運営資金用に、残りを各戸に均等に分配する。一方、その他の者が採取した海藻はその者の所有物となり、自由に持ち帰ってよい。

　子供たちの多くはうつ採りには参加せず、釣りをしたり、蛸《たこ》を捕まえたり、鮑やさざえ、みななどの貝類、うになどを採る。

　この日も各家族が重箱に馳走を詰めて持って行き、昼休みにあちこちの岩場で思い思いにそれを囲む。男たちは互いに酒を酌《く》み交わす。

2 おご相撲

　島の人々の相撲好きは半端《はんぱ》ではない。昭和十七（一九四二）年頃、福江で五島相撲大会が開催されたとき、福江、岐宿、三井楽間の定期貨客船「山祐丸《さんゆう》」が岐宿港で見物客が乗り過ぎて沈没するという事故が発生し、一人の犠牲者が出たほどである。

　岐宿の相撲大会は古来、守護神への奉納の形で開催されてきた。その中でも最大規模のものが、四月最初の大潮の日に催される「おご相撲大会」である。この大会は、その日に執り行われる磯祭りの一環として開かれ、六百余年の伝統を持つ。

　その日、うつ採りが完了すると人々はいったん自宅に戻り、午後三時に始まる相撲大会場へと向かう。

　この大会には、遠く奥浦や富江、玉之浦など郷外からも力自慢の力士が参加し、郷内力士との対抗戦が行われる。最初に行われるのが子供たちによる前相撲である。昔この時間帯は祖父と孫、兄弟、伯父と甥、父と息子といった組み合わせがあり、次代を託す子供たちの成長ぶりを確認する機会ともなっていたという。

おご相撲大会＝昭和30年頃　　提供：出口氏

相撲大会で子供たちが付けるしめこみ（まわし）は、ほとんど晒《さら》し布や母親の着物の袋帯《ふくろおび》だ。土俵の周りは、大勢の見物人や出場者たちで埋まり、夕暮れまで大きな声援が飛び交う。

著者はこのおご相撲大会には苦い思い出がある。当時（一九五二年）小学五年生だった。庭で釣竿に釣り糸を括《くく》り付けていると、それを見た母が言った。「そりゃ危《あん》なかぞ。そん枝ば落《おて》っしまえっ」（それは危ないよ。その枝を落としてしまえ）。その釣竿《つりざお》は、山で暫定的に枝を落としたままだったので、すべての節目に長さ五分（一・五センチメートル）ほどの尖《とが》った二股《ふたまた》の切り残しがあった。

その年、著者らの住む平町部落に割り与えられたうつ採り場は寄神《よりがみ》の磯だった。著者は釣竿を担いで家族より一足先に家を出て磯に向かった。磯まで歩いて二五分ほどである。途中で二人の二、三年先輩たちに合流し、三人横に並んで歩きながら寄神貝塚付近に差し掛かったときだった。著者が冗談を言って二人を笑わせると、笑いころげた一人が堪《たま》らず著者の肩を押した。その弾《はず》みで著者は道路脇の土手から畑に落ちた。その瞬間に釣竿の切り残しの枝が著者の右喉に刺さって皮肉をえぐり取った。その肉片は長さ一寸（三センチメートル）幅一・五分（四・五ミリメートル）深さ一・四分（四・二ミリメートル）に及んだ。もう少し深ければ、枝は頸動脈まで達して著者は絶命していたかもしれない。

磯に着くとまだうつ採り開始前だったので、大人たちが心配そうに寄ってきて著者を取り囲んだ。すると間もなくして母も到着した。母は、その傷口と出血を見るや仰天して「言わんこっちゃなかっ」と、忠告に従わなかったため怪我をした息子に腹を立てながら、懐から手拭《てねぐい》を取り出して縦に四つに折り畳み、著者の首に巻き付けて強く結んだ。著者はその日は釣りを諦め、岩場で貝類を採った。

うつ採りが終わって家に戻ると、母は採った海藻を筵《むしろ》の上に広げて干し始めたので、気付かれないように、母が前日用意した袋帯を持っておご相撲大会場へと急いだ。その袋帯でしめこみをするのを手伝ってもらって、著者が土俵に上がると、見物人の一人が土俵下から大声で叫んだ。「首《くっ》の布ば取れー」。だが、取るわけにはいかないから、行司の許しを得てそのまま相撲を取った。帰宅して母に強く叱られたのは言うまでもない。

傷口が完治するまで一〇日間ほどを要した。しかし、傷口から内部の肉が隆起し垂れ下がっていた。それだから同級生たちは面白がって著者のことを「べーら」とあだ名で呼んだ。「べーら」とは鶏の頬から首にかけて垂れる肉髯《にくぜん》のことで、形がこれに似ていたからだ。相撲を取って力んだことが原因ではなかったかと想像するが、その隆起は幸いにも数年後に消えた。が、縫わなかったので傷跡はいまだに火傷《やけど》の跡のようである。

当時、郷内には二軒の診療所があったが、この程度の怪我《けが》を負ってそこに行く者はいなかった。親も怪我の経緯を聞かなかったし、聞かれても本当のことを言うつもりはなかった。その後も相撲大会にはよく出場した。

岐宿では、このおご相撲大会のほかにも、道路や橋、公共建物、港湾などの落成式や大規模な祝い事があるたびに奉納相撲大会が催されて盛り上がる。

おご相撲大会が終わると、農家ではいよいよ麦の収穫の準備が始まる。

3 昇天祭

キリストの昇天を記念して祝う。この日は復活祭に連動する移動祭日である。すなわち、復活祭から数えて六回目の日曜日のあとに来る最初の木曜日がこの祭日となる。信徒は教会堂に集いミサを捧げる。

4 聖霊降臨祭

イエス・キリストの復活後五〇日目すなわち昇天祭後一〇日目に、集まっていた信徒たちの上に聖霊が降臨したという出来事を記念する祝祭日である。この日はまた教会成立と世界伝道開始の日でもある。この日も信徒は教会堂に行き、ミサを捧げる。

六、五月の行事

1 五月節句

五月五日の節句は「五月節句」や「端午の節句」、「菖蒲《しょうぶ》節句」などと呼ばれる。各戸ではかからだごや彩り豊かな米の粉だんご（作り方は第九章第二節参照）を作り、御神酒や菖蒲の葉とともに神棚に供える。軒下に菖蒲の葉やふっ（よもぎ）を挿《さ》し、風呂に菖蒲の葉を入れる。男子は菖蒲の葉を頭に巻き、女子は腰に巻く。また無病息災を祈願して、菖蒲の葉を挿し入れた酒を飲む。本土の慣習に倣《なら》って当地でも鯉のぼりを揚げるようになるのは太平洋戦争後である。

2 流鏑馬

流鏑馬《やぶさめ》は、疾走する馬上から的に鏑矢《かぶらや》を射る伝統的な演武・儀式で、巌立神社では「流鏑馬祭《やんさんまつ》」と呼ばれ、年に二回、五月五日と九月九日とに執り行われる。流鏑馬祭が岐宿で始まったのは、当地に移住して五島統一に着手した宇久覚が巌立三所大権現（のちの巌立神社）を建立した永徳三（一三八三）年頃だと考えられている。以後、歴代の藩主が奨励したことから盛んに執り行われてきた。

七年に一度奉納する大流鏑馬は、巌立神社の末社である小川原の神崎神社、寺脇の寺脇神社、および松山の松山神社も参加し、巌立神社本社と合同で執り行われる。

騎手は各神社の流儀で選出するが、選出された者は一定期間（巌立神社の場合は七日間）各神社内に泊まり込んで毎日、男手だけで作られた精進料理を食べ、次に掲げる諸準備作業を行い、身を清める。すなわち馬の手入れ、馬の調教、騎射訓練、狩装束や馬具の点検整備、弓矢の製作、的の製作と取り付け、馬場点検など。

この神事が行われる場所は、巌立神社の表参道である。同参道については、第三章第一節第二項で詳述したが、出発地点から到着地点までは約四七〇尺（一四〇メートル）あり、的板は出発地点から約一八〇尺（五四メートル）先の参道脇の地上約七尺（二・一メートル）の高さに吊す。

当日、狩装束を着けて騎乗し矢を射る、「笠狩殿《かさかつどん》」と呼ばれる騎手は、神前に馬を引き出して一礼し、神主からお祓いを受ける。そのあと騎手は出発点の参道入口に向かい、そこで乗馬し、社殿に向かって全速力で駆け、馬上から的に鏑矢《かぶらや》を射るのである。

的板は、社地にある直径五寸（一五センチメートル）ほどの椎の木の幹または枝を伐って作る。木を長さ二尺（六〇センチメートル）ほどに切り、屋根板包丁で縦に割って板状にし、その五、六枚を横に並べて藁縄《わらなわ》で編んで固定するのだ。

神事のあとの的板は落雷防止に御利益があると言われ、子供たちが競って切り取り持ち帰って神棚に供える。

巌立神社でこの神事が終わると、笠狩殿《かさかつどん》は馬に乗って集落の南端にある山里大山祇神社（通称〈山ノ神《やまんかん》〉）に向かい、その境内でも流鏑馬の儀式を執り行う。このとき子供たちは、集落の中を小走りする馬のあとに群れを成して続く。

七、六月の行事

① さのぼり

田植えについては第九章第二節第三項①で詳述するが、その日に「さのぼり」という風習がある。水田の持ち主が田植えを終えた水田から三束の苗を持ち帰り、屋外に祀られている地荒神《ぢこうじん》に供え、その晩、加勢人たちを自宅に招いて、馳走や酒を存分に振る舞うのである。

② 川での洗濯

六月下旬の晴天の日、自宅の井戸端で洗えない大きな衣類・寝具を洗濯するために、主婦たちは誘い合って集落から半里（二キロメートル）余り離れた鰐川中流にある「本越《もとごえ》」まで行く。子供連れの弁当持参である。大人も子供も大量の洗濯物を背負って列を成して行く。

洗濯場は、北流する鰐川の浅瀬を渡った右岸一帯にあり、そこは広く平らな岩盤が川岸から川底に向かって緩やかな傾斜を成し、対岸付近の淵《ふち》は深く碧《あお》く澄んでいる。

適当な洗濯場を確保すると各人は、固形石鹸《せっけん》を用いて乾きにくい物から順に洗っていく。灼熱の太陽が照りつける中を、婦人たちは白い手拭《てねげ》で頭を包み、また女の子たちは麦藁《むぎわら》帽子を被って、それぞれ会話を楽しみながら、ひたすら両手を動かし、洗った衣類・寝具を近くの灌木《かんぼく》の上に広げたり、木々のあいだに張った紐に懸けたりしていく。

一方、男の子たちと言えば、ある者は岩陰に味噌を撒《ま》いて手長えびをおびき寄せて玉網で捕り、またある者は小魚を釣り、さらにある者は潜《もぐ》って鰻《うなぎ》を狙う。

やがて陽が傾き、全部の洗濯物が乾く頃、各人は手分けして干した洗濯物をひとまとめにし、背負って朝方来た道を再び列を成して我が家へと帰る。

八、七月の行事

① 七夕

七月七日、古代中国の陰陽五行思想に基づく五色（青、赤、黄、白、黒〈紫〉）の短冊に願い事を書いて若竹に吊し、星に祈りを捧げる。このとき、里芋の葉に溜《た》まった夜露を集めて磨《す》った墨を用いて書けば、より願い事が叶うと言われる。ちなみに、里芋の葉にたまった露を使うのは、露が天ノ川のしずくだと考えられるからだという。

2 お盆

お盆には、浄土にいる先祖や故人の霊がこの世に戻り、家族と一緒に過ごすと言われる。死後一年以内に迎える最初のお盆を「初盆」または「新盆《にいぼん》」と呼び、親類縁者から家紋入りの提灯が届けられる。ただし、四十九日法要を済ませていないときは、初盆を翌年に持ち越す。

お盆の風景＝平成元年

お盆の行事は、七月十四日と十五日（戦後、陽暦八月十四、十五日に変更された）に執り行われるが、初盆の時は特別に十三日から三日間執り行われる。

各家は、十日前からお盆の準備を始め、十二日までに墓や仏壇をきれいに掃除し、仏具を洗い、山から採ってきた花柴や庭で咲かせた花を仏壇や墓に供える。

十三日には仏壇の前に盆提灯を飾り、精霊棚《しょうりょうだな》を設けて茄子《なす》に四本の割箸《わりばし》を刺し、脚《あし》を作った精霊牛のほか、ごはんや果物、だんご、水、花などを供える。

墓前には幅六〜九尺（一・八〜二・七メートル）、高さ八尺（二・四メートル）ほどの二段からなる提灯架けを組み立て、家紋の入った提灯を各段に隙間なく吊す。一般に各戸は数基の墓を持つので、用意する提灯の数は、多いところで数十張りにも達する。

当日、東シナ海上の西の空が茜《あかね》色に染まる頃、住民はそれぞれこの日のために用意した洋服や浴衣を着込んで墓地に向かう。墓前に火を灯した提灯を吊し、線香を供え、先祖や故人の霊に向かって静かに手を合わせる。

大人たちは、自家の墓参を済ませると、火の付いた一束の線香を手に持って親族や知人の墓に参る。このため、十四日と十五日の両日は、広い墓地全体が線香の煙と香りに包まれ、複雑に入り組んだ細い道はどこも、人で溢れかえって容易にすれ違うこともできないほどになる。

一方、子供たちは墓前の狭い空間で、嬉々として花火に興じる。ある者は薄暮の空に花火を打ち上げ、またある者は地上で爆竹の音を響かせ、ある者は線香花火を散らす。

一時間半ほどして蠟燭《ろうそく》が尽きる時刻になると各家は、提灯を一つずつ提灯架けから降ろし、蠟燭の火を消して畳んで重ね、唐草《からくさ》模様の風呂敷などに包み、手分けして手に持ち、一家そろって帰途につく。仰げば東の空には金色の望月が浮かんでおり、目を海上に転ずれば、この日は遙か遠く宵闇の中に漁火《いさりび》は見えない。

お盆は、遠く離れて暮らす親族も墓参のため帰省するので、一年中で地元が最も賑《にぎ》わう時節でもある。昼間、港内でペーロン大会が開かれるほか夜間、空高く月が照る中、学校の運動場で盆踊り大会が賑《にぎ》やかに開催される。さらに、大人のおよそすべての年齢層で同級会も開かれる。十六日は皆仕事を休んで寺に参り、墓参はしない。

3 雨乞い

大正時代まではその数十年前から陽暦七月から八月にかけて晴天が打ち続いて農作物の発育が影響を受けると、全戸の郷民が麦藁《むぎわら》を持参して京岳《きょんたけ》（標高約五〇メートル）に集合し、麦藁を積んで火を放って雨乞いをした。それは遠方から望めば一奇観を呈した（『岐宿村郷土史』）。

京岳は集落の南側に少し離れて位置し、お椀《わん》を伏せたように丸い形をしており、頂上に幹回りおよそ一五尺（四・五メートル）の枝振りのよい一本の松の巨木があった。それゆえに京岳は別名「一本松」とも呼ばれ

京岳（通称一本松）　提供：岐宿町

た。この松は、その幹の股《また》に溜《た》まった水をつけると疣《いぼ》が落ちるといって人々に親しまれていたが、昭和三十二（一九五七）年頃、松食い虫の被害に遭い枯死した。

④聖母被昇天祭

陽暦八月十五日、聖母マリアがその人生の終わりに、肉体と霊魂を伴って天国にあげられたという信仰、またはその出来事を記念する祝日である。

この日、信徒は教会堂でミサを捧げ、自分の霊魂が永久の祝福を受ける天上の理想の世界に行くことができ、かつ聖母とともに永遠の喜びを得ることができるようにと祈る。

⑤半期勘定

当地では商品の売買は多くが「掛け売り」で行われるので商人は、一年を上半期と下半期の二期に分け、上半期分の代金をお盆の直前に、また下半期分のそれを大晦日の直前にそれぞれ回収する。商人は、売掛金を取引先ごとに記録した手書きの帳簿「売掛帳」を作って管理する。

九、八月の行事

①巌立神社の例大祭

□例大祭

八月十四日と十五日の両日（戦後、陽暦九月十五日と十六日の両日に改められた）に巌立神社の例大祭が盛大

巌立神社例大祭　　提供：出口氏

神輿とろっしゃっ（担ぎ手）　提供：出口氏

に執り行われる。このときは、表参道の鳥居のすぐ東前方にある一五〇坪ほどのほぼ正方形の広場に仮設神殿が設けられ、そこで神事が行われる。

例祭の一日目は猿田彦《さるたひこ》、幣、神社旗、祭り旗、弓矢刀、高張提灯、神輿、ろっしゃっ（神輿の担ぎ手、陸尺、六尺）、神主、神子《みこ》、社人、宮総代、および当番の部落民が総出で行列を成し、仮設前の広場を三周したあと郷内を巡行する。ろっしゃっは八名ずつ四交代で神輿を担ぐ。毎年、二〇歳前後の若者たちの中から選ばれ、白半纏《はんてん》に黒の帯、黒の股引《ももひき》、白足袋、白手拭《てぬぐい》の向こう鉢巻きを身につける。巡行中、重い神輿を担ぐろっしゃったちに対して見物人が「萎《な》えたぁ、萎えたぁ」（疲れたぁ、疲れたぁ）と囃《はや》し立てると、ろっしゃったちは、「えいやー、えいやー」と一段と大きい声を張り上げながら神輿を前後左右に激しくゆすって応じる。巡行中、祈願を申し出た家の前に到ると、神輿を安置し奉納を執り行う。当地ではこれを「神楽を挙げる」と呼ぶ。まず家主が米八合、塩八合、酒八合、肴少々と初穂などをもろぶたを持ってきて神輿に供える。次に神主が神輿に拝して祝詞を奏上する。その間、神主の背後で神子が右手に鈴を持って市《いち》舞を舞う。

それが終わると、宮総代が金幣を持って家に入り、当家の者の頭や身体を金幣でなでる「金幣拝戴の儀」を行う。こうして日没までに郷内を一巡すると仮設神殿に神輿を安置し、社家や宮総代が夜通し神輿を守る。

二日目は、仮設神殿で大神楽《かぐら》四八番が奉納される。この神楽は、古事記などにある日本神話に由来し、神社創建当時から奉納されている同神社固有のもので「巌立神社神楽」と呼ばれる。

例えば、第二十七番「島求」ではイザナギとイザナミ

大神楽四十八番の一　提供：出口氏

の二神が島を求めて国をつくり、豊葦原を治めた古事を、舞人が赤衣、赤面を身につけ、剣を持って舞う。

　また第四十一番「山太郎」では翁《おきな》と媼《おうな》の面を着けた二人が天孫二神の古事を舞う。舞う仕草がとても面白おかしいので人気を呼び、地元ではこれら二面はそれぞれ俗に「じんじ（翁）」「ばんば（媼）」と呼ばれ親しまれている。

　これら神楽奉納がすべて終了する夕刻、一日目と同じように一行が行列を成して広場を三周する。

　そして、しばらくのあいだ、そこで神輿と猿田彦が激しく動き回ったあと、一行は表参道を通って本殿に向かい神輿を納める。

　神楽は一〇戸ほどの社家のほか神子が継承していて、例祭の一週間前から「前ならい」と呼ぶ舞の稽古《けいこ》が始まる。とりわけ神子の稽古は厳しく、師匠が折れた古い弓を持って舞を仕込む。

□にわか

　例祭の日、神事に加えて「にわか」が演じられる。

　一般に、にわかとは、素人が宴席や街頭で即興に演じる滑稽《こっけい》な寸劇や踊り、獅子舞、仮装、山車などをいうが、当地のにわかは、踊りや歌、寸劇、仮装などが中心。行事の規模に応じてその編成の仕方が変わり、例祭の時には一組が、また町の大規模行事の時には部落別の組が編成される。

　例祭の時のにわかの演目は、おおよそ日本昔話のほか流行や話題など世相を反映したものを題材とし、毎年新作である。当日、出演者らは化粧や衣装、道具などに新鮮な趣向を凝らし、笛や太鼓、鉦《かね》などで囃子を奏でながら郷内を流して歩き、辻々でにわかを演ずる。

厳立神社神楽番付

番付	名称	かな書き	解説	用いる着物、用具等
1	御神楽	おかぐら	神楽最初の舞	白狩衣、扇子、鈴
2	天鈿賣舞	あめのうずめ	天岩戸の古事の舞	紅白衣、鈴
3	坐解除	ざはらい	舞座清めの舞	白狩衣、青白弊二本
4	神女	いち	市女の舞	紅白衣の女児、鈴
5	左男	さお	男神による下界清めの舞	白狩衣、扇子、鈴
6	露払い	つゆはらい	神座を清め天照大神を招く舞	白衣の二人
7	太玉串	おおたまぐし	舞座清めの舞	狩衣、注連縄つき榊
8	木綿志手	ゆうしで	神座清めの舞	狩衣、長い志手
9	新塩	あらしお	厳立神社と新塩神の舞	狩衣、塩三宝
10	難波	なんば	海上安穏祈願の舞	白狩衣、扇子
11	三剣	みつるぎ	三剣で悪魔を退散させる舞	陣羽織の二人
12	注連	しめ	天岩戸神前の注連縄を崇め七五三を祝う舞	狩衣、注連
13	戸隠	とがくし	多力男命による岩戸神事の舞	赤衣、青面
14	舞臺相傳	ぶたいそうでん	舞座清めの舞	陣羽織の二人
15	管麻	くだま	神座清めの舞	陣羽織の二人、剣
16	八千熊	やちぐま	神座を清め八千熊を祝う舞	白衣、米
17	四剣	よつるぎ	悪魔を四方に打払う舞	狩衣、剣四本
18	恵比須	えびす	豊漁海上安穏祈願の舞	狩衣、鈴、釣竿
19	折敷	おしき	ウズメが天岩戸で盆を手に踊った古事の舞	狩衣と盆
20	天大流鏑	てんだいやぶさ	弓矢の神の舞	具足と弓矢
21	小弓	こゆみ	弓の守護の舞	陣羽織、烏兜、弓
22	地舞	ぢまい	武神の舞	陣羽織、鉢巻、弊二本
23	荒平	あらひら	神尊崇の舞	赤衣赤面、荒鬢、舞竹
24	懸神	けんじん	天岩戸の舞	狩衣、弊二本
25	二剣	につるぎ	剣二本で八方の悪魔を打払う舞	白衣、舞袴
26	天神	てんじん	武神の舞	陣羽織、弓
27	島求	しまもとめ	イザナギとイザナミの二神が島を求めて国を作り、豊葦原を治める古事の舞	赤衣赤面、剣
28	薙刀	なぎなた	薙刀で悪魔を四方八方に打払う舞	陣羽織、薙刀
29	平	ひら	神々を崇める舞	白狩衣、扇子
30	篠曳	しのびき	八岐大蛇とクシナダヒメによる古事の舞	龍頭、蛇衣、赤面
31	遠呂智	おろち	八岐大蛇の舞	龍頭、蛇衣、赤面
32	宝剣	ほうけん	スサノオノミコトの天叢雲剣の舞	狩衣、赤面、烏兜、剣
33	笹連	ささら	スサノオノミコトの大蛇退治の舞	龍頭、赤面
34	得銭子	とくせんこ	得選女官の舞	狩衣、弊、鈴
35	小弊	こうべ	高天原を尊崇する舞	狩衣の二人、弊
36	神図	かんず	天照大神の岩戸神事の舞	赤衣赤面、鬢舞竹
37	山入	やまいり	山を崇める舞	狩衣の二人、問答形式
38	山名附	やまなづけ	山名と主定めの舞	女衣女面
39	山構	やまかまえ	山緑を賛美する舞	狩衣、五本束ね榊
40	山狂言	やまきょうげん	神遊びの舞	狩衣の二人、問答形式
41	山太郎	やまたろう	天孫二神の舞	翁面衣、嫗面衣の二人
42	山下	やました	山に宿す神々の舞	赤衣赤面の二人
43	山荒平	やまあらひら	山の神を尊崇する舞	狩衣、扇子、鈴
44	乙子瀬	おとごせ	海神尊崇、豊漁安穏祈願の舞	狩衣、扇子、鈴
45	将軍	しょうぐん	武神天大将軍の舞	具足、弓矢
46	狂言	きょうげん	狩衣二人による数々の神代古事の舞	白弊
47	願解	がんほどき	立願成就を願う舞	狩衣、扇子、鈴
48	弊帛	みてぐら	神々の安泰を願う舞	狩衣、弊二本

提供：岐宿町

2 彼岸

秋の彼岸は秋分を中日として、その前後各三日を合わせた七日間である。春の彼岸と同様に各家は赤や青といった色とりどりの彼岸だごや餅を作って仏前に供えて祀《まつ》り、寺や墓に参って先祖を供養する。各寺はこの期間、彼岸会を営む。

巌立神社では彼岸の中日に祭礼を執り行い、大神楽四八番を奉納する。

十、九月の行事

1 流鏑馬

秋の流鏑馬祭《やんさんまつ》は九月九日に、春と同じ巌立神社の表参道で執り行われる。その演武や儀式は五月五日のそれと同じである。

十一、十月の行事

1 亥の子

十月最初の亥の日は、正月の始まりと言って餅を搗き赤飯を炊いて荒神に供える。そのとき赤飯は一升枡に入れ、やご箸（柳の木で作った箸）を添える。亥の子餅は親戚にも配り牛馬にも与える。この頃は波静かな日が多いので「亥の子凪」という用語もある。

2 諸聖人祭

カトリック教会の祝日の一つで、すべての聖人と殉教者を記念する日。陽暦十一月一日、この人たちの遺徳をたたえ、その範に倣い自らも天国に行けるように教会堂に集合しミサを捧げる。

3 死者の日

キリスト教ですべての死者の魂のために祈りを捧げる日をこう呼ぶ。諸聖人祭の翌日の陽暦十一月二日である。この日、信徒はこの人たちのためにミサを捧げ、墓参りをする。またキリスト教では陽暦十一月を「死者の月」とし、特別に死者のために祈る。

十二、十一月の行事

1 クリスマス

イエス・キリストの誕生を祝う祭で、「降誕祭」ともいう。陽暦十二月二十四日夕刻から二十五日にかけて祝う。教会暦では日没を一日の境目としているから、クリスマスは陽暦十二月二十四日の日没から翌二十五日の日没までの二四時間である。つまり、クリスマス・イヴと呼ばれる二十四日の日没から翌二十五日零時までも、教会暦上はクリスマスと同じ日に含まれるのである。

二十四日夕刻、当地の信徒は教会堂に集合し、夜中に盛大なミサを捧げる。翌朝も同様にする。教会堂内部には、エルサレム近くのベツレヘムの馬小屋でイエス・キリストが母マリアから誕生した場面が再現される。

当地の教会堂は、信徒でない者にも門戸を開放しているので、仏教徒の子供たちも誘い合って、徒歩で二〇分ほどを要する水ノ浦教会堂を訪れ、内部に入れてもらって祭事を見る。

十三、十二月の行事

1 冬月祓

当地では冬月祓を「ふーつっばりゃー」と呼ぶ。火の神として炊事場の竈の上に祀った三宝荒神の棚や神棚を掃除して神柴《かんしば》を取り替え、米や塩などを供えて神官のお祓いを受ける。神官は古い護符《ごふ》を回収して新しいそれを授ける。

第七章　住

第一節　建築様式

藩政時代の五島の住居は、士族の家は瓦葺《かわらぶ》き、庄屋の家は板葺き、百姓や職人の家は茅《かや》葺き、といった具合に身分によって様式が決められていた。

明治時代になって人々が建築様式を自由に選ぶことができるようになると、板葺きや瓦葺きの家が増え、茅葺きの家は次第に減少した。

茅屋　　提供：岐宿町

一、茅葺きの家

屋根を茅や藁《わら》、草などで葺《ふ》いた家のことを当地では「茅屋《かやや》」と呼ぶ。壁の材料には杉や檜《ひのき》の皮、藁、竹、土などが用いられる。

間取りは稀に一間《ひとま》造りもあるが、ほとんどが田の字型に造る。しかし各部屋間には襖《ふすま》や障子《しょうじ》といった間仕切り用の建具はなく、家に入ると中が丸見えである。

明治になって減少し始めた茅屋は、昭和二十（一九四五）年頃には岐宿郷でわずか数戸を残すのみとなっていた。

二、板葺きの家

屋根を板で葺いた家のことを当地では「板屋《いたや》」と呼ぶ。我が国の「板葺き屋根」には様々な形式があるが、この板屋はいわゆる「石置き屋根」の家である。

屋根に使用する板は、一枚がおよそ長さ一尺二寸（三六センチメートル）・幅四寸（一二センチメートル）・厚み二・三分（七ミリメートル）の大きさである。

板屋　　提供：原氏

直径五寸（一五センチメートル）ほどの杉の若木の皮を剥いで所定の長さに鋸《のこぎり》で切り、それを「屋根板包丁《ほうちょう》」で板状に割って作る。

屋根を葺くときは、屋根板を傾斜に沿って長手方向に使う。まず軒の先端に横一列目を敷き並べ、その上に板の中心が合わせ目の真上に来るように重ねていく。次に二列目の板をその三分の二ほどが被さるように重ねていくが、このときも板の中心は合わせ目の真上に来るように置く。三列目以降も二列目と同じ要領を繰り返す。

途中で棟に平行に一定の間隔で割木を載せ、その上に一個の重さが一貫（三・七五キログラム）ほどある自然石を一定の間隔に置き、屋根材が風で吹き飛ばされるのを防ぐ。

棟まで葺き終えたら、棟に杉や檜の皮を被せて、割木と自然石とでそれを押さえる。

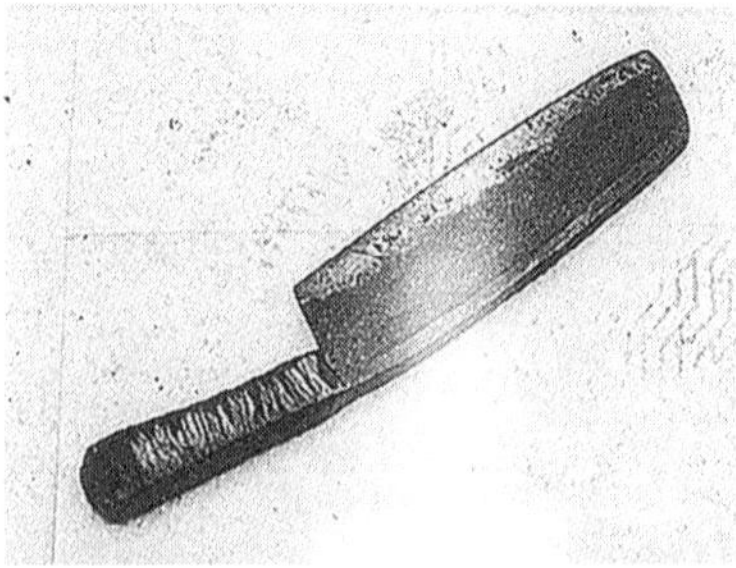
屋根板包丁　　提供：松山氏

建物が切妻造りの建坪三六坪の平屋であれば、必要な屋根板はおよそ一万二二〇〇枚で、敷き並べたらおよそ一六〇坪（五三〇平方メートル）、重ねたら二八〇尺（八五メートル）ほどに達する勘定になる。それゆえに板葺き作業は多くの人手を要し通常、共同で行われる。

材料が安価で、製作や施工が容易で、二〇年間は葺き替えの必要がなく、強風にも耐えられるとあって普及していき、大正末期から昭和二十（一九四五）年頃にかけて最盛期を迎える。太平洋戦争直後、初めて当地を訪れた人たちは、この地の板屋の多さに驚いたという。

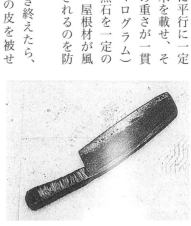

板葺きの屋根は、右のような長所を持っているが、短所がないわけではない。その第一は、瓦葺きの屋根と比べると、その品質や美観が少し見劣りすること。また第二は、一日中、風が家の中を通り抜けるので、夏は涼しいが冬は寒いこと。そして第三は、雨はしのげても、小粒の雹《ひょう》は必ずしも防げないことである。前述の通り、板は専用の包丁で割っているため、表面には凹凸がある。雨は表面張力があるから、板と板とのあいだに隙間があっても、屋内まで入り込むことはないが、屋根を叩きつけるように音を立てて降る大豆の半分大の雹《ひょう》は、屋根板や割木、屋根石に当たって様々な角度に跳ね、折からの風にあおられて板と板とのわずかな隙間《すきま》からでも屋内に吹き込むのである。著者の幼少の頃、我が家には天井がなかったので朝、目が覚めたら、布団《ふとん》や畳の上が吹き込んだ雪で真っ白になっていたことがあった。

完成間近の柳田家＝昭和33年頃

戦後になると、当地では板屋が新築されなくなり、代わって瓦葺きの家が増えていく。我が家が瓦葺きの家に建て替えられたのは昭和三十三（一九五八）年頃である。

瓦屋の家並み＝平成30年

三、瓦葺きの家

当地では瓦葺きの家を「瓦屋《かわらや》」と呼ぶ。屋根の形式は、ほとんどが切妻か入母屋である。

瓦葺きは板葺きと違って屋根の葺き替えの必要がなく、耐水性や耐火性、耐風性に優れており、見栄えも良いことから、早くから神社や仏閣、役場や学校などに採用されていた。これが庶民のあいだに普及していくのは昭和期に入ってからである。

四、掘立小屋

掘立《ほったて》小屋は、地面に穴を掘って、土に接する部分が腐らぬようにあらかじめ焼いた丸太の柱を建て、屋根は茅や草で葺き、壁は竹を割って網目状に編んで、その隙間に土と小石を練り込んで塗って造る。出入口や窓には薄《すすき》や茅を編んだ筵《むしろ》のようなものを吊り下げて、風雨を防ぐ。屋内は一室造りで、その半分に床を張って、その上に稲藁で編んだ一畳ほどの大きさの筵《むしろ》を敷き詰め、寝食する。残り半分は土間である。藩政時代に貧しい百姓や職人が住んだが、明治以降このような住居はなくなった。

第二節　典型的な農家の造り

昭和前期の岐宿の農家の多くは、その屋敷の中に母屋と駄小屋、庭（広場）、つぼね（隠居所）を持ち、全体が石垣で囲われている。屋敷の北側と西側には、冬にこの地方に吹く強い北西風を防ぐために藪椿《やぶつばき》などの常緑樹が植えられ、屋敷の近くには苗床や野菜畑が配置されている。

農家＝令和元年

一、母　屋

典型的な農家の母屋の構造は、切妻造りの「中二階建て」で、建築に当たっては、特に採光と換気に注意する。間取りは、玄関に入って土間、その左（または右）側が牛部屋、右（または左）側が次の間と座敷、その奥隣が居間と納戸、正面奥が炊事場である。座敷と次の間、居間は畳が敷き詰められて襖や障子で間仕切りされている。天井や床、壁などは黒く煤《すす》け、柱は黒光りしている。屋内はよく整頓され清潔である。

①土間

土間は、単に土を突き固めたものである。毎日、住人

農家の間取図

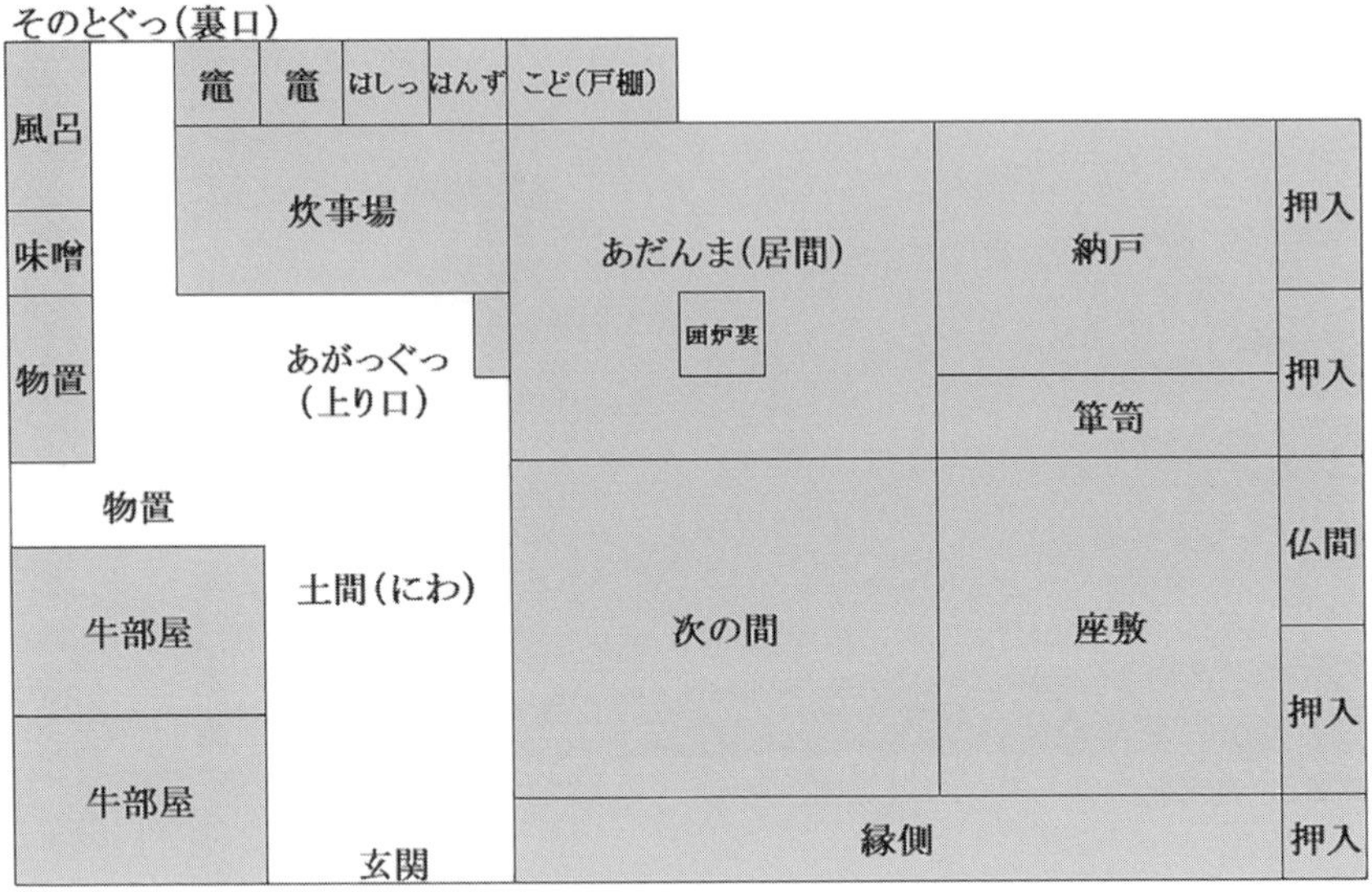

や飼い牛がその上を歩くので、その表面に少し凹凸がある。

雨で農作業ができないときや夜間、住人はここに筵を敷き、その上で藁《わら》仕事をする。草履《じょっ》や縄《なわ》、叺《かまん》、芋俵、かんころ俵、ねこだ（藁縄《わらなわ》で編んだ頑丈な筵）、こえかり（藁製の箱形荷負具）などを稲藁《いなわら》で編むのである。それだから土間には藁叩石《わらこっいひ》（藁を叩くときに使う台石）が埋め込んである。

年末などには、ここに餅搗臼《もっつっうひ》を据《す》えて餅を搗く。土間や炊事場の天井に飴色《あめいろ》をした帯状の蠅《はえ》取り紙が吊してある。便所は別棟にあるため、土間の片隅には小《しょう》便桶《べんたご》が置かれている。

② 牛部屋

牛部屋は「まや」とも呼ばれる。牛は、耕作や運搬に不可欠の存在であり、数少ない現金収入源でもある。

各農家は、常時住人の目の届く母屋の一角に、少なくとも二つの牛部屋を設け、黒毛の五島牛を大切に飼っている。一部屋は親牛用、もう一部屋は子牛用である。子牛がいないとき、その部屋は物置として使う。

牛部屋の床には稲藁が敷き詰められ、定期的に取り替

子牛の競り市場＝昭和19年頃　提供：岐宿

えられ「下《した》っ肥《ごえ》」（厩肥《きゅうひ》）にされる。特に悪臭を放つわけでもないので、牛の屎尿《しにょう》の臭いは気にならない。

牛の主糧は藁である。これに加えて夏期には大豆殻、冬期には芋の蔓《つる》といった季節物を与える。その他にも朝昼晩の給水とともに時々、大豆味噌を辛味《からみ》として与える。さらに農繁期や分娩《ぶんべん》の前後二、三カ月間は、米糠《こめぬか》などを藁に混合する。

3 座敷・次の間

座敷には仏壇や床の間、違い棚、押し入れなどがあり、祝言《しゅうげん》（婚儀）、葬儀、法事など冠婚葬祭の会場となるが、普段は家族の寝室として使う。

仏壇は、高さ五尺（一五〇センチメートル）、幅三尺（九〇センチメートル）、奥行き二尺（六〇センチメートル）ほどもある立派な作りで、住人は毎朝お供えをして蠟燭を灯し、線香をあげて拝む。長押《なげし》の上には先祖や亡くなった家族の写真、賞状などが隙間なく飾られている。押入れには

農家の座敷＝令和元年

布団《ふとん》や座布団が収納されている。また夏場は寝る時に蚊帳《かや》を張るので、部屋の四隅には蚊帳吊りがある。

座敷に続いて土間側に次の間がある。両部屋間は襖で仕切り、その上に欄間がある。次の間も普段は家族の寝室として使う。座敷や次の間の庭に面する側には幅三尺（九〇センチメートル）の縁側を設け、畳の間との間を障子で仕切る。天井はいずれも棹縁《さおぶち》天井である。

4 居間

次の間に続いてあだんま（居間）がある。あだんまには三尺四方の囲炉裏《いろり》があり、煮炊きや暖房用に使う。接客もここで行う。家族が自然に集まるところでもある。

囲炉裏の周りは着座場所が決まっている。土間から見て正面奥が「横座」といって家長用、炊事場に近い側が「棚下《たなもと》」または「嬶座《かかざ》」といって主婦用、その向かい側が「客座」といって来客用、そして横座の向かい側が、「下座《しもざ》」といって子供用の着座である。囲炉裏と下座の間には、使用前の木炭などを入れておく横長の箱が埋め込んである。

囲炉裏の中央には、上下に長さを調節できる「自在鉤《じじゃかん》」が梁《はり》から吊してあり、普段これに鍋や鉄瓶《てつびん》を掛け、薪《まき》を焚《た》いて煮炊きを行う。また、就寝時には残り火に灰を被せ、翌朝の種火にする。寒中は囲炉裏の上にやぐらを置き、布団をかけて炬燵《こたつ》を作る場合もある。また暖かい季節は、囲炉裏を使わないので、その上を板で覆う。

食事は、炊事場に近い畳の上でとる。普段はその足をたたみ、茶棚《ちゃだな》などに立てかけてある卓袱台《ちゃぶだい》の足を広げてそこに据え、これを家族全員が囲む。卓袱台はまた、子供たちの勉強机としても利用される。

あだんまの長押の上の神棚には、水難や火災の防除をつかさどる水神が祀られていて、住人は毎朝、その下で拍手をして、その日の無事を祈願する。

大黒柱には文字盤が黒く煤《すす》けた柱時計が掛けてあり、ボーンボーンと耳に優しい音を部屋中に響かせながら時を告げる。家人は二日に一度、文字盤に二つある各穴にねじ巻きを突っ込み、ギイッ、ギイッと音を立てながらぜんまいを巻く。

5 納戸

衣類や家財、道具類などを収納する、いわゆる物置部屋である。土間から見て居間の奥に位置し、広さは八畳ほど。長持《ながもち》や葛籠《つづら》、行李《こうり》など収納具が置いてある。押し入れの上に天袋があり、ここには提灯や冠婚葬祭用の食器、銘々膳などが収納されている。この部屋は一般に板の間であるが寝室としても使用され、出産もここで行われる。

6 炊事場

当地では炊事場のことを「はしっ」（はしり）という。床は板張りになっていて、二、三基の炊事用の竈《かまど》と流し台、井戸水を貯めるはんず（水甕《みずがめ》）が横一列に並ぶ。

竈の上の棚には三《さん》宝荒神《ぼうこうじん》（火の神）という「竈《くど》の神」を祀っている。前にも述べたように、十二月の冬月祓《ふーつっぱりゃー》の日に家人はこの神棚を掃除して神柴《かみしば》を取り替え、米や塩などを供え、神官のお祓いを受ける。神官は古いお札を回収し、新しいお札を授ける。

石造りの竈２基（左）と流し台３基（右）＝令和元年

炊事に関わる幾つか言い伝えがある。

①夜間は、必ずはんずを水で満たしておく。
②朝、竈の薪が火を噴くと良いことがある。
③朝、鍋底に煤《へんだ》が一面に付いたら、その日は晴となる。

なお、荒神には二種がある。一つは、このように竈や囲炉裏など火を使う場所の火の神として祀られる三宝荒神で、もう一つは、屋敷神や同族神、地域の守護神として屋外に祀られる地荒神《ぢこうじん》である。

7 勝手口

玄関とは別に設けられる勝手口のことを「そのとぐっ」と呼ぶ。炊事場の端にあり、玄関とは狭い土間で通じている。そのとぐっを出たところには井戸がある。炊事や洗濯、入浴、手足の水洗い、野菜類の水洗い、冷却などに井戸水を使うとき、この勝手口から出入りする。

8 風呂場

その狭い土間を挟んで炊事場の向かい側に風呂場がある。風呂釜の形式は「長州風呂」である。一般に「五右衛門風呂」と呼ばれるが、厳密にいえばそれは正しくない。

長州風呂は釜全体が鉄製だが、五右衛門風呂は釜の底部だけが鉄製で、その上に木製の桶を取り付けた形式の風呂だからだ。ただし、竈を築いて釜を載せる点や入浴の仕方は両者共通している。

当地の人々は入浴が好きである。このことは衛生観念が概して高く、労働が激しいことなどに関係していると思われるが、元日を除いて一年中毎日欠かさず入浴する。

入浴用の井戸水を汲《く》んだり、竈で火を焚いて湯を沸かしたりするのは普通、子供の仕事である。井戸水は地下で一年中、摂氏《せっし》一五度付近に保持されているので、薪の消費を節約するために、夏期は早めに井戸水を汲んで風呂釜に溜めておき、冬期は逆に入浴直前に井戸水を汲む。

入浴時には、湯に浮いた円形の底板を片足で踏み込んで底に沈め、その上に乗ったまま肩まで湯に浸かって身体を温める。この形式の風呂は釜底が火傷《やけど》するほど熱く、上下に対流する温かい湯が身体全体に当たり、その日の疲れを癒《いや》してくれる。しかも釜全体が鉄製であるから、その余熱で湯が冷めにくいという特長がある。

風呂釜の横には半畳ほどの広さの流し場があり、土間より一・五尺(四五センチメートル)ほど高くなっている。流し場の片隅には固形石鹸や軽石《かるいし》、糸瓜《へちま》が置いてあり、壁には各人の手拭《てぬぐい》が掛けてある。身体は小さな平桶で風呂の湯を汲んで洗う。それゆえ入浴のあとに都度、井戸水を汲み足す。竈には時々薪をくべ、家族全員の入浴が終わるまで火を絶やさない。入浴は男女の順で、男子の前に女子は入浴しない。

9 屋根裏部屋

母屋の物置場の一つに屋根裏部屋がある。当地ではこの空間を「つひ」と呼ぶ。古くは、屋根の下に竹簀子《すのこ》を張り、その上にむしろを敷いて物置場をつくっていた。

一般に、屋根裏部屋は座敷と次の間の天井裏につくられる。その空間は大部分が大人の身長よりも高く、間仕切りはなされていない。そこへの人の出入りは、天井のない土間から梯子を掛けて行う。従って、そこでの貯蔵物は比較的軽いものに限られる。

つひ（屋根裏部屋）には、稲藁や麦藁に加えて、かんころ（芋を薄く切って天日干ししたもの）、めのはやひじきなど海藻類が貯蔵されている。階下の炊事場や風呂場、囲炉裏から出る煙に防虫作用があるので、貯蔵物に虫はつかない。

たまにそこで鼠《ねずみ》を狙う蛇の抜け殻を見つけることがあるが、それが白蛇《はくじゃ》のものであれば住人はことのほか喜ぶ。白蛇は神の化身とされ、これが住み着いた家は子孫繁栄や財運に恵まれるという言い伝えがあるからだ。

つひは味噌や醤油、酢などの麹菌を培養するときなどにも使う（第九章第二節第四項②参照）。

⑩ 芋竈

次の間の床下には「芋竈《いもがま》」と呼ぶ家族のおよそ半年分の芋を貯蔵する長方形の素掘りの竪穴がある。穴の大きさは一〇人家族であれば、底面の広さがおよそ二畳（三・三平方メートル）、深さが約五尺（一・五メートル）で、壁面の傾斜度は四分勾配（傾斜角六八度）である。

芋竈の内部は温度の変動が小さく冬のあいだ、摂氏一二〜一四度程度に保たれる。

床下は土間側の一部が開放されており、住人はそこから這《は》うようにして芋竈に出入りする。

芋竈 ── 使われなくなって40年が経つ＝令和元年

⑪ 井戸

母屋の裏庭には、直径約三尺（九〇センチメートル）、深さ四尋（七・三メートル）ほどの井戸がある。真上に滑車を持つ釣瓶《つるべ》式の井戸である。

井戸水は炊事や洗濯、入浴、冷却、手足洗いなどに用いる。炊事は、炊事場の「はんず」と呼ぶ水甕に汲みおいた井戸水を使って行う。洗濯は、井戸端にたらいを置いてその中に井戸水を汲み入れ、洗濯板を使って行う。

風呂水を釜に満たすときは、井戸水を汲み入れた水桶を手に提げ、井戸端と風呂場のあいだを幾度も往復する。

　夏期には、ねまり（腐り）やすい食べ物をたかげ（柄と蓋《ふた》の付いた浅い飯籠《めしかご》）に入れて井戸の中に吊すこともあれば、また西瓜や瓜、トマトなどを桶に汲んだ井戸水で冷やすこともある。農作業などで汚れた手足も井戸端で洗う。

釣瓶式井戸＝令和元年

たかげ＝令和元年

二、駄小屋

　納屋のことを当地では「駄小屋」と呼ぶ。二階建てで、母屋に向かったその玄関に近い方の左か右側にあり、その出入り口は庭（広場）に面し、常時開放されている。一階には脱穀機や鋤《すき》、鍬《くわ》、牛の鞍などの農器具を収納し、二階には湿気を嫌うねこだ（藁縄《わらなわ》で編んだ頑丈な筵）や牛の餌にする稲藁などを保管する。入口付近の壁には常時、五、六足の藁草履《わらぞうり》が掛けてあり、住人は随時これを取って使用する。

三、便　所

　便所のことを当地では「手水所《ちょんどこ》」といい、駄小屋の隅《すみ》に造る。手水所は半畳よりやや広く、地下に大きな桶《おけ》を埋め込み、その上に二枚の板を渡した簡単な造りで、出入り口に扉もない。排便のあとで尻《しり》を拭くのに用いる材料は、主に藁《わら》仕事のときに出る藁屑《わらちっだ》である。これを集めて、一回分ずつ手のひらで丸めて作り、幾つも竹籠《たけかご》の

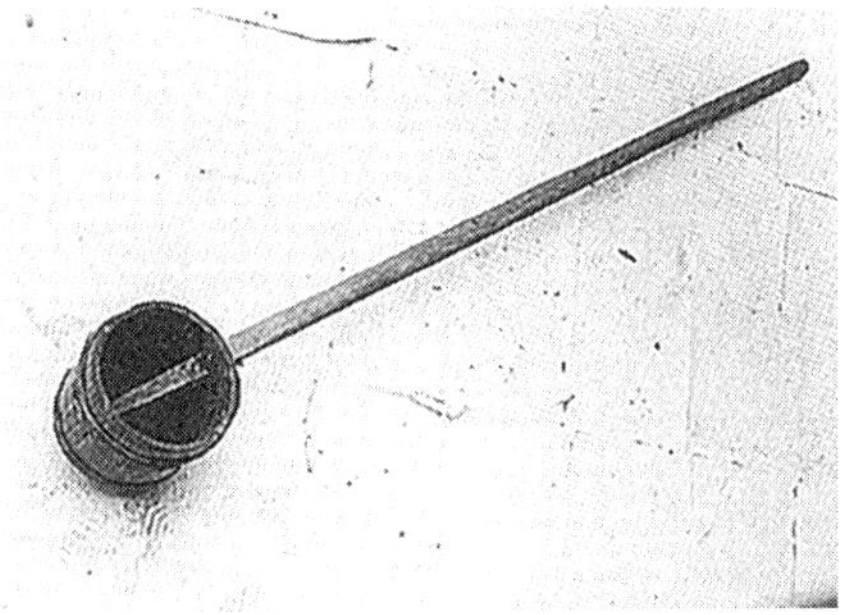

肥柄杓　提供：松山氏

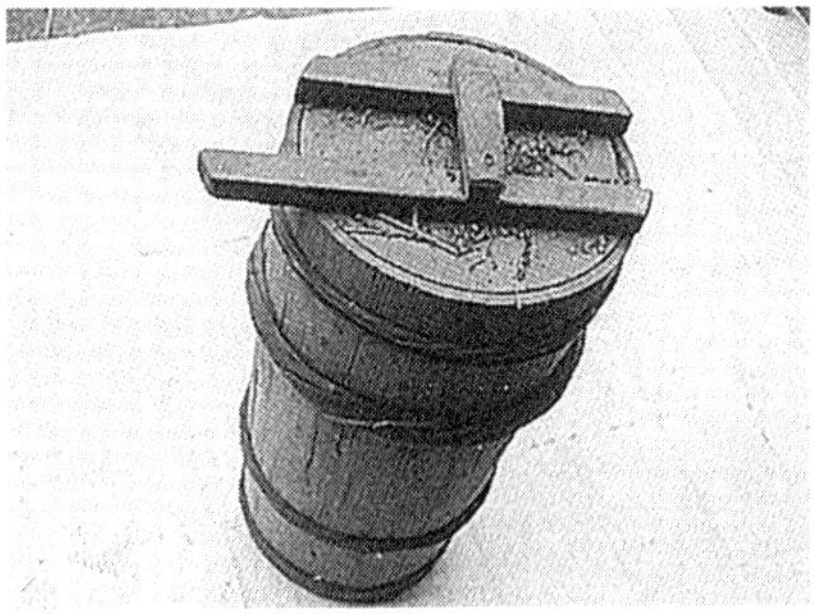

牛負桶　提供：松山氏

中に入れておく。

　また、新聞を購読する家は、新聞紙を適当な大きさに切って重ね、隅に千枚通しで穴を開けてよま（凧糸）を通し、一つの束《たば》を作って壁に掛け、そこから一枚ずつ取って手で揉《も》み柔《やわ》らかくしてから使う。

　便所に行くときは母屋からいったん外に出るから、雨が降っていれば「どんざ」と呼ぶ布地《ぬのじ》を幾枚も重ねて縫《ぬ》った厚手《あつで》の着物を頭から被って行く。また、便所には電灯がないので夜間はかんちょろ（かんてら）を手に持って行く。この地方には妖怪《ようかい》伝説が数多く、しかも近くの森でふくろうがもの悲しい声で鳴くものだから、子供たちは深夜、便所に行くのを怖《こわ》がる。なお、男性は小用のみを足す場合、母屋の土間の片隅に置いてある小便桶《しょうべんたご》を使う。

　人間の屎尿を肥料にしたものを「下肥《しもごえ》」という。便所の大桶が屎尿でいっぱいになったら、汲み取って屋外の「せこ」と呼ぶ直径四尺（一・二メートル）・高さ五尺（一・五メートル）ほどの大肥桶《こえおけ》に移し、ここで発酵させてから農作物の肥料として使う。下肥を汲み取る道具は肥柄杓《こえびしゃく》といい、小さな桶に五尺（一・五メートル）ほどの長い柄がついている。一方、下肥を畑に撒《ま》く際に用いる肥柄杓は、柄の長さが短く一・五尺（四五センチメートル）ほど。

　下肥を運ぶときは、農地が近ければ、二つの肥桶に汲み取って人が天秤棒《てんびんぼう》で担《かつ》ぎ、また農地が遠ければ、二つの牛負桶《うしょうおけ》（牛負下肥桶《うしおいしもごえおけ》）に汲み取り、牛に背負わせる。下肥は芋（甘藷《かんしょ》）の育苗に欠かせない肥料となっている。

四、庭（広場）

母屋の前面にある庭は一般に石垣で囲み、家の中で果たすことのできない生活上の様々な用途に活用する。例えば、農産物や農器具などの積み下ろし、麦や米、粟《あわ》などの脱穀、芋の仕分け、かんころ作り、餅つきおよび薪《まき》割りなどの作業場として使用する。またここは海藻や魚類、野菜、かたひ（椿）の実や種などの天日干しの場、厩肥の置き場になる。さらに、子供のビー玉やこま回し、めんち（面子）などの遊び場ともなる。

五、つぼね（隠居所）

屋敷の一角《いっかく》またはその近くには「つぼね」と呼ぶ隠居所がある。当地では後継者が結婚すると一般に、親は別に質素な家を建てて隠居する。隠居が始まる年齢は、昭和前期ではほとんどの人が五〇歳を過ぎたあたりである。ただし、隠居したあとも、農作業や家事、孫のお守りなどを手伝う。

ちなみに、厚生省の統計によると平均寿命は、昭和二十二（一九四七）年、男性が五〇・〇六年、女性が五三・九六年、また三十（一九五五）年には男性が六三・六〇年、女性が六七・七五年だった。

つぼね（隠居所）　　提供：松山氏

第八章　衣

一、衣服の変遷

『岐宿村郷土史』（一九一八）には、衣服や履物の変遷に関する次の記述がある。

「（大意）今より四〇年前には暮らしは質素で、平素は平袖《ひらそで》を用いる者はなく、氏神例祭においてすら木綿の着物のみを着用し、絹布を着る者はなかった。履物ももっぱら草履を使用し、雪駄《せった》さえも履くことができなかった。もし、絹布の着物を着る者や、雪駄を履く者があれば、その者は村人の制裁を受けた。

ところが今日、美服を着る者が日々増加傾向にある。村民は比較的高価な着物を着用し、若い男女に至っては絹織物を持たぬ者はほとんどいない。これは、父兄が他と競争するかのように買い与えるからだ。本村最大の行事である秋の氏神例祭の時に着るために、女子は裕福な家庭にありながら、美服を持ちたいために長崎地方に下女奉公に行くほどである。夏の夜に若い女性が集会をしているのを見れば、ほとんどが平袖の浴衣を着つつあり、昔の美しい風習は見る影もない。履物にしてもまた同様である。一般に高価なものを好む傾向にあり、青年男女は鼻皮《はなかわ》つきの高下駄を用いない者はいない。

このように服装が次第に華美になっていくのは、ある程度時代の流れとして認めざるを得ないが、その原因に一つは最近、本土に出稼ぎに行く若者たちが増え、そこで華美な風に感染した者たちが墓参などのため帰省した際、その風が本村の青年に伝染したことにあると考えられる」

それからおよそ三〇年が経った終戦直後においても人々の美服を求める傾向は続く。この頃もまだ農家の男子は普段、俗に「どんざ」と称する仕事着を着て、股引《ももひ》きをはいて脚絆《きゃはん》を付けており、一方、女子は俗に「ねーじっ」と称する仕事着を着て、腰に帯と三幅《みはば》前掛を締めるのが普通である。

ところが、このように普段、質素な身なりをしている者が、秋の巌立神社の例大祭のような大きな行事の時には、この時とばかりに競うように高価な美しい服装に身を包むのである。ちなみに当時の移入金額で見ると、岐宿町は酒類に次いで衣類の移入が多い。ちなみに当時、人口およそ三千人の岐宿郷には四軒の呉服屋があった。

二、普段着

①どんざ

「どんざ」は日常、農夫や漁師が上衣として着用するもので、破れたりほころびたりするたびに、その部分に布地を当て、その全面を針で一定方向に刺し縫い合わせてあるので、厚くて丈夫な衣類である。

朝から晩まで仕事に励むから、男女ともに仕事着が普段着であるが、前述の通り、男性が普段、仕事時に着るのがこのどんざと紺木綿《こんもめん》の股引き、脚絆である。ただし、老人は股引きを用いない。

どんざ　提供：松山氏

どんざには二種がある。一つは丈《たけ》が腰下まであるどんざ、もう一つは丈が膝《ひざ》下まである「長どんざ」である。いずれも袖は鉄砲《てっぷ》袖で、袖丈《そでたけ》は手首が見える長さ。仕事時に着るのは主に前者であるが、それを着るときは腰に上から藁縄《わらなわ》を一重に巻いて締める。

一方、長どんざは、寒い季節に、風呂上がりに襦袢《じゅばん》の上に着るとか、囲炉裏の火にあたりながら、背中に掛ける。また、掛け布団の上に重ねて寝具としても使用する。さらに、雨を通しにくいので、雨具としても使う。

②ねーじっ

「ねーじっ」は女性が上衣として用いる衣類

三幅前掛　提供：出口氏

ねーじっ＝令和元年

で、丈は腰下まであり、袖は鉄砲袖《てっぽう》である。普段、仕事時にこれを着て、その上から帯と三幅《みはた》前掛を腰に巻き、頭は手拭《てねげ》で包む。

3 どてら

綿入半纏《はんてん》のことを「どてら」という。羽織に似て胸紐《むなひも》がある。丈は腰下まである。防寒用で、暖かく温もりがあり、着心地も良い。気軽に着ることができ、軽いので肩も凝らない。便利で機能的である。冬に湯上がり時や炬燵《こたつ》、囲炉裏で暖を取るときに着る。子供は外出時に着る。

どてら＝令和元年

4 丹前

防寒用。綿の入った広袖の長着で、丈は膝下まである。浴衣の上に着て帯を締めて使うのが一般的だが、寝る時に布団の上に掛けることもある。主として男性が着る。

5 ねんねこ

背負った嬰児《えいじ》の上から羽織《はお》る、防寒や養護に用いる広袖の綿入りの半纏である。着る者は袖を通す。ふわふわしていて軽くて暖かく、襟《えり》にはなめらかな肌触りの紺か

ねんねこ＝令和元年　提供：中野氏

黒色のビロードを用いる。風の強い時や寒い時には、嬰児の頭に襟をすっぽり被せることができる。

6 下着

男性の下着は、木綿の股引にメリヤスのシャツ、「いっちょべこ」と呼ぶ越中ふんどしである。いっちょべこは、幅一尺（三〇センチメートル）・長さ三尺（九〇センチメートル）の木綿布の上端に腰に巻く紐をつけたもの。

女性の下着は、肌襦袢と「へこ」と呼ぶ腰巻きである。へこの中央に尻当てがなされる。夏には、裏地のついてない「単《ひとえ》」を、そのほかの季節には、裏地の付いた「袷《あわせ》」を着る。なお、猿股やズロースを着用するようになるのは太平洋戦争以降である。

戦中、女性はもんぺを着るようになるが、これはとても機能的で戦後も比較的長いあいだ使用された。

三、礼服・晴れ着

礼服は、一般に祝言、見合い、金婚式、成人式、七五三、宮参り、表彰式、入学式、卒業式、葬儀、通夜、および法事など冠婚葬祭の儀礼において着用する。

男性の第一礼装は、背と両胸、両袖に一つずつ合計五個の染抜きの家紋が付く黒羽二重《くろはぶたえ》の長着と羽織に、仙台平の袴をつけた服装である。長着の下着は白無地羽二重で、裾《すそ》回しには白絹を用いる。角帯《かくおび》は博多織や西陣織の正絹物。襦袢《じゅばん》の半襟《はんえり》は白色無地、足袋《たび》も白物を用いる。履物は畳表《たたみおもて》の草履で、慶事には白鼻緒、それ以外には黒鼻緒を用いる。夏は、絽の五紋付きの長着と絽の夏《なつ》袴《ばかま》を着る。そして四季を問わず、竹骨の白扇を持つ。

一方、女性の第一礼装着は既婚者が黒留袖《くろとめそで》、未婚者が振袖《ふりそで》である。黒留袖は高級な縮緬《ちりめん》で作り、帯は袋帯で金銀糸を織り込んだ吉祥文様《きっしょうもんよう》がある。長襦袢《ながじゅばん》や半襦袢は白色無地。足袋は白、草履も白を基調とする。帯にはさむ末広《すえひろ》（扇《せん》子《す》）は、黒塗り骨に金銀張りのものを用いる。

女児用晴れ着＝令和元年

以上は富裕層が着用する礼服の例であるが、庶民の着る紋付や袴は、多くが木綿製やガス織りである。これらは庶民にとっては高価であり新調するのも容易でないから、先祖からの形見《かたみ》を着用する者も少なくない。

紋付き以外の晴れ着は、男性が木綿の縞《しま》の長着と羽織、また女性が木綿か伊予絣《いよかすり》か久留米絣の長着と羽織を用いる。いずれも各一枚しか所持しないので、これらを「一張羅《いっちょうら》」と言って大切にする。

なお、ガス織りとは、木綿糸をガスの炎の中を高速度で通過させて表面の毛羽を焼き取り、光沢と強度を増したガス糸で織った、高級木綿織物のことをいう。

四、履物

昭和前期の履物は、主に藁草履《わらぞうり》と下駄《げた》である。藁草履には二つの型があり、一つは足の大きさに合わせて作った草履で、もう一つは足の長さの三分の二ほどしかない足半《あしなか》である。草履は普段用で、履きやすいように緒《お》や鼻緒《はなお》に布を使い、見た目も良くする。一方、足半は作業用で布は使わず、足のかかとが常にはみ出すように作る。田畑に行くときこれを履き、畦《あぜ》で脱ぐ。また、磯に行くときも、滑って転倒しないように、足半を履く。

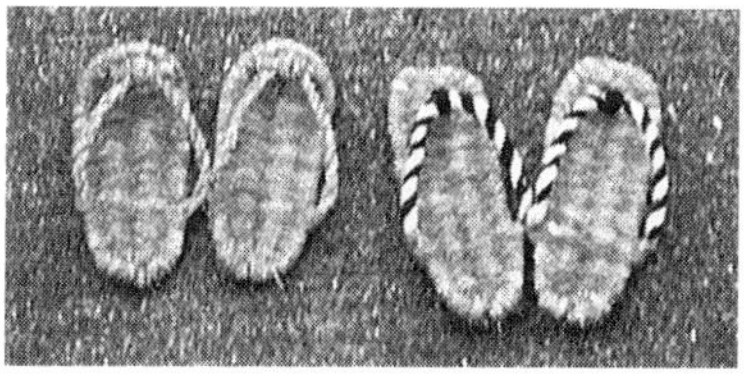
草履（右）と足半　提供：出口氏

藁草履を作るときは、藁を藁叩《わらこつ》で叩いて適度に柔らかくしてから編む。雨天や時化《しけ》、夜間に土間で主に男性が作り常時、五、六足を駄小屋の入口に掛けておく。

藁叩　提供：岐宿町

新しい藁草履をおろすときには、縁起を担いで、その裏に唾《つば》を吐《は》きかけるのが当地の慣わしである。また、草履や下駄の鼻緒が切れると、その日は縁起が悪いと言って用心する。

さらに、既述したように、藁草履を空中高く放り投げて、表が出れば晴、裏が出れば雨となる、という言い伝えがあるから、事あるごとに子供たちは、そうやって天候を占う。

子供は、小学校の高学年になると、藁草履を自ら編み、裏に板を貼って雪駄を作り、雨上がりなどに使用する。教室で履く上履きも自ら編んだ藁草履である。

下駄は、「さいげた」と呼ぶ高い下駄と「ひっげた」と呼ぶ低い下駄の二種がある。雨の日や雨上がりには、道路に水溜《みずた》まりやぬかるみができるので、下駄は必需品である。夕方、下駄をおろすときには、河童《があっぱ》に憑《つ》かれないように、その裏を火で焼く。なお、ゴム長靴が流通し始めるのは、戦後になってからである。

足袋《たび》は防寒のために履く。普段は黒か紺色の足袋を用いるが、礼装用には白物を用いる。

五、雨具

作業時の雨具は主に蓑《みの》である。稲藁《いなわら》やしゅろで作る。しゅろの蓑は軽くて丈夫であるが、素材の量が少ないので、農民はほとんど藁製の蓑を用いる。藁の蓑は、濡《ぬ》れるとやや重くなり、身動きが不自由になるという欠点がある。子供は通学時に、主にどんざや番傘《ばんがさ》を使用する。ゴム引きのカッパが流通するのも戦後になってからである。

蓑＝令和元年

六、火のし・焼きごて

布の皺《しわ》を伸ばす道具。既にアイロンが一部に用いられているが、主流は火のしや焼きごてである。火のしは円筒状の金属製容器に取っ手の付いたもので、容器に炭火を入れ、底を布に押し当てて皺を伸ばす道具である。

一方、焼きごては、単に「こて」と呼ばれ、長い柄の先に笹の葉の形状をした小さな鉄製の板が付いたものである。これを囲炉裏の熱い灰の中に突っ込んだり、火で炙《あぶ》ったりして熱し、布に押し当てて皺を伸ばす。

一般に、火のしは広い面の皺を伸ばすのに使い、焼きごては折り目や袖口《そでぐち》など火のしでは届かない狭いところの皺を伸ばすのに用いる。

昭和前期には、皺の寄ったズボンを敷き布団の下に敷き、就寝中に人の体重で皺を伸ばし折り目を付ける方法が採られた。

第九章　食

第一節　基本食糧の構成

岐宿町は五島随一の米産地だから米に恵まれていたが、終戦直後までは生産米の大半を供出し、残った米もほとんどを現金化したため、農家の手元に留《とど》まる米の量はわずかだった。こうした事情もあって、昭和前期における岐宿町民の基本食糧の筆頭は芋（甘藷）で、続いて消費量の多い順に麦、米、大豆、粟《あわ》、蕎《そ》麦《ば》であった。野菜や魚介など副食物は四季を通じて種類が甚だ多く、量も豊富であった。

芋利用の仕方は全部で二十余通りを数えるが、大きく分けると「生芋」と「かんころ」との二通りである。生芋は特別に手を加えない状態の芋をいい、一方かんころは、芋の皮を剝《む》いて長手《ながて》方向に薄く切って干したもの。そのかんころには二種があり、一つは茹《ゆ》でて干した「茹《ゆ》でかんころ」、もう一つは生のまま干した「白かんころ」である。

生芋は、十月頃から翌年の四月頃にかけての主食である。毎日、そのまま蒸すか茹でるかして食べるほか、適当な大きさに切って麦や米、粟などを少し入れて炊《た》いて食べる。また生芋は芋汁《いもじる》、芋の天ぷら、芋だんご、餡《あん》、あめがた（芋飴《いもあめ》）、あれ（澱粉《でんぷん》）などの材料としても用いられる。

茹でかんころは、生芋の貯蔵が難しい五月頃から九月頃にかけての主食である。毎日、かんころ飯にして食べる。その作り方には二通りがある。いずれも炊いてから杓文字《しゃもじ》やすりこぎで搗《つ》いて半ば餡状にするが、一つはかんころのみを炊く方法、もう一つは米、麦、粟、青い唐《と》豆《まめ》、豌豆《えんず》などのいずれかを混ぜて炊く方法である。また茹でかんころは、年末から正月にかけて作るかんころ餅の材料にもなる。

白かんころは、茹でかんころほどの量ではないが、年間を通して食べる。茹でかんころと同様な仕方でかんころ飯にするほか、粉末にしてかんころだんご、手のひらだんご、だご汁などの素材にする（当地では、だんごのことを「だご」とも呼ぶ）。

なお、稀に芋の茎をきんぴらや油炒めなどにして食べることもある。

当地で生産する麦には、裸麦と小麦の二種があり、その利用の仕方は十余通りを数える。裸麦は芋に続く主食であり、ほぼ毎日、麦飯にして食べるほか、味噌や醤油、酢、麦芽の材料にもなる。また鉄鍋で煎ってから碾《ひき》臼《うす》で碾《ひ》いてこうばいにもする。麦飯は、裸麦に米や粟を少し加えて炊くこともある。

一方、小麦は碾臼で粉末にして、ぞろ（手打ちうどん）や手のひらだんご、かからだご（さるとりいばらの葉を下に敷いただんご）、だご汁、天ぷらの衣などにして食べるほか、醤油の材料にもなる。

米には、粳米《うるちまい》と餅米《もちごめ》の二種があり、その利用の仕方はおよそ二〇通りに達する。粳米は、前述の通り、生産量の大半を供出し、残った米もほとんどを現金化するの

碾臼＝令和元年

で、年間を通して慶事や仏事、来客の日以外はあまり食べない。食べるときには、米ん飯や生《なま》ずし、巻きずし、炊き込みご飯、混ぜご飯などにする。また、たまに芋飯や麦飯などに少し加えて炊くこともある。

一方、餅米は、正月や棟上げなど晴れの日に、蒸して餅搗臼《もっつうひ》で搗《つ》き、餅にするほか、赤飯、ぼた餅などにする。また、かんころ餅を搗くときに一定量の餅米を蒸して加える。

米の粉は、粳米、餅米のいずれでも作り、彼岸や三月節句、お盆、神社の例大祭など晴れの日に作るだんごの材料となる。

大豆も多種多様の利用の仕方があり、味噌《みそ》や醤油《しょうゆ》、酢、豆腐、豆乳、おから、きな粉、煮豆、炒《い》り大豆など全部で一五通りを超える。味噌や醤油、豆腐の三つは、毎日の食卓に欠かせない基本的な食材である。豆腐は厚揚げ、厚焼き、がんもどき、白和《しらあ》え、蒲鉾などに利用される。

蕎麦は、耕地を多く持つ農家が主として自家用に栽培する。これを栽培しない家は、栽培する家から必要に応じて分けてもらう。蕎麦は、打ち蕎麦にして食べる。

粟も蕎麦と同様に主として自家用に栽培する。粟には、粳粟《うるちあわ》と餅粟《もちあわ》があり、粳粟は麦や芋、かんころと混

ぜて炊いて食べ、餅粟は粟餅にして食べる。

　なお、芋や麦、米、蕎麦などの粉食においては都度、碾臼で碾いて粉末化する必要があるから、かなりの手間を要する。それゆえに粉食がなされるのは大体めでたい日に限られる。そのときは食べる量が多いので、事前に暇を見つけて粉を備蓄しておくのが普通である。たまに日常においても、例えば屋外で仕事ができない雨天の日や子供が家業を手伝った日に、ぞろ（手打ちうどん）やだんごなど粉食を楽しむことがある。

　当地の農産物は、穀物にせよ野菜にせよ、一切が潮風に晒《さら》されて海水のミネラルがたっぷりと染み込んだ土壌で育つからか、訪問者間では、味が濃厚だというのがもっぱらの評判であることをここに付記しておきたい。

第二節　基本食

一、芋

1 芋の栽培・貯蔵

□芋の伝来と普及

甘藷のことを当地では単に「芋」と呼ぶ。この作物は、地上部が地面を這《は》い、地下で芋が生育することから、古くから農民を悩ませてきた当地特有の風潮害を受けることが少ないため、その伝来以来、積極的に栽培されてきた。

芋の原産地は中央アメリカである。紀元一五〇〇年前後にスペインやポルトガルに伝わり、その後、東南アジア、中国、琉球へと伝わったと言われる。五島では寛文《かんぶん》年間（一六六一～一六七二年）に既に芋が栽培され、武士を除く領民が食していた記録があるという。当時、福江藩は芋を主食と認めず、年貢《ねんぐ》の対象から外し、小作料の対象にしなかった。それゆえに農民は狭小な土地であっても開拓し、芋を積極的に栽培した。爾来《じらい》、岐宿でもその収穫量が増大し、芋は主要な食材となり、現金収入源ともなっていった。

□芋の植え付け

春の彼岸の頃、苗床に種芋を植えて蔓《つる》を育て、梅雨の頃、成長した蔓を切り取って苗とし、これを畑地に植え付ける。

植え付けの当日、主婦はまだ薄暗い五時頃に起床して、朝食の支度に取りかかる。いったん農作業に出ると昼食のためにわざわざ家に戻ることはないので、昼食の分も朝食と同時に用意する。この時節の朝食は、かんころ飯と味噌汁である。味噌汁は、干した鰯《いわし》やきんなご（きびなご）をだしに使い、じゃがいもやたまねぎ、めのは（わかめ）、あおさなどの季節もの、豆腐などの具を入れて自家製の味噌で作る。

朝食を済ませると、芋の苗を牛車に積んで牛に牽《ひ》かせ、一家はそろって畑地に向かう。このとき、かんころ飯を入れた飯櫃《いびつ》や、焼いた鰯など魚の干物、焼き味噌、ころもん（たくあん）、飲み水などと一緒に牛にからわせ（背負わせ）て持って行く。もちろん、茶碗《ちゃわん》、皿《さら》、杓文字、箸《はし》なども一緒である。

道の両側または片側はおおよそ土手になっており、ところどころにかかから（さるとりいばら）やぐみなどの灌木が生えている。道には轍《わだち》の跡が残り時折、驚いた様子のかいいらむひ（蛇）が先頭を歩く牛の前を横切って藪の中に消える。

芋畑 ── 台風による塩害で葉が枯れている＝令和元年

海岸に近い畑地の北側と西側の畦《あぜ》には、風潮害を防ぐために種々の木や茅《かや》が隙間《すきま》なく植えられている。それでも特に冬に大陸から東シナ海を渡って吹きすさぶ強い季節風の害は避け難いものがある。

芋を植え付けるときは、まず畑地に鋤《すき》や唐鍬《とんが》で畝《うね》を作る。畝は台形をしており、底辺の幅は一・五尺（四五センチメートル）、高さは八寸（二四センチメートル）程度である。この畝の頂部を、畝に沿って長さ一尺、深さ二、三寸（六～九センチメートル）ほど手で掘り、芋の苗（蔓《つる》）を寝かせるように植え込む。株間は一～一・三尺（三〇～四〇センチメートル）が普通。

植え付け後収穫期までは、畑の草取りが主な作業となる。芋の生育には、どちらかといえば痩《や》せた土のほうが良い。肥沃《ひよく》な土は葉だけを繁らせるからだ。

夏から秋にかけて、遠くの空で稲妻が光り、かすかに雷鳴が聞こえると人々はこう言う。「空雷《からがんなん》にゃ、芋ん根入っぱ、良《よ》うすっとたい」（雨を伴わない雷は、芋の根を太くするのだ）と。彼岸が過ぎる頃、芋の蔓《つる》起《お》こしを行う。

□芋の収穫

芋の収穫期は、北や北西の冷たい風の吹く十月から十一月初旬である。まず、全員で一斉《いっせい》に芋の蔓を株元で刈り取り、数カ所に集めて高く山積みしておく。のちに芋の仕分け作業をするときに風よけにするためである。

畑全面の蔓の刈り取りが終わったら、農家の主が牛に鋤《すき》を牽《ひ》かせながら芋を掘り起こす。主婦や子供たちはその後に続き、掘られたばかりの芋の株を手で掴《つか》んで、山積みした蔓の南側に運び、これも山積みしておく。

芋俵（いもどおら）＝令和元年

　昼食は、風を避けて木々や茅、山積みした蔓の傍《そば》に筵《むしろ》を敷き、座《すわ》ってとる。

　芋の掘り起こしが完了したら、山積みした芋の蔓を風よけにして、繋《つな》がっている株から芋をちぎって、自家食用芋、現金化用芋、種芋、傷物、および子芋の五つのグループに仕分け、それぞれ異なる芋俵に入れる。

　日が傾きかける頃には作業を済《す》ませ、収穫した芋を牛車に積み込み家路につく。子供が先頭に立って牛の手綱《たづな》を持ち、その他の者はその牛の牽く車の後ろからついて行く。子供は時々、牛追い語の「おっしょ」（右へ行け）とか「とととと」（左へ行け）、「わぁわぁ」（止まれ）、「しー」（進め）などと声を掛けながら牛を誘導する。なお、馬に対しては次を使う。「どどどど」（左へ行け）、「だあだあ」（止まれ）、「どしどし」（進め）、「おいど」（退け）。主婦は夕食の支度をするため、早めに帰宅しているので、そこにはいない。

　なお、芋の仕分け作業を帰宅後に自宅前の庭で行う農家もある。

　仕分けした芋はおおよそ次のように出荷、貯蔵および加工する。

□芋の出荷

　現金化用の芋は、農協を通して本土の焼酎《しょうちゅう》会社や澱《でん》粉《ぷん》工場などに出荷される。この時期になると、本土から来た大型木造船が岐宿の波止場に停泊して芋を満載して帰る。

□芋の貯蔵

　十月頃から翌年の四月頃にかけて主食となる生芋は芋《いも》竈《がま》に貯蔵する。芋を芋竈に詰めるときは次のようにする。まず、芋が直接土に触れないように底面に麦藁《むぎわら》と籾《もみ》殻《がら》を敷き詰め、四面の壁には麦藁を隙間なく立て掛ける。次に、芋を詰めていくが、途中で数回に分けて、詰めた芋の上に芋が隠れるほどに籾殻を入れる。最後に、最上部に麦藁と籾殻をたっぷりと載せ、菰《こも》を被《かぶ》せる。

芋は寒気に触れたり、温度や湿度が変動したりすると腐りやすいので、このような措置を講じて内部の温度を冬のあいだ一定に保持するのである。

床下の芋竈 —— 畳と床板を取り除いた状態。根太の下に芋竈が見える＝令和元年

またこうすれば、鮮度を保ったまま芋が熟成し、芋に含まれる澱粉《でんぷん》が分解して糖化が進むため芋は貯蔵前に比べて甘く、しっとりとした食感になる。

種芋は、やはり母屋の床下に別に掘った専用の芋竈に右と同じ要領で貯蔵する。

かんころ用芋と子芋は、かんころ作りが始まる十一月中頃まで、芋俵に入れたまま駄小屋などに保管する。この間にも芋の熟成が進み、いっそう甘味を増す。

② 芋利用の仕方

生芋は、芋飯、ふかし芋、芋汁、芋の天ぷら、芋だんご、芋の蕎麦練り、餡、あれ（澱粉）、芋きんとんなどにして食べる。あめがたの原料としても用いる。

かんころは、かんころ飯、かんころ餅、かんころだんご、だご汁などにして食べる。

稀に芋の茎を煮ものやきんぴら、油炒め、味噌よごしにすることもある。

収穫後の芋の蔓は、乾燥させ牛の冬の餌にする。

《芋飯》

十月から翌年の四月にかけての朝昼の日常食は芋飯である。昼飯の分も朝飯と一緒に炊いておく。

芋竈に蓄えた芋を取り出して皮を剝き、一口大に切り、水に五分間ほど浸し（晒し）灰汁《あく》を抜く。水気を切って芋を三升炊きの羽釜《はがま》に入れ、芋がやっと隠れるくらいの水加減で炊く。

羽釜＝令和元年

普段は芋だけを炊くが、変化を持たせるために米、丸麦、粟のいずれかを混ぜて炊くときは、芋の上にそれを載せる。ただし、丸麦だけは事前に炊いておいたものを使う。

竈《かまど》の火を起こすときは、マッチを擦《す》って藁《わら》や紙に火をつけ、びゃーら（小枝の薪《たきぎ》）の下にくぐらせる。火付きが悪いときは、ほこいだけ（火吹き竹）を用いて風を送る。

芋に箸を突き刺してみて、楽に中まで刺されば、芋飯の出来上がりである。炊き上がった米が硬いときは、米と芋の上下を入れ替えてしばらく蒸す。

農作業に出るときは、昼飯分を飯櫃《めしびつ》に入れて、冷めないように毛布などにくるんで持って行く。

竈《かまど》に溜《た》まった木灰は、十能《じゅうのう》を使って取り除き肥料などに用いる。

《ふかし芋》

皮の付いたままの芋を洗ってヘタを切り落とし、大きい芋は適当な大きさに切り五分間ほど水に晒す。三升炊きの羽釜に竹簀《たけず》を載せ、それが浸からない程度に水を張り、水気を切って芋をその上に載せ、中火で蒸す。二〇～三〇分後に箸で刺してみて煮えていたら出来上がりである。

《芋の天ぷら》

晩秋から春先にかけて、冠婚葬祭などの時に作り、普段はあまり作らない。小麦粉を碾《ひ》く手間を要するのと、貴重なかたひ油《あつだ》（椿油）をたくさん使うからだ。

①芋を洗って皮を剝き、二分（六ミリメートル）ほどの厚さに輪切りにして一〇分間ほど水に浸し灰汁《あく》を抜く。

②小麦粉を水で溶い

芋の天ぷら＝平成29年

て衣を作る。

③灰汁を抜いた芋の水気を切り、芋全体に衣をからませて熱したかたひ油で揚げる。芋に竹串《たけぐし》を突き刺してみて、楽に入れば油を切る。皿に盛り付けて塩を添えると完成である。かたひ油で揚げると、仕上がりがサクサクしてとても美味しい。

《芋きんとん》

皮を剥いた芋を小口切りにして三〇分間ほど水に晒してから水気を切り蒸籠《せいろ》で蒸す。蒸し上がったら鍋に移し、熱いうちに木製の杓文字《しゃもじ》で潰《つぶ》して砂糖と少量の塩で味付けし、焦げないようにかき回しながら三〇分間ほど弱火で練る。練ったら、好みの大きさに取り分け、布巾《ふきん》にとって茶巾《ちゃきん》しぼりに仕上げる。

《焼き芋》

焼き芋は、煮たり蒸したりした芋とは違う美味しさがある。たまに囲炉裏《いろり》や風呂竈《ふろがまど》の中心部から少し離れたところの熱い灰を火箸《ひばし》で掘って芋を埋めて作る。

《かんころ》

芋の収穫が終わって農繁期が一段落する十一月の中頃、冷たく乾いた北西風の吹く晴れた日に、身がしまって甘味の増した芋から家族総出でかんころを作る。

①まず芋を四斗樽に入れてから水を張り、二本の棒の下端から三分の一付近を縄で括《くく》って作った、芋《いも》洗い棒《あらりゃぼっと》の上部をそれぞれ手に持って樽の中でX字状に交差させて開き、両手を前後に回転させながら二、三回水を取り替えて洗う。

②洗った芋は、水気を切って皮を剥き、芋いぎっ（穴を

芋洗い＝令和元年

あける小道具）で中央に穴を開け、手製のかんころおろひ（かんころかんな）で長手方向に約一分五厘（約五ミリメートル）の厚さに切っていく。

③続いてかんころ抜きをする。これには二対の稲藁《いなわら》の穂先を互いに結んで作った「ぬっそ」と呼ぶ抜き藁を使う。最初に片方の一対から始める。まず二本のぬっそを一緒に一枚目の切り芋の穴に通し、ぬっその結び目まで寄せる。

④次に一本のぬっそを二枚目の芋の穴に、もう一本を三枚目の芋の穴にそれぞれ通し、その両方を先の一枚目に重ねるように寄せる。以降③と④の仕方を交互に繰り返し、ぬっそが芋でいっぱいになったら、その一対の藁の両端を固く結ぶ。

⑤右と同じ要領でもう

芋の皮剥き＝令和元年

芋いぎっ（上）、かんころおろひ（中央）、皮剥き（下）＝令和元年

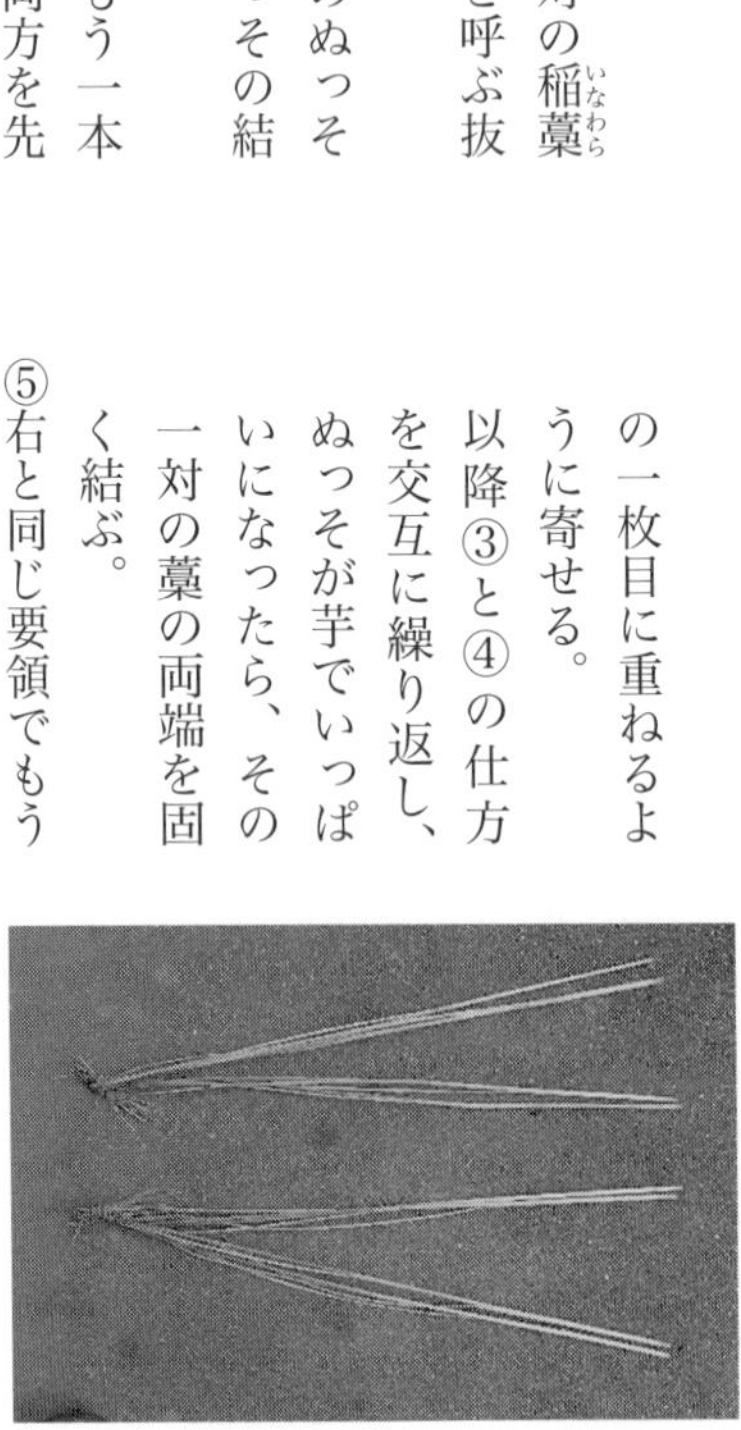

ぬっそ＝令和元年

一対にも芋を抜いていき、最後の両端を結ぶ。これで一束目のかんころ抜きの完成である。既述したが、こうして抜いた芋をそのまま乾燥させたものを「白かんころ」、また茹でて乾燥させたものを「茹でかんころ」という。

一人当たりの年間消費量はかんころ俵二俵ほどだから、抜いたかんころの数は大家族の場合、一軒で二〇〇束以上に及ぶ。かんころ抜きは大勢の人手を要するので隣人や親戚、子供を含む女性たちが加勢する。作業は囲炉裏端で賑《にぎ》やかに行われる。

茹でかんころを作るときは、さらに次の工程がある。

平釜＝令和元年

⑥備え付けの竈またはドラム缶製の移動式竈に、直径三尺（九〇センチメートル）ほどの平釜を載せて、七分目まで水を入れて火を焚き、沸騰したら、ぬっそに差し連ねたままのかんころを釜に入れ、静かに混ぜながらむらなく茹で上げる。

⑦しばらくしてから竹串を突き刺して、かんころの茹で具合を確認し、かんころを茹で過ぎないように気を付ける。茹で過ぎると軒下に吊《つる》す際、かんころがぬっそからはずれバラバラと落ちる可能性があるからだ。

⑧適度に茹だったらかんころを取り出し、一斗ぞうけ（大きな平ざる）などにあげて水気を切る。

⑨途中で釜には水を注ぎ足し、再び沸騰したら、新しいかんころを入れて茹でる。

⑩かんころを干すときは、稲藁の穂先を上にして、軒下の垂木《たるき》に打った釘に掛ける。こうすれば、上下の切り芋が互いにくっつくことはなく、ほぼその全面が空気に触れて乾燥しやすい。棚に干す仕方と比べると場所を取らず、裏返す手間も要らない。さらに雨の心配も不要である。

⑪五日～一週間ほど外気に晒して完全に乾燥させたら、軒からかんころを下ろし、ぬっそから外して

かんころ俵に入れてつし（屋根裏部屋）に貯蔵する。

⑫一定の期間が経過すると、表面に白粉がふき、かんころはいっそう甘味を増し、そのまま食べても美味しい。

一方、白かんころは、茹でないで軒下に掛け、これも五日〜一週間ほど外気に晒し、折れるくらいに乾燥したらぬっそから外し、かんころ俵に入れて貯蔵する。

かんころは、芋竈の芋が尽きる五月から九月にかけて麦とともに主食の材料となる。

《かんころ飯》

生芋の貯蔵ができない五月から九月にかけての朝昼の日常食は、かんころ飯である。昼の分も朝に一緒に炊いておく。

俵から取り出した茹でかんころを洗って羽釜に入れ、隠れるくらいまで水を注ぎ入れて炊く。沸騰したら、全体を杓文字でよく混ぜる。炊き上がったら、杓文字やすりこぎで搗き、半ば餡状《あんじょう》にする。これでかんころ飯の完成である。

季節に合わせて、豌豆《えんず》、唐豆《とまめ》または粟などをかんころに混ぜて炊くと、いっそう美味しいかんころ飯が出来上がり、子供たちにも喜ばれる。

かんころ飯の出来、不出来は、水加減で決まると言っても過言ではない。水が少な過ぎると、出来上がりが固くなるし、逆に水を入れ過ぎると、どろどろの粥状《かゆじょう》になり味が水っぽくなる。いずれも水加減の失敗である。

《かんころ餅》

年末、どこの家もかんころ餅を搗《つ》く。その材料は茹でかんころと餅米で、配合割合は、茹でかんころ一斗ぞうけ一杯（一五斤＝九キログラム）に対して餅米一升（一・八リットル）である。

①前日、餅米を

かんころ餅ともろぶた＝令和元年

よく洗って桶に入れ、一晩水に浸けておき当日、そうけ（平ざる）にあげて水気を切っておく。

②茹でかんころを水で洗って、一斗ぞうけにあげて水気を切り、蒸籠《せいろ》に入れて蒸す。

③途中で蓋を取って見て、かんころが茶色になっていたら、水を切った餅米をかんころの上に載せてさらに蒸す。この場合、よく蒸さなければ、出来上がったかんころ餅に硬い粒が残る。

④かんころと餅米が蒸し上がる直前に、餅搗臼《もっつうひ》と餅《もっ》搗杵《つっきね》を熱湯で洗い、同時に温めておく。

⑤蒸し上がったら、かんころと餅米を餅搗臼に移し入れ、餅搗杵で搗きながら混ぜ合わせ全体を臼になじませる。

⑥引き続いて杵を振り上げて搗く。このとき、いきなり力任せに搗くと米が外に飛び散るので、力を加減する。一般に、搗き手は男性で、返し手は女性である。

⑦かんころ餅に粘りが出てきたら、頃合いを見て、両手に水をつけてかんころ餅全体を丸めて臼から取り出し、打ち粉をした卓袱台《ちゃぶだい》の上に移す。

⑧卓袱台の上で、米粉をつけて揉《も》みながら、おのおのかんころ餅一本の大きさに取り分けて、直径二寸（六センチメートル）、長さ七寸（二一センチメートル）ほどに形を整える。整えたら、もろぶた（縦二尺・横一尺・深さ二・五寸ほどの浅い木箱）に並べる。

多いところでは、一軒の家で七〇本以上のかんころ餅を作る。出来上がったかんころ餅は真っ先に、遠く離れて暮らす息子や娘、親戚、お世話になった人たちに送る。

食べるときは、約四分（一・二センチメートル）の厚さに切り分け、金網の上に載せ、囲炉裏や七輪の火で焼く。

《かからの葉》

春から秋にかけて、白かんころ粉や小麦粉、米粉などでだんごを作るときに欠かせないのがかからの葉である。ゆえにここで、この植物の特徴について若干触れておきたい。

かからはサルトリイバラ科シオデ属に分類される落葉低木である。高さは一〇尺（三メートル）ほどになる。緑色の茎は細くて固く棘《とげ》があり、多く分岐して蔓《つる》状に伸び、托葉《たくよう》の先が変形した巻きひげは一対ずつついて長く

かからの葉＝令和２年

なってほかの低木の枝に絡《から》まり藪《やぶ》を作る。葉は互生し、葉身の長さは一〜四寸（三〜一二センチメートル）の円形または楕円形で、基部は円く葉先は尖って少し凹《へこ》む。葉には三〜五本の葉脈が入り葉の先端で合流する。葉質は革質で硬く全緑で表面に光沢がある。

山間部や丘陵地、農耕地の土手などに自生し、日が当たり水はけの良い場所を好む。四〜五月の若葉は食用にできる。花期は初夏で、秋に二〜三分（六〜九ミリメートル）の赤い球形の実をつける。果実は食用にでき、根茎は薬用に使われる。

学名の「猿捕り茨《いばら》」は、この植物の小枝が鋭い鉤爪《かぎづめ》をたくさんつけて絡《から》み合って伸びるため、引っ掛かると猿も思うように動けないことに由来すると言われる。

《かんころだんご》

かんころだんごは、白かんころ粉をこねて作った生地で餡を包んで蒸しただんごである。かからの葉が青々とした春から夏にかけての慶事や仏事、田植えの日などに作る。

①白かんころを餅搗臼《もっつうひ》で搗《つ》き砕き、できた粉を粗目の篩《ふり》にかける。篩に残った粉は再度餅搗臼に戻して搗く。

②篩った粗目の粉を碾臼《ひくい》で碾《ひ》いて細かな粉にし、細目の篩にかける。篩に残った粉は再度碾臼で碾いて細かくする。

③こうして作った白かんころ粉をこね鉢に入れ、水を少しずつ加えて耳たぶほどの柔らかさになるまでこねる。こねると、白い粉が黒っぽく変色する。

④こね終わったら、粉をつけながら一個分の大きさにちぎっては、手で丸めて薄く伸ばし、中に餡を

入れて包み、形を整える。餡の材料には、小豆《あずき》のほか、時季によって豌豆《えんず》、唐豆《とまめ》、芋などのうち一つを使う（餡の作り方は、別途、後述する）。芋を四分（一・二センチメートル）ほどの厚さに輪切りにして餡に使うこともある。

⑤形を整えただんごは、野山から採って来た、かからの葉の上に載せて蒸籠に並べ、強火で一五分間ほど蒸す。

⑥かからの葉の香りが立ち込めると蒸し上がりである。つやのある黒っぽい、かんころだんごが出来上がる。

輪切りにした芋を餡に使用すると、切っただんごの断面が、生地の黒に芋の黄が鮮やかな、ほの甘い「和菓子」が出来上がる。

《かんころだご汁》

まず、削り節と醤油とでだし汁を作る。かんころだんごを作るのと同じ要領で白かんころの粉を作り、水を少しずつ加えて硬めにこねる。だし汁を鍋に入れ火にかけて沸騰したら、こねたかんころを一口大に取り分け、握ってだし汁の中に落とす。浮き上がってきたら出来上がりである。だし汁の代わりに味噌汁を使っても良い。かんころの味が出て美味しい。

《あめがた》

十一月の中頃、中国大陸から大海原を越えて吹く冷たい風が樹々の梢をかすかに揺らし、高い空では月が皓々《こうこう》として集落の家々をくまなく照らす中、あそこでもここでも煙の立ち上るのが見える。各家の主婦が我が子らに食べさせようと夜なべをしながらあめがた（芋飴）作りに精を出しているのだ。未明に始めた茹でかんころ作りがようやく終わり、そのあと深夜まで続く最後の一仕事である。あめがたは、子供たちが毎年食べるのを楽しみにしている数少ない冬の駄菓子の一つで、その甘くほろ苦い風味は千差万別だが、子供たちは自分の母親の作るあめがたが一番美味しいと信じて食べ、その味を一生忘れることはない。以下はその作り方である。

①かんころを全部茹で終わったあとに平釜に残る白濁湯に、棄てずに取っておいた子芋を入れて茹でる。

②子芋が茹だったら火を引いて冷まし、芋をよく潰して粥状《かゆじょう》にする。

③粥状になったら、麦芽を入れてよく攪拌し、一時間ほど放置する。すると芋汁の糖化が進み、芋汁が透き通ってくる。

なお、麦芽は、次の要領で作っておく。すなわち、浅い桶に裸麦を底が隠れる程度に入れて水に浸し、芽を出させ、芽が四分（一・二センチメートル）程度の長さにのびたら取り出して、長さ一尺（三〇センチメートル）幅三寸（九センチメートル）程度の大きさに切り分け、軒下に吊して乾燥させるのである。

④芋汁が透き通ったら、半切《はんぎっ》（すし桶）の上に竹簀《たけず》を広げて木綿袋を置き、柄杓《ひしゃく》を使って芋汁を攪拌してその中に汲み入れ、口を縛ってから搾《しぼ》る。

⑤こうして釜にある芋汁をすべて搾り終えたら、釜を水で洗ってから、搾り汁を釜に戻し、火を焚《た》いて煮詰める。火加減は初め強く、あとは弱くして、焦げ付かないように、ゆっくりとかき回す。

⑥やがて煮詰まって泡立ち、箸ですくってつらら状になったら、良い出来具合なので火を引く。火を引くタイミングが遅れると、あめがたの苦味が増すので、要注意。

⑦この段階で、好みに応じて、煎《い》った大豆や落花生などを加えると、いっそう美味しいあめがたが出来上がる。

出来上がったあめがたは、金属製の容器に移し取り、冷まし固めて保管する。

食べるときは、固まったあめがたの表面を囲炉裏の火で温めてから、容器を畳の上に置き、柔らかくなった表面部を杓文字《しゃもじ》で削り取るように中央に寄せる。そうしてできた熱い塊を取り出し、両手に持って引き延ばして、たたむ動作を幾度も繰り返す。やがてあめがたが黄金色になったら、米粉か黄粉で打ち粉をした、もろぶたの中に入れ、手のひらで回転させながら直径五分（一・五センチメートル）ほどの棒状に形を整えて、七分（二・一センチメートル）ほどの長さにハサミで切り分ける。

あめがた（芋飴）＝平成30年

子供たちは、この一連の母親の慣れた手付きを傍で見ながら、出来上がるのを待つ。

なお、前述⑥の火を引く少し前の液を「じゅるあめ」と言って、子供のおやつ用に、別に小さな甕《かめ》に取り置きすることもある。これは冷めても固まることはないので、これを取るときは箸に巻き付けるようにする。

余談になるが、昭和後期になると、主食は芋やかんころから米や麦へと変わっていき、主食以外の以前の食事も多くが作られなくなった。あめがたも同様である。

しかし、そのように大きく食生活が変化する中にあっても、かんころ餅だけは依然として作られている。かんころ餅は、都会に暮らす息子や娘、兄弟姉妹、世話になった人たちに送ると喜ばれるので別に用途があるからだ。

ただし、かんころを作る工程の一部――切り芋を乾燥させる工程――が大きく変わっている。現在の農家は切り芋を棚に干し、従来のように切り芋を一枚ずつぬっそに抜いて軒下に掛けて乾燥させることはしない。これには少なくとも三つの理由がある。

その一つは、作るかんころの量が以前に比べて著しく少ないため、庭先に乾燥用棚の空間を確保できることである。

二つ目は、現在は稲を機械で刈り取るため、ぬっそに適した長くて丈夫な稲藁を確保できなくなったことである。

そして三つ目は、棚に干す方式は、切り芋を一枚ずつ裏返す手間を要し、かつ雨天時や夜間の取り込みが必要になり、突風にも注意を払わなければならないが、従来のように、ぬっそを作り、芋に穴を開けて切り芋を一枚ずつぬっそに抜く、といった人手を要する工程がないことである。

二、裸麦・小麦

①麦の栽培・精麦

□当地で生産する麦の種類

麦には、大麦と小麦がある。大麦には二条種と六条種があり、いずれにも皮麦と裸麦がある。皮麦は穀皮が子実に密着していて皮が剝《は》がれにくく、また裸麦は皮に糊状物質がなく脱穀すると皮が容易に離れてツルツルした子実が現れる特徴がある。二条種は主として麦芽（ビール）、焼酎、飼料に利用される。一方、六条種の皮麦は麦飯や麦芽などに、また裸麦は麦飯や麦麹《むぎこうじ》、こうばい（はったい粉）、麦芽などに利用される。

小麦は主として粉末にして利用されるほか醤油の原料にされる。当地で生産する麦種は裸麦と小麦である。

□麦の種播き

麦は、主に大豆を収穫したあとの畑地で作るが、芋を収穫したあとの畑地に作付けすることもある。麦の種を播くのは十月頃である。冬に向かうこの時期、大陸から東シナ海を渡って吹く季節風が次第に強くなる。十一月以降、海岸寄りの畑地では、時々容赦なく吹きつける強い潮風を受けて麦の芽が地面すれすれまで枯れてしまうことが珍しくない。反面、強い潮風を受けてミネラル分をたっぷりと含んだ土壌は、麦に旨味《うまみ》を与えると考えられている。そのためか当地を訪れてぞろ（手打ちうどん）を食べた人は決まって言う。――「コシと香りがあってとても美味しい」

□麦踏み

種を播いてから三枚目の葉が出る頃、麦踏みを始める。蟹の横歩きの格好をして畝を足で踏みつけていく。簡単な作業なので、子供たちもこれを手伝う。麦踏み時の土壌の水分は、足に土がつかない程度を目安にする。麦踏みの効果は次の五つである。①霜柱などによる凍霜害を防ぎ耐寒性を向上させる、②分蘖《ぶんけつ》を促進する、③根の張りを良くする、④徒長を防ぐ、そして⑤成長後の倒伏を防ぐ――。

□麦の収穫

四月中旬、沿海部や農耕地のあちこちで雉《きじ》の鳴き声がすると、いよいよ麦の収穫期である。

鎌で刈り取った麦は、その場で三、四日間干す。

当地で「麦叩《むんたた》っ」と呼ぶ脱穀作業は次のように行う。まず、「ねこだ」と呼ぶ藁縄《わらなわ》で編んだ九尺×六尺（二・七メートル×一・八メートル）ほどの丈夫な敷物を六枚ほど敷き並べ、周囲に麦藁《むぎわら》を差し入れて中央部より多少高くし、脱穀中に麦が外にこぼれないようにしておく。

次に、ねこだの上に麦穂を中央に向けて隙間なく敷き並べ、打ち手がその周りに立って脱穀を行う。脱穀には当地で「唐穂《カラホ》」と呼ぶ農具を用いる。これを各人が一個ずつ持って麦穂から麦粒を叩き落とすのである。

唐穂は、直径約一寸三分（四センチメートル）、長さ約五尺（一・五メートル）の竹の先に長さ約四尺（一・二メートル）の四本のほぼまっすぐな直径三分（九ミリメートル）ほどのゆす（ゆすのき）の枝をつんだ（つづらふじ）の蔓で縛って「穂」を作り取り付け、その先端が約五寸（一五センチメートル）幅に広がるように細工し、ゆすの枝が竹の先端を基点にして前後に三六〇度回転できるようにしたものである。

麦叩き　提供：岐宿町

　脱穀作業が一段落したら二人が一組になって、麦粒から藁屑を除去する作業に入る。一人が藁屑《わらくず》の混じった麦粒を箕《み》ですくって頭上に持ち上げ、ゆすりながらそれを少しずつ落下させ、もう一人が手回し扇風機（本節第三項1を参照）で風を送って、軽い藁屑を吹き飛ばし、重い麦粒だけを手前に落下させるのである。こうして選別した麦粒を叺《かまん》に詰めて母屋の物置場などに貯蔵する。

□精麦

　裸麦の精麦には、当地で「なでうひ」と呼ぶ搗臼を使う。一回目は「粗搗《あらつ》き」といって麦粒が一皮剝《む》けるまで搗くが、このとき水を少し加えると、皮が剝けやすくな

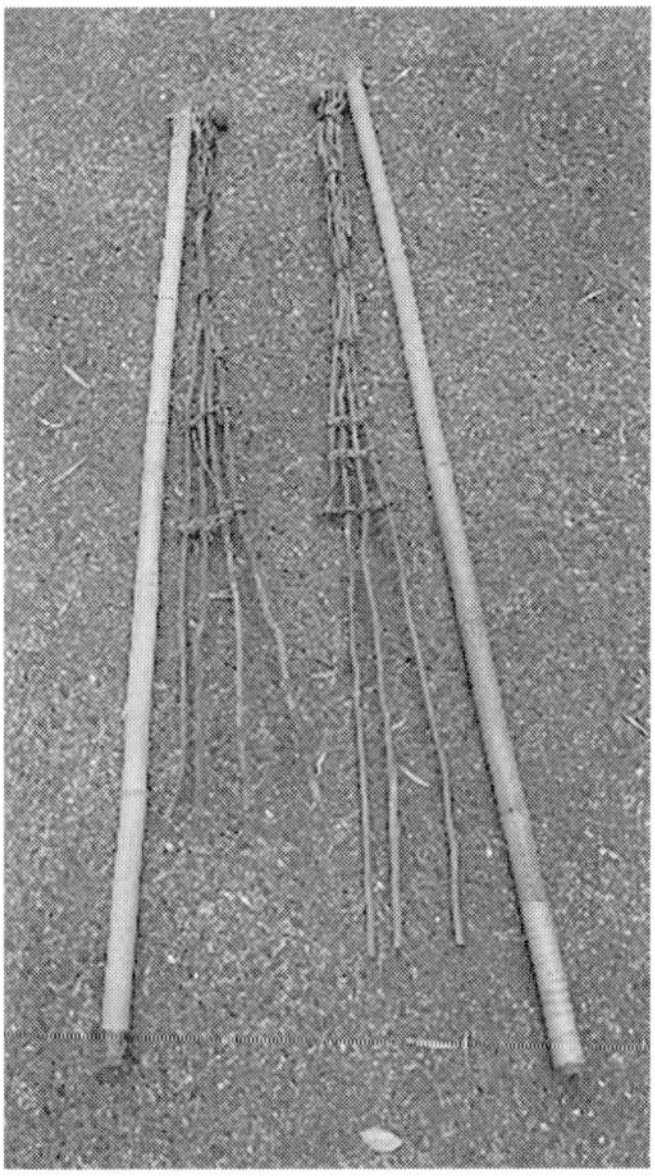

唐穂

なでうひ　　提供：松山氏

るとともに麦粒が臼の外に飛び散らない。粗搗きした麦は屋外で干し、十分に乾かしてから箕を使ってふすまを飛ばす。二回目の中搗きも、同様に水を加えてから搗き、乾かす。完全に乾燥したら、俵に詰めて保管する。

一人が一年間に食べる麦の量は約一俵であるから、家族の多い家は、精麦に相当な人手を要す。それゆえに、作業は夏の天気の良い日に隣家などと互いに協力し合って行うのが普通である。

精麦した裸麦を「丸麦」、また精麦しない裸麦を「荒麦」という。

小麦の精麦は、右の一回目の粗搗き・乾燥・ふすま除去の行程だけである。

この精麦の仕方は終戦後になると次第になくなる。

2 裸麦・小麦利用の仕方

丸麦は麦飯にして食するほか、味噌やはったい粉の原料となる。ただし麦飯を炊くときはその直前に、既に中搗きして保管しておいた丸麦を取り出して三回目の仕上げ搗きをする。仕上げ搗きをした丸麦は、すぐに味が劣化するためほとんど取り置きしないからだ。

一方、荒麦は醤油やあめがた（芋飴）用麦芽の原料となる。

また、小麦は粗搗《あらつ》きして乾燥させたあと、碾臼《ひきうす》で碾《ひ》いて粉末にして蓄えておき、必要に応じて再度碾いて細粉化して使う。用途は、ぞろ（手打ちうどん）や手のひらだんご、かからだご、つんきっだご、天ぷらの衣などである。醤油の原料にもなる。

《麦飯》

麦は年中食べる主食である。当地では日常、朝昼は芋飯またはかんころ飯を食べ、夕は麦飯を食べる。普段は麦だけの飯であるが、たまに米や粟、小豆を混ぜて炊くこともある。

麦を研《と》いで、水を多めに入れて火にかけ、途中で三回水を差しながらとろ火でゆっくり炊き上げる。水の量が不足したり、あまりに強火で炊いたりすると出来上がりがパラパラして美味しくない。炊き上がったら火を引いてしばらく蒸らす。炊きたての麦飯は粘りがあって美味しい。

米や粟を少し混ぜて炊くときは、麦を先に炊き、三回目の差し水のときに米や粟を入れると、麦飯がちょうど良い加減に出来上がる。小豆入りの麦飯を炊くときは、最初から麦と一緒に混ぜて炊く。丸麦だけで炊く場合よりも、色に変化があり、甘味や歯触りがよくなって、いっそう美味しくなり子供たちにも喜ばれる。

熱い麦ご飯は、冷や汁をかけるとか、自家製のなめ味噌をつけるなどして食べても美味しい。余分に炊いた麦飯は、ねまら（腐ら）ないようにたかいげに入れて涼しい軒下や井戸の中に吊す。

《冷や汁》

冷や汁は方言では「ひやっしゅっ」という。簡単に調理ができ、かつ早く食することができるので、夏場に忙しい農家にとって最適の食事で、夕食用によく作る。

青じその葉をすり鉢ですり、続いて味噌を入れてする。胡瓜《きゅうり》を薄い輪切りにし、別の容器に入れて少し味噌をつけ手で揉み込み、しんなりさせる。胡瓜、青じそ、味噌を混ぜ合わせ、適量の冷たい井戸水を入れ、ほぐした焼魚を加えて味を調える。味付けは濃いめが良い。この汁を朝のうちに炊いておいた麦飯にもかけて食べる。夏の暑い盛りの冷や汁は、何杯でもお代わりをしたくなるほど食欲を増す。

《ぞろ》

手打ち麺《めん》または手打ちうどんのことを当地では「ぞろ」と呼ぶ。ぞろは慶事や来客などの時にどこの家でも必ずと言ってよいほど作る料理の一つである。

室町時代の宮廷女官たちが使っていた女房詞では、索《そう》麺《めん》を「ぞろ」と呼んでいたそうで、その語源は素麺をすする音だと言われる。岐宿のぞろがそれと同じとすると、当時勘合貿易の中継基地だった川原浦に立ち寄った貿易関係者がその呼称を伝えたのであろうか。

ぞろ作りは、もっぱら主婦の仕事で「ぞろ打ち」ともいい、その技法は代々親から子へと引き継がれている。使う小麦は、ミネラルを含んだ潮風を浴びて、たくましく育った地元産だ。

ぞろ打ちは、小麦粒を碾臼《ひくひ》で碾《ひ》いて粉にするところから始める。碾臼は、ほぼ同じ形をした二つの御影石製の円盤を重ね合わせたもの（頁二七八の写真参照）で、いずれも直径が一尺（三〇センチメートル）、厚みは五寸（一五センチメートル）ほど。主婦は、その前に座って、下臼の上で上臼を片手で回転させ、もう一方の手で上臼の穴から小麦や米などの穀物を供給し、両臼の境目でゆっくりと粉砕する。回転方向は、右利きの人は反時計回り、また左利きの人はその逆である。

石臼は、製粉時に発熱して成分を壊したり、急速に食品を酸化させたりしないので、栄養素を破壊することがない。それゆえに出来上がりがまろやかな深みのある味わいになる。また粉の断面が複雑な形状になるので、味わいにコクが出る。香りも失われない。

ぞろ打ちに使う粉は、碾いた粉を粗目の篩《ふり》にかけて得た粗碾き粉である。これを使って例えば次のように作る。

①一升強（一キログラム）の粉を練り鉢に入れ、二合強（四百グラム）のぬるま湯に大さじ一杯（一六グラム）の塩を溶かして作った塩水を、少しずつ注ぎ、塩水がまんべんなく行き渡るように、グルグル回しながらこねる。

②こね終わったら丸く形を整え、練り鉢から取り出して木綿袋に入れ、その口をしっかり縛って二、三時間寝かせて熟成させる。

③頃合いを見て板張りの床の上に厚紙（穀物用紙袋など）を広げ、その上に熟成した生地の塊を袋に入れたまま載せ、その上に同種の厚紙を被せる。さらにその上に「どんざ」と呼ぶ、布地を幾枚も重ねて縫った厚手の着物を被せ、その上に人間が乗って繰り返し足で踏む。

④生地がしっとりしてきたら袋から取り出し、打ち粉をした卓袱台《ちゃぶだい》の上に置き、手で四つに取り分け、それぞれに打ち粉をする。

⑤その一つを卓袱台の上で一・五分（四・五ミリメートル）ほどの厚さに麺棒を使って均一に伸ばす。

⑥伸ばしたら、さらに打ち粉を振りかけ三つに折って波形にたたむ。これを俎板《まないた》のうえで端から二分（六ミリメートル）ほどの間隔で切っていく。

⑦切った麺を両手で軽く掴《つか》んで打ち粉をしたもろぶたに移し、切った断面が互いにくっつかないように、ばらしておく。

⑧こうして全部を切り終えたら、鍋にたっぷり水を入れて沸騰させ、麺を入れて一五分間程度茹でる。このとき、沸騰水が噴きこぼれないように、

ときどき水を差す。

⑨一、二本食べてみて芯《しん》がなければ出来上がっているので、ざるにあげ、冷水でぬめりがなくなるまで四、五回もみ洗いを繰り返してから水気を切る。コシが強く弾力のある、のど越しの良い太い麺の出来上がりである。

⑩食べるときは、この麺を適量お椀《わん》に取り、熱いだし汁をかけ、上に細かく刻んだ小ねぎを振りかける。

当地では、おせち料理を作る習慣がないから、年越しから正月三が日にかけて食事の中心はぞろである。

普段どの家も動物の肉をめったに食べないが、このときだけは特別に自分の家で飼っている鶏をつぶす。ぞろのだし汁も鶏肉がベースとなる。この場合、だし汁は鶏肉のほか昆布《こんぶ》、ごぼう、こんにゃく、自家製の蒲鉾《かまぼこ》を一緒に煮て作る。一方、鶏をつぶさない家は、後述するあご（飛魚）のだし汁を使う。

大家族の家では一度に小麦五升（九リットル）ほどからぞろを作る。このため主婦は、幾日も前から小麦を碾臼で碾いてぞろ作りの準備に取りかかる。ぞろは幼い子供たちも喜んで食べる。

《餅を載せたぞろ》

昔から岐宿には、年越しや正月三が日に、ぞろの上に焼いた白餅を載せ、だし汁をかけて食べる習慣がある。このときに使うだし汁も、前述の鶏肉またはあごをベースにしたものである。

ちなみに富江《とみえ》地方の繁敷《しげじき》にも同じ食習慣があるが、それは今から六百余年前、五島藩の礎を築いた宇久家第八代覚が鬼宿（岐宿の旧名）に侵攻したとき、地元の豪族貞方家の家来がその地に逃れて伝えたことが起源だと伝わる。

《手のひらだんご》

だんごといえば、丸い形をした食品を連想するが、手のひらだんごは、平たい形をしている。夏から秋にかけて作る。材料は小麦粉または白かんころ粉で、作り方はいずれの材料を用いても基本的に同じである。ここでは小麦粉を材料にした手のひらだんごの作り方を記すことにする。

①まず、小麦を碾臼《ひくい》で碾《ひ》き、篩《ふる》って得た粉をこね鉢に入れ、水を少しずつ注いで耳たぶほどの柔らかさにこねる。このとき塩を少々加えると美味しく

なる。

②こねたら、適量を取って手のひらの上で薄く伸ばす。その大きさは五本の指を揃えて開いた手のひら程度で、厚みが二～三分（六～九ミリメートル）ほど。

③それを沸騰している湯の中に一つずつ入れて茹《ゆ》でる。

④浮き上がって来たら、杓子《しゃくし》ですくってざるにあげ水気を切る。

⑤使ったこね鉢に黄粉を入れて砂糖を混ぜ合わせ、その中に手のひらだんごを入れ、まぶすと出来上がり。

手のひらだんご＝平成29年

地元産の小麦を使った手のひらだんごは、モチモチした弾力のある食感と、しっとりとした口当たりがあり、噛むほどに小麦特有の風味が口の中に広がる。来客をもてなすのに最適な特別食の一つである。それゆえに各家の主婦は、あらかじめ一定量の小麦粉と黄粉を碾臼で碾いて蓄えておき、来客があったときには、すぐにこれを作って茶と一緒に出せるようにしている。

当時から六〇年以上が経過して地元の食生活も大きく変わったが、今でも手のひらだんごは、来客をもてなすときに作られている。

《かからだご》

当地で「かからだご」は、かからの葉を敷いて作っただんごの総称である。従って前述の「かんころだんご」や後述の「米の粉だんご」もその範疇に含まれるが、一般に小麦粉を主体として作っただんごを呼ぶことが多い。

かからだごは、かからの葉が生長して青々としている四月から八月にかけての慶事や仏事、田植えの日などによく作る。かからの葉の枯れる秋以降も同種のだんごを作ることがあるが、そのだんごはかからだごとは呼ばない。

かからだごの材料は小麦粉、米粉、小豆、砂糖および塩である。小麦粉と米粉の比率はおよそ一〇対七。

①前夜に水で洗ってほといばかい（水に浸して戻し）ておいた米をざるに移し水気を切って干す。
②半乾き以上に乾燥したら、それを碾臼で碾き粉にする。
③その米粉をこね鉢に入れ、同じく碾臼で碾いて作った小麦粉を加え混ぜ合わせたあと、水を少しずつ注ぎながら耳たぶほどの柔らかさになるようにこねる。
④こね終わったら、だんご一個分の大きさにちぎって、手のひらで丸め、平たくして餡を包み込み、形を整えてかからの葉の上に載せて蒸籠《せいろ》で蒸す。
⑤蒸籠から盛んに白い湯気が立ち上り、かからの葉の香りがし始めると蒸し上がりである。

だんご ── 9月から翌年3月にかけてはかから以外の葉を敷く＝平成29年

なお、粒餡の作り方は第三項2の《ぼた餅》を、また漉《こ》し餡の作り方は第七項の《漉し餡》をそれぞれ参照願う。

《つんきっだご》

手指でつねる、または手指でちぎることを方言で「つんきっ」という。「つんきっだご」は、そうして作るいわゆる「すいとん」のことで、普段よく食べる。

碾臼で碾いた小麦粉を水で少し硬めにこねてから一口大に指先でちぎって、季節の野菜の入った味噌汁の中にぽたぽたと落とす。だんごが浮き上がってきたら、つんきっだごの出来上がりである。煮過ぎると小麦粉が溶け出すので要注意。

《こうばい》

はったい粉を当地では「こうばい」と呼ぶ。丸麦（裸麦）を鉄鍋で炒って碾臼で碾き、粗い粉状にしたもの。麦の収穫直後の四～五月に作って食べる。灰褐色で独特の香りと芳ばしさがある。消化が良く栄養があり、ビタミン、ミネラル、植物繊維、カルシウム、鉄分が豊富で保存性がある。簡単に作ることができ、砂糖を使うので、おやつとして子供に人気がある。しかし、昭和前期は砂糖が貴重だったので、子供はそれを存分に使うわけにはいかない。母親が傍で見ていて、必要以上に使うと叱られるからだ。

作り方は、茶碗にこうばいを入れ、適量の砂糖を加えて混ぜ合わせ、その中に熱湯を少しずつ注ぎ込み、箸でかき回しながら適度の硬さにこねると出来上がり。湯を入れ過ぎると、どろどろとして本来の風味が失われるので要注意。

《麦酢》

五島では酢を白かんころ、大豆、および麦麹《むぎこうじ》で作る家も少なくないが、ここでは裸麦の粗搗きと荒麦（精麦していない裸麦）で作る手順を記す。

麦酢は七~八月に作る。仕込みに用いる材料の容量比は一回目の粗搗き二、荒麦一、湯冷まし六とする。

①裸麦を粗搗きして、これを水で洗って、半日ほど水に浸しておく。
②翌日、水を十分に切った粗搗き裸麦を蒸籠で一時間ほど蒸す。
③つひにござ（いなまつ〈藁筵〉でもよい）を敷き、その上に洗った晒し布を広げ、さらにその上に蒸した麦を広げ、うちわで風を送りながら杓文字《しゃもじ》で切るようにして水分を飛ばし、温度を下げる。
④人肌くらいの温度になったら山形に盛って晒し布で包み敷物を半分に折って被せておく。
⑤三、四日を経過すると、種麹《たねこうじ》を入れなくても自然に麹菌が繁殖して胞子がつく。そのまま丸一日おく。
⑥その間、麦の温度が上昇するので、内部の温度が摂氏三〇度以上にならぬように時々薄く広げて放熱する。
⑦胞子は最初白っぽい色をしているが、次第に黄緑色に変色する。六日目頃までには麦麹が完成する。
⑧こうなったら敷物を広げ、麹を完全に冷ます。
⑨荒麦を釜で炊いて人肌の温度まで冷ましてからすくって麹と一緒に甕《かめ》に入れ、湯冷ましを注いで混ぜ合わせる。

⑩甕の口は厚い和紙で蓋《ふた》をして、さらにその上に紙を被せて紐《ひも》で括《くく》っておく。
⑪一カ月ほどすると、表面に膜ができ、ブツブツと泡が出る。麦酢の完成である。上澄みを柄杓《ひしゃく》ですくって別の甕《かめ》に移す。

最初に取ったものを一番酢といい、上澄みを取ったあと、麹と湯冷ましを入れて三番酢まで取ることができる。が、二番酢まで取るのが普通である。

三、米

① 米の栽培

□苗作り

岐宿町は福江島最大の米どころで、岐宿小学校の校歌にもこう詠われている。「みわたすかぎり千町田《ちまちだ》のいねの穂なみの音高く……」

四月、種籾《たねもみ》を苗床に播く。播く種籾は、籾を水に入れて粃《しいな》だけを浮かせ除去する方法で選別し、一週間ほど水に浸して発芽を促す。

苗床は乾燥した土に籾殻を燻《いぶ》して作った燻炭《くんたん》と肥料を混ぜて作る。苗床に種籾を播き、水を張って一カ月ほどで苗の本葉が四〜五枚、草丈が五寸（一五センチメートル）ほどに生長するので、この頃が良い植え時である。

□田植え

我が国の田植えは、古くは田の形に沿った「回り植え」や「車植え」が一般的だったが、明治三十年代に苗を縦横に整然と植える「正条植え」が全国的に普及していった。正条植えは間隔が揃って稲にむらなく日が当たり、風通しも良くなり、除草作業の能率も上がり、収量が増えると言われ、その後この植え方が主流になる。

さて、当地では梅雨の頃、田植えの前日の夕方か当日の早朝、苗床の苗を抜き取り、一つが片手で持てる大きさに藁《わら》で束ね、田植えの準備が完了した水田まで牛車で運ぶ。

最上段の棚田の土手の下には、直径二尺（六〇センチメートル）ほどの小さな湧水地があり、その湧水がすべての棚田を上から順に潤していく。この湧水地には「田ノ神」が祀《まつ》られており、水田の持ち主は田植えを始める前に、必ずそこにお神酒《みき》を注ぎ、赤飯を供えて、稲作の豊穣を祈願する。

田植えは、親族や近隣の者が加勢する。この時期は小

田植え風景　　提供：岐宿町

中学校も休みになるので、男の子は二人一組で「縄張り手」となって、それぞれ相対する畔に立ち、棒に結わえた縄を水面に張る。この縄には全長にわたって幅七分（二・一センチメートル）ほどの帯状の布が目印として六寸（一八センチメートル）ほどの等間隔で結びつけられている。

七、八人の早乙女《そため》が横一列に並び、それぞれ左手に苗束を持ち、そこから一株当たり三、四本の苗を右手で瞬時に取り分け、目印の真下に次々と植えていく。植え終わった早乙女《そため》は後ろに一歩下がり、次に縄が張られるのを待つ。

このとき、もたもたしている早乙女《そため》は泥水を顔にかけられることがある。縄張り手がいたずらをして、張った縄をわざと急に持ち上げるのである。泥水をかけられた早乙女《そため》は「あらよっ」と言って顔を手の甲で拭くが、いよいよ顔は泥だらけになり、その場に笑い声を誘う。屈《かが》んで一日に数千回も繰り返す単調できつい作業を続ける早乙女たちにとって、このいたずらは突然差し入れられた一服の清涼剤である。

□さのぼり

田植えが終わった日に「さのぼり」と称す風習がある。水田の持ち主は、水田から三束の苗を持ち帰り、屋外に祀られている地荒神に供えるとともに、その晩、加勢人たちを自宅に招いて、馳走や酒を存分に振る舞うのである。それゆえに、その家の主婦は前日から、当日の昼や晩の食事の準備に追われ、ほとんど寝る時間もない。

加勢人をもてなすための食事は大抵、次のようなものである。すなわち昼食は赤飯や煮しめ、せん切り大根の酢和え、茶、また午後三時のおやつはかからだご茶、そして夕食は豪華に米ん飯、揚げ豆腐やえのいも（里芋）の味噌汁、鶏肉のだし汁を使ったぞろ、煮しめ、人参と大根の酢和え、酒、茶など。

このきつい労働から解放された農家の人々は後日、海や川に出かけて、釣りや海藻採りなどを楽しみながら、つかの間の休養をとる。

□田の手入れ

浅緑の苗の田植えが過ぎると、絶えず水田に水を引き入れ、除草し稲を育てる。水の管理は、田植えの直後は分蘖《ぶんけつ》を促すため水深は浅く、出穂から開花にかけては稲が最も水を必要とするので深くし、開花後は次第に浅くしていき、収穫前に水を完全に落とす。また除草も常に心掛ける必要がある。雑草は稲の生育を妨げるだけでなく、病原菌や害虫のすみかとなって病虫害をもたらすからである。

□稲の収穫

やがて秋になり稲の収穫期が近づいたら、稲刈りの一〇日ほど前に田の水を抜く落水を行う。これは稲の登熟《とうじゅく》を完了させ、脱穀時までに稲に含まれる水分（二〇～三〇パーセント）を一五パーセント程度まで乾かし、保存に適し、かつ美味しくするための一工程である。

この頃、棚田は見渡す限り黄金色に染まり、稲穂は幾重にも重なる波のように秋風にそよぎ、無数のアキアカネがその上を気ままに群れ飛ぶ。農家がこの上ない喜びに包まれる季節である。

稲刈りは一家総出で行い、田植えの時ほどではないが、親族にも加勢を頼む。地上二寸（六センチメートル）ほどの部分を鎌で刈り取った稲は、一〇～一二株分を一把にして藁で束ね、約二週

手回し扇風機＝令和元年

脱穀機＝令和元年

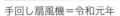

間、稲架《はさ》に掛けて乾燥させ、脱穀機で脱穀する。脱穀機は直径一尺七寸（五〇センチメートル）ほどの円筒形の扱胴《こきどう》に逆V字型の針金を一定間隔に取り付けたもので、踏み板を踏むと自動的に連続回転する仕組みになっている。これを田地や屋敷の庭に敷き詰めた六枚ほどのねこだの中央部に据え付ける。

脱穀作業は二人一組で行う。一人が脱穀機の踏み板を踏みながら、もう一人から稲藁の束を片手で受け取り、素早く別の手に持ち替え、それを勢いよく回転する扱胴《こきどう》の最上部に押し当てて穂から籾をこそぎ落とすのである。

この作業が一段落したら主従が交代し、一人が脱穀したばかりの籾を箕《み》ですくって頭上に持ち上げ、ゆすりながら籾を少しずつ落下させる。その間にもう一人が扇風機を手で回して風を送り軽い藁屑《わらくず》だけを吹き飛ばす。こうして選別された籾を叺《かまん》に詰めて母屋の物置場に貯蔵する。

□収穫前後の田

稲刈りの一〇日ほど前に田の水を抜いたあと、棚田に蓮華草《れんげそう》の種を播く。蓮華草はマメ科の植物で根に根粒菌が寄生していて、大気中の窒素を取り込んで根に蓄えて土壌を肥沃にする働きがあるので、休耕中の田を肥やす目的で植えられる。また牛の飼料にもされる。

翌年、新学期が始まる頃になると、満開の蓮華草の花が棚田を薄紫紅色に染める。女の子たちは嬉々として、その花の上を走り回り、寝転び、そして花を摘んで髪飾りや首飾りなどにして遊ぶ。一方、男の子たちはその上で相撲を取る。

蓮華草は採種後に、鋤で土にすき込まれ緑肥にされる。いよいよ次の田植えに向けた準備の始まりである。

□稲藁の利用法

稲藁の用途は非常に多岐にわたる。牛の飼料、厩舎の敷床、堆肥、筵《むしろ》・ねこだ・叺・米俵・芋俵・かんころ俵・炭俵・さんどおら《すんどおら》（俵底・俵蓋《たわらぶた》）・こえかり（肥負い）・もっこ・蓑《みの》・菰《こも》・かりなわ（背負い縄）・いでなわ（束ね縄）・ぬっそ・蒸籠の輪・注連縄・藁草履などの材料、屋根や土壁用の材料となる。稲藁を使ったこれらの農具や民具は、すべて各農家の自家製である。

２ 米利用の仕方

米には粳米《うるちまい》と餅米《もちごめ》の二種がある。粳米は米ん飯や生ずし、巻きずし、ばらずし、炊き込みご飯、混ぜご飯、にぎり飯、米の粉だんご、ぞうよ、甘酒などに用いる。

一方、餅米は赤飯、白餅や餡餅、かき餅、かんころ餅、ぼた餅、米の粉だんご、雑煮などに用いる。

既述の通り、収穫した籾の大半は供出し、残った籾も現金化して手元にはわずかしか残さないので、米を食べる機会は冠婚葬祭や行事、接客など特別の日に限られる。

《米ん飯》

米ん飯は、米だけを炊いて作った飯、すなわち白飯である。三月節句、田植え、お盆、神社祭、運動会、遠足、法事、および接客などの時に炊く。

普段は芋飯やかんころ飯、麦飯を食べ、米ん飯はめったに食べない。年末から正月三が日にかけてでさえ、ぞろや雑煮、ぜんざいなどを主に食べ、米ん飯が食卓に上ることはほとんどない。

ただし、仏壇に供える、おはっちゃん（炊きたてのご飯の一膳目の意。お初もの）だけは毎朝、三勺（五四ミリリットル）ほど炊く。どこの家も先祖を何よりも大切にするので、どんなに貧しくても仏壇には米ん飯を供えるのである。夕食時にこの供え物をいただくが、時間が経って表面が乾燥し硬くなっているので、飯釜の蓋をとって、炊き上がったばかりの麦飯や芋飯、かんころ飯などの上に載せて蒸らす。

《赤飯》

赤飯《せきはん》は主に慶事の時に作る。材料と分量は餅米一升に対して小豆一合であるが、餅米単一ではなく粳米を半分混ぜて炊いても良い。

まず、小豆をよく洗って鍋に入れ、かぶる程度に水を入れて火を付ける。ひと煮立ちしたら湯を捨てる。再度、小豆がかぶる程度に水を入れて茹《ゆ》でる。一方、米は洗ってざるに移し、水気を切って三〇分間ほどおく。小豆が二本の指でやっと潰れるほどの柔らかさに煮えたら、こね鉢の上にざるを載せて、その中に小豆と煮汁を移し両者を分ける。このとき、煮汁は捨てないで別の

赤飯＝平成30年

容器にとっておく。こね鉢の中で小豆と米をさっと混ぜてから蒸籠《せいろ》に入れて蒸す。米が柔らかくなったら、とっておいた小豆の煮汁に塩を少々加えて全米粒にまんべんなく行き渡るように注ぎ入れ、五～一〇分間おけば出来上がり。

《生ずし》

生《なま》ずしは、地元の魳漁《かますりょう》が盛んな時期と新米の収穫期とが重なることから考え出された、地元固有の料理である。明治の初めには既に、その調理法が確立していたという。よく混同されがちだが、他の地方にある同名のすしや生（き）ずしとは、作り方や材料、風味がまったく異なる。また、呼称も「なまずし」が正しく、「きずし」ではない。

生ずし＝平成30年

生ずしは、秋の冠婚葬祭や上棟式の時には必ずと言って良いほど、どこの家でも作り、樽酒や祝儀をもらった家々に対する返礼用にも使う。返礼には、もろぶたの中にこの生ずしに加えて、巻きずし、板蒲鉾《かまぼこ》、巻き蒲鉾、煮しめ、羊羹《ようかん》、寒天、ぞうよ、および赤飯などの諸料理を一緒に並べて持参する。

生ずしの材料と分量は、米一升（一・八リットル）に対して酢一合（一八〇ミリリットル）、砂糖一合五勺（二七〇ミリリットル）、塩大匙二杯、魚の切り身半斤（三〇〇グラム）、大根一本、人参一本。

①まず酢と砂糖、塩で合わせ酢を作る。

②具は、その日に獲れた新鮮な魳《かます》の切り身と大根の茎と根、人参を使う。何らかの事情で魳が手に入らなければ、鯵《あじ》で代用する。ただし、いずれにせよ、その日に獲れた新鮮な魚でなければならない。

③魚は三枚におろし皮をはぎ、小骨を取り除いて刺身状に切り、薄塩をまぶす。

④大根と人参をみじん切りにし、塩もみしてからしっかり絞る。

⑤ご飯は、水の分量を普段より少な目にして、だし昆布を入れ、出来上がりがやや硬めになるように

炊く。
⑥ご飯が炊き上がる前の二時間程度が理想的だが、最短でも二〇分間は、切り身を合わせ酢の中に入れて締めておく。
⑦ご飯が炊き上がったら、そのおよそ半量を半切《はんぎっ》に移し薄く伸ばす。その上に切り身を一つ一つ重ならないように並べ、さらにその上に残りのご飯を全部入れて薄く伸ばし、手で軽く押さえたあと三分間待つ。
⑧この間、みじん切りにした大根と人参を、残った合わせ酢に浸す。
⑨切り身が白く変色したら、魚の身をほぐしながらご飯をかき混ぜる。
⑩ご飯が熱いうちに大根と人参、残った合わせ酢を入れ、全体に行き渡るように、杓文字《しゃもじ》で縦に切るようにかき混ぜる。ご飯が熱ければ熱いほど、かけた酢が飯粒に吸収されやすく、美味しく出来上がる。また、かき混ぜながら、うちわで煽《あお》いで、ご飯に風を送り込み、急速に飯粒の表面の水分を飛ばすと、艶《つや》のある生ずしが出来上がる。
⑪ご飯が人肌ほどの温度まで冷めたら、大根と人参を散らして混ぜ、濡れ布巾《ふきん》をかけておく。
⑫生ずしを皿に盛ったら、その上に錦糸卵と紅生姜《べにしょうが》を載せて飾り、さらになんてんの葉を添えるといっそう見栄えがよくなる。

著者が平成二十九（二〇一七）年に取材のために帰省したときのことである。喜寿になった小中学同級生の女性たちが、懐かしい郷土料理を作って我が家に持ち寄ってくれた。そのうちの一人は、その日、海が時化《しけ》て魳《かます》が手に入らなかったと言って、生ずし作りを諦め、別のすし料理を持参した。生ずしに使う魳は、その日に獲れた新鮮なものに限る、というのが彼女たちの一致した考えだった。冷蔵庫のある今日においてさえ、地元の人たちは依然としてこの料理では「その日に獲れた魚」に拘泥しているのだ。

この日彼女たちは、料理のほかにも十数種の郷土料理の作り方をメモにして著者に手渡してくれた。右の生ずしの作り方は、そのメモを基礎にして詳述したものである。この日に持ち寄ってくれた諸料理は一品ずつ写真に撮り、本書に掲載した。

《巻きずし》
巻きずしは冠婚葬祭や運動会の時などに作る。材料は米、海苔《のり》、厚焼き、かんぴょう、酢、砂糖、塩、醬油などである。

①海苔を軽く火で炙《あぶ》る。厚焼きは四分（一二ミリメートル）角に細長く切る。

②かんぴょうは数分間水に浸してから水気を切って塩をまぶし、しんなりするまでもみ洗いして水気を切る。

③鍋に水を入れ、沸騰したら、かんぴょうを入れて一〇分間ほど茹で、水気を切る。

④鍋に水と砂糖と醬油を入れ煮立ったら、かんぴょうを入れて弱火で煮汁がなくなるまで煮る。

⑤合わせ酢を作る。材料と分量は、米一升に対して酢二合（三六〇ミリリットル）、砂糖大匙六杯（九〇ミリリットル）、塩大匙一杯とする。

⑥ご飯を炊くときは、だし昆布を入れ、水の分量を普段より少なく、米とほぼ同量とし、出来上がりをやや硬めにする。

⑦ご飯が炊き上がったら半切《はんぎっ》に移して合わせ酢の半量を全体にかけ、杓文字で縦に切るように混ぜ合わせる。

⑧水気がなくなったら残りの合わせ酢をかけ再度、杓文字で切るように混ぜ合わせる。混ぜながらうちわで煽いで人肌ほどの温度まで冷まし、米粒に艶が出てきたら酢飯の出来上がりである。

続いて次の要領で酢飯を巻く。

⑨巻き簀《す》の手前の端に海苔の端を合わせて置く。その場合、海苔はざらざらした方を上にし、長手方向に巻くように置く。

⑩海苔の向こう端の幅一寸（三センチメートル）ほど残して、酢飯を全面に広げるように置いていく。

⑪置き終わったら、その中央に具を横に並べ、両手の親指を巻き簀の下に差し入れ、残りの指で具を押さえるようにして向こう側に巻く。

⑫一周したら酢飯の乗っていない海苔の部分だけが巻き終わっていないので、さらに四半回転させる。

⑬回転させたら両手で巻き簀全体をにぎって軽く押さえながら形を整える。

⑭巻きずしを取り出し、包丁を濡れ布巾で拭きながら、七分（二一ミリメートル）ほどの厚さに切り分けると出来上がり。

《ばらずし》

ばらずしは、慶事や来客のときによく作る。

①まず、大根、人参、ごぼう、天ぷら蒲鉾（さつま揚げ）を用意し、それぞれを細かく刻む。

②①を鍋に入れて水をひたひたになる程度に加え、醤油と砂糖で甘辛く味付けして煮る。味は濃いめが良い。

③合わせ酢を前述の「巻きずし」と同じ要領で作る。

④だし昆布を入れてご飯を硬めに炊き、蒸らして半切に移し、うちわで煽ぎながら、杓文字で切るようにほぐす。

⑤④に合わせ酢を少しずつ加えて、切るように混ぜる。

⑥⑤に②を混ぜると出来上がり。

《餅》

餅は正月や三月節句、子供の初誕生、上棟式など慶事に搗《つ》く。正月用の餅は、十二月二十七日や二十八日に、多いところで一斗（一八リットル）程度搗く。

①前日、餅米をよく洗って桶に入れ、一晩水に浸けておく。

②当日の早朝、これを一斗ぞうけに移して水を切り、四、五段の蒸籠《せいろ》で数回に分けて竈《かまど》の強火で蒸す。

③餅米が蒸し上がる直前に、餅搗臼《もっつうひ》と餅搗杵《もっつっぎね》を熱湯で洗い、同時に温めておく。

④餅米が蒸し上がったら、土間に据えた餅搗臼に入れ、杵で搗く。その場合、二人が組み、一人は搗き手、もう一人は返し手となる。一般に搗き手は家主で、返し手は主婦である。正月は搗く量が多いので子供も搗く

白餅と餡餅＝令和元年　　提供：出口氏

のを手伝う。

⑤搗き終わった餅は、臼から取り出して、次の間に置いた延べ板の上に運ぶ。

⑥それを数人の女衆が取り分けて餡《あん》餅や白餅、鏡餅などにしていく。餅はその種類ごとにもろぶたの中に並べる。餡餅に使う餡は、多くが小豆の漉し餡である。

餡餅は、一週間もすると傷むので早めに食べる。一方、白餅は、長く置くと青かびが生えるので、その前に水に浸ける。もし、その前に青かびが生えたら、水でよく洗ってから水に浸す。

鏡餅は下げてからかき餅や水餅にする。かき餅は二月頃まで保存し、野山仕事に出かけるときに焼いて持って行く。また、おやつにもする。一方、水餅は適当に切り分けて焼いて食べる。

餅を焼くときは、囲炉裏の五徳に金網を載せ、その上で焼く。餡餅は、焼いてそのまま食べるが、白餅や水餅は、焼いて醤油や砂糖醤油、黄粉をつけて食べるほか、雑煮にしたり、ぜんざいに入れたりする。

三月節句にふっ餅《もっ》を搗くときは、田畑の畦《あぜ》などからふっ（よもぎ）を摘んでくる。

その作り方は、まずふっを湯がき、水に浸し冷やしてからよく絞り、細かく刻んですり鉢でする。次に、それを蒸し上がる直前の餅米の上に載せて蒸し、餅米と一緒に臼に入れて杵で搗く。搗き終わったら、適当な大きさにちぎって、手のひらで伸ばし、中に餡を包む。とり粉には黄粉を用いる。ふっ餅《もっ》は、緑色が鮮やかで特有の香りがあり、食べると春が来たことを実感する。

上棟の日に、棟梁が棟から餅を撒く儀式がある。「散《さん》餅銭《ぺいせん》の儀」と呼び、災いを払う神事である。そのとき最初に撒く餅が、東西南北の四隅餅《よすみもち》である。いずれも直径が二寸三分（七センチメートル）ほどあり、中に五円硬貨が入っていて、拾った者は縁起が良いと言われる。続いて撒く餅が、「ひっとん」と呼ぶ一口大の紅白の撒き餅である。これは繰り返し大量に撒かれ、その様子は、さながら雨や霰《あられ》が降るかのようである。

この日、餅を撒く時刻になると、集落のあちこちから大勢の老若男女が集まって来てその家を取り囲み、「こっち！」などと大声で求め、先を競ってこの縁起物を拾う。このとき主婦は大抵、白い割烹着《かっぽうぎ》を両手で最大限に広げて餅の落下を待つ。儀式が終わると、多くが餅を両手いっぱいに持って笑みを浮かべながら帰る。

他郷で棟上げがあると聞くと、数十分かけてそこまでひっとんを拾いに行く子供もいる。

《雑煮》

雑煮は、大晦日の夕刻に神仏に供えた餅や米などを元日の日の出前に下げ、具などを加えて一緒に鍋で煮込んだものが起源と言われる。

岐宿では正月三が日は毎朝、一家そろって雑煮を食べる。その雑煮は主に鶏がらのだし汁に、鶏肉や人参、ごぼう、えのいも（里芋）、大根、昆布、白菜、椎茸などのうち数種を鍋に入れて炊き、野菜が煮えたら醤油で味をつけ、最後に焼いた白餅を入れて作る。鶏がらだし汁の代わりにあごだし汁や味噌汁を使うこともある。

なお、当地では雑煮に四角形の切り餅を使うことが多い。ただし、餡餅を使うことはない。

《米の粉だんご》

米の粉だんごは、彼岸や三月節句、お盆などに作る。

①まず、餅米と粳米を半々に混ぜ、素早く洗い、晒《さら》し布に包んで水気を切り、天日で乾かす。

②十分に乾燥したら、碾臼で碾いて粉にする。

③その粉をこね鉢に入れ、ぬるま湯を少しずつ注ぎながら、耳たぶほどの柔らかさになるようにこねる。

④こね終わったら、だんご一個分の大きさにちぎって手で丸めて薄く伸ばし、その中央に小豆や唐豆《とまめ》の餡を入れて包み込み、かからの葉などを敷いて蒸籠《せいろ》で蒸す。このとき、見た目をよくするために、だんごの表面に赤や青、紫、緑、黄などの食用色素で模様をつけることが多い。

出来上がった米の粉だんごは、仏壇や神棚に供えるほか、親戚や近所に配る。各家は毎年決まった模様をつけるので、貰った者は、それを見ればどこの家で作られたものかが分かる。

《ぼた餅》

ぼた餅は、彼岸の中日やお盆の十四日に作って仏壇に供えるほか慶事、接客のときなどに作る。また、子供に農作業を手伝わせたときなどにも作る。周囲につける餡は、主に小豆の粒餡《つぶあん》である。黄粉を用いることもある。隠し味として、餡にごく少量の塩を入れると、いっそう甘味が引き立つ。

①粒餡を作る。小豆をさっと洗って鍋に入れ、たっぷり水を注ぎ強火にかけ、煮立ったらざるにあげて茹で汁を捨てる。同じ作業をもう一、二回繰り返す。
②こうして灰汁《あく》をとったら、水を小豆がかぶる程度に入れて強火にかけ、煮立ったら弱火にして一時間ほど茹でる。途中で水分が減ったら水を足す。
③小豆が指で簡単に潰れるほど柔らかくなったら、砂糖と塩を二回に分けて加え、杓文字でかき混ぜながら一〇分間ほど煮つめて水気を飛ばす。粒餡の出来上がりである。
④一方、餅米と粳米をおよそ三対一の割合で混ぜ合わせて普通の水加減で炊く。
⑤炊き上がったら、熱いうちにすりこぎで半搗きにして餅状にする。
⑥餅状になったら適量をとって両手で丸く形を整え、その表面全体に粒餡をまぶす。そのときは上になるほうは厚めにする。
⑦出来上がったぼた餅はもろぶたに並べ、真っ先に仏壇（先祖）に供える。

《豆ご飯》

その日に収穫した豌豆《えんず》や大納言《だいなごん》を使う。混合割合は、米一升に対して豌豆《えんず》一合、塩大さじ二杯で、米と水は同量とする。洗った米と水を釜に入れ、その上に豌豆と塩を広げるように入れてさっとかき混ぜて炊く。炊き上がったら一〇分間ほど蒸らすと出来上がり。

豆ご飯＝平成29年

《七草粥》

七草粥を当地では「七草ずひ」と呼ぶ。「ずひ」は、雑炊のことで、県内には「ずうし」と呼ぶところもある。松の内最後の日となる正月七日に、無病息災を願って七種類の野菜を入れてずひを作り、神仏に供えてから食べる。入れる野菜は春の七草と呼ばれる、せり、なずな、ごぎょう（ははこぐさ）、はこべら（はこべ）、ほとけのざ（たびらこ）、すずな（かぶ）、すずしろ（大根）。
鍋に水を入れて火にかけ、沸騰したら七草を入れて三〇秒ほど湯がく。湯を切り、七草を水で洗って水気を切る。すずなは根と葉を切り分け、根は薄切りにする。葉はほかの草と同様に三分強（一センチメートル）に切る。
同じ鍋に米ん飯と水を入れて中火で煮立たせる。煮立ったら弱火にして五分間ほどかき混ぜながら煮て、刻んだ七草を入れる。ひと煮立ちさせたら塩を入れ混ぜ合わせて鍋を火から下ろすと出来上がりである。

《甘酒》
餅米五合と米麹《こうじ》五合を用意する。餅米を洗って前夜から浸けておき、羽釜で水を餅米すれすれに入れて炊く。甕《かめ》をきれいに洗って、その中に麹をほぐして入れ、一度沸騰させて摂氏六〇度ほどに冷ました湯七合を少しずつ注ぎながら混ぜていく。炊き上がった飯を同様に冷ましてから入れて混ぜる。むらなく混ざったら蓋《ふた》をして、甕《かめ》を新聞紙に包み、さらに毛布に包んで一〜二昼夜保温する。出来上がったら早めに飲む。使う玉杓子《たまじゃくし》は必ず熱湯で消毒し、使ったあとは都度、甕に蓋をする。
米麹は、第二項の《麦酢》麦麹と同じ要領で作る。

《甘酒まんじゅう》
春から夏にかけて彼岸や田植え、お盆などに作る。材料と分量は、小麦粉一升に対して甘酒二合とする。
①こね鉢に碾臼で碾いて作った小麦粉を入れ、甘酒を少しずつ注ぎ入れながら、耳たぶほどの柔らかさになるように十分にこねる。このとき、生地を上下反転したり、握り拳《こぶし》で強く押さえたりすると良い。
②十分にこねたら、発酵するまでそのまま一、二時間ほどおく。膨れていればちょうど良い発酵具合である。
③膨れた生地を再度軽くこねて、粉をつけながらだんご一個分の大きさにちぎっては、手のひらで丸め、平たくして餡を包み、形を整える。
④それをかからの葉に載せて蒸籠に入れ、膨れるまでしばらく待ち、それから蒸す。
⑤湯気が盛んに吹き出し、まんじゅうを指で押してみて、すぐに元に戻れば蒸し上がりである。
このまんじゅうを作るときには、大量に作ることになるので、餡は当日作るとしても小麦粉は前日までに作って用意しておかなければならない。

四、大　豆

1 大豆の栽培

□大豆の種播き

二月に畑の鋤《すき》起こしを行い、幅一尺四寸（四二センチメートル）高さ約四寸（一二センチメートル）の畝を作り、約八寸（二四センチメートル）間隔で約七分（約二・一センチメートル）の深さに三、四粒の種を播いて土を被せる。

五日前後すると芽が出てくるので、葉が開くまでに太くてしっかりした二本を残して間引きする。

本葉が二、三枚出てきたら畝《うね》に沿って畝と畝のあいだを鍬《くわ》で耕し、土を大豆の株元に寄せ、空気を送り込んで発根を促す。この作業を花が咲く時期までに二、三回繰り返す。

花が咲いて一カ月ほど経つと枝豆として収穫できるが、当地ではそうする者はいない。さやが黄緑から薄茶色へと変色し、実が成熟するまで待つ。葉が枯れて、茎や大部分のさやが乾燥して茶色になり、さやを振るとカラカラと音がすれば収穫の最適期である。

□大豆の収穫

大豆の収穫のことを当地では「大豆叩《でやんたた》き」と呼ぶ。七月の盆前に行い、炎暑の中での作業となる。

まず、大豆の株を地面から引き抜いて根に付いた泥を落とし、その場で干す。

脱穀はその日か翌日に行う。その遣り方は、麦の脱穀と同様で、畑の中央に六枚ほどのねこだを敷き詰め、その中央部に干した豆の株をほぼ真四角に敷き並べ、人が唐穂《からほ》を用いて叩く。

脱穀のあと、豆粒と屑《くず》（さや）を選別する作業を行う。これも麦や稲と同様の遣り方で行う（本節第二・三項各1参照）。

大豆叩《でやんたた》きの日、友人を誘って畑に行く非農家の児童がいる。地面にこぼれ落ちた大豆を拾うためだ。五〇〇粒を拾ってもわずか一合（一八〇ミリリットル）ほどにしかならない根気の要る仕事である。しかも真夏の太陽がじりじりと照りつけ、地面付近は熱気がこもる。それでもこの孝行者たちは少しも苦にせず、黙々と一粒ずつ拾って歩く。

このとき、この子らは図らずも一生忘れられない大人の慈愛に触れることがある。その様子を見ていた地主が作業を中断して、脱穀したばかりの大豆を土でささくれた両手いっぱいにすくって、子ら一人ひとりに歩み寄り、てぼ（丸竹籠《まるたけかご》）の中に入れてやるのだ。

② 大豆利用の仕方

当地で生産する大豆は、昔から良質とされ、味噌や醤油、豆腐、油揚げ、黄粉、煮豆、炒り大豆、おから、豆乳の素材として用いられている。自家消費用および種子用の大豆以外は現金化する。

《かんまめ》

大豆の収穫後最初に雨が降った日の直後、畑地にこぼれ落ちた大豆が双葉の芽を吹く。この大豆の豆苗《とうみょう》のことを当地では「かんまめ」と呼ぶ。放課後、児童たちはこの機を逃さず誘い合って炎暑の中、それぞれにてぼを携えてこれを採りに行く。皆裸足である。

かんまめは畑の広い範囲にわたってまばらに芽を吹いており、児童たちはあちこち歩きながら、その一本一本を抜き採る。雨上がりの畑地はぬかるみ、土が足裏にべっとりと付いて歩きづらいが、付近の数枚の畑でも同様にこの作業を繰り返し、母親が夕食の支度を始める前に帰宅する。

かんまめはビタミンやミネラルに富み、この時期にしか食べる機会のない野菜である。油で炒めて味噌よごしにするとか、味噌汁の具などにして食べる。

《味噌》

味噌は地元の住人が最も多く使う基本的な調味料である。一〇人家族であれば、作る味噌の量は四斗樽三本分にもなる。収穫直後の大豆を使って盆前に仕込む。夏場は、麹作りに適した温度管理が比較的に容易であることから、この時節が選ばれるのである。

味噌に使う材料の基本容量比は、大豆一に対して裸麦二、塩〇・六であるが、各家庭によって多少異なる。一〇人家族用に一年分の味噌を仕込む場合、丸大豆三斗（五四リットル）に対して裸麦六斗（一〇八リットル）、塩一斗八升（三二リットル）を目安にする。

□麦麹作り

まず四、五日間かけて麦麹を作る。麹を培養する場所は、つひである。夏期は温度が高いので、種麹を入れなくても自然に麹菌が繁殖し胞子がつく。なお、敷物は毎年同じござまたはいなまつ（藁筵）を使っており、これに息づく麹菌も繁殖を助けている可能性がある。

作る量が多いので、一連の工程を数回繰り返す。その一回分の工程は次の通り。

①一日目に、裸麦を臼で搗《つ》いて精白し（中搗きの）丸麦を作り、よく洗って半日ほど水に浸しておく。

②二日目に、水を十分に切った丸麦を蒸籠で一時間ほど蒸す。

③つひにござを敷き、その上に洗った晒し布を広げ、その上に蒸した麦を広げ、うちわで風を送りながら杓文字で切るようにして水分を飛ばし、温度を下げる。

④人肌くらいの温度になったら山形に盛って晒し布で包み、敷物を半分に折って被せておく。

⑤三、四日経過すると麹菌が繁殖し胞子がつき、ところどころ白くなって活動が活発になり、温度が上昇する。時々見て温度が上昇するようであれば都度、麹をよくほぐして薄く広げて、人肌より若干低い温度になるまで放熱する。

⑥五日目になると、全体が黄緑色に変色する。麦麹の完成である。そうでなければ、そのまま一日待って麦麹の完成を確認する。

⑦確認したら、被せた敷物を広げ、麦麹が完全に冷めるのを待つ。

□味噌の仕込み

麦麹作りが完了したら、味噌の仕込みの工程に進む。仕込みは二日がかりで行う。

①仕込みの前日、少量の水で大豆の粒をこすり合わせるようによく洗う。この作業を洗ったあと水が濁らないようになるまで数回繰り返す。

②洗い終わった大豆は、水を十分に浸透させるため、大豆の容量の三倍の水に浸しておく。

③仕込みの当日の朝、前日から水に浸しておいた大豆の水を切ったあと大釜に入れ、ひたひたになる程度に水を加え、弱火で四〜五時間灰汁《あく》を取りながら煮る。

④煮大豆が指で軽く押さえて潰れる程度になったら、一斗ぞうけにあげて煮汁を切る。煮汁はのちに使うことがあるので捨てないで取っておく。

⑤煮汁を切った煮大豆は臼に入れ、熱いうちに杵《きね》で搗く。柔らかい味噌を作る場合には、取っておいた煮汁を適量加えながら搗く。

⑥搗き終わったら、煮大豆が人肌ほどの温度に冷めるまで待つ。熱いと麹菌が死滅するからである。

⑦これに麦麹と塩を加え、よく混ざるまでさらに搗く。このとき加える麦麹と塩の分量は冒頭の数値が目安。

⑧仕込み用の味噌樽はあらかじめきれいに洗って天日で乾かしておく。仕込むときは、先に味噌樽の内部に塩をふり、搗き終わった味噌の塊《かたまり》の一部を手で掴み取ってだんご状に丸め、一つ一つ叩きつけるように入れ、拳で押さえつける。これは、味噌の中に空気が残らないようにするための作業である。

⑨樽に味噌を詰め終わったら、味噌が空気に触れないように落とし布をする。そして、その上に中蓋を置き、さらにその上に重石を載せる。重石の重さは、出来上がりの味噌の重量の二〜三割を目安とする。

⑩このあと一〇カ月から一年ほど寝かせると味噌が出来上がる。なお、未成熟ではあるが、味噌は一カ月後からでも使用できる。

《味噌汁》

味噌汁は、毎日の食事に欠かせない家庭料理の定番である。どんな料理とも相性が良く、毎日食べても飽きが来ないし、寒い冬には身体を温めてくれる。

当地で味噌汁は、自家製の味噌に、季節の野菜や魚介などを加えて作り、だしには鰯《いわし》やきんなご（きびなご）などの煮干しを使う。

具材の種類は豊富で、通年では豆腐、めのは（わかめ）、および油揚げが代表格だが、季節ごとに見れば次のようなものがある。

春は、えのいも（里芋）、桜島大根、ふだんそうなどの野菜、牡蠣、鮑《あわび》、さざえ、みな、黒口《くろくつ》（貽貝《いがい》）、あさり、しじみなどの海産物。

夏は、じゃがいも、たまねぎ、ぼっだ（かぼちゃ）、茄子《なす》、ずいき、にらなどの野菜、あらかっ

味噌汁＝平成30年

（かさご）、ごべ（かわはぎ）、伊勢えび、ひさ（石鯛）、蟹《かに》、鮑、さざえ、みななどの海産物。

秋は、えのいも、大根、大根葉、ぼっだ、ねぎ、春菊などの野菜、みなだこなどの海産物。

冬は、えのいも、大根、じゃがいも、白菜、ほうれんそう、四月菜などの野菜。

《なめもん》

もろみ味噌のことを当地では「なめもん」（なめ物）と呼ぶ。七〜八月に作る。

なめもんの材料と基本容量比は丸麦一、大豆一、塩〇・二、水一を目安にする。

①丸麦を洗って一晩水に浸しておく。

②次の日に、大豆を鍋《なべ》で煎《い》って、碾臼で碾いて大豆の皮を剝《む》き二つに割る。このとき碾臼の穴を常に大豆で満杯にしておかないと、大豆が粉になるので要注意。

③全粒の皮が剝けたら、箕を使って大豆の皮を飛ばす。そのあと大豆を洗ってざるに入れ水気を切る。

④一晩浸しておいた麦に大豆を加えてよく混ぜ、さらに三〜四時間水に浸しておく。

⑤それを一斗ぞうけにあげ、半時間ほど水を切る。水切りが終わったら、蒸籠《せいろ》の底に濡れ布を敷き、麦と大豆を入れ、竈に火を焚《た》く。蒸気が上ってきたら、そのあとさらに一時間ほど蒸す。

⑥途中で、蒸しムラが生じないように一度かき混ぜる。食べてみて麦や大豆が硬くなければ、麹《こうじ》の培養物の出来上がりである。

⑦つひにござを敷き、その上に洗った晒し布を広げ、右の培養物をその上に広げ、うちわで風を送りながら杓文字《しゃもじ》で切るようにして水分を飛ばし、放熱する。

⑧人肌の温度まで下がったら、山形に盛って晒し布で包み、敷物を半分に折って被せておく。

⑨毎日、培養物をかき混ぜる。三、四日経過すると麹菌が繁殖し胞子がつき、ところどころ白くなって活動が活発になり、温度が上昇する。時々見て温度が上昇するようであれば都度、全体をかき混ぜて人肌より若干低い温度になるまで放熱する。

⑩五日目になると全体に黄緑色の胞子がつき、甘い香りがする。そうなったら、なめもん麹の完成である。

⑪そのあと被せた敷物を広げ、なめもん麹が完全に冷めるのを待つ。
⑫麹が出来上がったら、よくほぐして、あらかじめ熱湯で消毒した仕込み桶に入れる。水に塩を入れていったん沸騰させてから人肌の温度まで冷まし、桶の中に少しずつ注いで混ぜ合わせる。
⑬混ぜ終わったら、なめもんが空気に触れないように上に中蓋を置き、その上に重石を載せる。重石の重さは、出来上がりのなめもんの重量の二〜三割を目安とする。仕込んでから二、三カ月すると使用できる。

好みによって塩の分量を変えても良い。家庭によっては、二斗ほどを作り、塩辛さを三段階に分けるところもある。甘いのが好きな家庭は、塩の分量を上記の半分程度にする。

使う手や杓文字は事前によく洗って清潔にしておき、雑菌がなめもんに混入しないようにすることが肝要である。雑菌が繁殖すると、なめもんは使い物にならない。

食べるときは、熱い麦飯や芋飯の上に載せ、箸で薄く伸ばす。何杯でもお代わりが欲しくなる調味料である。

《醤油》

醤油も味噌と同様になくてはならない調味料である。盆前に味噌の仕込みに引き続いて仕込むが、味噌作りよりも多くの手間と日数を必要とする。

まず、醤油麹を作るが、その材料と分量は、大豆一斗（一八リットル）に対して粗搗きの小麦二斗が目安。

一方、仕込む醤油の材料と分量は、醤油麹一斗に対して水は一斗、塩は二升五合（四・五リットル）が目安。

□**醤油麹作り**

①大豆をよく洗って、丸一日きれいな水に浸しておく。
②大豆を浸しておいた水と一緒に大釜に入れて煮る。湯気が出るまでは強火で、その後は弱火で二〜三時間ほど灰汁《あく》を取りながら煮る。煮あがりの目安は、指で摘まんで潰れるぐらいの柔らかさで、味噌の場合より柔らかくする。
③大豆を煮る間に、小麦を釜で焦げない程度に煎る。すると、小麦が膨れてくる。
④煎った小麦をなでうひ（臼）に入れ、杵《きね》で麦粒が三分割する程度まで砕く。
⑤煮大豆を一斗ぞうけにあげ、その表面にある水分

と熱を飛ばしたあと、あらかじめ熱湯をかけて消毒しておいた清潔なもろぶたに移し、続いて荒割りした小麦を入れて混ぜ合わせる。麹の培養物の出来上がりである。

⑥つひにござを敷き、晒し布を広げて右の培養物を包み、敷物を半分に折って被せておく。

⑦一〇日目まで毎日かき混ぜる。三、四日目に麹菌が繁殖し胞子がつくが、そのまま一〇日目まで培養を続ける。その間、品温が上昇するので、時々かき混ぜて人肌より若干低い温度になるまで放熱する。胞子は最初白っぽい色をしているが、次第に黄色味をおび、最後には青色に変色する。醤油麹の完成である。

⑧こうなったら敷物を広げ、麹を完全に冷ます。

□醤油の仕込み

①冒頭にある分量の水と塩を混ぜ合わせて塩水を作る。

②醤油麹を甕《かめ》に入れたあと塩水をすべて入れ、まんべんなく行き渡るようにかき混ぜ、蓋をして保管する。塩水を加えたこの醤油麹のことを「もろみ」という。塩水を加えると麹菌の繁殖が止まり、麹菌の作り出す酵素が働き始める。

もろみはこうしてゆっくりと発酵、成熟していく。

醤油甕＝令和元年

③最初の段階では実が水面に浮かび上がってくる。これを放置すると表面にかびが生えるので醤油《しょうゆ》澄竹《すめたけ》で毎日一回上下に攪拌する。攪拌は、もろみの内部に空気を送り込むことによって適度の発酵を促進し、味を良くするうえで最も重要な工程の一つであり、醤油を取り出すまできめ細かく繰り返し実施する必要がある。

④仕込みから一週間経過すると、酵素の作用で大豆のタンパク質がアミノ酸に、また小麦のでんぷん

醤油澄＝令和元年

質がぶどう糖に変化する。

⑤仕込みから一〜二カ月経過すると、乳酸菌と酵母が活動し始め、もろみは赤みを帯びてプツプツと泡立つ。乳酸菌はぶどう糖を乳酸や酢酸など諸種の酸に変えて「美味しさ」のもとを作り、酵母はぶどう糖の一部をアルコールに変えて「香り」を生み、「旨味」を引き立てる。このように微生物の活発な活動によって、醤油は独特の深みのある味や香り、色を持つようになる。

⑥やがてもろみは「成熟期」に入る。活発だった微生物の活動はほとんど止まり、全体が調和のとれた状態に仕上がっていく。

⑦三、四カ月過ぎた頃、いよいよ醤油を取り出す工程に移る。もろみの中央に醤油澄《しょうゆすめ》（直径およそ八寸〈二四センチメートル〉の長い竹筒）を入れ、甕《かめ》の底まで垂直に沈める。すると、竹筒の中に液が溜まるが、これが一番醤油である。これを長柄杓《ながびしゃく》で汲み取り、別の甕《かめ》に移す。

⑧一番醤油を取り終わったら醤油澄《しょうゆすめ》を取り出し、残りのもろみに塩と冷まし湯を注ぎ足す。

⑨その後も再び毎日一回、醤油澄竹でもろみを上下に攪拌する。

⑩およそ一カ月後に醤油澄を沈めて二番醤油を取る。同様な工程は三番醤油を取るまで行うこともある。

⑪取り出した生醤油はいずれも釜に入れ熱を加える「火入れ」を行う。火入れの目的は、主として殺菌であるが、同時に酵素の働きを止めて醤油の味、色、香りなどの品質を安定させることにある。火入れは、釜の縁に小さな泡がプツプツと出る温度（摂氏八〇〜八五度）で三〇分間行う。

⑫火入れを行うと、凝固物が生成するので、晒し布で濾過《ろか》する。濾過が終われば、醤油作りのすべての工程が完了する。

⑬完成した醤油は甕《かめ》や瓶《びん》に入れ保管し、使用する。醤油かすは時々、牛の餌に混ぜてやる。

豆腐箱 ── 昭和後期以降使われなくなり、蓋がない＝令和元年

《豆腐》

どこの家も、慶事や法事のときには豆腐を作る。地元産の大豆を材料とし、天然の潮水で固めた木綿豆腐だ。凝固剤のにがりは使わない。一般の豆腐より硬く弾力があり、大豆の風味が際立つ。口に入れると、たちまちほのかな大豆と潮の香りが口いっぱいに広がる。醤油をつけてそのまま食べても美味しく、つい半丁ほど食べてしまう。島外からの訪問者も驚嘆するほどの逸品である。

厚揚げや厚焼き、がんもどき、白和え、蒲鉾《かまぼこ》など用途が豊富で郷土料理には欠かせない素材の一つである。二升の乾燥大豆から一四丁の豆腐ができる。

①前日、大豆を水でよく洗ってから桶に入れ、その三倍ほどの量の水に漬けておく。浸漬《しんし》時間は半日を目安にする。乾燥大豆は、水を吸うと重量が二・三倍、容積が二・六倍以上になる。

②当日の早朝、鶏が鳴いて空が白み始める頃、桶を持って、片道歩いて二五分ほどの距離にある八朔鼻まで行き、潮水を汲んでくる。

③前日水に浸しておいた大豆は、爪で半分に割ると、中央に筋が入ってちょうど良い浸漬加減になっているはずだ。このことを確認し、ざるにあげ、十分に水を切る。

④水を切ったら、それを碾臼《ひきうす》で水を加えながら碾く。すると乳のような呉《ご》ができる。このとき水の量は、乾燥大豆二升に対して八升ぐらいが良い。

⑤この呉を釜に移し、火を焚き、焦げ付かないように杓文字《しゃもじ》で静かにかき回す。沸騰したら一度さっと火を引く。このとき、吹きこぼれないように細心の注意が必要。少し泡がおさまったら、弱火で約一〇分間煮る。

⑥平桶の上に豆腐搾《とひしぼっ》り簀《ず》を置き、その上に木綿袋を

載せ、その中にこの呉汁をすくって入れる。このこし袋を強く押し付けて搾ると、搾り汁が桶に溜まる。これが豆乳で、一方袋に残る搾りかすがおからである。冷めると搾りづらくなるので、温かいうちに搾るのが良い。

⑦豆乳を鍋に入れて竈の火を焚き、泡の立ち具合を見ながらゆっくりと温める。鍋の縁に小さな泡がプツプツと出てきたら（このとき温度は摂氏八〇～八五度）竈の火をさっと引く。この時間帯の温度管理が非常に重要で、絶対に豆乳を沸騰させてはならない。

⑧温めた豆乳に三升の潮水をゆっくりと汲み入れる。このとき、杓文字に潮水をかけながらゆっくり入れると良い。入れ終わったら、二、三回静かにかき混ぜる。

⑨そのあと、二〇～三〇分間、鍋に蓋をして蒸す。一〇～一五分が経過すると豆乳全体が凝固してくる。このとき温度が低いと凝固せずに、白く濁ったままになるので、そうならないようにとろ火にしておく。もし白く濁るようであれば、徐々に温度を上げていく。ここで濁りがなく透き通るようにするのがコツである。

⑩豆腐箱は事前にしっかり水洗いしておき、豆乳が凝固している間に豆腐箱の内側に晒し布を敷く。凝固した豆腐を豆腐箱に流し込み、布を四方からたたみ込んで押し蓋をして、その上に一貫（三・七五キログラム）ほどの重石を載せて水を切っていく。重石をしておく時間は、一五～三〇分間だが、豆腐の用途によって加減する。

⑪豆腐が固まったら、重石と蓋をとり、晒し布を開いて、蓋をじかに豆腐の上に置き、その蓋を手で押さえたまま箱ごと上下にひっくり返す。箱を台の上に置き、少し揺らすように箱を持ち上げると、晒し布に包んだまま豆腐を箱から取り出すことができる。

⑫豆腐箱の底には普通一四丁分の溝が切ってあり、晒し布を剥《は》がすと豆腐にその跡がくっきりとついているので、それに沿って包丁で切り分ける。

⑬切り分けた豆腐は、にがり成分を抜くために三〇分間ほど真水に晒す。大豆の濃厚な旨味と甘味を持った硬い豆腐の出来上がりである。

⑭夏は豆腐が腐り易いので、小桶に入れて井戸に吊り下げておく。二、三日は長持ちする。

⑮豆乳を搾《しぼ》ったあとに残るおからは、椎茸や人参な

どと一緒に油で炒めて食べる。

《厚揚げ》

厚揚げは、貴重なかたひ油《あっだ》（椿油）を多く消費するので、慶事や法事のほかにはあまり作らない。

豆腐を布巾で包み、重し（皿など）を一時間ほど載せて水気を切り、油で揚げる。表面に色が付いたら出来上がり。

豆腐一丁を半分に切って揚げたものを「半丁揚げ」といい、刺身状に切ってごま醤油をつけて食べる。

一方、豆腐一丁を五〜六等分に切り分けてから油で揚げたものは、煮しめや味噌汁の具材として用いる。

《厚焼き》

厚焼きも慶事や法事のときに作る。厚焼きに用いる鶏卵の数は、豆腐一丁に対して五個。味付けは淡口醤油と砂糖で行う。

①豆腐を布巾で固く搾って水気を切り、すり鉢ですり潰す。
②卵を溶きほぐしてから淡口醤油と砂糖を加え、十分に混ぜ合わせる。
③すり鉢に②を入れて、豆腐とよくすり混ぜる。
④卵焼き器を温めてかたひ油《あっだ》を薄く引く。
⑤玉杓子で③を取って卵焼き器に厚めに流し入れ、蓋をしてとろ火で七〜八分間焼く。
⑥裏に返して再び蓋をし、こんがりと焦げ目が付くまで焼く。色鮮やかで上品な厚焼きが出来上がる。
⑦好みの大きさに切り分けて、器に盛れば完成。

《がんもどき》

精進料理には欠かせない食べ物の一つで、主に法事のときに作る。

材料と分量は、木綿豆腐二丁に対して乾燥ひじき一握り、人参三分の一本、ごぼう三分の一本、青じそ五枚、椎茸二個、黒ごま適量、卵一個、醤油小さじ二杯、塩小さじ一杯が目安。

①ひじきをほとばかし（水に浸して戻し）て洗って水気を切り短く刻む。
②黒ごまを炒ってすり鉢で粗く潰す。
③人参やごぼう、青じそを千切りにし、椎茸は薄切りにする。

④豆腐を布巾に包んで搾り水気を切ってすり鉢でする。
⑤卵を溶きほぐしてから醤油、塩を入れて混ぜ合わせ、すり鉢に入れて豆腐と混ぜ合わせる。
⑥材料①②③を全部すり鉢に入れてさらに混ぜ合わせる。
⑦全部で一〇個ほどになるように杓文字で取り分け、手のひらで平たく丸め、かたひ油で内部まで火が通るようにしっかり揚げる。
⑧きつね色になって浮いてきたら出来上がりである。
⑨生姜《しょうが》醤油をつけて食べる。揚げたては特に美味しい。

《白和え》

法事など仏事のときによく作る。白和《しらあ》えを作るときは前日に豆腐を作っておく。

白和えの材料と分量は、木綿豆腐一丁に対してほうれん草二束、人参二分の一本、こんにゃく半丁、白ごま大さじ二杯、味噌・醤油・砂糖は適量。

①豆腐を湯通しして水気を切り、布巾に包んで固く搾る。
②ほうれん草は湯がいて水で冷やし、手で絞って水気を切ってから一寸半（四・五センチメートル）ほどの長さに切る。
③人参やこんにゃくを短冊状に切って湯がいたあと、ざるにあげて水気を切る。
④ごまをすり鉢でよくする。
⑤続いて豆腐と味噌・醤油・砂糖を入れてすりつぶし、和え衣を作る。
⑥最後に具材を全部加えて和えると出来上がり。

《おから炒め》

おからは豆腐を作る過程で豆乳を搾ったあとに出来る残渣《ざんさ》物である。栄養価は非常に高いが、日持ちが悪いので、可能な限り出来た当日に調理する。当地で最も一般的な調理法は「おから炒め」である。

材料と分量は、おから一升に対して干し椎茸《しいたけ》八枚、乾燥ひじき二握り、人参一本、ごぼう一本、細ねぎ五本、淡口醤油五杓（九〇ミリリットル）、水五杓。かたひ油大さじ五杯。

①干し椎茸をほとばかし（水に浸して戻し）て柄を

切除し、笠を薄切りにし、水気を切る。
②ひじきも同様にほとばかして一寸（三センチメートル）ほどに切って水気を切る。
③人参は長さ一寸ほどに千切りにし、ごぼうは細めのささがきにする。細ねぎは小口切りにする。
④鍋に少量のかたひ油を引き、水気を切った椎茸、ひじき、人参、ごぼうを入れて一分間ほど強火で炒める。
⑤そのあと、おから、かたひ油、醤油、水を入れて全体をなじませ、七分間ほど鍋底から剥がすようにかき混ぜながら全体を炒め、水気を飛ばす。
⑥最後に細ねぎを入れてひと混ぜすると出来上がり。

《豆乳》

豆腐を作るときに一緒に豆乳を作る。大豆二升から一四丁の豆腐が出来るが、豆乳を作るときは材料を一割ほど多めにする。

①大豆を前日、よく洗ってその三倍ほどの量の水に半日ほど漬けておく。
②当日、これをざるにあげて十分に水を切り、碾臼で水を加えながら碾く。その水の量も一割ほど多い九升ぐらいを目安にする。すると乳のような呉ができる。
③この呉を釜に移して火にかけ、焦げ付かないように杓文字で静かにかき回し、沸騰したら一度さっと火を引く。このとき、吹きこぼれないように細心の注意が必要である。
④少し泡がおさまったら、弱火で約一〇分間煮る。
⑤この呉汁をすくって木綿袋に入れ、平桶の上に置いた豆腐搾り簀《とひしぼっず》の上で強く押し付けて搾ると、搾り汁が桶に溜まる。これが豆乳である。この時点で一升ほどの豆乳を器に移し取る。

豆乳は滋養が豊富で香りも良く子供が喜ぶので、豆腐を作るときには必ず併せて作る。

《煮しめ》

煮しめは、仏事や慶事、田植え、接客などのときに欠かせない料理である。このうち最も調理に心を砕くのは、法事のときに作る煮しめだ。仏教徒であれば、それは親族や友人、知人といった大勢の来客をもてなすために用意する精進料理であり、しかも多種多量の素材を用いる。

精進料理は、魚類や肉類を用いず、主として穀物や野菜など植物性の素材と海藻を用いて作る料理である。その調理法は、禅宗の僧が平安・鎌倉時代に中国から修得してきたものがもとになっていると言われる。

当地における精進料理の定番は、煮しめ、酢和え、味噌汁および米ん飯であるが、法事のときに作る煮しめは、およそ一二種類の素材を用いる。

その素材は、それぞれ次のような仏教的な意味を持つと言われる。すなわち、厚揚げは僧侶の袈裟《けさ》、ごぼうは杖《つえ》、高野豆腐はわらじ、人参はあかぎれ、里芋は僧侶の休む石、大根は雪道、椎茸はすげ笠《がさ》、がんもどきは肩に掛ける蓑《みの》、さやいんげんは越後の笹《ささ》の葉、こんにゃくは肩に掛ける黒い衣、花麩《はなふ》は浄土の花――といった具合である。これら素材のほかに、切り干し大根、たけのこ、れんこんといった季節の野菜や昆布も用いる。

煮しめ＝平成29年

用いる素材の種類の数は偶数でなければならない。これは中国の陰陽五行思想が一から一〇までの数を天と地、陰と陽に分けて配置し、奇数を「天・陽」、偶数を「地・陰」としたことによる。もし、素材の種類の合計が図らずも奇数になったら、一種を減らすか、あるいは季節の野菜を一種加えて合計を偶数にする必要がある。また、昆布を加えるときは、決して結んではならない。結ぶのは慶事のときにすることだからだ。

さて、煮しめの作り方であるが、まず、厚揚げと椎茸、ごぼうの三種を水で煮て、だし汁を作る。この間、切り干し大根やたけのこを湯がき、水で洗って灰汁を抜き水気を切っておく。厚揚げと椎茸、ごぼうが煮立ったらざるにあげて煮汁を切る。この煮汁がだし汁となる。

次に、このだし汁に薄口醤油や砂糖、塩を加えて味を調整し残りの素材を煮る。だし汁に入れる順番は、より煮えにくい素材からとする。素材を入れる順番やくべる薪の量、火を引くタイミングなどを間違えると、煮崩れの原因になるので、細心の注意が必要である。

なお、法事を営む年は、主婦はその一年前から準備を始め、例年より食材を多めに見積もって栽培する。不足するときは、親族が不足分を持ち寄る。

五、蕎麦《そば》

蕎麦は八月末頃までに種を播き十月中頃に収穫する。痩せ地でも収穫でき、種まきと穫り入れ以外に、追肥や草とりなどの手間も不要である。

蕎麦の脱穀の仕方は、麦や大豆のそれと同じである。脱穀した蕎麦は乾燥させて母屋の物置場に貯蔵し、食べるときに都度、必要量を碾臼で碾いて粉にする。蕎麦は製粉してから時間が経つと、その香りや旨味、粘り気が失われ、本来の風味を実感できないからだ。

蕎麦粉は「打ち蕎麦」や「蕎麦練り」に利用される。

《打ち蕎麦》

「打ち蕎麦」はお盆や神社例祭、大晦日、正月三が日などに食べる。

蕎麦の製粉は碾臼で二回に分けて行う。一回目は蕎麦粒の量を多く送りながら粗碾きし、篩《ふり》にかけて蕎麦殻を取り除く。二回目は送る蕎麦粉の量を少なくして細碾きし、篩にかけて篩に残った粉をもう一度碾いてより細かい粉にする。石臼の回転速度は一分間に二〇回程度がよい。

石臼は、既に「ぞろ」の項で述べたように、製粉時に発熱して成分を破壊したり、急速に食品を酸化させたりはしないから、まろやかな深みのある味わいを生み出す。また粉の断面が複雑な形状になるから、味わいにコクが出る。香りも失われない。

山芋の採れる季節に作る打ち蕎麦は、すりおろした山芋と小麦粉をつなぎとして混ぜて打つ。

打ち蕎麦の作り方は、基本的に既述した小麦粉で作るぞろとほぼ同じである。作るときは大量に作って隣人や親戚に配ることが多い。だし汁は鶏がらからとったものが最高である。

《芋の蕎麦練り》

芋や蕎麦を収穫する晩秋から冬にかけて作る。芋の皮を剝いて適当な大きさに切り分け、柔らかく茹でる。茹だったら芋をすり鉢に移して熱いうちにすりこぎで潰し、蕎麦粉を入れてよく練る。練る間に蕎麦粉は芋の熱で半煮えになる。甘味のある芋の蕎麦練りの出来上がりである。これを茶碗に入れて醤油をつけて食べる。お代わりをしたくなる一品である。

六、粟

粟《あわ》は七月に種を播いて十月に収穫する。生長の早い穀物である。

粟には粳粟《うるちあわ》と餅粟の二種がある。粳粟は、芋飯やかんころ飯、麦飯などに変化を持たせるため、混ぜて食べる。一方、餅粟は粟餅にして雑煮、餡餅、水餅などにして食べる。

《粟飯》

粟飯は、粟だけで作ることはめったになく、芋やかんころなどを混ぜて炊く。冬から春にかけて食べる。水の量を粟の分まで多めに入れ、先に芋やかんころを炊く。煮立ったら粟と少量の塩を入れ、軽く混ぜ合わせると出来上がりである。炊きたての粟飯は美味しい。

《粟餅》

正月によく食べる。前日、餅粟に餅米を少し混ぜて洗って水に浸しておく。当日、これをざるにあげて水を切り、蒸籠《せいろ》で蒸す。蒸し上がったら餅搗臼《もっつうひ》に入れて搗き、餅米と同じ要領で粟餅を作る。食べ方もまた同じである。

七、小豆・唐豆・ごま

当地での小豆《あずっ》の生産量はわずかで、自家用に資する程度である。羊羹《ようかん》、餡《あん》、ぜんざいなどの材料にする。豌豆《えんず》も自家で食べる分だけを作り、豆ご飯や餡、煮豆、炒《い》り豆などに用いる。

唐豆《とまめ》は麦畑の周りに植え、麦と同時に収穫する。煮豆や炒り豆、餡にする。

ごまも少し作り、ごま豆腐や野菜の和え物などに使う。

《ぜんざい》

正月によく作る。材料と分量は八人分で小豆二合（三六〇ミリリットル）、焼き餅八個、砂糖二合、塩少々を目安とする。

①小豆をさっと洗って鍋に入れ、たっぷり水を注ぎ強火にかけ、煮立ったら小豆をざるにあげて茹《ゆ》で汁を捨て、渋抜きをする。これを三、四回繰り返すとよいが、時間がなければ一回で済ませる。

②渋抜きした小豆を鍋に戻し、水一升二合（二・一六リットル）を入れて強火にかけ、煮立ったら

弱火にして鍋の蓋《ふた》を少しずらして灰汁を取りながら、一時間ほど茹でる。

③小豆が指で簡単に潰れるほど柔らかくなったら、砂糖と塩を加えて一〇分間ほど煮る。その間、味加減をみて、必要に応じて調整する。

④食べる直前に焼いた餅を入れ、椀《わん》によそえば出来上がり。

《羊羹》

三月節句など慶事に作る。用意する材料と分量は、小豆七合（一・三リットル）に対して乾燥天草《てんぐさ》一五匁（五六グラム）、砂糖五合（九〇〇ミリリットル）、水一升が目安。

①まず、小豆を下茹《したゆ》でする。小豆を水で洗って大きめの鍋に入れ、たっぷり水を注いで中火にかける。

②五分間煮たら、ざるにあげて流水で洗い、水を切る。

③水を切った小豆を鍋に戻し、水を被るぐらいに入れて強火にかける。沸騰したら、差し水をしながら柔らかくなるまで四〇分間ほど煮る。

④鍋にざるを重ね、茹でた小豆を入れ、ざるの底が浸る程度に水を入れ、小豆を杓文字《しゃもじ》で潰しながら漉《こ》し、皮を取り除く。

⑤鍋の中の漉し餡に水をたっぷり加えて杓文字で混ぜ、一五分間ほど放置し、上澄みを捨てる。再度、水をたっぷり加えてかき混ぜ、一〇分間放置し、上澄みを捨てる。最後に、さらに水をたっぷり加えてかき混ぜ五分間放置し、上澄みを捨てる。三回目で上澄みが透き通っているはずである。

⑥別の鍋にざるを重ね、その上に晒《さら》しの袋を広げて、最後に上澄みを取り除いた餡を流し込む。流し込んだら、晒し袋をしっかり搾《しぼ》り水気を切る。漉し餡の出来上がりである。

⑦次に、ところてんを作る。まず、貯蔵しておいた天草を木槌《きづち》で軽く叩いて小石や貝殻を落とし、水につけてきれいに洗う。

⑧これを釜に入れて一升の水とともに火にかけ、杓文字で混ぜながら、噴きこぼれない程度に中火で煮詰める。

⑨天草が容易に切れる程度に煮詰まったら、鍋の上にざるを重ね、その中に流し込み濾過する。ところ柔らかくなるまで

ろてん液の出来上がりである。
⑩そのところてん液の中に漉し餡を入れ、さらに砂糖を加えてゆっくりと弱火で練りながら煮詰めていく。
⑪水分がなくなったら、箱形の容器に移し換えて冷まし固めると、羊羹の出来上がりである。

《漉し餡》
漉し餡は、小豆、豌豆《えんず》、唐豆《とまめ》のいずれかを材料として作る。ここでは小豆を材料とした作り方を示すが、作り方は他の材料も同じである。
漉し餡の作り方は、前述の羊羹の作り方と、ところてんに関連する部分以外は、ほぼ同じである。繰り返しになるが、ここに再度記すことにする。
①まず、小豆を下茹《したゆ》でする。小豆を水で洗って大きめの鍋に入れ、たっぷり水を注いで中火にかける。
②五分間煮たら、ざるにあげて流水で洗い、水を切る。
③水を切った小豆を鍋に戻し、水を被るぐらいに入れて強火にかける。沸騰したら、差し水をしながら柔らかくなるまで四〇分間ほど煮る。
④鍋にざるを重ね、その中に煮た小豆を入れ、ざるの底が浸る程度に水を入れる。
⑤小豆を杓文字で潰しながら漉し、皮を取り除く。
⑥鍋の中の漉し餡に水をたっぷり加えて杓文字で混ぜ、一五分間ほど放置し、上澄みを捨てる。次に、再度、水をたっぷり加えてかき混ぜ、一〇分間放置し、上澄みを捨てる。最後に、さらに水をたっぷり加えてかき混ぜ、五分間放置し、上澄みを捨てる。
⑦別の鍋にざるを重ね、その上に晒しの袋を広げて⑥の漉し餡を流し込む。袋をしっかり搾って水気を切る。
⑧水気を切った漉し餡を鍋に移し、砂糖と水、ひとつまみの塩を加えて、練りながら水分がなくなるまで強火で煮る。杓文字ですくって餡が落ちないようであれば、出来上がりである。

《炒り豆》
炒り豆には、乾燥唐豆《とまめ》が多く用いられる。鍋で空炒《からい》りして軽く焦《こ》げ目をつける。炒った唐豆は非常に硬い。噛み砕くと心地よい音が響き、芳しい香りが口いっぱいに広がる。ほのかな甘味があり、食べ始めたらもう止められない。

子供のおやつとして母親が作り、炒りたての熱い唐豆を新聞紙に包んで持たせる。子供はそれをポケットや着物の袖に入れて遊びに行く。

第三節　野菜・山菜

一、野菜・山菜の種類

野菜は、自家用に屋敷まわりの畑地で栽培する。根菜類では大根、かぶ、じゃがいも、えのいも（里芋）、人参、ごぼう、にんにく、らっきょう、山芋、葉茎菜類では白菜、ほうれんそう、たまねぎ、ふだんそう、小松菜、水菜、春菊、にら、ねぎ、ずいき、果菜類ではぼっだ（南瓜《かぼちゃ》）、トマト、茄子《なす》、胡瓜《きゅうり》、豌豆《えんず》、唐豆《とまめ》、香辛野菜類では生姜《しょうが》、みょうが、唐辛子、しそ、果実的野菜類では西瓜《すいか》、瓜《うり》などがある。

また、きのこ類では椎茸、松茸、山菜類ではつわ（つわぶき）、ふき、わらび、ぜんまい、ふっ（よもぎ）、せりなどがある。

二、野菜・山菜利用の仕方

芋類・根菜類・葉茎菜類・山菜類は主に煮物、汁物、和え物、混ぜご飯の材料に使うほか、大根や白菜、らっきょうは漬物《つけもの》にする。また大根や豆科野菜、きのこ類は乾燥させて保管し、年間を通して利用する。

《大根》

大根の原産地は、確定されていないが、地中海沿岸あるいは中東と考えられていて、日本には弥生時代に伝わったと言われる。

大根は、当地の日々の生活の中で最も多量に食べられている野菜で、続いてぼっだ、えのいもである。七月に種を播き、十月から十一月にかけて収穫する。

その利用の仕方は非常に幅広い。乾物にして漬物や煮物、酢の物に利用するほか、生物は下ろし大根、酢の物、汁物の具、煮物などにして食べる。また葉は漬物や炒め物に利用する。

《干し大根》

干し大根には丸干し、切り干し、および千切り干しの三種がある。いずれも寒風の吹く十一月初めに大根を収穫して作る。大根は干して寒気に晒《さら》すと甘味が増すが、霜に当てると凍って細胞壁が壊れ、食感や風味が悪化する。

　大根を丸干しにするときは、水で洗って四本ずつ葉を藁で束ね、屋敷周りの木々の枝や、庭先の風通しの良い場所に木を組んで作った架《はさ》に掛け、天日や寒風に当てる。大根がかちかちに乾燥したら降ろして葉をつけ根から切り落として保存する。食べるときは、大根をほとばかして、たわしで洗って小口切りにして和えたり、味噌汁の具にしたりする。

　一方、切り干しは、大根を洗っておろひ（手かんな）で厚く長く切って、棚《たな》や筵《むしろ》で日向干しにして作る。主に煮しめに用いるが、そのときも水でほとばかす。

　千切り干しは、大根を洗って細く千切りにして、やはり日向《ひなた》干しにして作る。食べるときは、水でほとばかしてから酢和えなどにする。

《ころもん》
沢庵《たくあん》漬《づ》けのことを当地では「ころもん」と呼ぶ。語源は「香の物」だという。漬物の代表格で、毎日の食卓に欠かせない食品の一つである。独特の食感と風味がある。
　十一月から十二月にかけて漬け込む。漬け込む量は、六人家族でおよそ四斗樽《たる》一本である。

①十一月初めに大根を収穫し、水で洗って四本ずつ葉の付け根部分を藁で束ねて二週間ほど風通しの良い場所で架干しをする。すると、大根は「つ」の字に曲がって柔らかくなり、葉はしおれる。

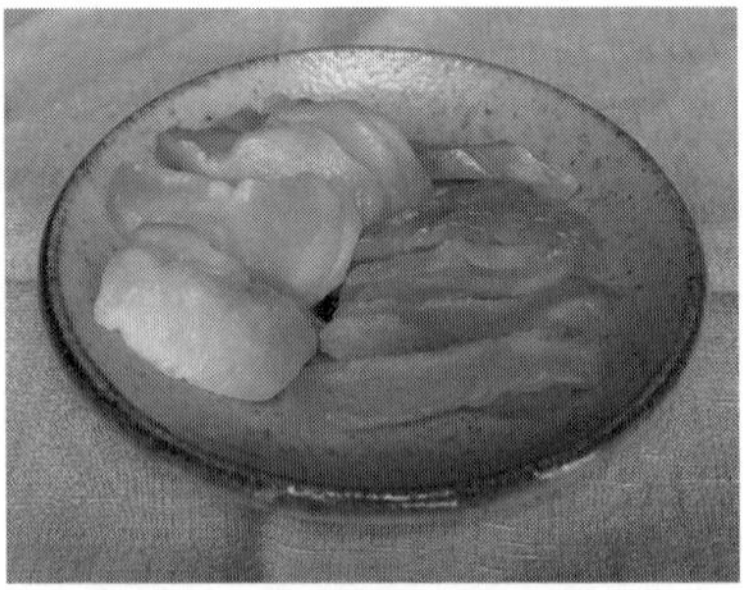
大根（左）と瓜の漬物＝平成29年

②浸けるときは、葉と尻尾《しっぽ》を切り落とす。なお、葉はのちに使うのでとっておく。
③米糠四升に塩二～三升を混ぜて用意しておく。使う塩は漬物の味を左右するので、ミネラルを豊富に含む天然塩であることが必須。
④干した大根を四斗樽いっぱいに漬け込む。まず漬物樽の底に薄く米糠《こめぬか》を振りかけたあと、大根を円周状に隙間なく敷き詰めていき、二段ごとに米糠をまぶす。
⑤大根を樽に詰め終わったら、残った米糠をすべて

振りかけ、その上に大根が空気に直接触れないように、とっておいた大根の葉を全面に敷き詰める。漬けた大根が空気に触れると酸化して味が落ちるので、この手順を省いてはならない。

⑥漬物樽を冷暗所におき、樽の内径よりわずかに小さい中蓋《なかぶた》をして、その上に碾臼上下一対分の重石を載せる。

⑦一週間～一〇日経過したら水が上がってくるので、重石を半分に減らす。

⑧樽の上部に水が溜まってきたら、その一部を柄《ひ》杓《しゃく》で汲《く》みとって捨てる。水位は、中蓋のわずかに上に来るくらいに保てば良い。一カ月ほど経過すれば、「ころもん」として食べられるようになる。

《甘酢和え》

大根と人参をそれぞれ千切りにして塩もみし、絞って砂糖と酢で味付けする。甘酢和えはさっぱりして美味しいうえ、きれいな彩りを添える。すりごまを加えるとより風味が増す。

《きんぴらごぼう》

ごぼうの皮を剝《む》いて二寸（六センチメートル）ほどの長さの千切りにし、数分間水に浸して灰汁を抜き、ざるにあげる。人参も同様に千切りにする。

鍋に少々かたひ油を引き、ごぼうと人参をしんなりするまで炒《いた》める。しんなりしたら、少量の水を加えてごぼうと人参が焦げない程度に煮る。火が通ったら、調味料として少量の醤油と塩、砂糖を入れ、汁気がなくなるまでさらに煮る。汁気がなくなったら、最後に赤唐辛子を入れて混ぜ、冷ますと出来上がり。冷めるときに味がしみ込むので、いっそう美味しくなる。

《ぼっだずひ》

南瓜《かぼちゃ》のことを当地では「ぼっだ」と呼ぶ。主に煮しめ、味噌汁の具、およびぼっだずひの材料にする。収穫期の夏から翌年一月頃まで食べる。

ぼっだずひは次のように作る。

まず、ぼっだの皮を全体の半分ほど残して剝き、幅七分（二センチメートル）ほどに切り分けて煮る。

煮立ったらざるにあげて水を切り、すり鉢に移して熱いうちにすりこぎを使って潰し、小麦粉と塩少々を入れて混ぜ合わせる。小麦粉の量は、ぼっだ六人分に対して茶碗一杯程度。小麦粉は、混ぜ合わせるうちにぼっだの熱で半煮えになる。
ぼっだずひは、芋飯やかんころ飯といった日常食に変化を持たせるために、たまに食べる。

《茄子の味噌よごし》
茄子《なす》を輪切りにし、五分間ほど水につけて灰汁を抜き、水気を切る。水に浸すときは、茄子が水に浮くので皿を被せ押さえるとよい。
鍋を中火で熱し、かたひ油を引く。水気を切った茄子を入れ、茄子の表面がしんなりするまで炒める。味噌と砂糖を加え、絡《から》めながらさらに炒めると出来上がり。

《白菜漬け》
白菜は、明治時代に原産地の中国から日本に伝わり、昭和初期には全国に急速に普及し定着したと言われる。七月に種を播き十一月に収穫する。
白菜漬けの材料は白菜、その重量の二パーセントの粗塩、適量の赤唐辛子、および千切りにした昆布である。これらを漬物樽に漬け込む。
①まず、白菜の外側の数枚を取り除く。この取り除いた葉は最後に使うので、洗って乾かしておく。
②白菜の根元から縦に半分ほど包丁で切り込みを入れて手で二つに裂く。次に二分割した株のそれぞれの根元から縦に半分ほど包丁で切り込みを入れて手で二つに裂く。ここで半分ほど切り込みを入れて残りを両手で裂くのは、洗うときに葉がばらけないようにするためである。
③こうして四分割した株を水でさっと洗い水気を切り、切り口を上にして半日ほど天日で乾燥させる。
④しんなりしたら、海辺まで運んで潮水でサッと洗う。こうすれば、海水に含まれるミネラルが末端まで浸透し、白菜は甘味が増して美味しくなり、塩を節約できる。
⑤その白菜を漬物樽に漬け込む際は、樽の底に少し塩を全面に振ってから白菜の切り口を横にして、隙間ができないように葉と軸を互い違いに敷き詰める。一段目を敷き終わったら、塩をまぶし、赤唐辛子と昆布をまんべんなく散らす。二段目は下の段の白菜と直角に白菜を敷き詰め、再び塩をまぶし、赤唐辛子と昆布を散らす。
⑥こうしてすべての白菜を敷き詰めたら、残った塩

をすべて上に振りかける。
⑦最後に、最初に取り除いた外側の葉を敷き詰め、白菜が空気に直接触れないようにする。
⑧白菜を手のひらで強く押さえて平らにし、中蓋《なかぶた》を被せ、白菜の重量の二倍ほどの重石を載せる。
⑨樽を冷暗所に置いて三日ほど経過すると、水が上がってくる。水が中蓋の上まで来たら、重石を半分に減らし、さらに三、四日経つと食べ頃になる。
⑩食べるときは、白菜を取り出してサッと絞って水気を切り、食べやすい大きさに切る。白菜は漬け込んでから約二週間は美味しく食べられるが、その後は酸味が次第に増して味が落ちていく。

《西瓜・瓜》
一部の農家は、販売用に西瓜《すいか》や瓜《うり》を栽培する。主な品種は西瓜が大玉で、瓜がまくわうりである。ここでは大玉栽培の一例を記す。
①二月に苗床に種を播いて苗を育てる。
②育った苗を植え付ける一週間前に畑に堆肥を施して土を耕し、幅九尺（二・七メートル）の畝を立てる。
③四月に苗一株当たり三尺（九〇センチメートル）ほどの間隔を取って苗を植え付ける。その場合、苗は通路側に寄せて植え付けると、摘心や追肥など苗の管理作業が容易である。
④親蔓《おやづる》の葉の六節のところで先端を切除する。やがて子蔓が出てきたら、その三本を残して他は切除する。
⑤追肥は花がつき始めたとき、および果実が大人の握り拳《こぶし》大になったときに施す。
⑥花が咲き始めたら授粉を開始する。雌花か雄花かを確認し、各子蔓の第一雌花は摘み取り、第二雌花に雄花で人工授粉させる。第二雌花までの孫蔓は摘み取る。
⑦結実させる西瓜の数を調整するために摘果を行う。摘果を行うタイミングは西瓜が卵大になったときが良い。残す西瓜は子蔓一本当たり二個とし、長卵形のものを選ぶ。
⑧授粉後三週間たったら、西瓜の陽に当たっていない部分を陽に当てる「玉直し」作業を始める。同時に西瓜の下に稲藁を敷く。
⑨西瓜の収穫時期は、開花後四五日〜五〇日経過し

た六月下旬頃だが、その頃になると、西瓜の根元の巻きひげの半分ほどが枯れ込むので、そのことを収穫適期の目安としても良い。

収穫間近になると農家は、畑に番小屋を建て、泊まり込んで西瓜の盗難防止に努める。

西瓜や瓜は真夏の最高の果実である。主婦はこれを井戸水で冷やして、子供たちに食べさせる。

《とうきび》

当地で玉蜀黍《とうもろこし》を「とうきび」と呼ぶ。夏に収穫する。鮮度の落ちるのが早い野菜の一つで、収穫後常温で丸一日おくと、美味しさが半減すると言われるほどである。

その日に採れたとうきびの皮を剥き、薄皮を一～二枚残して、二・五パーセント程度に塩を加えた水で茹でる。水の量はとうきびがひたひたになる程度。常温からゆっくり加熱していく。薄皮を残すことで旨味を閉じ込め、また低温からゆっくりと加熱することで澱粉質が糖に変化し、いっそう甘味を引き出すことができるのである。

とうきびをむらなく美味しく茹で上げるには、とうきびが浮かないように落とし蓋《ぶた》をし、茹でながら箸で回転させることが肝要。薄皮越しに見たとうきびの粒が黄色になれば出来上がり。暑い盛りに母親が子供のおやつ用に作り、子供はそれを食べてから海に泳ぎに行く。

《らっきょう漬け》

らっきょうは、七月に植え付けて葉がすっかり枯れる翌年の六月頃に掘り出す。植え付ける株と株の間隔は五寸（一五センチメートル）ほどが良い。痩《や》せ地でも育つから肥料はあまり必要としない。一つの株から一五個ほどの球根が採れる。

①収穫の時に掘り出したままのらっきょうを海辺へ運び、そこで茎とひげ根とを切除して球根の皮を剥き、潮水でよく洗いながら残った薄皮をとる。
②自宅に運んで井戸水で洗ってから一斗ぞうけ（大きな竹ざる）に入れて熱湯をまんべんなく振りかけ、らっきょう特有の臭みを抜く。
③水気を切り、表面が乾く程度まで屋外で干す。水気が残っていると、漬け汁が薄まり、かつ保存時にかびが発生する原因にもなるので、気を付ける必要がある。

④甕《かめ》は熱湯で消毒したあと布巾で完全に水分を拭き取る。らっきょう漬けの材料と分量は、球根一升（一・八リットル）に対して酢四合（七二〇ミリリットル）、砂糖三合（五四〇ミリリットル）、赤唐辛子四本が目安。

⑤まず甕に酢と砂糖を入れ、よく混ぜ合わせて甘酢を作り、次に球根を全部入れる。

⑥四、五日たったら食べられるが、一カ月程度経過したものが美味しい。

らっきょう漬けはお盆の客をもてなすのにも使う。

《山芋掘り》

山芋は細長いハート形の葉を持つ蔓《つる》性多年草で、地下に一本の芋がある。芋は地下深くまっすぐに伸び長さ四尺（一・二メートル）を超えることもある。山の林道沿いなどに多く自生する。黒土よりも赤土の土壌で育つ芋がより風味がよい。独特の強い粘《ねば》りがあり、疲労回復や滋養強壮に効果があるとされる。

山芋の収穫期は、地上部が枯れる晩秋から冬にかけてである。子供たちも、この時期が来るのを待っていたかのように山に向かう。専用の山芋掘り棒か唐鍬《とんが》、おんかん（第五節第三項《鮑》参照）、鎌の三つの道具を持って山に入り、黄色に色づいた葉や枯れ残った蔓を探す。後日、葉が落ちてしまってから掘りに来る場合は、それと分かるように目印を付けておく。できるだけ傾斜地に生える太い蔓を選ぶ。傾斜地は平地に比べて山芋を掘るのに手間もかからないし、また太い蔓ほど芋が太く長いからだ。蔓を選んだら、まず邪魔になる周囲の草木を鎌で刈り取り、作業場を確保する。次に、傾斜地・平地いずれの場合でも、芋の前面から掘り進める。そして、芋の上端から下端までが見え隠れする程度まで掘った

山芋の葉＝令和２年

ら、おんかんに持ち替えて、芋を傷つけないように丁寧に、その両側を掘る。このとき、芋の背面は依然として細い根が土の中に張っているので、芋は安定した状態にある。最後に、芋を下部の方から手で慎重に土から剝がしていく。先に上部を剝がすと、芋が前方に垂れて折れる可能性がある。この段階で芋を折るようなことがあれば、それまでの努力が水泡に帰す。山芋は無傷で掘り上げてこそ、もっと正確に言えば、無傷で家に持ち帰ってこそ価値があるのである。

掘った芋は、付近の大へごを鎌で切り取ってその葉で全体を包み、その上から細い蔓を巻いて保護する。このときも山芋を折ったり傷つけたりしないように気を付けなければならない。

掘った穴は必ず埋め戻しておく。そのまま放置すると「落とし穴」となって危険だからだ。蔓の先端に茎の一部とその根を少し残して埋め戻しておけば翌年、再び新しい茎が生育する。

持ち帰った山芋は、その日のうちにとろろ飯にして食べるか、あるいは慶事や法事のときに作る季節料理「ぞうよ」の材料などにする。

《山芋のとろろ飯》

とろろ飯は、山芋のとろろを炊きたての麦飯にかけたもので、何杯でもお代わりをしたくなる季節風味豊かな食べものである。

①まず山芋の細い根をむしり取り、水で洗ってから皮を剝く。皮を剝くときは、一度に全体を剝かない。先端から四寸（一二センチメートル）ほどの部分の皮を剝き、その他は手で持つときの滑り止めとして残しておく。

②皮をむいた部分をすり鉢の中で、下ろし金を用いてすり下ろす。残りの部分も同じようにする。

③全部をすり下ろしたら、空気を含ませるように、すりこぎで勢いよくすり混ぜて、ふわふわの状態にする。

④そうなったら、鰯《いわし》の煮干しでだしをとった味噌汁を少しずつ加えて、すりこぎですり混ぜ溶きのばす。

⑤全体がほぼ均一に混ざり合えば、とろろの出来上がり。

《ぞうよ》

ぞうよは山芋の採れる晩秋から冬にかけて、慶事や法事があるときなどに作る。米と希少な砂糖を使用した贅沢な和菓子である。鹿児島地方では「かるかん」と呼ばれる。材料と分量は、粳米《うるちまい》の粉一升（一・八リットル）に対して山芋二斤（一・二キログラム）、赤砂糖一升、酒二合（三六〇ミリリットル）、水三合（五四〇ミリリットル）。

①まず、粳米を素早く水で洗い、晒《さら》し布に包んで水気をとり天日で乾かす。
②米が十分に乾燥したら、碾臼で碾いて粉にする。
③前述の山芋のとろろ飯を作るときにしたのと同じ要領で山芋の皮を剥き、下ろし金を用いてすり鉢の中ですり下ろす。
④半切の中に、すり下ろした山芋、米の粉、赤砂糖、酒、水を入れ、粒ができないように十分に混ぜ合わせる。
⑤蒸籠の中に木箱を置いて、その上に布巾を敷き、混ぜ合わせた材料を二寸（六センチメートル）ほどの高さまで流し込んで、竈に火を入れて蒸す。
⑥ふわっと膨れてきたら火から下ろす。そのとき、表面に割れが生じておれば、熱いうちに手で押さえて消し、体裁を整える。山芋の独特の香りとしっとりとした素朴な風味をもつ、ぞうよの出来上がりである。盛り付けるときは、厚さ五分（一五ミリメートル）ほどに切り分ける。

《つわ》

つわぶきを当地では単に「つわ」と呼ぶ。キク科ツワブキ属に分類される常緑多年草で、葉柄（軸）は長さが一〜二尺五寸（三〇〜七五センチメートル）で太さは直径三分〜一寸（九〜三〇ミリメートル）。葉は肉厚で円形に近く、最大で縦六寸（一八センチメー

つわ＝令和元年

トル）、幅一尺（三〇センチメートル）にもなり、濃緑色をして表面に艶《つや》がある。晩秋に野菊に似た黄色い花を咲かせる。三月の初めになると、うぶ毛の付いた新しい葉柄をたくさん出す。日陰がちの山の斜面や海辺の崖《がけ》などに多く自生する。

岐宿郷の二里（八キロメートル）ほど沖合にある孤島の姫島に自生するつわは、巨大さにおいては国内でその右に出るものはないほど。各部位の寸法はいずれも前述の最大値に近いものだ。この島の住民がたまに買い出しや役場などに用事があって、その旬の季節に岐宿郷を訪れる際は、この巨大つわを手土産に持参する。

一方、岐宿郷のある福江島に自生するつわの大きさは平均的なものである。子供たちは、その自生地を知っていて、春になるとそこへ行き、葉柄の根元を手で持って引き抜いて採取する。採取したつわは、葉の付いたまま持ち帰り、食用にするほか薬用に利用する。排膿や皮膚病、健胃、食あたりなどに効能がある（第十三章第六項参照）。

《つわの醤油煮》

つわの醤油煮は、おおよそ次のように作る。

①葉のつけ根を右手の指で折り、そのまま葉を持って根元の方に引っぱって葉柄をしならせ、皮を剝く。二年ものはしなりがなく、剝くとき途中で折れやすい。皮を剝くと指先が褐色になって、洗っても容易には落ちない。それを避けたいときは別の方法で皮を剝く。すなわち、葉柄を三〇秒間ほど湯通ししてから、その皮を剝くのである。皮が剝けやすく、指も褐色にならないので、作業が早くきれいに進む。家庭によっては、この方法を採用するところもある。

②灰汁《あく》が強いので、皮を剝き終わった葉柄はすぐに水に浸けておく。皮をすべて剝き終わったら、二寸（六センチメートル）ほどの長さに切り揃え、一晩水に浸けて水が褐色に変色するまで灰汁を抜く。

③翌日、鍋に水を入れて沸騰させ、灰汁抜きしたつわをその中に入れて一〇分間ほど茹でる。茹でたら水で二、三回すすぐ。

④つわの醤油煮を作るときは、その茹でたつわを鍋に入れ、水をひたひたに注ぎ、醤油と砂糖で味付けして煮る。削り節を入れるといっそう風味を増す。煮る時間は五〜一〇分間でよい。

つわは特有の風味と歯触りがあり、春を告げる食べ物として好まれる。

なお、残った煮汁は捨てないで保存しておけば、だし汁として別の料理に利用できる。

第四節　果　実

一、果実の種類

果実には屋敷周りで獲れるものと野山で獲れるものがある。

屋敷周りで獲れる果実には、かたひ（椿の実）、柿、梨、夏みかん、橙、きんかん、梅、小梅、桃、いくつ（すもも）、ぶどう、いちじく、びわなどがある。

花をつけた藪椿＝令和２年

一方、山野で採れる果実には、かたひ、野いちご、ぐみ、栗、椎、むべ、あけび、がりつ（やまぶどう）、いたつ（おおいたび）、山桃、桑の実などがある。

子供たちは果樹の自生地を知っていて、その果実が熟す季節になると友達を誘って採りに行く。

二、果実利用の仕方

《かたひの採取》

当地では椿のことを「かたひ」と呼び、その種子はかたひ油《あっだ》にされる。既述したように五島列島に自生する藪椿の数は一〇〇〇万本に達すると言われ、そのほとんどが山に

かたひの実＝令和２年

自生するが、一部は風や西日を防ぐため屋敷の周りにも植えられる。

　藪椿は寒さの厳しい十二月から早春にかけて、深紅色の花をつける。開花すると、子供たちは木に登って花冠を摘み取り、その基部に口をあてて、ほの甘い蜜を吸う。福江出身の俳人大野きゆうは昭和七（一九三二）年、このような光景を次のように詠んだ。

　　嶋の子の蜜を吸ふなる花椿　　きゆう

初秋の八月初旬から中旬にかけて、かたひの実が採れる。この頃になると、実は樹上で三つに割れて種を地上に落とし始める。主婦や子供たちは連れ添って山に入り、地上に落ちた種を拾い、木になっている実を採る。手の届かないところにある実は、専用の鉤《かぎ》を使って採る。屋敷の周りのかたひの木からもたくさんの実が採れる。

かたひの種＝令和２年

　採った実は、母屋の前の広場に筵《むしろ》を敷き、その上に広げて数日間、天日干しをする。すると、実が割れるので種を取り出して、樹下で拾った種と一緒に四、五日間、天日で乾燥させる。

球形のかたひの種＝令和２年

　令和二（二〇二〇）年の秋、横浜の拙宅にある前述の樹高一〇尺（三メートル）ほどの藪椿「玉之浦」一本から収穫した六合（一・〇八リットル）、一七三匁（六五〇グラム）の種子を分析したところ次のような結果が得られた。すなわち―― かたひの実は完全な球をしており、大きいもので直径一寸三分（四センチメートル）ほど。実の中には黒褐色をした一～一二個の種があり、その一個の粒の重さは平均〇・二四匁（〇・九グラム）で、形は不定形。小さな実には種が一個しかなく、ほぼ球形をして、大きさは直径が約五分（一・五センチメートル）、重さは平均〇・四匁（一・五グラム）。その種の数は全粒のわずか二・五パーセントほど。

島の子供たちは、この球形の種に小さな穴を開け、中身をくり抜いて笛を作り、その音色を競い合う。そのとき、その空気を切り裂くような鋭い音は、秋風に乗ってその辺一帯に響きわたる。

《かたひ油》

既述したが、薮椿の種から採った油を「かたひ油《あつだ》」と呼ぶ。古くから食油や頭髪油、灯油として用いられてきた。搾油《さくゆ》は「油《あつだ》すめ」と呼ぶ製油業者に頼む。すめは、この地の方言で澄むや搾るの意で、混じり気のない澄んだ油を精製することをいう。

戦前まで岐宿郷内には二軒の業者が営業していたが、いずれも事業主が高齢になって事業から撤退したため、その後郷民は二本楠にある業者に搾油を頼むことになった。

二本楠までは片道およそ二・五里（一〇キロメートル）ほどもあり、当時はまだ自動車もない時代であったから、叺《かまん》二俵に詰めたかたひの種を一頭の牛にからわせ（背負わせ）、片道三時間ほどをかけて行き、搾油の終わるのを待って、一斗缶に入れたかたひ油を再び牛にからわせて帰るので、岐宿郷民にとって搾油は弁当持参の一日仕事だった。

一般に、一斗の種からおよそ二升のかたひ油（比重〇・九一）が採れる。搾油の工程には大きく——①粉砕、②蒸し上げ、③詰め込み、④圧搾、および⑤濾過の五つがある。

伝統的な手法で搾ったかたひ油は、品質が高く、熱伝導性に優れ、コシがある。この油で揚げた物は、サクッとした仕上がりになり、とりわけ揚げ豆腐は美味である。熱に強いので劣化しにくく、繰り返し使用できるのも、かたひ油の特長である。とはいえ、かたひ油はとても貴重なので、普段はあまり使わない。

搾ったあとにできる油粕は、業者の取り分になる。業者は、これをさらに搾って油を採る。搾ったあとにできる油粕は、肥料として価値が高く、西瓜や瓜、果物などの肥料にされる。

《練り柿》

柿はカキノキ科カキ属の落葉高木。原産地は東アジアで、日本や韓国、中国に数多くの在来品種がある。五月頃花をつけ、八月には実を収穫できる。甘柿と渋柿の二種がある。

地元では秋の巌立神社の例大祭のときに門前の出店に、まだ青い柿が並ぶ。練り柿である。

渋柿の湯練りは次のように行う。

①まず四斗樽をきれいに洗い、その中に約一斗（一八リットル）の沸騰した湯を入れて摂氏五〇度ほどに冷ます。

②その中に渋柿を入れ、その上に稲藁《いなわら》を載せ、さらに樽に筵《むしろ》を被せ、渋抜きの適温である摂氏四〇度付近を保持する。

③丸一日以上が経過すると渋が抜けるので、そのことを確認したら、柿を樽から取り出し、筵の上に広げて天日で乾かす。これで渋抜きは完成である。

渋柿は湯練りにするほか、干し柿、熟柿にして食べる。

《梅干し》

梅の原産地は中国であるが、我が国には弥生時代に朝鮮半島経由で渡来したという学説がある一方、遣唐使が持ち込んだという説もある。バラ科サクラ属の落葉高木で、早春に花をつけ、五月に実を収穫できる。

岐宿ではほとんどの家が毎年五月頃、少し黄色みを帯びてきた梅の実で梅干しを作る。

①梅一升当たり二合の天然塩を用意する。

②竹串で梅の実のへたを一つ一つ取り除き、丁寧に水で洗って、ざるにあげて水を切る。乾いた布巾で一つ一つ梅の実に付いた水分を拭《ふ》き取る。

③甕《かめ》をあらかじめ水できれいに洗い、水気を布巾で完全に拭き取る。

④塩の三分の一の分量を取り分け、まず塩の三分の二の分量を全部使って梅の実を塩で漬け込む。そのときは甕の底に塩を振って梅の実を並べ、その上に塩を振って再び梅の実を並べる。これを交互に繰り返す。

⑤最後に残りの三分の一の塩

梅の実＝令和３年

を最上部に均等に振り、梅の実を完全に覆う。その上に落とし蓋をして梅の実の二倍の重量の重石を載せる。
⑥これを冷暗所に数日間置く。すると梅の実全体が白梅酢に浸かる状態になる。
⑦重量比で梅の実の一〜二割の赤しその葉を用意し、それを水でよく洗って汚れを落とし、ざるにあげて水分を切る。
⑧重量比で赤しその葉の一〜二割の天然塩を用意し、大きなこね鉢に赤しその葉を入れ、そこに半量の塩を振って、赤しその葉をしっかり揉《も》み込む。灰汁が出るので絞って捨てる。
⑨絞った赤しそはこね鉢に戻し、それに残り半量の塩を振り赤しそをほぐしながら塩をなじませ、また揉む。依然としてたくさんの灰汁が出るので、再び赤しそをきつく絞って灰汁を捨て、絞った赤しそをこね鉢に戻す。
⑩その赤しそがひたひたになる程度まで甕から白梅酢を杓子《しゃくし》ですくって注ぎ、赤しそを箸でほぐしながら白梅酢に絡ませていくと白梅酢がきれいな赤紫色に変わって赤梅酢が出来る。
⑪この赤梅酢と赤しそを全部梅の実の入った甕に入れ、赤しそを最上部の梅の実の表面に広げる。
⑫甕を回して赤梅酢と赤しそを梅の実に馴染ませ、土用の頃まで冷暗所に保管する。その間、梅酢が赤しそに行き渡るように時々甕を回してやる。
⑬梅雨が明けて土用の頃になったら、晴れの日が続くのを見計らって「三日三晩の土用干し」を行う。穴開きの玉杓子などを使って、梅の実を傷つけないように甕から取り出し、清潔な平底ざるなどに、梅の実がくっつかないように並べて、日当たりの良い場所で干す。赤しその葉も固く絞って広げて干す。甕に残った梅酢には、塵やほこりが入らないように蓋をしておく。
⑭干し始めて一〜二時間後に梅の実の上下を返し、夜間は屋内に取り込む。
⑮二日目も一日目と同様に干したあと、赤しそだけを甕に戻す。
⑯三日目は梅の実だけを干す。甕の梅酢に浸っている赤しそを軽く絞ってから甕に戻しておく。
⑰干した梅の実を梅酢の入った甕に戻しながら都度、赤しそを梅の実で挟《はさ》むように詰めていく。
⑱詰め終わったら蓋をして冷暗所に置き一年ほど経過すれば梅の実が完熟する。三カ月後から食べら

れるが、時間をおくほど酸味が和らぎ、まろやかな口当たりになる。

梅干しは、にぎり飯や弁当、田畑で食べる食事には欠かせない食材である。また、梅酢は魚の生臭みを消すのに用いたり、食べ物にかけて腹痛予防に用いたりする。

《山桃》

山桃はヤマモモ科ヤマモモ属の常緑高木で、原産地は日本や中国と言われる。雌雄異株で樹高は六〇尺（一八メートル）ほどになる。三月頃に花を咲かせ、梅雨の季節に直径六分（一八ミリメートル）ほどの赤紫色の実をつける。夏の味覚を代表する果実の一つである。

当地では日当たりの良い山の斜面に山桃の木が自生しており、その一本が「郷津《ごうつ》」と呼ぶ浦ノ川の右岸にある。その一帯の急峻な斜面は棚田になっており、そこで田植えが行われる時期にちょうど山桃の実が紅く熟す。

てぼ＝令和元年

田植えを手伝う子供たちは、昼食時になると、急いで食事を済ませ、てぼ（丸竹籠）を持ってその実を採りに行く。山桃の枝は斜面から谷の方に伸びており、樹上で手足を滑らせると危険だが、毎年のことだから子供たちは慣れたもので、短時間のうちにてぼ半分ほどの量を採り、田植えの加勢人に分配する。

家で山桃を食べるときは、いったん薄い塩水に浸してからざるにあげ、水気を切ってから食べる。独特の風味と歯ざわりがあり、甘酸っぱくさっぱりしていて美味しい。

《いたっの実》

おおいたびを当地では「いたっ」と呼ぶ。クワ科の常緑低木で、学名はオオイタビカズラ。海岸近くの崖や耕地の高い土手、民家の石垣などに自生している。雌雄異株の蔓性で、茎は灰褐色で這うように伸びる。葉は全緑で長さ一・五〜三寸（五〜九センチメートル）、幅一〜一・六寸（三〜五センチメートル）の楕円形である。折った枝などからは乳白液を出す。春にいちじくに似た花が咲き、秋にはいちじくに似た球形の実をたくさんつける。実の大きさは直径が最大一・六寸（五センチメートル）ほどになる。実が完熟すると黒紫色になって割れ、皮は薄くなって容易に剝ける。味もいちじくにそっくりである。

当地で最も大きないたっの木は、岐宿湾頭にある汐留の高い崖に自生し、広く崖面を覆っている。秋になると、子供たちはこの崖をよじ登って実を採る。

いたっの木 ── 民家の石垣を覆う＝令和元年

第五節　水産物

一、水産物の種類

東シナ海に北面する岐宿台地の海岸は、一年中波が荒いが、海産物の産地でもある。どこの磯も集落から歩いて三〇分圏内にあるので、住民は大人も子供も、生活に欠かせない旬の魚介類や海藻類を磯にとりに行く。

住民の暮らしはほとんど陰暦に依存しており、児童でさえ陰暦を見れば、その日の月の満ち欠けや潮の干満の時刻、刻々と変化する潮位の変化を正しく把握している。

住民が磯に向かうのは、多くが大潮の前後数日である。季節に応じて、男性は魚釣りや素潜りで海産物をとる。種類は豊富で、あらかっ（かさご）、くさっ（べら）、ごべ（かわはぎ）、きっこっ（たかのはだい）、ひさ（石鯛）、蛸《たこ》、烏賊《いか》、伊勢えびなど魚類・軟体類・甲殻類（以下、便宜上「魚類」という）、鮑《あわび》やさざえなど貝類、なまこなど棘皮《きょくひ》動物類、天草など海藻類である。

一方、女性は主に岩場で海産物をとる。うに、がぜ（ばふんうに）など棘皮動物類、鮑、さざえ、みな（すがい）、黒口《くろくっ》（貽貝《いがい》）など貝類、めのは（わかめ）、ひじき、甘海苔《あまのり》、うつ（布海苔）、青海苔、あおさなど海藻類だ。

これらに加えて農民は、冬から春にかけて海岸に打ち寄せられたほんだわらなどの海藻を採り、畑地の肥料にする。

海岸からさほど遠くない沖合では鰤《ぶり》、魳《かます》、鰯《いわし》、鯵《あじ》、きんなご（きびなご）、いっさっ（いさき）、鯛《たい》、このしろ、くろよお（めじな）、飛魚などが獲れる。

沿岸には鰤の大型定置網をはじめ諸種の漁網が設置されている。

また岐宿湾に流入する計四本の二級河川の河口付近では、鰻《うなぎ》、しろよお（素魚《しろうお》）、はぜ、手長えび、きひご（きすご）といった魚類、牡蠣《かき》やしじみなどの貝類、青海苔などの藻類が豊富である。

立小島鰤大型定置網で獲れた鰤＝昭和40年頃

二、魚類利用の仕方

《鰤》

鰤《ぶり》の成魚は、全長三尺三寸（一メートル）、体重五貫（一八キログラム）ほどになる。体型は、前後に細長い紡錘《ぼうすい》形（紡いだ糸を巻き取る器具の形）をしている。五島近海では冬から春にかけて獲れる。

寒い時期に獲れる鰤は「寒鰤」、また春の彼岸の頃に獲れるそれは「彼岸鰤」と呼ばれる。寒鰤は脂がのっていて美味しいが、彼岸鰤はたまにミミズに似た体長一尺五寸（四五センチメートル）ほどのブリ糸状虫が寄生しており、味は寒鰤ほどではない。それゆえに、彼岸鰤は刺身にはせず、煮焼きしてから食べることが多い。

出世魚である鰤は、縁起が良い魚とされ、正月や門出を祝う宴会などの料理には欠かせない天然魚である。

当地で水揚げされる鰤は、第一章第九節第二項で述べた大洋漁業所有の立小島大型定置網にかかったものがほとんどである。同社の基地のある水ノ浦港に行けば購入できるが、水揚げ量の多い日には、乗組員に対して各一尾の配当があるので、農閑期だけそこで子息が働く親戚筋から手に入れることもできる。

手に入った鰤は、軒先の垂木《たるき》に頭を下に向けて吊《つる》し、必要に応じて切り分けて食べる。隣人や親族に裾《すそ》分けをすることもある。

鰤は、刺身のほか、照り焼きや塩焼き、あら煮、煮付けなどにして食べる。

《鰤の照り焼き》

脂ののった寒鰤の照り焼きは絶品である。

①まず鰤の鱗《うろこ》を取り除いて、四分（一・二センチメートル）の厚さに皮ごと切り分ける。

②次に濃口醤油に若干の砂糖と酒を入れて混ぜ合わせてたれを作り、これに鰤の切り身を入れて一晩漬け込む。
③続いて鍋にかたひ油を引いて中火で熱し、漬け込んでおいた切り身を入れて両面を焼く。
④両面に焼き色がついて、八割程度火が通ったら下漬けに使ったたれの残り全部を入れ、火加減はそのままでたれを煮詰める。
⑤たれが煮詰まったら鰤を器に盛り付け、鍋に残ったたれを鰤にかけて完成である。

《鰤のあら煮》
「あら」とは、切り分けた魚の頭や鎌《かま》、中骨をいう。煮ると濃厚なだしが出る。大根との相性も良い。

①鰤のあらは、水で血やぬめりなどを丁寧に取り除いてから、生臭さをなくすために沸騰した湯をかけて、湯通しする。
②大根は皮を剝き、厚さ一寸（三センチメートル）程度に輪切りにして、それをさらに半月切りにし、煮崩れしないように面取りをする。
③鍋に濃口醤油、砂糖、酒、および千切りにした生姜を入れてよく混ぜ、鰤のあらを置き、大根をその隙間に入れる。
④水を全体がかぶる程度まで入れる。
⑤強火で加熱し、沸騰したら灰汁をすくい取り、落とし蓋をして中火で一五分間ほど煮る。
⑥最後に、火を引いて冷ましながら、味を染み込ませる。食べるときは、その直前に火を入れて温める。

《鰤の煮付け》
鰤の旨味を引き出し、甘辛い味に仕上げる。

①鰤の身を厚さ四分（一・二センチメートル）に切り、生臭さを除くため沸騰した湯をかける。
②八人分なら、水二合、濃口醤油大さじ四杯、砂糖小さじ二杯、適量の細切り生姜を鍋に入れ、沸騰させる。
③沸騰したら、鰤の切り身八切れを入れ、落とし蓋をして煮汁が半分程度になるまで中火で煮る。
④そのあと落とし蓋を取り、玉杓子で煮汁を鰤にかけながらさらに一～二分間、弱火で煮る。鰤の表面に照りが出て来たら出来上がりである。

《ひさ》
石鯛《いしだい》を当地では「ひさ」と呼ぶ。ひさは、スズキ目スズキ亜目イシダイ科イシダイ属に分類される魚類の一種。成魚は、最大全長二尺三寸（七〇センチメートル）ほどになる。体型は円盤形で、体色は白地に七本の太い黒の横縞（背骨に対して垂直の縞）が入る。海底の洞窟や岩陰に潜み、海底付近を泳ぎ回る。食材としての旬は夏である。この時期、専門の漁師が素潜りで捕る。漁に使用する道具は、地元で「鉄砲鉾《てっぽうほこ》」と呼ぶ手製の水中銃である（その作り方は、第十一章第二節を参照願う）。

漁師は、沿岸にあるひさの穴場を幾つも知っていて、漁に出るときは、船頭を伴い小舟でそこへ向かう。漁場に到着すると、船頭に指示して錨を下ろして海に潜る。水深は浅いところで四尋（七・三メートル）、深いところでは七尋（一二・八メートル）を超える。ひさは通常、白い歯を覗かせているので、薄暗い洞窟の中でも、すぐにそれと分かる。加えて、人が近づいてもあまり逃げない。それゆえに漁師が狙ったひさを打ち損じることはほとんどない。

ひさを手に入れたいときは、前もって頼んでおけば、漁師が帰宅したら直ちに家人からその旨連絡がある。連絡を受けた者は漁師の家に出向いて、その日捕れたひさの中から、好みの大きさのものを選んで買う。ひさは大きければいいというものではなく、最も美味と思われる寸法は全長一～一尺五寸（三〇～四五センチメートル）である。

ひさは、刺身や茶漬け、吸い物などにして食べる。

《ひさの刺身》
夏の暑い盛りに食べることが多い。

①鱗を完全に取り除き、内臓を取り出して水で身をよく洗う。
②皮が付いたまま三枚におろし腹側の小骨を取り除く。
③七輪の炭火で皮側を適度に炙《あぶ》り、一分（三ミリメートル）ほどの厚さに薄く斜めに切る。これで刺身の出来上がりである。

身は白くやや透明感があり、硬く引き締まって歯ごたえがある。成熟したものは脂がのって旨味があり、特に皮と身のあいだにそれが強く、醤油につけると、その脂が一面に広がる。皮はコリコリした食感と独特の風味を醸し出す。あらゆる魚の中で、その刺身の美味な点においてひさの右に出る魚は数少ないであろう。まさに絶品である。

刺身にしなかったひさのほかの部位は、煮ものにして食べる。

《ひさの茶漬け》

刺身をあらかじめ醤油に漬け込んでおき、その三、四切れを、茶碗に盛った炊きたてのご飯の中心部に入れ、ご飯で包み込む。その上から熱い茶または熱湯をひたひたに注ぎ入れ、別の茶碗を被せて蒸らす。三〜四分間おくと身が白くなるので、漬け醤油を適度に注ぎ、混ぜ合わせれば茶漬けの出来上がりである。活きたひさの刺身で作る茶漬けもまた絶品である。

《ひさのあら汁》

魚のあらを使ってだしを取った吸い物は、「あら汁」とも呼ばれる。ひさのあら汁は、頭や骨周りにたっぷりと肉がついており、厚い皮もプリプリとして軟らかく、しかもそれらが美味しいだしを出すので、その個性を余すところなく楽しむことができる。

①ひさを三枚におろしたあとに残るあら（頭や鎌、中骨などの部位）を適当な大きさに切り分け、さっと水で洗う。

②鍋に水を入れて火にかけ、淡口醤油と塩で口に合った味にする。

③鍋底に小さな湯玉が生じたら弱火にし、右の切り分けたあらを入れる。このあと決してぐらぐらと沸騰させてはならない。汁が濁るばかりか、旨味が失われ、生臭みが強くなるからだ。

④途中、灰汁が出るので丁寧に玉杓子ですくい取る。

⑤灰汁が出なくなったら味を確認し、必要ならさらに塩や淡口醤油で味を調える。

⑥やがて、ひさの濃厚で旨い吸い物が出来上がる。

⑦器に盛り付けたら、刻んだ小ねぎを散らす。小ねぎを散らすことで生臭みが消え、ひと味違った吸い物になる。

《いっさっ》

いさきのことを当地では「いっさっ」と呼ぶ。スズキ目スズキ亜目イサキ科イサキ属に分類される。体形は前後に細長い側扁形（左右に平たい）で、大型のものは全長一尺五寸（四五センチメートル）、体重三斤（一・八キログラム）程度に成長する。二歳で七寸（二一センチメートル）、四歳で一尺（三〇センチメートル）ほどになる。体色は成魚が焦げ茶色、幼魚がやや明るい茶色で、いずれも濃い褐色の縞紋様が縦に走るが、成長するにつれて縦縞は薄れ、腹面が白色へと変化する。

当地では東シナ海沿岸に棲息《せいそく》し、内湾にはほとんどいない。夜行性で昼間は沿岸のやや深い藻場や岩礁帯に群れを成して棲息し、夜間には海面近くまで浮上し、餌となる甲殻類や多毛類、小魚などを補食する。

春から夏に一本釣りや定置網で獲れ、その大きさは一斤（六〇〇グラム）前後のものが中心であるが、一・七斤（一キログラム）以上のものも珍しくない。刺身や煮付け、潮汁、塩焼きなどにして食べる。

いっさつの骨は細いが硬く、喉《のど》に刺さると命取りになると言われ、その煮付けや潮汁を食べるときは、誰からともなく一言注意が喚起される。

《いっさつの刺身》

旬のいっさつの刺身は抜群に旨い。血合いは赤く透明感のある白身で、身に脂が均一に行き渡っている。身はほどよい硬さで、噛《か》むほどに甘い脂が滲み出て口いっぱいに広がり、どの白身の魚にもない独特の美味しい風味を醸す。

《真鯛》

真鯛はスズキ目スズキ亜目タイ科マダイ亜科マダイ属に分類される魚。全長は三尺三寸（一メートル）にもなる。体形はいわゆる鯛型。体色は鮮紅色で、背中などにコバルトブルーの波紋があり、全体的に美しい。寿命は四〇年とも言われる。五、六年で成魚に成長し、全長は一尺七寸～二尺三寸（五〇～七〇センチメートル）になる。水深一〇〇～七〇〇尺（三〇～二一〇メートル）の岩礁、砂礫《されき》底、砂底に棲息する。真鯛は古来、神道で重要な地位を占めていたと言われ、冠婚葬祭には欠かせない魚となっている。

真鯛の吸い物＝令和元年

岐宿では、岐宿湾内や立小島のすぐ沖合の水深の深い海で舟から一本釣りで捕る。たまに驚くほど大型のものが釣れることがある。岐宿湾内で舟の上から巨大な真鯛を釣り上げるのに二時間以上を要したという話があるほどである。

刺身、塩焼き、煮付け、汁物、干物などにして食べる。

《魳》

魳《かます》はスズキ目サバ亜目カマス科カマス属の魚類の総称だが、岐宿で水揚げされる魳はアカカマスすなわち本カマスである。細長い円筒形の体型を持ち、成魚は全長一尺四寸（四二センチメートル）ほどになる。主に沿岸の岩礁域に棲息し、群れを成す。味の良さから魳類の中で最も高価なものとされる。夏の終わりから晩秋にかけて水揚げされる。

当地特有の地形を活かした魳漁法については、第一章第九節第二項で述べたが、非常に古くから存在し、一四〇〇年頃には漁場とともに藩の許可制になり、岐宿湾内で獲れる魳は藩主への献上魚とされた。

魳の最も一般的な加工品は、開き干しである。独特の風味があり、ご飯と非常によく合う。鮮魚の用途は古くから限定的だったが、いつの頃からか、既述した生ずしの具には欠かせないものとなった。熱いご飯で包んで蒸らすと、切り身がほぐれ、何とも言えぬ風味を醸すからに違いない。

《魳の生干し》

魳の生干しは、その美味な点で干物の筆頭に挙げてよいであろう。

①まず磯に行って潮水を桶に汲んでくる。
②魳の鱗を包丁で取り除いて潮水で軽く洗う。
③頭を手前側、腹を左側に向けて置き、背中に包丁を入れ、中骨に沿って切り進み、腹側の皮を残し、最後に力を入れて頭を割る。
④両手で開いて、えらや内臓を一緒に取

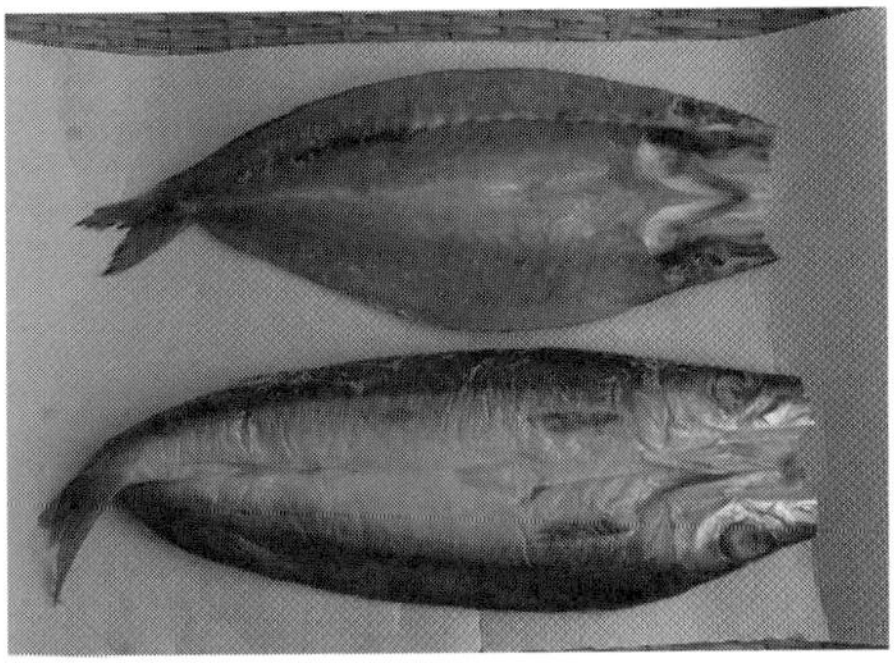
魳の一夜干し＝令和２年

り除き、血などを潮水で洗う。
⑤そのあと水で洗って、布巾で水気を完全に拭き取り、両面に薄塩をまぶす。ここでその量の多寡が風味に大きく影響するので、その点を心掛けておくことが肝要。
⑥風通しの良い場所を選んで天日に半日ほど干すか、あるいは一晩干すと、身の引き締まった鰤の生干しが出来上がる。

焼くと肉厚の身から脂が滴る。一度食べたらまた食べたくなる美味しさがある。焼き過ぎると固くなるので要注意。

《鰤の吸い物》

鰤を淡口醤油で味付けすると、その旨味が際立つ。

①鱗を取り除いたあと、鰤を水できれいに洗って三枚におろし、身は骨ごと斜めにぶつ切りにする。骨が付いていなければ美味しくないからだ。
②ぶつ切りにした魚肉に薄塩をまぶす。約二時間おくと、塩が身に浸みて軟らかい肉が固くなり、生臭みも消える。
③鍋に水を入れ弱火にかけ沸騰してから、鰤を入れて煮る。この間、決してグラグラと煮てはならない。濁るばかりか、魚の旨味が出ず、生臭みが強くなるからだ。
④灰汁が出るので、丁寧にそれをすくい取る。
⑤灰汁が出なくなったら、淡口醤油で味付けする。
⑥ねぎや白菜、豆腐などを入れ、味をみて薄ければ、醤油を垂らす。煮立ったら出来上がり。

《きんなご》

きびなごのことを当地では「きんなご」と呼ぶ。ニシン目ニシン科キビナゴ亜科キビナゴ属に分類され、体型は前後に細長い円筒形をした全長約三寸（九センチメートル）ほどの小さな魚である。沿岸域で大きな群れをなし回遊する。身は半透明で小骨が多い。縦一列にある鱗は剝がれやすく、漁獲後に殆どが脱落してしまう。傷みが早く、漁獲地以外に流通することは少ない。刺し網や地引き網で大量に獲れ、昔から五島の人々の生活を支えて来た。

大正七（一九一八）年に創建された奈留島の江上天主堂は、信徒がきんなご漁で得た資金で建てたと言われる（同教会は平成三十〈二〇一八〉年、「長崎と天草地方の潜伏キリシタン関連遺産」として世界遺産に登録された）。

また、福江島の北端近くには、きんなごが大量に水揚げされることから「きんなご網代」と命名された、岐宿町に属する小さな集落がある。

五島近海では九月から翌年四月頃までが漁獲期であるが、十一月から翌年一月にかけて最も多く獲れる。この時期のきんなごは、大きくて脂がのっており美味しい。いりやき、酢ぬた（酢味噌）、田楽、煮付け、天ぷら、唐揚げ、南蛮漬け、一夜干し、煮干しなどにする。

《きんなごのいりやき》

新鮮なきんなごが手に入ったとき、どこの家でも作るのが大抵いりやきである。

①材料と分量は八人分で、きんなご一〇〇尾（一キログラム）、大根一本、白菜六枚。きんなごは、水で洗ってざるにあげておく。

②大根は約二寸（六センチメートル）の長さに短冊切り、白菜はザク切りにする。

③鍋に水一升（一・八リットル）を入れ、淡口醤油大さじ六杯で味付けして煮る。

④沸騰してきたら大根、白菜、きんなごの順に入れる。

⑤きんなごが白く変色したら食べごろである。このとき、きんなごをぐらぐら煮ないように注意する。味が薄くなれば醤油を注ぎ足す。

きんなごを食べるときは、頭を箸で摘まみ体を口に入れ、軽く噛んでスッと引き抜き、身だけを背骨から剥がす。頭や骨ごと全部食べてもよいが、苦味がある。

このように料理の作り方はいたって単純であるが、魚と野菜との絶妙な組み合わせがもたらす風味は、抜群である。汁もだしが効いてやさしい風味があり、ぞろ（手打ちうどん）のだし汁としても使用される。

《きんなごの刺身》

活きたきんなごを、指と爪を使って手開きで頭や背骨、内臓を取り除き刺身にする。この刺身を水でさっと洗って皿に盛り付け、酢ぬたや生姜醤油をつけて食べる。

酢ぬたは、小さなすり鉢に味噌や山椒《さんしょう》、青じその葉、酢を入れて、すりこぎですって作る。

きんなごの刺身を皿に盛り付けるときは、皮目を外側にして二つに折り曲げ、一つ一つ重ねるように並べる。銀色の鱗がきらきらと輝いて美しい。皿いっぱいに菊花のように盛り付けると、刺身はいっそう美しく見え食欲をそそる。

きんなごの刺身＝令和元年

《きんなごの田楽》

「田楽《でんがく》」の由来は、平安時代に農村の風習にあった「田楽舞」にあるとされる。豆腐に串を刺した形が、豊作を祈願して白袴を履き一本の棒に乗って飛び跳ねて舞う姿に似ていたことから、そう名付けられたと言われる。

①きんなごを水で洗って水気を切り、爪楊枝《つまようじ》大の竹串に四尾ずつ刺す。

②すり鉢でごまをすり、そこに山椒の芽、味噌、砂糖、みりんを順に入れ、よくすってすり味噌を作る。

③竹串に刺したきんなごを焼き網に載せて素早く焼く。

④焼けたらきんなごを裏返してすり味噌を載せ、こんがりと焼けたら完成。

《鰯》

我が国の鰯《いわし》には、まいわし、うるめいわし、かたくちいわしの三種がある。五島近海ではまいわしが獲れる。まいわし（以下、「鰯」という）はニシン目ニシン科マイワシ属に分類される魚。体型は、前後に細長い円筒形をして、成魚は全長四寸～一尺（一二～三〇センチメートル）になる。体色は背が青色、腹が白色、そして身は赤色である。沖合、沿岸域を回遊しながらプランクトンを食べて成長する。定置網で獲る。五島における全漁獲量の五割以上を占めるほど水揚げ量は多いが、傷みが早いため、漁獲地以外に流通することは少ない。

鰯の旬は五月から十一月で、大半が煮干しにされる。

《鰯の煮付け》

鰯は、干物にしない場合、煮付けにすることが多い。

①材料と分量は、鰯一〇尾に対して水五合（〇・九リットル）、淡口醤油一合（一八〇ミリリットル）、酒五杓（九〇ミリリットル）、砂糖五杓（同）、酢大匙三、生姜一片分である。
②まず鰯の鱗、頭部、内臓を取り除き、水でよく洗って水気を十分に切る。
③次に鍋に生姜を除くすべての調味料を入れて混ぜ合わせる。
④鰯を入れて中火にかける。落とし蓋をし、弱火で二〇分ほど煮る。
⑤生姜を千切りにして加え、さらに煮詰める。煮汁が少なくなったら出来上がりである。

《鯵》

鯵《あじ》はスズキ目スズキ亜目アジ科マアジ属に分類される魚で、日本では一般に鯵と言えばマアジを指すことが多い。成魚の体長は一尺五寸（四五センチメートル）ほどに達するが、五島近海で漁獲されるものは、一尺（三〇センチメートル）ほどのものが多い。

体型は紡錘形《ぼうすい》でやや扁平《へんぺい》である。体色は、背側が緑黒色、腹側が銀白色、そして中間帯が金色。体の下半分には中央部に尻尾《しっぽ》にかけて棘状《きょくじょう》の鱗《うろこ》（「ぜいご」という）が並ぶ。

巻き網、定置網、釣りなどで獲る。大型のものは冬、小型のものは夏が旬。

夏には岐宿港の岸壁近くに当地で「じゃこ」と呼ぶ小鯵が無数に集まるので、子供たちはその群れの中に釣糸を垂らして様子を見ながら釣る。

鯵の肉は赤身で脂がのっていて美味しい。干物、蒲《かま》鉾《ぼこ》、刺身、塩焼き、酢漬け、たたきなどにして食べる。

《鯵の塩焼き》

①尾の付け根に包丁を寝かせて入れ、上下に小刻みに動かしながらぜいごを削ぎ取り、続いて包丁の刃先を尾から頭へと軽く動かしながら鱗を取る。
②指でえらを取り除く。①②を胴両側で行う。
③そのあと腹に包丁を入れ、内臓を取り出し、腹の内側を水で洗ってから水気を十分に切る。
④火の通りを良くするために、両面の身の厚い部分に切り込みを入れる。
⑤両面全体に塩をまぶす。
⑥網に載せて焼く。こんがりと焼き色がついたら裏返してさらに焼く。裏返すときは形が崩れないように、向こう側から手前側に返す。

⑦器に盛りつけ、添えた下ろし大根に醤油をかけて食べる。

《昆布巻き蒲鉾》

慶事や運動会などのときに作る。

①活きた鯵か鰤、鰯などを包丁で三枚におろし、皮や骨を取り除いてたたいたあと、すり鉢に移してすりこぎでする。

②すったら適量の塩と砂糖を入れ、混ぜ合わせながらさらにすって粘りを出す。

③俎板《まないた》の上に巻き簀《す》を置き、その上に布巾、昆布を順に重ねて広げ、昆布の上にすり身を約四分（一・二センチメートル）の厚さに伸ばしていき、向こう側に七分（二・一センチメートル）ほどの重ね代を残す。

昆布巻き蒲鉾＝令和元年

④蒲鉾に模様をつける場合は、中央に幅が半分程度のもう一枚の昆布を載せて、さらにその上に食紅で色付けしたすり身を伸ばし、数カ所を指で押さえながら手前側から巻き簀を巻いていく。

⑤形を整えてから、巻き簀を開いて布巾の両端を縛《しば》り、再び巻き簀で巻いて蒸籠《せいろ》で蒸す。

⑥およそ二〇分後に竹串を刺して抜き、すり身が付いていなければ出来上がりである。すり身が残るようであれば、蒸し足らないのでさらに蒸す。

《板蒲鉾》

昆布巻き蒲鉾と同様に、慶事や運動会などに作る。途中まで昆布巻き蒲鉾と同じ工程を経て、粘りが出てきたすり身を蒲鉾板に盛り、杓文字《しゃもじ》を水で濡らしながら形を整える。一時間ほどそのまま寝かせると、プリプリ感が出る。水で溶いた食紅《しょくべに》をその表面に指で塗り、蒸籠で蒸す。そのあと右の昆布巻き蒲鉾の⑥と同じ工程に進む。

《天ぷら蒲鉾》

さつま揚げのことを当地では「天ぷら蒲鉾《かまぼこ》」という。魚のすり身を油で揚げて作る。材料は鰯や鰺、鯖《さば》など。すり身に人参やごぼうなどの野菜を加えて作ることもある。

天ぷら蒲鉾＝令和元年

①魚を三枚におろし、皮を取り除きミンチ状に切り刻む。
②ミンチ状にした魚の身をすり鉢に入れて、すりこぎですり潰す。
③すり身一斤（六〇〇グラム）に対して塩八匁（一二グラム）の分量を加え、混ぜ合わせながらさらにすり潰す。
④粘りが出てきたら、水に晒《さら》したごぼうのささがきや茹でてみじん切りにした人参を入れて混ぜ合わせる。
⑤これを食べやすい大きさに取り分けて手で平たく伸ばし、比較的低温の油で揚げる。両面に色がつき、浮いて来たら出来上がりである。

《鰹》

鰹《かつお》はスズキ目サバ亜目サバ科カツオ属に分類される魚類の一種。名称は干物が「堅魚《かたうお》」と呼ばれたことに由来するという。大型のものは全長三尺三寸（一メートル）体重五貫（一八キログラム）になるが、市場に出回るのは一尺三寸（四〇センチメートル）ほどのものが多い。体は紡錘形で、体色は背側が濃い藍色、腹側は無地の銀白色。回遊魚であり、日本列島近海では黒潮に乗って春に北上し、秋に南下する。

五島近海では三月から五月にかけて多く獲れ、明治以降昭和前期まで富江町は鰹節《かつおぶし》の産地として全国に知られていた。

鰹は鰹節や刺身、たたき、煮付けなどにして食べる。

《鰹のたたき》

「たたき」には大きく分けて「刻むたたき」と「炙《あぶ》るたたき」の二調理法があるが、一般に「鰹のたたき」と言えば後者を指す。

①包丁を寝かせるようにして各箇所の鱗を削ぎ取ってから頭を切り落とす。

②頭を切り落とすとき、切り込みを入れる場所は胸《むな》鰭《びれ》や腹鰭《はらびれ》の付け根の各部分がよい。こうすると、これら三つの鰭《ひれ》は頭側に残る。

③内臓を取り出し、血などを水でよく洗い流す。

④背鰭《せびれ》の両側にV字になるように深く切り込みを入れ背鰭を外す。

⑤尻尾も切り落とし、皮が付いたまま三枚におろして、腹側の小骨を取り除く。

⑥二つの切り身をさらにそれぞれ二つに切り分ける。

⑦稲藁《いねわら》を燃やして皮側を火で炙《あぶ》る。その場合、あらかじめ皮側に塩を振りかけておくと、風味が増すとともに皮にほどよく塩が浸みて美味しくなる。

⑧普通の刺身より厚めの三分（九ミリメートル）ほどに切り分け、生姜《しょうが》醤油をつけて食べる。小ねぎを散らすとさらに風味がよくなる。

《鯖》

鯖《さば》はスズキ目サバ科に属するサバ類の海魚の総称。日本近海に多く棲息するのはマサバとゴマサバである。一般に鯖と言えばマサバを指す。体型は紡錘形でやや側偏する。成魚は全長一尺三寸〜一尺七寸（四〇〜五〇センチメートル）。体色は背面が青緑色、腹面が銀白色。春から夏にかけて北上し、秋から冬に南下する。産卵期は晩春から初夏。脂が最ものっていて美味しい時期は、晩秋から十二月頃まで。八〜九月のものを「秋鯖」、十〜十二月頃までのものを「寒鯖」と呼ぶ。

煮魚、焼魚、すし、しめ鯖などにして食べる。

《鯖の味噌煮》

味噌煮は鯖の代表的な調理法で、ご飯によく合う。

①生姜を千切りにする。

②鯖の頭を切り落として内臓を取り除き、八分（二・四センチメートル）ほどの厚さの筒切りにする。

③沸騰水でさっと湯通しして生臭みを消す。

④水気を切って平鍋に鯖を入れ、水を注いで煮る。

⑤煮立ったら灰汁をとり、生姜、味噌、醤油、砂糖、および酒を入れ、落とし蓋をして一〇分間ほど煮る。

⑥鯖を鍋から取り出して器に盛り付け、残り汁をと

ろみが出るまで煮詰め、鯖にかければ出来上がりである。

《あらかっ》

かさごのことを当地では「あらかっ」と呼ぶ。スズキ目カサゴ亜目メバル科カサゴ属に分類される魚である。九〜十月に受精、十〜三月に体内で孵化した仔魚が体外に産出される。全長一尺（三〇センチメートル）ほどに成長し、頭の大きい体型をして、背びれに鋭い棘《とげ》を持ち、体色は黒褐色である。沿岸の浅い岩礁域に棲息する。地元では春から夏にかけて捕る。

春は干潮時に戦《たたき》ケ崎や松《まん》ノ下などの磯の波打ち際から一〜二間（一・八〜三・六メートル）離れた海藻群のあいだにわずかに見える岩陰や岩穴に釣り糸を垂らして釣る。

仕掛けは、あらかっ用の釣り針、糸、鉛で作り、道糸には凧《たこ》糸を使う。釣り竿《ざお》は山から伐ってきた竹である。穴釣りではしばしば根掛かりするので、釣り竿の先端に針金で小さな輪を作り、道糸を通し自由にしておく。こうしておけば根掛かりしたとき、道糸を引っ張ってそこに竿先を誘導し、根掛かりを外すことができるのである。釣り餌には、当地で「ざっ」と呼ぶごかいや「あまめ」と呼ぶ船虫、さざえなどを使う。

一方、夏は泳いで捕る。漁場は榎津《えのきん》や戦ケ崎、松ノ下、立小島などの沖合である。その漁法には次の二通りがあるが、その対象は必ずしもあらかっに限らない。一つは、素潜りで鉄砲銛（第十一章第二節参照）を用いて岩陰や岩穴にいる魚を突き刺して捕る方法。もう一つは、人が海面を泳ぎながら釣り糸を手に持って海底に垂らし、真上から魚の様子を見ながら釣る方法である。この方法は、餌の周りに群がる魚のうち狙った魚だけを釣ることができる利点がある。

これらの漁法で捕った魚は、地元で「たんぽ」と呼ぶ浮き具に取り置きする。このたんぽは直径約二寸（六センチメートル）、長さ約八寸（二四センチメートル）の木に、直径一分（三ミリメートル）の針金を半月状に取り付けて作ったもので、この針金を魚のえらから口にかけて突き通して海面に浮かせておき漁獲を続けるのである。

いずれの漁法も一時間以上海に入ったままの仕事である。やがて身体は疲れ、冷えてくるので、いったん陸に上がって休憩し、身体を温めてから再び海に入る。

なお、祇園祭（六月十五日）の前には泳がない。当地には次の言い伝えがあるからだ。すなわち——「祇園さんの済まんうち泳いだら、河童《があっぱ》かっ、ずべ（尻）ば抜かるっ」（祇園祭の終わらないうちに泳いだら、河童《かっぱ》に尻を抜かれる）。この時期はまだ海水温が低く、海に入ると心臓麻痺などを起こす恐れがあるので、そうならないように先人が戒めたものであろう。

あらかつは、引き締まった白身に脂がのっていて、非常に美味だ。味噌汁や鍋料理、煮付け、塩焼きなどにして食べる。大きなものは刺身にして食べることもある。

《あらかつの味噌汁》

あらかつは、だしのよく出る魚で、特に鰭《ひれ》やあらから良いだしが出る。

①まず、鱗や内臓、えらを取り除き、きれいに水洗いする。

②一匹丸ごとでも良いが、適当な大きさにブツ切りにする。

③鍋に水とあらかつを入れて火にかけ、沸騰したら約五分間こまめに灰汁をとる。なお、魚のもつ風味をその体内に閉じ込めたいときには、水が沸騰してから魚を入れる。

④そのあととろ火にして味噌を溶き入れると完成である。

器に入れてからみじん切りにした小ねぎを散らすと、いっそう風味が増す。

《あらかつの煮付け》

材料と分量は、あらかつ四尾に対して醤油三勺（六〇ミリリットル）、酒三勺、水二合（三六〇ミリリットル）。液量は魚体の半分から三分の二が浸かる程度にすると良い。

①鱗や内臓、えらを取り除き、きれいに水洗いする。

②鍋に水と醤油、酒を入れて火にかけて沸騰したら、あらかつを横に並べて入れ、落とし蓋をし、そのまま一五分間ほど煮る。

③途中で魚を一度上下にひっくり返す。

これで完成だが、火を引いて一五分間ほど冷ますと、身に味がしみ込んで美味しくなる。そのときは再度温めてから食べると良い。

《くさっ》

べらのことを当地では「くさっ」と呼ぶ。スズキ目ベラ亜目ベラ科ササノハベラ属に分類される魚である。体はやや細長く側扁し、体長は三寸〜一尺（九〜三〇センチメートル）ほどで、鮮やかな色彩を持つ。浅い岩礁や砂底に棲息し、小さな群れを成す。当地の方言で「ようでこん」と呼ぶベラ科キュウセン属の魚も、くさっと同じところに棲息して一緒に群れる。

地元では春から夏にかけて捕る。春は主として岩場で釣り、夏は前述したあらかつ漁と同じ要領で捕る。

くさっは、たたき味噌や煮付け、焼き魚にして食べる。

くさっの醤油焼＝令和元年

《くさっのたたき味噌》

くさっのたたきは「刻むたたき」の方である。

まず、鱗《うろこ》や内臓、頭、尻尾、鰭《ひれ》を取り除く。骨の付いたままのくさっを俎板《まないた》の上に載せ、包丁で叩《たた》いて骨まで細かく砕く（切り刻む）。十分に砕いたら味噌をその上に載せ、混ざるようにさらに叩く。味噌の量は好みに応じて調整する。青じその葉も一緒に叩くと、味や香りがよくなる。

食べるときは、熱いご飯の上に載せると生臭くなるので、そのまま食べる。また、これに適量の酢を加えると、酒の肴にもなる。夏に楽しむ料理の一つである。

《ごべ》

かわはぎのことを当地では「ごべ」と呼ぶ。フグ目カワハギ科カワハギ属に分類される魚で、全長が最大で一尺（三〇センチメートル）ほどになる。体は菱形をして側扁する。鱗は小さな棘状《きょくじょう》をして外皮が厚い。岩礁と砂底が混じるような環境に棲息する。

釣ったり、あるいは海に潜って鉄砲銛や三本銛（竹の柄の先端に三つ股の尖った金具が付いている銛）などで突き刺したりして捕る。人間をあまり恐れず動きがにぶいので、容易に捕獲することができる。

味噌汁や煮付けなどにして食べる。剝《は》いだ皮はやすりとして使用する。

《ごべの味噌汁》

ごべ料理の定番。肝のもつ濃厚な旨味が出て美味。

①頭の突起を切り取る。

②胸部にある腹鰭《はらびれ》に切り込みを入れて、口の方向に引っ張るとテープ状に剝がれ、そのあとに傷口ができる。

③その傷口に指先を入れて頭から胴に至るまで全身の皮を剝ぐ。

④肝《きも》以外の内臓を取り出して身を水洗いし、大きければ一尾を二つに切る。

⑤鍋に水を入れて火にかけ、煮立ったらごべを入れて灰汁を取る。

⑥さらにひと煮立ちしたら味噌を溶き入れて出来上がり。これにみじん切りにした小ねぎを散らすと、いっそう風味が増す。なお、味噌を入れたらあまり煮立たせないようにする。本来の美味さが失われるからだ。

《このしろ》

このしろはニシン目ニシン亜目ニシン科コノシロ属に分類される魚。成魚は全長八寸（二四センチメートル）ほどで、体型は細長く左右に平たい。口先は丸く口は小さく、体の上半分には小さな黒い斑点が破線状に数多く並ぶ。春から秋にかけて内湾の汽水域に棲み、冬には湾口付近の比較的深部に移動して越冬する。傷みが早いため流通は、漁獲地周辺に限られる。

このしろの漁期は、秋から冬にかけての数カ月間である。岐宿湾内で獲る。

《このしろの酢ぬた》

このしろは小骨が多く酢との相性が良いので、三枚におろして刺身にし、酢ぬたで和えて食べる。

酢ぬたは既述の通り、小さなすり鉢に味噌、青じその葉、山椒《さんしょう》、および酢を入れて、すりこぎですって作る。

なお、このしろを煮たり焼いたりして食べることはあまりない。

《きひご》

一般に「きす」とも呼ばれるが、「きすご」が本来の呼び名・表記だと言われる。当地ではそれを「きひご」と呼ぶ。スズキ目スズキ亜目キス科キス属に分類される魚の総称である。体型は細長い円筒形をしていて、最大全長は一尺（三〇センチメートル）前後になる。体色は背が淡黄色で、腹は銀白色。産卵期は夏から秋口で、ひさ（石鯛）と同様に数回産卵する。寿命は四～五年以上と言われる。

　岐宿では岐宿湾の鰐川や宇里川河口付近の海岸の浅い砂地に棲息する。春から夏にかけて、ざっ（ごかい）を餌にして陸上や船上から釣る。全長が七寸（二一センチメートル）以上のきひごは、主に刺身や塩焼きにして食べ、それより小型のものは塩焼きや天ぷらにして食べる。

きひご＝令和２年

《きひごの天ぷら》

　天ぷらは、小麦を碾臼で碾いて衣用の粉を作る手間がかかり、貴重なかたひ油を消費するから、主として祝い事や来客があるときに作る。

　きひごは、旬を迎える夏が最も美味しく、繊細で上品な味わいがある。

①包丁で鱗を取り、頭を切り落とす。
②その切り口から包丁の刃先で内臓を取り出し、そこに指を入れ内部を水で洗う。
③尻尾を上に、また背側を右にして胴を縦に置き、尻尾のすぐ下の身の部分に包丁を入れ、中骨の上に沿って腹側の皮を残しながら手前に切り進んで、最後に胴を開く。
④腹側を天に向け、尻尾を左にして水平に置き、中骨の上に包丁を入れ、そのまま尻尾に向けて切り進み、尻尾の手前で包丁を立てて中骨を切り落とす。
⑤背側を天に向け、尻尾を上にして中央より右側にある腹骨を薄く削ぎ取る。
⑥一八〇度回転させ、右側にある腹骨を削ぎ取る。
⑦水でさっと洗い、ざるにあげて水気を切る。
⑧しばらくして水気が切れたら、軽く小麦粉をまぶしておく。
⑨こね鉢に卵黄を入れ水で溶いたあと、小麦粉を少しずつ加えて混ぜ合わせ、粉がわずかに残る程度にして止める。あまりかき混ぜないことが肝要。
⑩鍋に油を入れて熱し、一滴の衣を落としてみてすぐに浮き上がる温度になったら、きひごに薄く衣

をつけて油で二、三分間揚げる。やがて衣が薄い狐色になる。外側がサクサクして中身に肉汁をたっぷり含んだ美味しいきひごの天ぷらの出来上がりである。

天つゆは、右の行程の前に次のように作っておく。
⑪鍋に水を入れ昆布を一時間ほど浸しておく。
⑫そのあと弱火にかけ、沸騰直前に昆布を取り出す。
⑬中火にして沸騰したら鰹節を入れて火を引き、灰汁を取る。鰹節が沈んだらざるで漉す。
⑭そのだし汁に淡口醤油とみりんを入れて中火にかけ、ひと煮したら火から下ろして完成。

《あご》

あごは九州地方の飛魚の別名。飛魚はダツ目トビウオ亜目トビウオ科ハマトビウオ属に分類される魚である。水上に飛び出し、胸びれを広げて滑空することから、そう呼ばれる。体型は細い筒状の逆三角形の断面をしており、全長はおよそ一尺（三〇センチメートル）以下である。体色は、背が藍色で腹は白。胸鰭《むなびれ》は著しく発達して大きい。沿岸の海の表層付近に棲息する。

旬は初夏から盛夏にかけてである。小骨が多いが、脂肪分が少なく、味が淡泊で、だしの材料や塩焼き、素干しなどにされる。

だしの材料に用いるあごの素干しの作り方は既述の「魳《かます》の生干し」のそれとほぼ同じなので、それを参照願う。

《あごだし汁》

あごだしは、煮物や吸い物、味噌汁、炒め物などあらゆる料理に幅広く使える万能和風だしである。当地ではとりわけ、ぞろ（手打ちうどん）のだし汁に使われる。

①分量は、素干しのあご六尾に対して水四合（七二〇ミリリットル）。
②あごを火で炙《あぶ》る。
③そのあごの頭を取り除いたあと、あごを二つに割って鍋に入れ、一晩ほとばかす（水に浸して戻す）。すると、水が黄金色になる。
④その鍋を中火にかけ沸騰したらすぐに火を引き、そのまま五分間ほどおいてからあごを取り出す。あごだし汁の出来上がりである。

あごだし汁を作るとき、頭をつけたまま煮たり、長時間火にかけたりすると、煮汁に生臭みや苦味が出るので要注意。

《水烏賊》

あおりいかを当地では「水烏賊《みずいか》」と呼ぶ。ツツイカ目ヤリイカ科アオリイカ属に分類されるイカの一種。日本沿岸に分布する大型イカ。外套膜《がいとうまく》（以下「胴」という）の長さは、大きいものは一尺五寸（四五センチメートル）ほどで、体重は一・五貫（五・六キログラム）ほどになる。胴は丸みを帯び、その縁に半円形のエンペラ（鰭《ひれ》）を持つ。春から夏にかけて、沿岸の岩の隙間や海藻に産卵する。寿命は一年で、産卵したらその直後に一生を終える。

水烏賊の肉質は白く透きとおって弾力性に富み、甘味がある。アミノ酸の含有量が国産烏賊の中では最高水準と言われ、相当の旨味がある。それゆえに水烏賊は、その美味な点において全烏賊類の筆頭に挙げられ、「烏賊の王様」とも呼ばれる。

刺身や煮付け、干物、塩辛などに利用される。

《水烏賊のヤエン釣り》

十月頃には二斤（一・二キログラム）以下の水烏賊が、また夏の産卵期に近い二〜五月には一貫（三・七五キログラム）を超える大型のものが釣れる。釣り場は、陸釣《おかつ》りの場合は魚津ケ崎の岩場、また舟釣りの場合は岐宿台地の全沿岸である。釣り方は「ヤエン釣り」といって、おおよそ次のような方法である。

①餌には体長五〜七寸（一五〜二一センチメートル）ほどの鯵を用いる。その尻尾の付け根にチヌ釣針五号を掛けるか、または道糸（二〜四号）を直接括り付ける。この場合、活きた鯵を餌に用いれば、それが泳ぎ廻るのでより有効である。

②餌の重みと釣り竿のしなりを利用して餌を遠くへ投げ、海中に沈める。

③アタリがあって水烏賊が沖へ走ったら、道糸を繰り出す。

④烏賊が夢中になって餌を食い始めると動きが止まるので、二〜三分間ほどおいて、ゆっくりとこちらに引き寄せ、釣り竿を垂直に立て、道糸の海面に対する角度が四五度ほどになったら、ヤエンを投入する。

⑤ヤエンが水烏賊に到達すると、手元にその感触が伝わる。そのとき竿で一度シャクリを入れるとヤエンの針が烏賊に掛かる。
⑥掛かったら烏賊が走り始めるので、それと同時に道糸を引き寄せる。このとき、引き寄せる速度は一定で、ある程度速い方が良い。途中で速度を緩めると、烏賊が外れる恐れがあるので要注意。
⑦烏賊が水面に現れたら、素早くたもで烏賊の胴体をすくう。

この釣り方はスリルがあって、駆け引きが非常に面白い。

水烏賊釣りに最適の時間帯は朝夕に各一回ある。朝は「朝まずめ」といって太陽が昇る寸前の時間帯、また夕は「夕まずめ」といって夕日が沈んだ直後の時間帯である。当地では月夜の晩を選ぶ者が多い。そのほかの時間帯でも釣れるが、潮の動きが止まる満潮や干潮の時刻を少しずらすと良い。

《水烏賊の刺身》

①水烏賊を水で洗い胴の背の中心部に包丁で縦に切り込みを入れて胴を開き、軟骨や内臓、下足を胴から分離する。このとき包丁の先端が内臓に触れないように注意する。
②さらに水でよく洗ってから胴を覆う皮を剝ぎ取る。そのとき両側の鰭《ひれ》は、皮と一緒に胴から外れる。
③胴の身の背と腹の両側には薄皮が残っているので、これも剝ぎ取る。
④二つの鰭にも身があるので、身の部分を皮から包丁で切り分け、表裏にある薄皮を剝ぎ取る。このように皮を剝ぎ取ることによって、水烏賊の持つ独特の旨味や甘味、食感が得られる。
⑤皮を剝いた胴の身を水できれいに洗って包丁で縦方向に三等分し、それらを好みの厚さに切り分けて刺身にする。鰭の身も同様にする。

刺身は醤油をつけて食べる。

《水烏賊の一夜干し》

水烏賊は一夜干しにすると独特の旨味、コク、歯ごたえが増して、ほかのどの烏賊にもない風味がある。

これを作るときはまず、その日に捕れた水烏賊を、磯から汲んできた潮水できれいに洗ってから、腹側に包丁で切り込みを入れて軟骨や内臓、くちばし、眼球を取り除く。全体を潮水でよく洗ってから水気を切る。

次に、数本の竹串を使って胴や下足を広げ、吊して風通しの良い場所に干す。干す時間帯は夕方から翌朝までが最も良い。

食べるときは、一匹ごと炭火で軽く焼いて手で裂くのが普通である。

なお、烏賊をさらに乾燥させる場合は、温度や湿度など天候状況にもよるが、四～一〇日間を目安にする。乾燥が進んだ干物はいっそう独特の旨味、甘味、コクが凝縮してとても美味しい。

《烏賊の塩辛》

烏賊の塩辛は、次項にある松烏賊《まついか》（するめいか）でも作るが、ここでは水烏賊を用いた塩辛の作り方を記す。

①全身を磯から汲んできた潮水できれいに洗う。
②胴の背の中心部に包丁で縦に切り込みを入れ、胴を開いて軟骨や内臓、下足、くちばし、眼球を胴から手で分離する。
③胴や鰭、腹を覆う皮を剝ぎ取る。すると両側の鰭も皮と一緒に胴から分離される。
④鰭に薄い身があるので、この部分を残してそのほかの皮を切り捨てる。その鰭の表裏には薄皮があるので、これを剝ぎ取る。
⑤触腕の先端部にある吸盤を切り捨てる。
⑥胴や鰭、下足を潮水できれいに洗ってから、ざるにあげて水気を完全に切る。
⑦胴を縦に三等分に切り分け、それぞれの胴の身を斜めに厚み一分（三ミリメートル）ほどに切り分ける。鰭も同じようにする。斜めに切ることで、漬け込んだあとに調味料が身に浸透しやすくするのである。
⑧その他の部位も長さ幅三分（九ミリメートル）ほどに切り分ける。
⑨全部を切り分けたら、あらかじめ熱湯で消毒して水気を布巾で拭き取っておいた瓶《びん》に入れ、好みの量（一～二割）の塩をまぶし、酒、唐辛子を加えてよく混ぜる。

一〇日後ぐらいから食べられる。

《烏賊飯》

烏賊飯に用いる松烏賊は、ツツイカ目アカイカ科スルメイカ属に分類される烏賊の一種。胴長は一尺（三〇センチメートル）ほどになる。胴は丸く細長い。九州西方域に産卵場の一つがあり、孵化《ふか》した稚仔は成長しながら太平洋を黒潮、また日本海を対馬暖流によって北へ運ばれ、産卵期に産卵場に戻り産卵する。寿命は一年で産卵すると死ぬ。

　五島列島近海は我が国屈指の松烏賊漁場で、主に晩秋から冬にかけて獲る。従って、烏賊飯を作るのも松烏賊の獲れるこの時期である。

①餅米を一～二時間ほど水に浸しておき、ざるにあげて水切りする。
②烏賊の鰭、軟骨、内臓、漏斗《ろうと》、下足を胴から分離し、胴や鰭、漏斗、下足を水でよく洗う。
③眼球やくちばしを除去し、触腕の吸盤部を切り捨て、漏斗や下足、鰭を適当な大きさに切り分ける。
④胴の中に米と鰭、漏斗、下足を七～八分目まで詰めていく。このとき詰め過ぎないようにする。
⑤詰め終わったら、詰め物が外に出ないように縫い針を使って糸で入口をしっかりとふさぐ。
⑥竹串を胴に突き刺して小さな穴を数カ所開け、醤油の味が詰め物にしみ込むようにしておく。
⑦鍋にその烏賊を入れ、醤油や砂糖で味付けした水をひたひたに入れて炊き上げる。炊くと烏賊は縮んで、米は逆に膨れるので、烏賊の表面がぴんと張る。

食べるときはこれを輪切りにする。烏賊の味がご飯にしみ込んでいて、とても美味しい。

《蛸》

蛸はタコ目マダコ亜目マダコ科に分類される無脊椎動物の総称である。複数の吸盤がある八本の足（腕ともいう）を持つ。頭部に見える部分は実は外套膜と呼ばれる胴部であって、眼や口の集中する頭部は腕の基部に位置する。頭から足が生えている構造を持つイカの仲間とともに頭足類と呼ばれる。

　賢くて形を認識し、問題を学習し解決する能力があると言われる。身を守るために保護色に変色し、地形に合わせて体形を変え、体全体が筋肉から成って強い力を発揮する。一生に一度産卵し、産卵すると死ぬと言われる。寿命は分かっていない。岩礁や砂地に棲息する。

　当地で蛸は主に春から秋にかけて大潮の干潮時に捕

る。春秋はもっぱら潮の引いた磯の岩場で、また夏は主に海に潜って捕る。蛸だけを狙って捕るわけではなく、めのはやひじき、うに、鮑《あわび》、さざえ、みな、黒口《くろくつ》など採るついでに、見つけたら蛸も捕るといった具合である。使用する道具は、潮の引いた岩場なら、おんかんや三本鉾、また海中なら鉄砲鉾や三本鉾である。
刺身や酢味噌和え、酢蛸などにされる。

《蛸の酢の物》
蛸の酢の物はさっぱりとして美味しく、夕食の一品として作られる。

①胡瓜を輪切りにして塩もみしておく。
②こね鉢の中で酢と醤油に砂糖が溶けるまでよくかき混ぜて調味料を作る。
③蛸の胴内の墨袋や肝など内臓や眼球、くちばしを取り除く。
④ぬめりを取るために、蛸をすり鉢に入れて胴から足にかけて全身を強く揉む。すると、ぬめりが真っ白い泡状になるので、それを水で洗い流す。この作業を白い泡が出なくなるまで数回繰り返し、最後に蛸の体を水できれいに洗う。
⑤鍋に水を入れて沸騰させ、塩を少々入れてから、蛸を足からゆっくりと入れ、三〜五分間茹でる。
⑥竹串で刺して身の中に入るぐらいなら茹だっているので、取り出して冷まし、薄切りにする。
⑦乾燥しためのはを五分間ほどほとばかし（水に浸して戻し）、葉（葉状体）と茎（中肋《ちゅうろく》）を切り分ける。
⑧その葉をさっと湯がいてざるにあげ、ぎゅっと絞って食べやすい大きさに切る。
⑨絞って水気を切った胡瓜とめのは、蛸をこね鉢に入れ、調味料と和えたら完成である。

《みなだこ》
当地で「みなだこ」と呼ぶ蛸は、体長三寸（九センチメートル）ほどの小蛸である。その語源は定かではないが、巻貝のみな（すがい）のように体が小さいことから、そう呼ばれるようになったのかもしれない。大潮の干潮時に海面上に現れる岩礁の穴や岩の下などに棲息する。
秋の大潮の干潮時に岐宿台地沿岸の惣瀬《そうぜ》や榎津《えのきん》、八朔《はっさく》、津間田《つまた》などの磯で木灰と灰吹き竹を用いて捕る。
木灰は風呂竈や竈、囲炉裏で採り、灰吹き竹は、外径約五分（一・五センチメートル）の女竹を約一尺五寸（四五センチメートル）の長さに切り、先端を三〇度ほどの角度に切り落として作るが、竹に節があれば、火箸を火で赤くなるまで熱し、これを節に差し込み穴を開ける。

みなだこがいそうな穴に、竹の先で空き缶から木灰をすくい取り、一方の端に口を当て、穴の奥めがけて勢いよく吹きかける。みなだこが出てきたら手で捕まえ、潮水で洗ってから布袋に入れ、逃げないようにその口をしっかりと紐《ひも》で縛る。多いときは、一日に数十匹のみなだこが捕れる。

捕ったみなだこはその日のうちに、味噌炒めや煮付け、味噌汁の具などにして食べる。

《みなだこと野菜の味噌炒め》

味噌を合わせると、蛸は噛めば噛むほど旨味がじわっと口の中に広がり、野菜には味がしっかりと染み込んでいるから、ご飯が何杯でもいける。

①胴の中の墨袋や肝など内臓やくちばし、眼球を取り除いてから、全身を水洗いし水気を切る。

②全部の蛸をすり鉢に入れて強く揉《も》む。すると、ぬめりが真っ白い泡状になるので、水で洗い流す。これをぬめりがなくなるまで数回繰り返し、最後に水できれいに洗い流す。

③鍋に水を入れて沸騰させ、蛸を湯がいてざるにあげて水気を切る。

④鍋を熱してかたひ油を引き、蛸を野菜（大根の葉など）と一緒に入れて炒める。

⑤野菜が柔らかくなったら、味噌を回し入れ、絡めて味付けする。最初から味噌を入れると、全体が辛くなるので、味噌は最後に入れるほうが良い。

《鰻》

鰻《うなぎ》はウナギ目ウナギ科ウナギ属に分類される魚類の総称である。円筒形の細長い体型をしている。海で産卵・孵化《ふか》を行い、河川や湖沼など淡水、あるいは河口など汽水域で生活する。一般に夜行性で昼間は物陰に潜み、夜間に活発に遊泳し、小魚や甲殻類、貝類、節足動物などを捕食する。嗅覚が非常に優れ、犬に匹敵すると言われる。

鰻は蒲焼きや丼物などにして食べる。

《鰻漁》

鰻漁法は数多く、当地には次の八通りがある。――①穴釣り、②投釣り、③延縄《はえなわ》漁、④籠《かご》漁、⑤刺突漁、⑥針掛け漁、⑦塚漁および⑧掻《か》き漁、である。餌は主としてミミズである。

□穴釣り

直径三分（九ミリメートル）長さ一尺五寸（四五センチメートル）ほどの竹竿の先端に、餌をつけた釣り針を掛けて道糸をピンと張り、石垣などの穴に差し込んで釣る方法である。鰻が餌に食い付くときは竿も一緒にガリッと噛《か》むので、そっと竿だけを取り出し、鰻が餌を飲み込むのを待ってから道糸を引き始める。掛かった鰻を穴から引き出すまでの駆け引きに醍醐味がある。釣り場は、水田地帯を流れる小川や岐宿湾で、例えばオコン川流域や湾奥の相ノ浦など。たまに穴に棲む毛蟹《けがに》が餌に素早く反応するが、釣り人は経験を積むと、鰻と毛蟹の微妙な反応の違いを正しく判断できるようになる。

□投釣り

釣り針につけた餌を、釣り竿のしなりを利用して遠くへ投げて釣る、いわゆる一本釣り法である。雨で川水が濁ったときや夜間に多く見られる。鰻は水のきれいな川では昼間は通常、川底の岩のあいだから頭だけを出し、警戒して外には出ないが、雨で川水が濁ったときや夜間は川底を活発に動き回る。投釣りはこの習性を利用したものである。漁場は鰐川や相ノ浦など。

□延縄漁

一本の縄に複数の釣り糸をつけて、その縄を小川の両岸に渡して張り、夜間に鰻が掛かるのを待つ漁法である。この方法は、掛かった鰻があばれて複数の釣り糸に絡まったり、釣り針が刺さったりして体を傷つけることが多い。漁場はオコン川など。

□籠漁

竹製の筒籠《つつかご》を川底に沈め、流されないように石で周りを囲い、夜間に鰻が入るのを待つ漁法である。竹籠《たけかご》の両端が開放されており、そこから中に入ると出られない仕組みになっている。餌にはミミズのほか、砕いた蟹などを用いる。

たまにひらくっ（まむし）が入っていることがあるので、取り出すときは注意を要する。漁場はオコン川、相ノ浦など。

□刺突漁
水中に潜って三本鉾で突き刺して捕る漁法である。岩陰や岩穴から頭だけ出している鰻を狙うのだが、鰻は非常に敏捷《びんしょう》なので、仕留めるのは至難である。漁場は鰐川など。

□針掛け漁
水中に潜って、竹竿の先に付けた釣り針で、岩陰や岩穴から顔を出している鰻を引っ掛けて捕る漁法である。これもまた至難である。漁場は鰐川など。

□塚漁
干潮の時にはわずかに干上がる川底に、直径六尺(一・八メートル)の浅いすり鉢状の穴を掘り、その中に人間の頭ほどの大きさの石を山形に積んで鰻を誘い入れ、干潮の時に石を取り除いて捕る方法である。毎回、石を取り除いたり積んだりする作業を伴う。漁場は鰐川、浦ノ川、一ノ河川など。

□掻き漁
汽水域の柔らかい泥砂域に入り、鰻鉤《まんこう》という尖端近くに鉤《かぎ》を持つ棒を泥砂底に切り込み、泥中に潜む鰻を引っ掛けて捕る。掛かった鰻を掴《つか》むときは専用のハサミを使う。多いときは数十匹捕れる。漁場は、岐宿湾口に近い汐留や河務湾、鰐川河口など。

《鰻の蒲焼き》
鰻は、捕った日に捌《さば》いて食べる。

①右利きの者は、鰻の頭を右に、背を手前に向けて俎板《まないた》の上に置き、胸鰭《むなびれ》の右側を錐《きり》で突き刺して固定する。
②近くの畑から採ってきたぼっだ(南瓜)の葉でぬめりを拭《ふ》き取る。
③鰻が動かないように胴体を押さえつけ、胸鰭のすぐ左側に包丁を入れ、中骨に当たったら刃先を左側に向ける。包丁を少し傾け、腹を貫通しないようにして、中骨に沿って、鋸《のこぎり》を使うように尻尾まで切り裂いていく。
④切り裂いたら、身を開いて内臓を取り出す。血を包丁で削るように取り除く。
⑤身を開いた状態で、今度は中骨の直下に包丁の刃先を入れ、中骨を包丁で持ち上げるように力を加えながら尻尾の方向に切り進んで尾鰭《おひれ》の手前で切

り落とす。
⑥中骨と腹骨の接合部に浅く切り込みを入れてから、包丁をしごくように動かして残りの骨を取り、血を取り除く。
⑦背鰭《せびれ》と腹鰭を切り落とす。
⑧最後に身を適当な長さに切り分ける。
⑨醤油と砂糖、酒を混ぜ合わせて作った、たれを刷《は》毛《け》で切り身に塗って七輪の炭火で焼く。これを四回ほど繰り返し、身がこんがりと色付いたら鰻の蒲焼きの出来上がり。

食べるときには、身に山椒《さんしょう》の粉を振りかけると、いっそう風味が増して美味しい。

当地では鰻の肝は調理しないで、きれいに洗って噛まないで飲み込むことが多い。

《しろよお》

しろうおは漢字で「素魚」と書き、地元では「しろよお」と呼ぶ。スズキ目ハゼ科シロウオ属に分類される魚の一種。成魚の体長は一・五寸（四・五センチメートル）程度で、体型は細長い円筒形をして頭部に丸みがある。体はやや飴《あめ》色がかっていて、わずかに黒い色素がある以外はほぼ透明で、眼球や浮き袋、脊椎《せきつい》などが透けて見える。

通常、沿岸の浅い海に棲息しているが、成魚は早春に川の下流域に遡上《そじょう》して産卵する。そのときは河口で群れをなし、満潮時の上げ潮に乗って一気に川を遡《さかのぼ》る。

寿命は一年で、雌《めす》は産卵後に、また雄《おす》は卵が孵化するのを見守ってから二〜三週間後にそれぞれ死ぬ。

ところで、この素魚とシラウオがよく混同されるが、両者はまったく別種の魚である。シラウオは漢字で「白魚」と書き、キュウリウオ目シラウオ科シラウオ属に分類され、体長三寸（九センチメートル）ほどで、素魚よりやや大きく頭部が尖っている。体色は白く半透明である。

白魚は網から上げられ空気に触れると、ほとんどがすぐに死んでしまうため、生きたまま市場に出回ることはめったにない。一方、素魚は活魚として市場に出回る。

生きたまま食べるいわゆる「躍り食い」で知られているのは素魚の方である。

《しろよお漁》

しろよおの漁期は、二月の大潮から三月の大潮までの一カ月間である。漁場は、岐宿湾の鰐川や一ノ河川、浦

しろよお漁 ── 柴で垣根を作って所定の場所に誘導し漁獲する。
提供：岐宿町

ノ川、宇里川、ならびに川原浦の大川原川などの河口。毎年、産卵のために満潮時の上げ潮に乗って遡上するところを河口で待ち受け、四つ手網を使って捕る。

四つ手網は、半円状に曲げた二本の細竹の柄《え》の中央部を十文字に交差させて紐《ひも》で固定し、柄の四カ所の先端に広さが約六尺（一・八メートル）四方の網の四隅を取り付けて、柄の交差する部分にまっすぐな竹竿の先端を結びつけたものである。網目の大きさは、蚊帳目《かやめ》よりやや粗い一分弱のものを使う。これを水面から一尺ほどの深さに沈め、四〇～五〇匹のしろよおが群れをなして通る瞬間、網を引き上げてタブ（たも網）ですくい捕る。河口の広いところでは、川に木の枝で垣根を作って進路をふさぎ、所定の場所に魚を誘導して捕る。昔から変わらぬ伝統的な漁法で、早春の風物詩となっている。

しろよおは、もっぱら澄まし汁か炊き込みご飯などにされる。いずれも絶品として評価が高く、しろよおが水揚げされた日は、漁師の家の前にはその希少な魚を求めて買人の行列ができるほどである。かつては藩主への献上魚だったのか、その漁権は世襲制になっている。

《しろよおの澄まし汁》

しろよおの澄まし汁は次のように作る。

①水としろよおを一緒に鍋に入れて火を焚き、沸騰したら、薄口醤油で味をつける。しろよおは茹で

ると真っ白に変色し、体内の構造が見えなくなる。

②ちょうどその時期に採れるあおさを洗って入れて火を引くと出来上がり。

食べるときは、澄まし汁をお椀《わん》に入れてから細かく刻んだ小ねぎを振りかける。出来上がりは、しろよおの白とあおさや小ねぎの緑がとても鮮やかで見た目にも美しく、風味も抜群によく、まさに誰もが認める珍味、絶品である。

三、貝類利用の仕方

《牡蠣》

牡蠣《かき》のことを当地では「かっ」と呼ぶ。

岐宿湾は、流入する四本の二級河川の水が山林の腐葉土から溶出した栄養分とカルシウムを豊富に含むことから、魚介類の格好の棲息場となっていて、ここで獲れる魚介類が一万年以上も前から人々の暮らしを支えてきた。

既述の通り、岐宿湾岸付近には我が国最大級の寄神貝塚を含む五カ所の貝塚遺跡が存在するが、発掘調査によれば、いずれの貝塚においても、とりわけ膨大な量を占める遺物が牡蠣である。

《牡蠣打ち》

牡蠣打ち（牡蠣採り）は、早春の大潮の前後三日間の干潮時に行われる。その場所の一つが鰐川河口の先端に近い汽水域である。この付近は、鰐川の沖積作用によって土砂が堆積しており、干潮時には広範囲が干潟になる。干潟は一面が無数の岩片で覆われていて、その一つ一つに牡蠣が着生している。

牡蠣打ちはもっぱら女性の仕事である。当日、大人も子供もその日を待っていたかのように鰐川河口へと向かう。子供たちは、登校時に学校近くにある同級生の家にいったん牡《か》蠣打《くっ》や小さな手桶など用具を預け、放課後、今度はそこにランドセルなどを預け、その用具を持って磯へと急ぐ。

牡蠣打＝令和元年

やがて干潟は姉さん

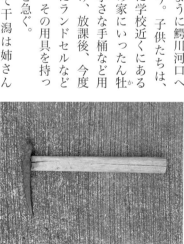

鰐川河口――上流から下流を望む＝令和元年

かぶりの主婦やおかっぱ頭の子供たちで賑わい、あちこちから牡蠣を打つ音や話し声が聞こえる。この地方固有の春の風物詩である。

　牡蠣は二枚貝の一種で身は大人の小指の先ほどの大きさである。

　天然の牡蠣は、潮の干満に伴って海面上に出たり水没したりすることで成長し過ぎず、小粒ながら濃厚な味を醸し出すと言われる。

　牡蠣は海面下では口を開け、海面上では口を閉ざす。女性たちは、その閉ざす寸前の口や閉じた口を牡蠣打の先で打ち開き、身を取り出す。このとき牡蠣殻《かつぶせ》が身の中に入り込まないように上手に打つのが肝要だが、小学生にはこれがなかなか難しい。採った牡蠣の身は都度、鮮度を保つために、海水の入った小さな手桶に入れる。牡蠣打ちは潮が満ちてくるまで二、三時間ほど続く。

　牡蠣は、酢牡蠣、炊き込みご飯、味噌汁の具、ぞろ（手打ちうどん）のだし、天ぷらなどにして食べる。

《牡蠣の炊き込みご飯》

　牡蠣を採ってきた日の夕食は、どこの家ももっぱら牡蠣料理である。炊き込みご飯は貴重な米を使うので、めったに作らないが、特に小学生の娘が牡蠣を採ってきた日は、母親が気張ってそれを作る。

　材料と分量は、米一升（一・八リットル）に対して、牡蠣二合（三六〇ミリリットル）、醤油〇・八合（一四〇ミリリットル）、水一升とする。美味しい牡蠣の香りを楽しむには、他の具材を入れない方が良い。

　米を洗って羽釜に入れ、水と醤油、牡蠣を入れ静かにかき混ぜてから炊く。炊き上がって蓋《ふた》を取ると、湯気とともに磯の香りが炊事場に満ち、やがてあだんま（居間）へと広がる。そこには既に卓袱台が置かれている。

　久しぶりの馳走を前にして家族の顔には笑みが見える。すると家長が皆の顔を見ながら、こう言って笑わせるのだ。「今日ぁ、牡蠣殻《かつぶせ》じぇ、口《く》っの中ば怪我せんごちぇせれ」（今日は、〈牡蠣の身に混入しているかもしれない〉殻の破片で口の中を怪我しないように気を付けなさい）と。

《酢牡蠣》

採ってきた牡蠣を桶の中で身を優しく洗いながら、身に付いた牡蠣殻《かっぶせ》の破片や汚れをきれいに取り除く。取り除いたら、ざるにあげてさらに流水で洗う。水気を切ってこれを酢醤油に付けて食べる。刻んだ小ねぎを振りかけると濃厚な味がいっそう引き立つ。

《鮑》

当地で鮑《あわび》のことを「あおっ」と呼ぶ。ミミガイ科アワビ属に分類される大型の巻貝で雌雄がある。その殻はほぼ楕円形で、長径が六寸（一八センチメートル）、短径が五寸（一五センチメートル）ほどに成長する。水深が一〇尋（一八メートル）以下の岩礁に棲息し、アラメ、カジメ、めのはなどの褐藻《かっそう》類を食べている。産卵期は秋から冬にかけてで、最も味の良い時期は夏である。岐宿台地沿岸全域に棲息する。

鮑に似た貝にとこぶしがあるが、これは鮑より小さく、長径が四寸（一二センチメートル）ほどにしか成長しない。穴の数は、鮑の四～五個に対して六～八個である。

いずれも当地では、春先から夏にかけて採る。春は、干潮の時に浅瀬で、また夏は、潜って海底の岩場で採る。採るときは、岩に張り付いた鮑の身と岩のあいだにおんかんを差し込み、剝《は》がすようにして採る。

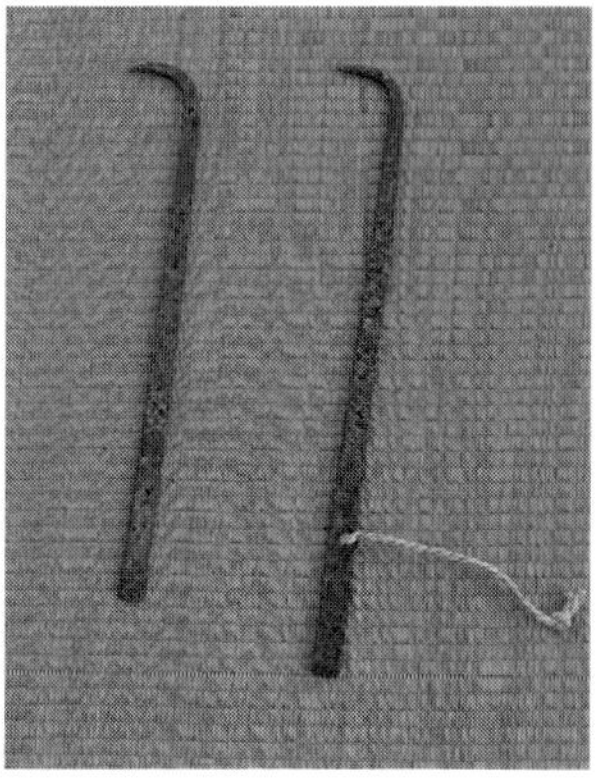

おんかん＝令和元年

鮑やとこぶしは煮物や刺身にして食べる。刺身は醤油のほか酢ぬたにつけて食べる。

殻は、鶏小屋の周りに吊して、鼬《ゆうたつ》除けにするほか、甘海苔やうつ（布海苔）を岩から削ぎ取るときに用いる。

《鮑の醤油煮》

この調理法は単純であるが、醤油との相性がよく、鮑《あおっ》のもつ旨味を存分に引き出すことができる。

①まず身の表面を稲藁などでこすって砂や小貝、藻、ぬめりを取り除く。
②次に包丁で身と内臓を一緒に殻から切り離し、さらに内臓を身から取り除く。
③身をよく洗ってから食べる大きさに切り分ける。
④鍋に水と醤油を入れ、煮立ってきたら、身を入れて煮詰める。煮詰まったら出来上がりである。

《さざえの混ぜご飯》

さざえはサザエ科リュウテン亜科リュウテン属サザエ亜属に分類される巻き貝の一種。殻は殻高、殻径ともに三寸（九センチメートル）以上になる。潮間帯（満潮線と干潮線のあいだの地帯）から水深一〇〇尺（三〇メートル）までの岩礁に棲息し、海藻を食べて生育する。

春から夏にかけて岐宿台地沿岸の岩礁で採り、刺身、壺焼き、炊き込みご飯、混ぜご飯などにして食べる。

混ぜご飯は、三月節句や田植えなどの行事のときに作る。生のさざえを細かく刻んで、粗くみじん切りにした人参やごぼうと一緒に鍋に入れて空炒りし、醤油で味付けして汁気が少なくなるまで煮る。それを半切の中で、炊き上がったばかりのご飯に振りかけて混ぜ合わせれば出来上がり。これを器に盛って、千切りにした、しその葉を載せれば風味が増して美味しい。

《みなの油味噌》

みなはサザエ科リュウテン亜科に属するスガイの方言である。殻の径が八分（二四ミリメートル）ほどの小さな球形の巻き貝で、浅瀬の岩の窪《くぼ》みや石の下などに棲息する。春の大潮の干潮時に主婦や子供たちが採る。

殻ごと茹でて、一つ一つ縫い針で身を抜き出し、蓋《ふた》や内臓をとり除く。水洗いして水気を切り、みじん切りにしたたまねぎと一緒に油で炒め、味噌で練る。風味豊かな季節料理の一つで、芋飯や麦飯のおかずにされる。

《みなの炊き込みご飯》

みなを殻ごと塩茹でして身を取り出し、蓋や内臓をとり除いて水洗いし、その茹で汁と酒とで味付け、適量の水を加えて炊飯して作る。磯の香りが立ち実に美味しい。

《黒口の味噌汁》

貽貝《いがい》を当地では「黒口《くろくつ》」と呼ぶ。貽貝はイガイ目イガイ科イガイ属に分類される二枚貝。外見はムール貝に似る。文献には、成貝は殻長五寸（一五センチメートル）、殻幅二寸（六センチメートル）に達するとあるが、当地の海岸の潮間帯に棲息する黒口は、殻長一寸七分（五・一センチメートル）、殻幅八分（二・四センチメートル）ほどである。殻は厚く、表面は黒色をして鈍い光沢があり、内面は真珠層が発達して虹色が美しい。波の荒い岩礁の割れ目などに殻頂を上にして隙間なく密集、固着している。おんかんを用いて採るが、取り出すのは容易ではない。

身はぷりっとしていて歯触りが良く、濃厚な旨味があり、良いだしが出る。味噌汁の具にすることが多いが、そのときは水からじっくり煮るのがよい。磯の香りのする特上の味噌汁が出来上がる。橙色の身もまた美味しい。

《うに》

波の荒い海岸近くの岩場の潮間帯付近の海面は、ひじきや、めのは、ほんだわら、かじめなど海藻が一面を厚く覆って波に揺れている。うにはウニ綱に属する棘皮《きょくひ》動物の総称で、海藻や海草を餌として、浅い海底の岩の上、岩の窪み、石の下などに棲息する。六～七月が産卵期である。

当地には大きく分けて二種の食用うにがいる。一つは濃い紫色の長い棘で殻全体が覆われたむらさきうに、もう一つは暗緑色や褐色の短い棘で殻全体が覆われた、当地で「がぜ」と呼ぶばふんうにである。いずれも春から夏にかけて大潮の時に農作業を休み、主婦や子供たちが浅瀬でおんかんを用いて採る。二、三時間で叺《かまん》いっぱいに採れ、背負って帰るほどにもなる。

磯から帰宅した主婦はすぐに屋外で、うにの卵巣を取り出す作業に入る。俎板《まないた》の上でうにを逆さにして、腹面中央にある口におんわつ（うに割り）を突っ込み、殻を真っ二つに割る。割ったらそれを手で持って強く振り、中にある内臓を取り除いたあと、竹製の小さじ（茶杓《ちゃしゃく》に似た道具）を用いてうにの卵巣を取り出す。むらさきうにの卵巣は黄色、またがぜの卵巣は、多くが赤色をしている。風味は、むらさきうにのほうがぜよりも良い。

採ったうにの卵巣は、その日のうちに熱いご飯に載せたり、鶏卵と混ぜて卵焼きにしたりして食べるが、大部分は塩漬けにして瓶《びん》に詰める。これを遠く離れて本土で暮らす息子や娘などに送ると、岐宿の磯の香りがして美味しいと言って喜ばれる。

うにの殻は細かく砕いて肥料として利用し、屋敷の近くの畑で栽培する胡瓜やトマト、豌豆《えんず》など根元に、木灰と一緒に施す。

《うにの塩漬け》

むらさきうにとがぜとを一緒に磯から採って来たときは、両者を混ぜ合わせて塩漬けにするのが普通である。がぜは風味が劣るので、単独で食べるよりも、風味の優れたうにと混ぜ合わせるのが賢明だからだ。

使う塩は、ミネラルが豊富で甘くまろやかな風味を持つ天然塩が良い。生うにと塩の重量比は一〇対一とする。

竹簀《たけず》の上に晒《さら》し布を広げて、その上に塩の半量を均等に振る。そこに生うにを均等の厚さに敷き並べ、その上に残り半量の塩を均等に振りかける。さらにその上に晒し布を広げて掛け、日影に一昼夜ほど置き、水気を切る。その後、瓶に詰めて保存する。

時間の経過とともにうには熟成し、ねっとりとした濃厚な味になる。

《うにの厚焼き》

うにの厚焼きはお祝いの席では欠くことのできない郷土料理の一つ。生うにのコクと香りが卵によく合い、見た目にも、うにの赤色と卵の黄色とが鮮やかで美しい。

①磯から採ってきたばかりの生うにを使うときは、味付けに淡口醤油と少々の塩を加えるが、塩漬けしたうにを使うときは淡口醤油だけにする。
②こね鉢に卵を割って入れ、よく溶いてから①の材料を加えて混ぜ合わせる。
③卵焼き器を火にかけ、かたひ油を薄く引いてなじませ、溶き卵の三分の一の量を流し入れ、そこにうにを散らす。
④火が通って半熟状になったら、箸を用いて器の向こう側から手前側にくるくると巻く。
⑤巻き終わったらそれを器の向こう側に寄せ、再び油を薄く引き、三分の一の量の溶き卵を巻いた卵の下にも入るぐらいに流し入れる。
⑥溶き卵の上にうにを散らし、半熟状になったら向こう側から手前側に巻いてから向こう側に寄せる。
⑦残り三分の一の量も同じ要領で巻く。
⑧巻き終わったら、それを巻き簀にとって丸く形を整えて凧糸《たこ》で縛《しば》って冷ます。
⑨盛り付けるときは、適当な厚さに等分に切り分ける。

《なまこの酢醤油づけ》
なまこはナマコ綱に分類される棘皮動物の総称である。体は円筒形で左右相称をしており、先端には多くの触手を伴って水平に開く口が、また後端には肛門がある。海底の岩の表面や窪みなどに棲息する。雌雄異体であるが、外見からは見分けがつかない。岐宿台地沿岸で干潮の時に捕る。

①まず、なまこを洗ってから、口と肛門を包丁で切り落とす。
②腹側を包丁で切り開き、内臓を取り除いて内側をきれいに洗う。
③体全体を稲藁《いなわら》でこすりながらぬめりをとって手早く洗う。
④大きいなまこは、縦に二等分する。
⑤包丁で好みの厚さに薄く輪切りにする。
これを酢醤油に浸して食べる。こりこりした食感とさっぱりした味が楽しめる。

四、海藻類利用の仕方

《めのは》

わかめのことを当地では「めのは」と呼ぶ。めのはは褐藻綱コンブ目チガイソ科ワカメ属に分類され、波の荒い海岸の潮間帯より下で生育する。根の部分で岩などに固着し、葉状部を水中に伸ばし、長さは一間（一・八メートル）以上になる。海中では黄褐色だが、乾燥すると黒褐色になり、茹でると鮮やかな緑色に変色する。東シナ海の荒波に揉《も》まれて成長しためのはは肉厚で歯ごたえがある。

めのはは、当地の各家庭で最も多く食べられる海藻であるだけに、その生育には人々の関心が高く、昔から次のような言い伝えがある。「稲妻が光った方角の磯に、来年のめのはがよく生える」

三月から五月にかけて大潮の干潮時に、主婦らが海に入って採る。また、この時期に海が荒れると、波に揉まれてちぎれためのはが海岸に打ち寄せられるので、時化《しけ》の翌日それを採りに行く。多いときはいずれも、一日に大八車に積みきれないほどの量を採って帰る。

持ち帰っためのはは、張った縄に掛け天日で乾かす。乾燥するとほぼ一〇分の一の量になる。これを叺に入れてつひに貯蔵し、毎日のように取り出して、味噌汁の具や酢の物、サラダなどにして食べる。

《めのはの味噌汁》

①つひに貯蔵している、めのはを取り出し、水に五分間ほどほとばかし、葉（葉状体）と茎（中肋《ちゅうろく》）を切り分ける。

②葉をさっと湯がいてざるにあげ、ぎゅっと絞って食べやすい大きさにざく切りにする。

③鍋に水と煮干しを入れ沸騰したら、めのはを入れ弱火にし、味噌を溶き入れると完成。

《めのはの酢の物》

乾燥しためのはを水に五分間ほどほとばかし、葉と茎を切り分ける。切り分けた葉をさっと湯がいてざるにあげ、ぎゅっと絞って食べやすい大きさにざく切りにしてこね鉢に入れ、酢と砂糖を加えて混ぜ合わせれば酢の物の出来上がりである。さっぱりして美味しい。

《茎めのはの佃煮》

まず、乾燥しためのはを水に五分間ほどほとばかし、葉と茎を切り分ける。茎を二寸（六センチメートル）ほどの長さに切って湯がき、ざるにあげて水気を切る。その茎を鍋に入れ、茎の四半分ほどの水量と適量の濃口醤油、砂糖を加えて混ぜ合わせ、煮汁がわずかに残る程度まで煮ると出来上がりである。ご飯のおかずや丼物の具材、酒のつまみなどにする。コリコリした食感がある。

《茎めのはのきんぴら》

ほとばかしためのはの茎をさっと湯通しし、長さ二寸（六センチメートル）ほどに切り、さらに縦に幅二分（六ミリメートル）ほどに切り分ける。

鍋に少々のかたひ油を引いて茎めのはを炒め、全体に油が回ったら、少量の醤油と塩、砂糖を入れ、汁気がなくなるまで煮る。汁気がなくなったら、最後に煎りごまを入れ混ぜて冷ますと出来上がり。

《めかぶのとろろ飯》

めかぶは、めのはの基部にある、ひだ状の部位をいい、生殖細胞の集まった部分である。

まず、軽く湯通しして、色が褐色から緑色に変わったところで冷水に取る。それを包丁で細かく刻んで粘《ねば》りを出し、とろろ状にして醤油や味噌汁で味付けをし、炊きたての麦飯にかけて食べる。山芋のとろろ飯とはまた違った独特の風味がある。何杯でもお代わりをしたくなる食べ物の一つである。

《ひじき》

ひじきは褐藻綱ヒバマタ目ホンダワラ科ホンダワラ属に分類される海藻の一種で、波の荒い岩場の潮間帯より下で生育、繁茂する。一本の根から数本の主枝を伸ばし、主枝から葉と小枝を出す。全長は三尺三寸（一メートル）ほどになる。ほんだわらなどと一緒に大量に繁茂して海面を黒々と覆って波に揺れ動いており、三月から五月にかけての大潮の干潮時に、主婦らが海に入って鎌などで刈り取って収穫する。この時期を過ぎるとひじきは固くなって味が落ちる。

採ったひじきは、大釜で水を換えながら四～五時間煮る。指でつまんで潰《つぶ》れるほどに柔らかくなったら、釜から上げて筵《むしろ》の上に広げ、針金のように固くなるまで干す。こうして保存すれば、何年経っても風味は変わらない。

当地では、めのはやひじきなど海藻は、昔から健康に良いとされ、多量に食べられてきた。次の言い伝えがある。「ふらふら頭にゃ、ひじっじゃ、かっめ」（頭のふらつき〈貧血〉には、ひじきやかじめ等の海藻が良い）。

ひじきは、ご飯に混ぜたり、醤油で煮たりして食べる。

《ひじき飯》

ひじき飯の作り方は二通りある。一つは、ひじきの煮物をご飯に混ぜ込む方法であり、もう一つは、ひじきを米などと一緒に炊き込む方法である。

前者は、ひじきを一晩ほどほとばかし、ざるにあげて水気を切る。それを下茹でして柔らかくなったら醤油と砂糖で味付けをする。味付けしたひじきの水気を切って、炊き上がったご飯と混ぜ合わせる。

後者は、麦や米一升に対して乾燥ひじき一・五合（二七〇ミリリットル）、醤油五勺（九〇ミリリットル）の割合で炊く。まず、ひじきを三〇分間ほどほとばかし、ざるにあげて水気を切っておく。米を洗って羽釜に入れ、適量の水と醤油を入れ、全体をさっとかき混ぜる。最後に、ひじきを米の上に広げて炊く。ご飯が炊き上がったら、杓文字で全体をかき混ぜる。

《ひじき炒め》

①六人分で、乾燥ひじき二合（三六〇ミリリットル）、人参一本、大豆三勺（五四ミリリットル）、

油揚げ三枚、かたㇶ油大さじ一、醬油大さじ三、水四合（七二〇ミリリットル）が目安。
②ひじきは一晩ほとばかしたあと水を切っておく。
③大豆は茹でて水を切っておく。
④人参と油揚げは長さ一寸（三センチメートル）ほどに細切りにする。
⑤鍋にかたㇶ油を引いて温め、ひじき、大豆、人参、油揚げを入れ中火で炒める。
⑥全体に油が馴染んだら、醬油と水を入れて汁がなくなるまで弱火で一〇分間ほど煮る。これを器に盛り付けたら出来上がり。

ひじきや油揚げ、人参に醬油やかたㇶ油の味がしみ込んで、芋飯やかんころ飯、麦飯などにぴったり合った一品である。

《青海苔》

青海苔は、アオサ目アオサ科アオノリ属に分類されるスジアオノリのことで、形状が糸状の緑色の藻類である。

当地では一ノ河川や浦ノ川、鰐川、宇里川の淡水と岐宿湾の海水が混ざり合う汽水域の浅い川底にびっしりと付く。水中で波に揺られてしなやかに動くその姿は、女性の長い髪の毛のようで美しい。潮が引いた干潟は、さながら緑の絨毯を敷きつめたかのようだ。

早春の大潮の干潮時に、主婦や子供たちがこれを採りに行く。手で掴み採るが、一時間もすればてぼ（丸竹籠）にいっぱい採れる。

帰宅後、青海苔に付着した細かい貝殻や泥などをきれいに水で洗い流し、竹竿や張った縄に掛けたり、漉《す》いたりして天日で乾燥させる。

青海苔は、香りが濃密でふくよかな風味があって食感も良く、鮮やかな緑色をして高級品とされる。軽く煎ると、かぐわしい潮の香りがいっそう際立つ。粉末にして食べることも多い。味噌汁や吸い物の具、海藻サラダ、芋飯や麦飯のふりかけなどにする。春先の食卓を豊かにする美味な食材である。

《あおさ》
あおさは、アオサ目アオサ科アオサ属に分類される。形状が葉っぱ状の緑色の藻類で、早春、波打ち際の岩に着生、繁殖する。三月から四月にかけて主婦や子供たちは磯に出かけ、潮の引いた岩の上であおさを手で掴み採る。

採ったあおさは、きれいに洗って、天日で乾燥させ、味噌汁や吸い物の具、佃煮、ふりかけなどにして食べる。

《甘海苔》

甘海苔は、ウシケノリ目ウシケノリ科アマノリ属に分類され、岩海苔とも呼ばれる。波打ち際の岩に着生する、平たい形状をした藍藻類の一種。十一月から翌年の一月にかけて、干潮時に海面上に現れた岩の上で専用の手鉤《てかぎ》や鮑《あわび》の殻などの道具を使って削ぎ採る。この時期は海が時化て寒いうえ、足元が滑るので危険な仕事である。もっぱら主婦らが採る。採った甘海苔は、都度てぼに入れ、最後に入れ物ごと海水でゆすぎ、貝殻やゴミなどを取り除く。

甘海苔は主に板海苔に加工する。甘海苔を平桶か鍋に入れ真水でよく洗って不純物を取り除き、茶碗一杯ずつすくって、八寸（二四センチメートル）四方の竹簀《たけず》を敷いた木枠に入れ、それを水の中で動かしながら広げて厚みを均一にし、竹簀につけたまま並べて干す。こうしてできた天然の板海苔は厚みがあり、黒紫色の光沢と磯の香り、野性的な風味を持つ。

板海苔は火で炙《あぶ》ると、鮮やかな緑色に変色し、いっそう旨味が増し、強い磯の香りを放つ。海苔巻き、にぎり飯、磯辺餅などに用いる。火で炙って醤油につけご飯などと一緒に食べることもある。一方、生海苔は吸い物や味噌汁の具、佃煮の原料などに用いる。

《天草》

天草《てんぐさ》は紅藻綱テングサ目テングサ科に分類される海藻で、海岸の浅い岩場に着生し、一年で収穫できる大きさに成長する。波の荒いところで育った天草ほど上質とされる。ところてんや寒天の原料となる。

三月から七月にかけて大潮の干潮時に採る。この時期に海が荒れると、波に揉《も》まれてちぎれた天草が海岸に打ち寄せられる。それを主婦らが採りに行く。

一方、素潜りでこれを採るのは男性である。夏の大潮の干潮時に、大人も子供も平桶を浮かべ、海面と海底のあいだを何十往復もしながら、これを採る。水深は深いところで四尋（七・三メートル）ほど。平桶がいっぱいになるといったん岩場に上がって、天草を岩の上に広げて干し、身体を温めてから再び海に入る。

こうした一連の行為を、潮が満ちてくるまで二、三回繰り返す。日が西に傾く頃、天草を袋に詰め、平桶と一緒にかりなわ（背負い縄）で背負って帰る。

採ってきた天草は、水でさっと洗って母屋の前の広場に敷いた筵《むしろ》の上に広げて天日で乾燥させる。この工程を天草の赤紫色が退色してやがて白色になるまで三、四回繰り返す。最後に干した天草は紙袋などに入れて貯蔵する。自家消費用以外の天草は、漁業組合で換金する。

《ところてん》

ところてんは、天草を茹でて煮溶かして生成した、寒天質を冷まして固めた食べ物である。全体の九九パーセント近くが水分で、残りの成分は、アロガースという多糖質。ゲル状の物体で独特の食感がある。栄養価はほとんどないが、植物繊維が豊富なため整腸効果があると言われる。盛夏の頃に食べる。

①貯蔵しておいた天草を四〇匁（一五〇グラム）用意し、木槌《きづち》で軽くたたいて石や貝殻を落とし、水につけて洗浄する。

②これを釜《かま》に入れ、五升（九リットル）の水に一時間ほど浸けておく。

③そのあと、火にかけて木杓《きじゃく》で混ぜながら、噴きこぼれない程度に中火で煮る。

④泡のように浮いている灰汁はこまめにすくい取る。

⑤天草が容易に切れる程度に煮詰まったら半切の中で、たかげに晒し布を敷いて漉す。

⑥箱形の容器に移し替えて冷まし固めると、ところてんの出来上がりである。

⑦たかげに残った天草は、さらに水を加えて煮て一回目と同じように作る。

ところてんは、大きく切り分けて水に浸しておき、必要な量だけ切り、酢醤油をつけて食べる。清涼感があって美味しい。

《鶏冠海苔》

鶏冠海苔《とさかのり》は紅藻綱スギノリ目ミリン科トサカノリ属に分類される海藻で、潮間帯より深い岩上に着生する。全長は三～七寸（九～二一センチメートル）。葉状体は柔らかく鮮紅色をしており、扁平で不規則な叉状《さじょう》に数回分岐して扇形に広がる。鶏冠に似ていることからそう呼ばれる。熱を通すと鮮やかな緑色に変色する。

当地では単に「とさか」と呼び、三月～七月に採る。春は時化の翌日、海岸に打ち寄せられたものを採るが、夏は潜って採る。

採った当日、刺身のツマや海藻サラダにして食べる。たくさん採れたときは干して貯蔵する。

《鶏冠海苔の酢の物》

鶏冠海苔の酢の物は彩りも美しく、上品であっさりした一品である。

①貯蔵しておいた鶏冠海苔を使う場合、五分間ほどほとばかして塩分を抜く。

②胡瓜を薄切りにして塩をまぶして塩揉みする。

③こね鉢に酢、淡口醤油、塩、砂糖を混ぜて合わせ酢を作る。

④鶏冠海苔と胡瓜を手でぎゅっと絞って、合わせ酢の中に入れ、和えれば完成である。

第六節　肉　類

一、肉の種類

昭和前期までは当地で食べる食肉と言えば、鯨肉と鶏肉ぐらいで、その鶏肉でさえ祝い事や来客があるときに食べる程度だった。

二、肉類利用の仕方

《鯨》

江戸時代から五島列島近海では鯨が捕れ、各地に鯨組が組織されていた。一時は「鯨一頭捕で七《なな》尾《お》七浦《ななうら》潤う」とまで言われ、捕鯨が藩の財政を潤して島民の生活を豊かにしたが、寛政十二（一八〇〇）年頃から鯨が上五島で捕れなくなり、漁場は下五島に移った。しかし、ここでも間もなく事業者は経営不振に陥った。

それからおよそ一五〇年が過ぎた頃、大手水産会社が相次いで福江島に進出、昭和三十（一九五五）年に大洋漁業が荒川に、また同三十一年に日本水産が富江に、そして同三十四年に極洋捕鯨が玉之浦にそれぞれ基地を置き操業を開始した。いずれも操業は毎年陽暦七月から遅くても十月にかけて行われた。

資料によれば、大洋漁業は操業を開始してから六年間に六七六頭、日本水産は九年間（うち二年間は休業）に三九二頭、そして極洋捕鯨は二年間に四五頭、三社合わせて実に一一一三頭の鯨を一〇年にも満たない期間中に捕獲している。

大洋漁業が捕獲した全頭数の内訳は、ナガスクジラが圧倒的に多く六三四頭（全体の約九四パーセント）、続いてイワシクジラが四一頭（六パーセント）、そしてザトウクジラが一頭となっている。

また、日本水産はナガスクジラが三四五頭（全体の約八八パーセント）、続いてイワシクジラが四五頭（一一パーセント）、そしてザトウクジラが二頭となっている。

当時、鯨の解体作業を見に行った地元民は、無償で鯨肉を分けてもらって帰ったという。

しかし、そうした活況も長くは続かず、不漁を理由に大洋漁業と極洋捕鯨が昭和三十五（一九六〇）年に、また日本水産が同四十年に操業を打ち切った。

《鯨皮の酢ぬた》

大手水産会社が福江島に捕鯨基地を置いていた頃は、塩蔵した鯨皮（正確には皮下脂肪）が薄く切って売られていた。鯨皮は次のように調理して酢ぬたや酢醤油で食べた。

①鯨皮を水でよく洗って塩分を落とす。

②沸騰した湯の中に入れて一、二度かき回してからざるにあげる。このときあまり煮立てると鯨皮が硬くなるので要注意。

③その鯨皮を冷たい水でよく洗ってさらに塩分をとり、水気を十分に切る。

④これを酢ぬたや酢醤油につけて食べる。

縮れた皮がコリコリとして美味しい。薬味として生姜を加えると、いっそう風味が増す。

《鶏》

鶏はキジ目キジ科キジ亜科ヤケイ属に分類される鳥類の一種。その和名は「庭に飼う鳥」という意味に由来するという。

当地では多くの家が鶏を飼っている。子供は一〇歳前後になると、その世話を任され、毎日、餌をやり、飲み水を取り替え、卵を取り、鶏を屋外に放す。

餌は主に大根の葉など季節の野菜、ひよこぐさなどの野草を刻んで米糠《ぬか》に混ぜ合わせて作り、これに数日に一回貝殻を砕いて混ぜてやる。

鶏小屋は二畳ほどの広さで、壁は地上から直接立ち上がり、出入口の扉は細い竹を切り揃えて縄で編んだもの。内部には籾殻《もみがら》を敷く。外敵の侵入を防ぐために小屋の周りには鮑の殻を幾つも吊す。それでもたまに、鼬《ゆうたつ》の被害に遭うことがある。

一軒でおよそ五、六羽の鶏を飼う。そのうち一羽は雄鶏である。雄鶏は日の出とともに羽ばたきながらコケコッコーと大声で鳴き朝の到来を告げる。主婦はその鳴き声を聞くと起床して食事の支度を始める。雌鶏はあまり鳴かないが、たまに産卵直後にコッコー、コッコーと鳴く。

ところで当地には鶏の行動に関する幾つかの言い伝えがある。例えば「雄鶏が夜間鳴くのは悪い知らせである」とか「雌鶏が鳴くと縁起が悪いので用心せよ」などだ。

抱卵の時期になると雌鶏が小屋の中で抱卵を始めるので、他の鶏に邪魔されないように別の場所に移してやり、他家から入手した卵を含む七、八個の卵を抱かせる。

すると卵はその日から三週間後に孵化し雛《ひな》になる。その雛が成長して産卵を始めるのはおよそ半年後である。その後、雌鶏はほぼ毎日のように卵を産む。たまに中には大きい二卵性の卵もある。

鶏は屋外に放しても必ず小屋に戻って決まった場所で産卵する。また日没とともに小屋に戻って止まり木の上で眠る。

男の子の中には学校から帰ると雄鶏を小脇に抱えて連れ出し、放し飼いにしている他家の雄鶏と闘わせて興じる者もいる。そのときは大抵、対戦相手の顔を血だらけにしたことがあとで父親にばれて大目玉を食らう。

祝い事の中でも正月は別格で、多くの家が鶏を潰して大晦日から正月三が日にかけて食べるぞろ（手打ちうどん）や雑煮のだし汁などに使う。

大晦日の朝食時に、正月の準備で忙しい母親は子供に一羽の鶏を潰すように指示する。このタイミングを逸すると嫌がる子供が逃げ回ってその日は暗くなるまで帰らないからだ。

その夜はその鶏ガラのだし汁を使った年越し蕎麦（またはぞろ）を家族そろって食べ、また一つ年をとる。鶏ガラのだし汁は、じっくり炊き出すとその旨味が溶け出して味の深みが増し、さらりとした口当たりに仕上がる。正月料理には欠かせない調味料ではあるが、雛《ひな》の時から面倒を見てきた鶏を自らの手で潰した子供にとっては、何ともやりきれない年越しである。

《鶏ガラのだし汁》

材料と分量は、一羽の鶏ガラに対して、ねぎ一本、生姜一片、水一升、塩小匙二杯半が目安。

①鶏ガラについている内臓や血などを水で洗い流す。
②沸騰した湯に三〇秒間ほど鶏ガラをくぐらせる。
③取り出した鶏ガラを水で再度、洗って血や汚れを取り除く。
④包丁で骨を割り、二寸（六センチメートル）ほどの塊に切り分ける。
⑤鍋に水と鶏ガラを入れて熱を加える。
⑥灰汁が出たら取り除く。三〇分ほど経過すると灰汁が出なくなる。
⑦灰汁が出なくなったら、ねぎと生姜を加えて、鍋《なべ》蓋《ふた》をしないまま弱火で煮る。

⑧一～二時間ほど弱火でじっくり煮たら、ざるで煮汁を漉《こ》す。これで八合ほどの鶏ガラのだし汁の完成。

⑨この全量を一度に使用するときには、塩小匙二杯半で味を調える。

《雉》

雉はキジ目キジ科キジ属に分類される鳥類の一種。日本の国鳥に指定されている。雄は尻尾が長く全長およそ二尺七寸（八〇センチメートル）、雌はおよそ二尺（六〇センチメートル）。体重は雄がおよそ一・七斤（一キログラム）、雌がおよそ一・三斤（〇・八キログラム）。体色は雄が翼と尻尾を除き全体的に美しい濃緑色、頭部羽毛は緑青色、目の周りの肉腫は赤色、翼と尻尾は茶褐色をして背に褐色の斑がある。雌は全体が茶褐色をしている。

飛ぶのが苦手で普段は地上を歩き、昆虫や木の実、草の芽などを食べる。岐宿台地の農耕地や沿海部を含む広い範囲に棲息していて、繁殖期は陽暦四～五月頃である。この頃になると雄は赤い肉腫が肥大し攻撃的になり、ケーンケーンと大声で鳴いて縄張りを主張する。雌は六～一二個の卵を産む。

肉は全体的にやや赤紫がかっていて、噛むと弾力があり切れが良く食べやすい。胸肉やもも肉、ささ身、内臓などの各部位は癖がなく旨味があり淡泊である。脂にも上品な甘味がある。熱を加え過ぎると肉質が硬くなりやすい。

雉は、その肉の美味な点において、右に出る鳥はないほどで、『徒然草』第一一八段にもこうある。――「（上略）鳥には雉、さうなき物なり。雉・松茸などは、御湯殿の上にかゝりたるも苦しからず」（鳥では雉が〈鯉と〉同様に比類なく優れたものである。雉や松茸などは御湯殿にあっても構わない。〈注〉ここで「御湯殿」とは、天皇の食膳を整えたり、湯を沸かしたりする場所で、伺候する女官などがいた部屋をいう）。

調理法は基本的に鶏肉のそれと同じである。

《雉肉の炊き込みご飯》

①使う材料と分量は、米一升（一・八リットル）に対して、雉肉を〇・八斤（四八〇グラム）、人参五〇匁（一九〇グラム）、ごぼう四〇匁（一五〇グラム）、椎茸一〇枚、醤油を〇・八合（一四〇ミリリットル）、水を一升（一・八リットル）とする。

②まず、鍋に水と醤油、雉ガラを入れて沸騰させ、灰汁を取りながらだし汁を作る。この間、雉肉を七分（二センチメートル）角に切り、ごぼうをささがきにして灰汁を抜き、人参や椎茸を細かく刻んでおく。

③米を洗って羽釜に入れ、だし汁、ごぼう、人参、椎茸、雉肉を順に入れて静かにかき混ぜてから炊く。

出来上がりは、香ばしくコクがあり、上品で極上の旨味がある。

第十章　民話・伝説

第一節　民話

《妙永寺の良念さん（岐宿）》

妙永寺《みょうえいじ》は明治四（一八七一）年、大教宣布によって金福寺へ統合され廃寺となるまで岐宿郷掛塚にあって、その向かい側には代官所があり、古い歴史と由緒を持った格式の高い浄土宗の寺であった。

この寺は女系として知られ、良念さんはその三代目の入婿住職であった。良念さんが先々代と大きく異なるところが一つあった。それは、紹介によってではなく、長女の美千代に見初められ懇願されて婿入りしたことだった。

良念さんは瀬戸内の寺で育ち、若くして数多くの寺を廻って熱心に布教に務める優秀な布教師であったが、妙永寺を訪れるまでは、まさかそこに婿入りすることになろうとは思いも寄らなかった。しかし、これもまた前世からの深い縁だったに違いないと素直に受け入れたのだった。

この寺は代々養子を迎える家柄だったからか、義母と義祖母が寺内の実権を握り、運営もほとんどこの二人が執り仕切っていた。このため、上方育ちで新しい考えを持つ良念さんと彼女らのあいだにしばしば意見の食い違いが生じた。おまけにお転婆の義妹が乱暴なことを言い出して事を荒立てるから、良念さんはその対応に苦慮していた。

そうしたある日、本堂の障子を取り替えるため大工が新しい障子を運んできて、鋸《のこぎり》で切ったり、鉋《かんな》で削ったりして建付けを始めた。ぴったりと収まらなければ、桟のあいだに弓を張るなどして惜し気もなく障子を変形させ、傾いた柱や歪んだ敷居に合わせていた。

この様子をじっと見ていた良念さんは、不思議に思って大工に尋ねた。「どうして柱や敷居を少しも削らないで、障子だけに手を加えるのですか」。すると、大工は何のためらいもなくこう答えた。「柱じゃ敷居ぁなぎゃーあいだん反《そ》っちぇ傾むっこつのあっとよ。今んなっちぇ削っちぇん曲げっちぇん元にゃ戻らんとよ。そっぜ、新ひか障子ば柱じゃ敷居に合わすっとが一番よかほだてたい」（柱や敷居は、長いあいだに反ったり傾きが生じたりすることがあります。今になって削ったり曲げたりしても元に戻らないから、新しく建てる障子の方を柱や敷居に合わせるのが最善の方法なのです）。

これを聞いた良念さんは、いたく感銘して大工にお礼を述べながら今まで自分の意見を押し通そうとして来たことに気付いて、こう独り言をつぶやいた。「私にも弓を張って貫いたいものよ」。

大工はその真意を汲み取ることは出来なかったが、それ以来、妙永寺は大層円満に栄えたと伝えられている（参考：松山勇『岐宿町民話童話集』）。

《西河川と二人の孝行息子（岐宿）》

金福寺の南側の一段下がったところには西に流れる小さな「西河川《にごんがわ》」という湧水川がある。この川は岐宿郷の西方に位置することから、そう呼ばれるようになったという。人々はその川の水口を飲料用、中流を洗濯用、そして下流を水田用にそれぞれ使用していた。

この川は西側を除く三方を部落に囲まれ、その部落の中に母子三人の貧しい百姓一家が暮らしていた。その家の息子二人は、兄を「ヨシ」、弟を「トク」と言った。二人とも評判の孝行息子で、母親に言われる前に自ら進んで農作業や家内作業を受け持ち、上手にこなしていた。

西河川下流には北流するオコン川があり、この家の田地は、両川の合流点の西側に広がる吉原《ようはら》という場所にあった。ある年の春、二人は朝薄暗いうちから起きて苗代を作って種籾《たねもみ》を蒔《ま》いた。この作業は昼前に終わったので二人は家に帰った。するとにわかに激しい雨が降り始めた。

大雨になると、せっかく播いた種籾が雨に流されるので、二人は心配になって苗代田の畔《あぜ》を高くするために農具を持って急いで家を出た。苗代田に行くにはオコン川を渡らなければならなかった。

母親がよその家の手伝いから帰って来ると、ヨシもト

西河川水神と湧泉＝令和元年

クも家にはいない。近所の人に尋ねると、二人は激しい雨の中を田んぼに行くと言って出掛けたのだと言う。

母親は仰天して「ヨシよい、トクよい」と叫びながら吉原へと走った。行ってみるとオコン川は大雨で増水して、吉原一帯の水田は水没して泥海のようになっていた。母親は気が狂ったようにヨシとトクの名を呼びながら二人を探し続け、その叫び声は一晩中続いた。そして、その日以降、この母子の姿を見た者はいなかった。

大雨の日から幾日かが過ぎて、そこかしこの苗代田に種籾の芽が青々と出揃った頃、村人は西河川の北側にある金福寺の森の榎《えのき》の梢《こずえ》で毎日、吉原の方角を向いて「ヨシトク、ヨシトク」と鳴く一羽の鳥がいることに気付いた。村人は、この鳥はきっと二人の息子を夜通し探し回って遂に帰らぬ人となった母親の生まれ変わった姿に違いないと思い、哀れんだのだという（参考：『岐宿町民話童話集』）。

《和尚さんと茹大豆（岐宿）》

昔、郷内にある某寺の和尚さんは、茹《ゆで》大豆が大の好物で、毎年味噌を仕込む時期が来るのを楽しみにしていた。

その年もその時期がやって来て、臼《うす》で搗《つ》く前の釜茹大豆を加勢人が竹製の味噌こしに入れて和尚さんのところに持って来た。和尚さんは、小僧たちに見つかると食べられてしまうので、それをこっそり隠れて食べることにした。

本堂や庫裏《くり》、倉庫、離れではいずれも見つかりそうなので、雪隠《せっちん》で食べることに決め、小僧たちがその近くにいないことを確認してから中に入って食べ始めた。

一方、小僧たちは、和尚さんのいない隙を狙って、それぞれ味噌こしを持って行き、一斗ぞうけ（一斗入る大竹ざる）で水気を切りつつあった茹大豆の一部をすくい取り、和尚さんに見つからないところで食べることにした。

三人の小僧たちは、知恵を出し合った結果、雪隠なら大丈夫だろうという結論になり、揃ってそこに行って戸を開けた。すると、驚くことに、そこには茹大豆を旨《うま》そうに食べている和尚さんがいるではないか。三人は腰が抜けるほどびっくり仰天、たちまち狼狽した。

ところがそのとき一番弟子の小僧が機転を利かせて、茹大豆の入った味噌こしを和尚さんに差し出しながら言った。「和尚さんお代わっぱ持っちぇ来たよな」（和尚さんお代わりを持って来ました）

小僧たちに一本取られた和尚さんは観念して「も要ら

んてん、あがどが食え」（もう要らないから、君たちが食べなさい）と言って、味噌こしを返した。小僧たちは大いに喜んで本堂の縁側に行き、そこで誰憚《はばか》ることなく茹大豆を腹いっぱい食べたという（参考：『岐宿町民話童話集』）。

《河童《があっぱ》の贈り物（岐宿）》

「ちょんひ、ちょんひ、ちょんひ、ちょんひ」。晩酌《ばんしゃく》をしてほろ酔い加減で眠っていた権爺《じんじ》は、何とも言えない調子の良い掛け声に、ふと目を覚ました。月の光を頼りに声のする方角に目をやって耳を澄ますと、その声は下の船浜（造船所）の方から聞こえてきた。

　その時刻はちょうど大潮の満潮時だったので、その時間帯にしか出来ない作業でもしているのだろう、盆前でよっぽど忙しいのであろう、人手が少ないなら加勢してやろう、と思って権爺は船浜に下りてみた。ところが、そこには誰も見当たらない。あっちこっち探してみたが、あるのは舟を引き上げるための轆轤《ろくろ》だけだった。

　舟は途中まで引き上げられていたので、一時休憩でもしているのであろう、仕事を始めたら手伝ってやろうと、底抜けに人の良い権爺は、轆轤の横にある「ふなきゃん」（舟の用材）の上にごろりと寝転んで待つことにした。

　しばらくすると、人々が集まって来て、轆轤を回して舟を引き上げ始めた。よく見ると子供ぐらいの体格をした四人が、大層重そうに轆轤を回しているので、早速手伝って一緒に回してやった。四人は「おーきに」（有り難う）「おーきに」と言った。だが、決して頭を下げなかった。

　舟はぐんぐん引き上げられ舟底が見えてきた。間もなくして権爺が気付くと、四人は轆轤を押さずに手前に引いて回していた。この人たちはその方が良いのだろうと

花河川＝令和元年

気にも留めずにいたが、もう一つ不思議なことがあった。それは、この四人が轆轤の周りを七回廻ったら、お礼の時には下げなかった頭がだんだん下がって力が抜けて行くことだった。

元気を取り戻すには水が要るというので権爺は家に戻り水桶に水をたっぷり入れて持って来てやった。そして、自ら毎日掃除をしている花河川《はなごんかわ》（地元では井戸のことも「河」といい、ここは井戸）のある場所を教えた。花河川は船浜から細い坂道を二〇〇尺（六〇メートル）ほど登ったところにあった。

四人は非常に喜んで交替でその川まで行き、いずれもすぐに元気を取り戻して帰ってきた。その時は皆、頭がずぶ濡れになっており、頭のてっぺんに月影が映ることもあった。権爺は、この四人は体が小さいのに懸命に頑張ったので、頭のてっぺんから汗が流れているのであろうと良い方に解釈した。

この四人の花河川行きが一巡して、舟の引き上げも終わった頃、一人が舟上げ祝いにと酒を持って来た。権爺の大好きなどぶろくであった。

権爺はそれを喜んで飲んだ。仕事疲れも手伝って酒の回りが早く、家に帰ったのも憶えていないほど深酔いして、そのまま家でぐっすりと眠ってしまった。

翌朝まだ暗いうちから、四人は「ちょんひ、ちょんひ」という掛け声とともに権爺の家にやって来て、入口から家の中に米俵や塩俵を運び込み、「ゆうべあ助《たひ》けっもろっ心《シン》かっ礼ば言うよな。今かっ花河川《はなごんかわ》ん水《みん》の涸《か》るっこちゃなかろだい」（昨夜は助けていただき心よりお礼申し上げます。今後花河川の水が涸れることはないでしょう）と告げて、まだ夜が明けないうちに帰って行った。

何にも知らない婆さんは、眠っている爺さんを起こして、そのことを伝えると、権爺は「義理《ぎっ》がたゃーもんじゃね」（義理堅い者たちだね）と言いながら昨夜の事の一部始終を婆さんに話した。婆さんは「こねげんにゃ良かこっばした」（この人〈人間〉は良いことをした）と言って喜んだ。

権爺は夜が明けるのを待って、昨夜のことを確かめようと船浜に下りてみた。ところが、引き上げたはずの舟はどこにも見当たらない。ただ古くなって使われなくなった轆轤の横に水桶だけが一つ残されていて、その周囲は水浸しになっていた。

権爺は奇妙なこともあるものだと思ったが、家の中に積み上げられた米俵と塩俵は本物で、食べても、食べてもまったく減らなかったという。

このことがあってから、花河川はどんな干魃《かんばつ》の時でも水が涸れることはなく、こんこんと湧き続けている（参考：『岐宿町民話童話集』）。

《津間田の磯女（岐宿）》

津間田の磯 —— 干潮時にこの一帯が干上がる＝令和元年

ある年の春、津間田の磯へうつ（フクロフノリ。海藻の一種）を採りに行った娘が、空が晴れて来たので暑くなり、着ていた絣《かすり》の着物を脱いで磯柴《いそしば》の枝に掛けたままうつ採りを続けた。その年はまれに見る海藻の豊作で、背負いきれないほどうつが採れ、着物のことなどすっかり忘れて家に帰ってしまった。家に帰って着物を忘れたことに気付いた娘は、翌日取りに行くことにした。

翌日、磯に行って見ると着物はなかった。あちこち探しても見当たらないので、誰かが忘れ物と気が付いて持ち帰ってくれたのであろう、と人の良い娘は考えて、せっかくだからみな（すがい）でも採って帰ろうと磯に下りることにした。

すると、今まで見たこともない美しい女がその絣の着物を着て石に腰掛けて、じっと海を眺めていた。その女は娘に気付くとにっこりと微笑んで頷いた。その女人のあまりの美しさに娘はびっくり仰天して忽《たちま》ち立ちすくんでしまった。

どれくらいの時が経っただろうか、娘が我に返ると、その美しい女の姿はそこにはなく、石の上に絣の着物だけが残されていたという（参考：『岐宿町民話童話集』）。

《八朔沖の舟幽霊（岐宿）》

浜向《はまむかい》に住む吉おんちゃん（吉太郎小父）が八朔《はっさく》沖に烏賊《いか》を引きに行ったときのことである。

夜遅く舟を漕《こ》いでいると、いつの間にか艪《ろ》の先に白い海水が沸き立ち、みるみるうちに舟の周囲に集まってきた。吉おんちゃんは驚き危険を感じたので、立ち上がっ

八朔鼻＝令和元年

て陸地に向けて懸命に艪を漕ぎ出した。

　ところが、舟の進む方向に白い海水も一緒について来て今にも舟の中まで入って来そうになった。しかも舟はいっこうに陸地に近づかないのである。

　艪こぎの腕には自信があった吉おんちゃんは、こんなはずはないと思いつつ冷静になって見ると、どうも舟は同じ場所をぐるぐる回っている感じである。

　そのとき吉おんちゃんはとっさに閃《ひらめ》いた。これが話に聞く舟幽霊なのだと。そう思うと吉おんちゃんはますます怖くなったが、それを我慢して、祖父から教えられた通り、「白波《しらなん》かち思ちょったりゃ、きんなごじゃったよ」（白波と思っていたら、きびなごだったよ）と大声で叫んだ。

　すると不思議なことに、白い海水は全部「きんなご」になってパッと泳ぎ去ってしまい、元の静かな海に戻ったという（参考：『岐宿町民話童話集』）。

《淦カスリと幽霊船（岐宿）》

　ある秋月の冴《さ》えた夜のことである。吉おんちゃんが津間田の沖へ烏賊引きに出たところ、舟が沈みそうになるほど烏賊が釣れた。そこで釣りを止めて帰ろうと思い、艪をたてて岐宿の浜へ向かった。しかし、荷が重いので舟足は遅い。たちまち後ろから来た舟に追いつかれてしまった。

　その舟はいきなり吉おんちゃんの舟に横付けして来て、船頭が「淦《あか》かすっば貸せ」（「淦かすり」は舟底に溜《た》まった水を汲み出す道具）と手を伸ばした。吉おんちゃんは「烏賊ばいっぴゃ積んじょってんこっよっ淦ん溜まったりゃ舟ん沈んごちゃってん貸ひわけにゃいかん」（烏賊を満載しているので、これ以上淦が溜まったら舟が沈むから貸すわけにはいかない）と断った。

　すると船頭は「柄杓《ひしゃっ》ぜん良かてん貸せ」（柄杓でも良いから貸せ）と迫った。そのとき吉おんちゃんは「ははん」と気付いた。心得のある漁師であれば通常、限界まで積載している舟にいきなり舟を寄せると、その舟の波が相手の舟に入って沈没させる恐れがあるので、一旦舟を止めてから静かに舟を寄せるのが常識である。が、そのことを弁《わきま》えていない。よって、その舟は幽霊船に違いない、と。しかし、無碍《むげ》に断ると何をされるか分からない。そう考えて吉おんちゃんは、柄杓の箍《たが》の切れた柄だけを渡して、懸命に艪を漕いでその場を離れた。岐宿の浜近くにある金刀比羅神社が見えるところまで来て後ろを振り向くと、幽霊船はいつの間にか消え失せていたという（参考：『岐宿町民話童話集』）。

《瓜畑を守った人魂（岐宿）》

昔、黒志田《くろひだ》に西瓜や瓜を我が子のように愛情を注いで育てていた爺さんがいた。

その年も爺さんは春に苗床にその種を播き、そのおよそ一カ月後に苗を畑に移植し、磯から取って来たうにの殻などを肥料として施し、西瓜や瓜を立派に育て上げた。その作柄は土地の人たちが立ち止まって眺めるほど見事なものだった。

ところが、西瓜や瓜を盗難から守るために畑に小屋を建てる頃になると、爺さんは急に病になって日毎に重くなり、七月の初めにはいよいよ起き上がることもできなくなってしまった。

盆も間近に迫っていたが、爺さんの病状はいっこうに回復せず、床に伏せるばかりの毎日であった。

そうしたある日の晩、爺さんが寝床の中から「瓜畑《うっぱたけ》にゃ盗人《ぬひと》ん三人来ちょっごちゃっよ」（瓜畑には盗人が三人来ているようだ）と言った。家人が急いでその畑に行って見ると、果たしてそこに三人がいた。

家人が問い詰めると、その者たちは口々にこう答えた。「人魂んおやえっ来っもんじゃってん、どぎゃんすっこっもでけんじゃったよ」（人魂が追いかけて来るものだから、どうすることもできなかった）と。

家人が家に帰ってみると爺さんは既に息を引き取っていたという（参考：『岐宿町民話童話集』）。

《飯を食わぬ嫁（岐宿）》

村で評判の吝嗇《けち》と言われる甚兄《じんばぼ》は、三〇歳過ぎてもまだ独身だった。周囲の者が嫁をもらうように勧めてもいっこうに聞き入れず、働くばかりであった。

甚兄の一番の楽しみは、積み上げた米俵を眺めることだった。米が減らないようにと毎日芋ばかりを食べ、仕込んだ味噌も減らないようにと、代わりに塩を使うという徹底ぶりだった。

ある日、甚兄は友人の家を訪ねた。そこでは四人目の子を懐妊した奥さんが大きな腹を抱えて食事をしていた。そのとき傍で祖母が「あがぁ子持《こもっ》っ腹《ばら》じゃもん、三《さん》杯《びゃ》なっと食わにゃぞ」(あなたは子持ち腹をしているから、三杯は食べないといけないよ)と言って、山盛りに飯をよそっていた。これを見た甚兄は大いに驚き、絶対に嫁はもらうまいと心の中で誓った。

だが、友人から奥さんとのことを色々聞くと羨ましくもあった。

年の暮れも近くなったある日のことである。山で薪を伐《き》っていると、上の方から声が聞こえた。顔を上げると、そこには薪を背負った、何ともみじょか(可憐で美しい)若い娘がいて、甚兄を見てにっこりと微笑んだ。甚兄はたちまちその魅力に心をかき乱され、何も手につかず大きなため息を漏らすばかりであった。そして、こうつぶやいた。「飯を食わん女《おなご》んおれば嫁《よめご》に来てもらうばっちぇん、そぎゃんな嫁はおらんじゃろ」(飯を食わない女がいれば嫁にもらうのだが、そういう女はいないだろうな)と。その日は珍しく日の高いうちに山を下りた。

その晩、山で遭ったみじょか娘の姿が目にちらつき夕食も喉を通らず、燈明に使うかたひ油《あっだ》(椿油)がもったいないので早く寝ることにした。

甚兄が立ち上がろうとしたその時である、家の外で「ご免ください」という若い女の声がした。甚兄は、珍しいこともあるものよ、と思いながら「戸はいっでん開けちょってん、入《はい》っなはれ」(玄関の戸はいつも開けていますから、どうぞ入りなさい)と言った。入ってきた女は、驚くことに昼間山で遭ったあのみじょか娘だった。

女は甚兄の前で手をつき頭を下げてこう言った。「私はどんなに働いても疲れません。飯も一切食べません。どうかあなたの嫁にしてください」と。

大喜びした甚兄は、その場で嫁をもらうことを決断し、酒を水で一〇倍ほどに薄めて注ぎ、三三九度の杯を交わして祝言を上げた。

翌朝目が覚めると朝食が出来上がっていた。顔を洗っていると、間もなく嫁が現れてこう言った。「私は朝ほどき(朝飯前に)山に行って、あなたの伐り残した薪を全部伐《き》ってきましたよ」と。甚兄はとても喜んで「こん女《おなご》こそ三国一の嫁ばい」と褒《ほ》め称えた。

嫁は驚くほどの働き者で、それこそ一年分の仕事を三カ月間で済ませるほどであった。

有頂天の甚兄ではあったが、嫁が半年間も何も食べないで元気にしていることに疑問を持つようになった。そこで嫁の様子を観察することにした。念のため、米俵を調べてみると中身は大幅に減っていた。

翌日、甚兄は「山に行って来る」と嫁に告げて、つぃ(屋根裏部屋)に隠れた。そうとも知らぬ嫁は、浜田の磯で獲ってきた八匹の蟹《かに》を三升の米、一升の麦に炊き込んで握り飯を作り、八枚のもろぶたに並べた。甚兄が身を乗り出して見ていると、嫁は髪の毛をほどいた。すると頭のてっぺんに大きな口があった。嫁はそこに次から次へと握り飯を投げ入れ、瞬く間に全部を食べた。桶の水をいっきに飲み干すと嫁は髪の毛を再び束ね、大の字になって寝た。

甚兄は、生きた心地がしないほど怖くなり、逃げようと階下に下りた。すると、嫁が急に腹が痛いと苦しみだした。

今まで騙《だま》され続けた悔しさもあって、嫁には構わず、大声で「先《せん》に、あっだけ食った腹じゃもん痛となかっこっか」(さっき、あれほど食べた腹だから痛くならないほうがおかしい)と囃し立てつつ逃げ出した。

それを聞いた嫁は「吝嗇《けち》な甚め、今度はお前を食ってやる」と叫びながら追いかけてきた。

甚兄は必死になって松林や竹林の中に逃げ込み、走りながら幹を揺すって松葉や竹葉を落とした。嫁は落葉に脚を取られて滑ったり転んだり、さらには視界を奪われたりしたが、それに構わず追ってきた。甚兄はへご(うらじろ)の茂みに入り枝葉をかき分けながら逃げた。嫁はその長い黒髪がへごに絡まって苦しんだが、それでも追い続けた。甚兄はついにへとへとになってつん(ゆずりは)の茂みに逃げ込み、そこで力が尽きてばったりと倒れ込んだ。もはやこれまでと観念すると、夥《おびただ》しい数のつんの葉が落ちてきて甚兄の全身を覆い隠した。

嫁は全身が血まみれになり、髪は乱れて半ば顔を覆い、口は耳まで裂け、とても恐ろしい形相をしていた。甚兄を見失った嫁は最後にこう言って立ち去った。「吝嗇な甚め、薪を伐っても焚きはしない。腐らすくらいなら伐らぬが良い。見ておれ、大晦日の晩に囲炉裏の傍で食い殺してやる」と。

命拾いした甚兄は、松や竹、へご、つんの葉に礼を言い、今後はむやみに木を伐ることをせず、吝嗇であることもやめると約束して山を下りた。

大晦日の晩になった。甚兄が囲炉裏に大きなほた(太い薪)をくべ、四方に熾《おき》を置いて火にあたっていると、大きな山蜘蛛が自在鉤《じじゃかん》を伝って下りて来た。甚兄はこの時とばかりに落松葉を一斉《いっせい》に囲炉裏に投げ入れた。すると、ゴーッという音とともに煙が立ち込め、炎が激しく舞い上がった。

　山蜘蛛は焼け死んだ。嫁の正体は山蜘蛛だったのだ。甚兄の目には涙が溢れていた。

　明けて正月、甚兄は松や竹、へご、つんの葉を家の守護神として戸口に飾った。

《権助どんと猿（楠原）》

　昔、城岳の南麓にある楠原に猿たちと一緒に暮らす権助どんという者がいた。権助どんは正直者で優しく、疑ったり悪口を言ったり、怒ったりもせず、せっせと働いて猿たちの面倒を見ていた。

　ところが、その中に一匹の意地の悪い猿がいて、権助どんが汲んで来たばかりの水の入った桶をひっくり返したり、炊飯中の火を消したり、草履《ぞうり》の片方を隠したりするなど、悪戯《いたずら》の限りを尽くした。

　ある日、権助どんは山から拾って来た桃の種を庭先に植えた。それから何年か経ってその桃の木はたくさんの実を付け始めた。それを見た意地の悪い猿は、来年から桃の実を独り占めしようと企み、権助どんに話を持ち掛けた。「権助どん、桃ん実の熟《う》んだりゃ村しゃん出かけっ、どっちん早よ売るっか競争ばすで。そしちぇ、勝った者んが負けた者んの首ば斬《く》っごちぇすで」（権助どん、桃の実が熟したら村に出て、どちらが早く売れるか競争しよう。そして、勝った者が負けた者の首を掻くことにしよう）と。

　桃の実が赤く熟れ始めた頃、権助どんとその猿は桃の木の下に行って、それぞれその木に登った。すると猿は素早く赤く熟した実を残らずもぎ採ってしまった。権助どんは仕方なく残った青い未熟の実ばかりを採った。それでも、権助どんは、村に着くまでに実は熟れるであろうと、採った青い桃の実をざるに入れ、猿とともに村に向かった。

　猿の採った赤い桃の実はすぐに売り切れた。しかし、青い桃の実の方は、権助どんが声をからして村中を売り歩いたが、一つも売れなかった。

　そのうち日が暮れてしまった。権助どんは腹が減ったが、首を掻かれると思えば家に帰ることも出来ず、浜辺に出た。そして売れ残った桃の実のいっぱい入ったざるを下に置いて、それをじっと恨めしそうに眺めた。すると悲しみが込み上げて来て涙がぼとぼとと落ちた。

　その時である。どこからともなく「権助どん」と呼ぶ声が聞こえて来た。権助どんがその辺りを見回したが誰もいない。不思議そうにしていると「権助どん、ここたい」（権助どん、ここだよ）と再び声がした。権助どんは声のした夜空を見上げた。そこには十五夜の月が無数の星に囲まれて明るく冴《さ》え渡っていた。

権助どんは事情を話して、言った。「お月様《つっさん》、助けっくだはれ、こんまんまじゃ、家に戻っこちゃでけんよ」（お月様、助けて下さい。このままでは家に帰れないのです）。するとお月さんはこう言って天から籠《かご》を降ろした。「そっなりゃこり乗っなはれ」（そういうことなら、これに乗りなさい）。その籠に乗ると権助どんはたちまち月の世界に引き上げられた。

お月さんが「あひこば見なはれ」（あそこを見なさい）と言うので、権助どんがその方角を見ると、意地の悪い猿が研ぎ澄ました大きな出刃包丁を桃の木の枝にぶら下げて振り子のように動かしながら、権助どんの首を掻く練習をしている最中だった。

ところが、そのうちに弾みをつけ過ぎて、その包丁が別の枝にひっかかってしまった。それを見た猿は慌てて桃の木の下に駆けつけ、木に登ろうとして顔を上に向けた。ちょうどその瞬間である、その包丁が枝から外れて落ちてきて猿の首にささった。猿は絶命した。

こうして権助どんは無事に我が家に帰ることができ、残った猿たちと幸せに暮らしたという（参考：『岐宿町民話童話集』）。

《嘉平と河童《があっぱ》（川原）》

昔、川原郷に嘉平という若者がいた。嘉平は当時当地で流行っていた大百姓の「つきゃおとこ」と呼ぶ住み込み農夫だった。

ある日、嘉平が数頭の牛を連れて草かせ（牛を草原などに連れて行って草を食べさせること）をしていると、そのうちの一頭が山の方に歩いて行った。嘉平がすぐに追いかけたが見失ってしまった。方々探し回ったが見つからず、そうこうするうちに友人がやって来て「上ん方しゃん行っちぇみろか」（上の方に行って見ようか）と嘉平を誘った。

嘉平はひょっとしたらそこに牛がいるかもしれないと思い、友人に付いて行くことにした。が、どんどん奥の方に進むので、とても牛がここまで来ることはないだろう、と思い始めた。

友人は、川が二つに分かれるところまで来ると足を止め、そこにある叢《くさむら》で相撲を取ろうと言い出した。嘉平は相撲には自信があったから誘いに応じることにした。二人は勝ったり負けたりを繰り返した。

そのうち嘉平は友人がいつもと違うことに気付いた。それは友人が負けると決まって川に転げるように入り、全身びしょ濡れになって引き返して来ることだった。川から上がって来たばかりの時はすこぶる力強かった。しかし、引き相撲には弱かった。また以前、嘉平が負けたことのある「大腰」を友人は一度も掛けてこなかった。逆に嘉平が大腰を掛けると、いとも簡単に相手は転んだ。嘉平は、友人は決して大腰に掛かって負けることはないことを知っていたので、河童《があっぱ》が友人に化けていることを見破った。しかし、嘉平はそのことを知らない振りをした。

河童は「たいそ相撲ば取ったけん汗ばきゃーた。川ぜ泳ごか」（たくさん相撲を取ったので汗をかいた。川で泳ごうか）と言って嘉平を川に誘った。

嘉平は川に引きずり込まれたらかなわないと思って「もいっぺん相撲ば取っちぇかっすで」（もう一度相撲を取ってからにしよう）と言って、大腰で河童を山側の藪の中に投げ飛ばして一目散に村に向かって走り出した。

村では、日暮れになっても嘉平が帰らないので、大百姓の旦那を先頭にして探しに出掛けるところであった。

嘉平が事の一部始終を話すと、旦那はこう言った。

「牛《う》しゃ水《みん》ば飲んときゃ前脚《あひ》ば曲げっ飲んこつのあって ん、そんときそん牛《うひ》ば見失《うひ》のたっかも知れんよ。大川原川ん上流にゃ昔《むかひ》かっ相撲好《すもうず》っの河童《があっぱ》ん住んじょっち言うてん、あがば奥《お》っくまん連れっ行《い》たきゃ、そん河童《があっぱ》ん仕《し》業《わざ》じゃろ。じゃっとん、河童《があっぱ》と相撲ば取ったりゃ強うなっち言うとぞ」（牛は水を飲むとき前脚を折り曲げて飲むことがあるので、そのときその牛を見失ったのかもしれない。大川原川上流には昔から相撲好きの河童が住むと言われているから、お前を奥まで連れて行ったのは多分、その河童の仕業であろう。しかし、河童と相撲を取ったら強くなると言うぞ）

嘉平は、その年の祇園祭の奉納相撲大会に出場して一度も負けることはなかったという（参考：『岐宿町民話童話集』）。

《猪の恩返し（山内）》

昔、山内に一太郎という爺さんがいた。爺さんは畑仕事が好きで、その日も朝早くから行者岳の麓にある畑で豆播きのための畝《うね》を作っていた。畝を作り終えて爺さんが豆を播こうと種袋の傍に行って見ると、そこに一頭の猪がうずくまっていた。

この辺りにも猪がいるのかな、と不思議に思いながらよく見ると、猪は涙を流しながらよだれをたらしていた。爺さんが近寄ると猪が口を開けたので、中に何かがあるのだろうと思って手を差し入れて見ると、一本の丸干し大根の尻尾《しっぽ》が喉《のど》に引っ掛っていた。そこでそれを掴《つか》もうとすると、喉の奥の方に行ってしまったので、さらに奥まで手を突っ込むと、そこには何本もの丸干し大根の尻尾が詰まっていた。爺さんは「いっだ猪じゃったち、こっじゃたまらんじゃろ」（いくら猪でも、これではたまったものではないだろう）と言いながら残らず取り除いてやった。

猪は頭を地面に擦《す》りつけるようにして何度もお礼を言いながら山へ帰って行った。

それから一年ほど過ぎた頃、爺さんは山仕事に出掛けた。日頃から仕事好きの爺さんはこの日、夢中になって木を伐っているうちに遂に日が暮れてしまった。帰ろうにも伐った木々が邪魔して道がよく分からないので、大方の見当を付けて歩いていると、いよいよ道に迷ってしまった。爺さんは困り果てて月の出るのを待つことにした。

すると遠くの方から明かりがだんだん近づいて来るのが見えた。爺さんは、婆さんが孫を連れて迎えに来たのかな、と思いつつ明かりをじっと見ていると、明かりは目の前で止まった。よく見ると明かりは二頭の猪《いのしし》の目だった。猪は牙《きば》を地面に擦り付けるように何度も頭を下げた。そして次のように言った。すなわち、

「去年、丸干《まっぼ》ひ大根《だゃーこん》の詰まったっぱ取っちぇ貰ろたっぜ元気になっちぇ子供生《う》んまれたっよ。そんお礼に道案《みっあん》内《にゃ》ばさせっ貰らっよ。ここあ山奥《お》っくぜ道《みっ》のなかっぜ、おっが後ばちっ歩んきちぇ下はれ。子どみゃ爺《じんじ》どんば見守っちぇ後《うひろ》かっ歩《あゆ》ばすってな」（去年、喉に詰まった丸干し大根を取り除いて貰ったので元気になり、子供も生まれました。そのお礼に道案内をさせて貰います。ここは山奥で道がないので、私の後に付いて歩いて下さい。子供は爺さんを見守るために後ろから歩かせます）

そのあと猪親子は爺さんを前後に挟《はさ》むように案内して無事に爺さんの家まで送り届けたという（参考：『岐宿町民話童話集』）。

第二節　伝説

《笠外し（岐宿）》

延暦二十三（八〇四）年、空海が渡唐の折、鬼宿村白石に滞在したときのことである。空海は住民から不思議な話を聞いた。「権現岳山頂には毎夜三つの火明かりが生じ、中秋の頃その火が鬼宿湾の西にある宮小島に飛ぶのが見え、笛や太鼓の音も聞こえる」と。

そこで空海は、鬼宿と河務《こうむ》の中間にあって権現岳を一望できる地を訪れ、市杵島姫命《いちきしまひめのみこと》、田心《たごころ》姫命および湍津《たきつ》姫命の三女神が降臨したと伝わるその山を遥拝した。このとき空海が頭に被っていた笠を外したことから、住民はその地を「笠外し」と呼ぶようになったという。

《空海杖つき石（岐宿）》

空海は鬼宿村白石に滞在中、夕日観音や朝日観音に参詣した折、大坂峠《うさかんつひ》にも足を運んだ。急峻な大坂峠を登っていると、従者が喉《のど》の渇きを訴え、湧き水を探し始めた。

空海はしばらくその様子を見ていたが、やがて一つの石を杖で指して「この下に水がある」と告げた。従者がその石を横に動かしたところ、そこから水が湧き出た。

それ以来、その湧き水は、どんなに長く日照りが続いても、決して涸《か》れることはないという（参考：『岐宿町民話童話集』）。

《禁忌を破った漁主（岐宿）》

岐宿町には水ノ浦湾の東岸に「轆轤場《ろっろば》」という地名がある。湾内で捕れた鯨や修理の必要な船などを巻き揚げるために用いた轆轤があったことから、そう呼ばれるようになったのだという。

轆轤場のすぐ沖合には金福寺所領の「寺小島」があり、鯨の不漁のときにその寺の和尚が渡って祈禱すると、その後その湾内で必ず鯨が捕れた。

そうしたある日、この湾でかつてない数の鯨が捕れたことがあった。そのとき漁主は嬉しさのあまり、草履を脱ぐことなく舟に乗り込んでしまった。禁忌を破ったのだ。爾来《じらい》、その湾内で鯨は一切捕れなくなったという。

《玉蜀黍を作らぬ家(岐宿)》

壇ノ浦で敗れた平家は、四散し安全な地へと落ちて行ったが、その中に岐宿に逃れてきた落武者も少なくなかった。そのうちの一人は掛塚に住み着いた。

その頃、源頼朝は西日本一帯に敗走した平家の武士を全滅させるため、九州へも追討捕吏《ついとうほり》を派遣し、五島にもそれが渡って来るという噂が広まっていた。

ある夜更け、その落武者は、玉蜀黍《とうもろこし》を栽培している裏の畑で異常な葉擦《はず》れの音がしたので目を覚ました。その音は次第に甚だしくなって家の方に近づいて来た。落武者はこれを追手が襲って来たものと早合点して、遂に自刃して果ててしまった。

その末孫は今も岐宿に住んでいるが、他の家が盛んに玉蜀黍を栽培、収穫しているのに、その家だけは栽培しない。先祖に災難があってから、いくら玉蜀黍を栽培しても結実しないからだという(参考:『岐宿町民話童話集』)。

《道具箱川(岐宿)》

昔、久保里に非常に腕の良い宮大工の棟梁《とうりょう》が住んでいた。棟梁は年老いたから引退しようと考えて、後継者選びに日夜頭を悩ましていた。後継者が決まれば、愛用の大工道具一式をくれてやる心積もりであったが、数多くの弟子の中にこれといった者がおらず、決心できないままいたずらに時間だけが過ぎていった。

そうこうするうちに、棟梁は老い先が短くなったことを悟り、弟子や村人たちを湧水川のほとりに集めて、松の生木で作った道具箱《どんばこ》を見せて、次の趣旨のことを告げた。

「わしの命は長くない。この道具箱は水が入らず、しかも上下が誰にも分からぬように作ってある。将来わしと同じか、またはわし以上の腕前になった者は、これを開けることができる。松の生木は水中では腐らないから、そのうち腕前に自信が持てるようになった者は、誰でもこの箱を引き上げて使って良いぞ」と。

そう告げて棟梁は道具箱を川の中に沈めさせ、間もなく息を引き取った。弟子や村人たちは棟梁の死を悼《いた》み、その川のそばに地蔵堂を建て、霊を弔《とむら》った。

このことがあってからこの川を「道具箱川《どんばこかわ》」、また地蔵を「道具箱川地蔵」と呼ぶようになったと伝わる。

その後、その棟梁以上の技量を持つ宮大工が現れなかったのか、沈められた道具箱が引き上げられたという話は聞かない(参考:『岐宿町民話童話集』)。

《オッペンサカズキの家紋（岐宿）》

永正四（一五〇七）年、「玉之浦の乱」が起こった。宇久囲《かこい》が若干一九歳で継承して第十六代藩主に就くと、ほぼ同時に妹婿の玉之浦納が反逆し、これに石田監物、西常陸、吉田外記等が加わり、囲を辰ノ口に攻めたのである。

　このとき城兵は防戦して執権大久保日向家次は石田監物を、また宇久家将石田甚吉は吉田外記を討ち取ったが、西父子が囲を攻めて城外に追い、遂に黒島で自刃させた。

オッペンサカズキの家紋＝令和元年

　家次は幼君三郎母子と乳母、神官平田庄右衛門を伴い、城の前方に見える杉山に隠れ、夜を待って岐宿に逃れ、白石に出て宇久島を経由して三郎君の母の里である平戸に渡った。

　このとき岐宿に逃れた三郎君等は途中河務の山中に隠れていたが、岐宿郷坊里の谷川仁野右衛門の祖が山に登ってこれを発見して助け、種々便宜を与えた。

　それから一五年後に三郎君（盛定）が父の囲の仇、納を討って第十七代藩主に就いた。藩主は谷川を城に呼び二石の地禄《ちろく》を授けて「そちの望みは何か」と尋ねた。平素から酒を大いに嗜《たしな》む谷川は答えた。「酒ば毎日《みゃあひ》、存分に飲んとが望みでござる」（酒を毎日存分に飲むのが望みでございます）。それを聞いた藩主は谷川に立派な大小三枚の盃を与えた。この盃は「織部《おりべ》の盃」といって、持参すれば、領内のどこの酒屋でも無償で思うままに酒を飲むことが出来たという。

　谷川家の子孫は今も坊里に住み、巌立神社の社家を世襲しているが、その家紋は三枚の盃を重ねた図形をしていて「オッペンサカズキの家紋」と呼ばれている（参考：『岐宿村郷土史』）。

《姫島の呼称の起源（岐宿）》

　明治維新前のことである。岐宿郷民が二、三艘の舟に乗って姫島につわ（つわぶき）を採りに行った。この島のつわは高さ二尺（六〇センチメートル）以上、茎の直径は一寸（三センチメートル）ほどもある巨大なもので、味も格別に美味しいことで有名だった。郷民が島に

姫島遠望 ── 中央に見える孤島が姫島＝令和元年

上陸し山に登ってつわを取り始めると間もなく天候が急変してにわかに激しい風波が襲来した。皆は狼狽《ろうばい》して我先へと舟に駆けつけて、自分が乗って来た舟の見境もなく勝手に乗り込んで、甲は先の舟に乗ったであろう、乙は後の舟に乗って来るであろうと騒ぎ立てながら、それぞれ帰途についた。ところが、一行の中にいた「ヒメ」という名の女が一人で山から海辺に下りてみると、舟は遥か沖合に出て行った後だった。驚いた彼女は、あらん限りの大声で泣き叫んだが、怒濤《どとう》に遮《さえぎ》られてその声は舟には達しなかった。

こうして唯ひとり島に残されたヒメは、数日のあいだ悲しみ悶《もだ》え、浜で採った貝で空腹をわずかに満たしながら過ごしていたが、遂に飢餓に耐えかねて哀れにも貝を口にしたまま絶命した。

このことがあってから、郷民はその貝を姫貝と呼び、またその島の名を姫島と呼ぶようになったと伝わる（参考：『岐宿村郷土史』）。

《立小島・惣瀬・戦ケ崎・菖蒲・外輪ノ本（岐宿）》

立小島は明治九年まで「談合島」と呼ばれていた。永徳三（一三八三）年、宇久覚が五島統一を目指して宇久島から岐宿に侵攻した際、地元の豪族貞方氏と戦うためにこの島で軍議を談合したのが、その名の由来だと伝わる。

談合を済ませた覚は、そこから程近い岐宿台地の西岸にある惣瀬浦という小さな湾内に軍の総勢を集結し、そこから海岸沿いに北に進み、小さな岬のある戦ケ崎で敵軍と戦った。戦いは次第に台地中央部の菖蒲の地に移動して、そこで勝負が決したという。

岐宿台地左岸 ── 中央狭小な湾が惣瀬浦、その上にある岬が戦ケ崎。宇久軍はこの付近から上陸したと考えられる＝令和元年

この戦いに勝利した覚は、岐宿台地の南側に位置する城岳に山城を築き、いよいよ五島統一に着手する。

今に残る「惣瀬」や「戦ケ崎」、「菖蒲」は、この戦のあとにつけられた地名で、それぞれ「軍の総勢を集結した地」「戦った岬」「勝負が決した地」に由来すると言われる。

また戦ケ崎の東隣にある「外輪ノ本」は「卒塔婆ノ本」と呼ばれ、現にそこに塚がある。この塚にまつわる話がある。

あるとき地主が畑を広げようとしてその塚を開墾したところ、刀の鍔《つば》や鏡などが出土した。するとたちまち家族の者の足に激痛が走り、種々治療したが全快せず、遂に足が不自由になったという（参考：岐宿郷土史研究会）。

《蓬莱島（岐宿）》

昔、岐宿村の沖合に蓬莱《ほうらい》島というやや大きな島があった。ところがある日、この島は海に沈み、一夜にしてまったく島影が消え失せた。

今もそこには蓬莱瀬という暗礁があって魚影が濃く、行けば漁師は必ず大漁に恵まれ、たまに茶碗や皿などの遺物を引き揚げることがあるという。

川原郷白石の某家には、蓬莱瀬で魚と一緒に網に掛かってきたという壺があり、今もそれを家宝として秘蔵しているという。

岐宿の方言に「ほっぽほうらい」がある。「無制限に」や「むやみやたらに」という意味で使われる。語源は「北方の蓬莱瀬では無制限に魚が捕れること」だと伝わる（参考：『岐宿村郷土史』）。

《坊主が浦（川原）》

今からおよそ三百年の昔、一人の旅僧が一女人を連れ出して岐宿村川原郷に来て、夜陰に乗じて川原浦白石の浜辺に繋いであった舟の一つに乗って逃げようと企てた。しかし、湾口西津において鰯《いわし》漁船の若い乗組員たちに妨げられて、湾外に出ることができなかった。明け方近くになったので、二人は奈切の浜に引き返し、山のように繁った葦《よし》の中に隠れた。ところが、それを平田某に発見されたのである。人目を憚《はばか》る二人は、このことを内密にしてくれと嘆願して、その口止め料として、地元の人々が「からん鏡」と呼ぶ一個の明鏡を与えた。

坊主が浦 ── 五島で葦の繁る所は珍しい＝令和元年

しかし、平田某はこのことを口外した。たちまち役人の知るところとなって二人は直ちに捕らえられ、白石の佐々野某の座敷牢に入れられ、諸役人が番をするところとなった。これら番人（川原郷内の足軽）の中には入牢者に同情して、種々便宜を与えた者もいたが、中には牢人を踏み付けて指輪や簪《かんざし》の類いを奪い取った者もいた。

やがて二人とも湾内の坊主が浦において斬罪《ざんざい》に処せられたが、旅僧は死に臨んで次の怨言《えんげん》を残した。すなわち「今後ここの海では鯨や鰯などは一切捕れなくなるであろう。また、余の逃走の秘密を漏らした者、並びに入牢中無慈悲な応対をした者は、その子孫七代まで必ず祟《たた》りがあるだろう」と。そして遂に殺されたが、その血は海中に入ったので、湾内の海水はことごとく朱色に変わった。そして、その年から果たして漁獲物がなくなって今日に及び、子孫七代祟ると言われた者の子孫には今もなお不具者が生じている。

平田某は、自分の口外したことがもとでこのような大事に至ったことから、口止め料として貰った明鏡を所持し続けることに堪えられず、これを氏神の八坂神社に奉納した。

その後、中国地方の者が二本帆柱の船を廻して来て白石港から薪《たきぎ》や木材を積んで帰ることが普通に見られるようになった。あるとき数艘《すうそう》の船が例によって、白石港から薪や木材を積んで朝風に帆を膨《ふく》らませて出て行った。ところが、そのうちの一艘の船だけは帆を揚げても、どうしたものか少しも動かないのである。遂にその日は出港を思い止まり、翌朝抜錨《ばつびょう》した。しかし、船に諸種の故障が生じてその日も出港できなかった。乗組員たちも、また陸からその船の様子を眺めた者も皆不思議に思った。

そこで船長が神の御業《わざ》であろうと種々調べた結果、船員の中に前述の明鏡を八坂神社から盗んで所持していた者がいることが判明した。船長は直ちにその者に明鏡を返納させた。すると、帆を揚げたその船は初めて海を割り、何の障碍《しょうがい》もなく出帆できたという（参考：『岐宿村郷土史』）。

千鳥観音＝令和元年

余談であるが、僧と女人の墓は川原浦渕《ふっ》ノ元墓地の南側広場の一角に並んで建っている。昭和後期のある時、女人の墓碑に「富江」の二文字が判読されたことからにわかに女人と富江の関係が取り沙汰されたことがあった。

その折、この坊主が浦伝説を知った富江町出身で大阪在住の一婦人が、二人の供養のため観音菩薩像を寄贈したいと申し出た。岐宿町はそれを喜んで受け入れ、白石と渕ノ元の住民の支援を得て、坊主が浦を一望でき、かつ処刑の地に近い適地を選んでこの像を建立し、「千鳥観音」と命名した。昭和五十六（一九八一）年陽暦三月二十七日のことであった。

すると間もなくして実に不思議なことが起きた。川原浦奈切に二羽のコウノトリが飛来し、およそ三カ月間そこに留まったのである。

日本産コウノトリの野生個体が絶滅したのは一九七一年だったので、この二羽が飛来したのはその一〇年後ということになる。恐らく中国か朝鮮、ロシアのいずれかから飛んで来たと思われるが、こうも観音像の竣工とコウノトリの飛来とのタイミングがぴったりと合うものだろうか。二羽のコウノトリは、情け深い人たちの心のこもった供養によって三百年を経てようやく成仏できた、旅僧と女人の生まれ変わった、仲睦《なかむつ》まじい姿だったのかもしれない。

《七駄片馬の唐書（川原）》

大川原天満神社には当時、七駄片馬《しちだかたうま》（七頭の馬に載せても全部を載せきれないほどの分量）の唐の書籍が奉納・保管されていた。あるとき、菅原道真がその書物を読むためにわざわざ太宰府から船で川原浦白石にやってきて、一泊することになった。その頃、道真は日本一の学者として有名だったので、地元でその名を知らぬ者はいなかった。

やがて、ある者は「如何に道真が偉い学者であるとしても、あれほど大量の書物を一晩で読み終えることはできないだろう」と言い、またある者は「有名な学者であるから読み終えるに違いない」といった具合に住民たちのあいだで意見が真っ二つに分かれた。

そこで住民たちがいずれかの意見に賭けることになり、一晩を日没から日の出までと定義した。だが、そこは山間部にあったので日の出が遅くなる。結局、「日の出」ではなく「一番鶏が鳴く時刻」に改められた。

道真は日没とともに読み始めた。すると、深夜にはまだ山のようにあった書物が明け方近くには驚くほど少なくなった。「読み終えない」に賭けた連中の負けは濃厚になり、「読み終える」に賭けた連中は大いに喜んだ。

いよいよ道真が最後の一冊を手に取って読み始めたそのときだった。一番鶏が鳴いたのである。土壇場《どたんば》で「勝ち」を逃した連中は甚だしく悔しがった。だが一方で、普段より早い時刻に鶏が鳴いたことに不審を抱いた。調べてみると、鶏の足の裏を温めて早く鳴かせていたことが判明した。しかし、道真が白石を去ったあとだったので、勝敗が覆ることはなかった。このことがあってから、大川原では鶏を飼わなくなったという（参考：『岐宿町郷土誌』）。

《鯨越え（川原）》

五島近海には昔から鯨が数多く棲息し、岐宿湾や川原浦にもたびたび入ってきた。鯨は巨大な身体をしていて、いずれの部位も捨てるところがないから、一頭でも捕れれば村の財政を大いに潤した。

それゆえに岐宿村は、鯨が入ってきたとき漁民総出で的確に対応する体制を整えていた。漁民には銛《もり》打ち、艪《ろ》漕《こ》ぎ、綱通し、陸揚げ、さばき、採骨、採油などの役目を割り振り、彼らが繰り返し捕鯨を経験することにより高い技能レベルを維持していた。

しかし、それでも三年おきに入ってくる大鯨だけは、どうしても捕獲できなかった。大鯨は、銛を何本打ち込まれようが平気で泳ぎ回るからだ。そこである年、村はこれまでの遣り方を変え、次回からは大鯨を惣津湾奥の浅瀬に追い込むことにした。

大鯨は翌年の春、麦が色づき始めた頃、川原浦にいつものように悠々と入ってきた。人々は手筈《てはず》通り配置につき、十数隻の舟を繰り出して大鯨を惣津湾奥に追い込み、一斉に銛を打ち込んだ。誰もが今度こそ成功するに違いないと思った。ところがその瞬間、大鯨は急に向きを変え、半島の最もくびれた部分を目指して速度を上げるや、さっと空中に飛び上がり楽々とそこを越えて外海へ逃げていった。その後も幾度も同じ方法で捕鯨を試みたが、その度に大鯨に逃げられた。

やがて、人々は大鯨が飛び越えたくびれ部の低地を「登尾ノ首《とやんくつ》」、また尾根を「鯨越《くひらごえ》」とそれぞれ呼ぶようになったと伝わる（参考：『岐宿町民話童話集』）。

《首塚と胴塚（山内）》

今から八百年の昔、壇ノ浦の戦いに敗れた平家の残党は五島にも逃れて来たが、それでもなお源氏の追討の手がその島にも伸びたという。

ある日、残党を追い続ける源氏の兵が、松山郷山木戸にある小高い丘に登って周りを見渡した。するとそのとき遙か向こうの畦道を歩いている落人を発見した。源氏

首塚と胴塚　　提供：岐宿町

の兵は、すぐさま弓を引き絞って落人めがけて矢を射た。その矢は落人の首に命中し、その勢いで首がちぎれ飛んだ。

その後、村人はその落人の首があった場所と胴体があったところに、それぞれ塚を作った。そして前者を「首塚」、また後者を「胴塚」と呼んだ。

なお、山内盆地の中岳郷北部にある城山神社には、大正七（一九一八）年に書かれたという由緒書きが残されているが、それには次の趣旨の記述がある。すなわち、「神社は近江源氏の子孫を祀っている。神体は鎧《よろい》と兜《かぶと》で、その鎧には鮮やかな四ツ目紋がある」と。

この鎧と兜は、右の源氏の追手のものなのか、あるいはその後全国に勢力を広げた近江源氏すなわち佐々木源氏のものかは定かではないが、いずれにせよ目結紋系の家紋を持つ家系は佐々木氏族の末裔《まつえい》と言われている（参考：岐宿郷土史研究会）。

《四郎右衛門塚（山内）》

文治元（一一八五）年、壇ノ浦の戦いに敗れた平家の軍は、瀬戸内水軍が主体だったので、大半の将兵は舟で西国に逃れ、そのうちの相当数が五島にも渡った。

その中に四郎右衛門という者がいた。四郎右衛門は福江島に上陸するとすぐに内陸部を目指した。

七つの峰を持つ七ツ岳の麓にたどり着き、登って山頂の一つから一望すると、四方を山々に囲まれた大きな盆地が見えた。福江島中央部にある、本島最大の穀倉地帯として知られる山内盆地である。

四郎右衛門は山を下りて麓の部落に向かった。行き着いた先は高田という部落だった。そこで四郎右衛門は、追手が来ればすぐにそれが分かる小高い丘を居住地に定めた。

高田に落ち着いてしばらくすると、同盆地内にある寺脇や松山などの集落にも平家の落人が住みついていることが分かった。

そうしたある日、松山に源氏の追手が現れ、間もなく寺脇にも手が伸びるであろう、という知らせが届いた。

高田は寺脇に近いので、四郎右衛門はもはや逃げ切れないと判断し、小高い丘で切腹して果てた。

これを知った村人はその地に塚を作り手篤《てあつ》く葬《ほうむ》ったという。

この塚は現存しており「四郎右衛門塚」とか「四郎右衛門墓」、「お四郎ンさん」などと呼ばれている（参考：『岐宿町民話童話集』）。

第三節　バラモン凧の由来の考察

五島には「バラモン」と称して独特の呼称、形、絵柄、色彩を有し、邪気払いの効果があるとされる凧があり、昔から三月節句に作って揚げる風習がある。この凧は今や全国にも知られるようになった。

そこで著者は、これまであまり明らかにされていないこの凧の呼称や絵柄、邪気の由来について独自の考察を試みることにした。

一、呼称の由来

バラモン凧と同様に「鬼」が絵柄にある伝統的な凧が、同じ長崎県の平戸と壱岐にもある。いずれも「鬼」の文字を冠してそれぞれ「鬼洋蝶《おにようちょう》」と「鬼凧《おんだこ》」と呼ばれている。

ところが、同種の五島の凧は「バラモン」と呼ばれ、そこに「鬼」の文字がない。なぜそうなのか。なぜ五島の凧が「バラモン」と呼ばれるのか。

地元で語られているバラモン凧の呼称の由来には二通りの「説」がある。一つは、当地の方言が語源だとする説（以下、「方言説」という）、もう一つは、インドの司祭階級バラモン（発音はブラーマン、漢語訳は婆羅門《ぼーるおめん》）が語源だという説（以下、「外来語説」という）である。

しかし、いずれの説も確かな根拠があるわけではない。

昭和前期のバラモン凧　　提供：岐宿町

□方言説

今日、地元では次の説が知られている。すなわち、五島の方言で「凶暴な」を意味する「バラカ」と「者」を意味する「モン」とが組み合わさって「バラカモン」（凶暴者）となり、これが「バラモン」に転訛《てんか》したという説である。

尤《もっと》もな説ではあるが、著者はこれとは少し違った次の見解を持っている。

すなわち――岐宿には形容詞の「バラカ」のほかに動詞の「バルッ」（暴れる）という方言があるから、これと「モン」（者）が組み合わさって「バルッモン」（暴れ者）となり、それが転訛して「バラモン」になったのではないか、と考えるのである。

「バルッモン」であれば、その発音は「バラモン」と聞き間違えるほどよく似ているから、そのように転訛したと考えてもおかしくない。しかも、この凧が空中高く揚がって、その長い縄の尻尾を左右に大きく振りながら、頭部に取り付けた弓の弦《げん》をブーンブーンと唸《うな》らして動く姿を如実に表現するのは、どちらかといえば、形容詞の「バラカ」よりもむしろ動詞の「バルッ」の方である。

いずれにせよ、五島ほど昔からこの凧が盛んに作られ、揚げられている地域は他になく、しかも五島には「バラカモン」や「バルッモン」というこの凧の呼称にぴったりの方言があるから、バラモン凧の語源はそういった五島方言であると考えても決して筋違いではない。

□外来語説

バラモン凧の呼称、形、絵柄、色彩のいずれをとっても「異国風」であるから、この凧は海外から伝来したと考えるのもまた自然である。

この凧が伝来したとしたら、その経路には次の二通りが考えられる。一つは、「中国―五島―日本本土」の経路である。この場合、インド人や中国人の仏教僧などが中国経由で五島にインド凧を伝えたと考えることができる。五島は九州で中国に最も近い位置にあって、古くから交通上の要路に当たり、遣唐使船や唐商船、勘合船、倭寇船などが頻繁に行き交ったからだ。

ちなみに、インド凧の伝来に係わったかどうかは別にして、古くからインド人が渡来していた記録は存在する。例えば南天竺（南インド）のバラモン階級出身の僧菩提僊那《ぼだいせんな》は、唐滞在中に日本からの入唐僧や第十次遣唐副使中臣名代らに請われて天平八（七三六）年に渡来し、天平勝宝四（七五二）年の東大寺盧舎那《るしゃな》大仏の開眼供養法会《ほうえ》で婆羅門《ばらもん》僧正として導師を務めている。

　平安時代末期に成立したと言われる『今昔物語集』の巻十一にもその関連の記載があり、彼は数名の唐人やペルシャ人らとともに五月に遣唐使船団の第二船で渡来し、太宰府に赴いたとある。

　もう一つの経路は、「ヨーロッパ―東南アジア―長崎」の経路である。この場合、オランダの東方交易によりインド凧が、東南アジアを経由して長崎地方に広まったと考えることができる。

　ちなみに長崎市の浄安寺には、安永九（一七八〇）年頃に凧好きの住職が作ったという縦一五尺（四・五メートル）幅八尺（二・四メートル）の巨大な「婆羅門凧」と呼ぶ凧の複製がある。その由来ははっきりしないが、この事実は当時既に長崎に「婆羅門凧」の呼称を持つ凧が存在していたことを示している。

　ところが、この凧は五島のバラモン凧とやや似通った形状をしているものの、絵柄は「龍」である。それだからこの凧は五島のバラモン凧とは出自がまったく別だと主張する者もいるかもしれない。しかし、絵柄は後述するように、その土地の伝説などに大きく影響を受けて時代とともに変化していったとも考えられるから、絵柄をもってその当否を判断するのは適当ではないであろう。

　そういうわけで、五島のバラモン凧は渡来した凧だとする見解を否定することはできない。換言すれば、その凧の語源は、漢字に音写された「婆羅門」の梵語にあり、それをカタカナ書きにしたものである可能性がある。

　なお、インドでは、凧は「パタング」と呼ばれて今日、その種類は豊富だ。「けんか凧」も盛んに行われていて、ガラスを砕いて糊と混ぜ合わせて作った、いわゆる「ビードロ」を凧糸に塗って相手の凧糸を切るところも日本の遣り方とそっくりである。

二、絵柄の由来

　バラモン凧はその発祥または伝来後、形や絵柄、色彩が時代の変遷とともに徐々に変化していったと想像される。中でも絵柄は、その土地の伝説などを題材にしながら、原形を留めないほど大きく変化していったのではないだろうか。前にも述べたように、五島のバラモン凧と浄安寺の婆羅門凧の絵柄のあいだに著しい相異が見られるからだ。

　伝統的な五島のバラモン凧の絵柄には、敢然と立ち向かう武者の兜《かぶと》を鬼が真正面からくわえた勇壮な場面が彩りも鮮やかに描かれているが、この絵柄は羅生門の鬼退治の伝説に由来しているという説がある。だが、根拠があるわけではなく真偽は不明のままだ。

さて著者は、バラモン凧の絵柄に秘められた物語は、岐宿にある次の史実に基づいているのではないかと考える。

今から六百余年前、平家盛八代目の子孫でのちに五島藩の創始者となる宇久覚が鬼宿に侵攻したときの話である。覚は城岳に根小屋式山城を築き、この地を治めようとするが、地元の豪族や住民の根強い抵抗に遭う。そこで知略に富む覚は、鬼宿とは「鬼の宿る土地」を意味するから、この地に住みついた悪霊《あくりょう》が抵抗勢力に乗り移っているのではないかと考え、奇策に打って出る。山城から見て、悪霊がやって来るという北東の方位つまり鬼門に巌立三所大権現（のちの巌立神社）と金福寺を建て、同時に地名にあった「鬼」の文字を、中国故事にある縁起の良い地名「岐山」の「岐」の文字に変更したのである。この奇策は的中し、やがてこの地から悪霊が消え、従って地元の豪族や住民の抵抗はなくなり、覚は文字通りこの地を支配し、五島統一に乗り出す。

この史実とバラモン凧の絵柄との内的連関は次のように推せられる。すなわち――絵柄にある恐ろしい鬼は地元の抵抗勢力に乗り移った邪気の象徴であり、その鬼に果敢に戦いを挑んでそれを取り除いたのが、絵柄にある後ろ姿の勇敢な武将・覚である。それゆえに、この凧の絵柄の主は目立たないが武者であって鬼ではない。つまり、この凧は「武者凧」であって「鬼凧」ではない。この凧がその呼称に「鬼」を冠しない理由は、実はこのことにもある、と。

ところで、今日よく目にする五島のバラモン凧（第六章第四項2の写真）は、前掲の昭和前期のものと比べると、形状や絵柄がかなり変化している。元来、兜を被った武者は後ろ向きで、その顔が隠されているところにこそ、この凧の真価があったのだが、最近の凧の絵柄からはその姿を思い浮かべるのはいささか難しくなっている。鬼がくわえているのは兜には見えないし、しかも武者の背中に当たる部分には、兜を着けた武者の顔が描かれている。

五島のバラモン凧はこれからもこのように変化し続け、やがて原意や原形を留めないほどの凧になるのであろうか。

三、邪気払いの由来

地元では三月節句に父親が幼い息子のためにバラモン凧を作って揚げ、ブーンブーンというその唸りを聞きながら、その子の悪霊払いや健やかな成長、立身出世、無病息災などを祈願する。

ところで一部では、バラモン凧の発する唸りが邪気を払うと考えられているようなので、ここでこの凧の発する「唸り」と「邪気」の内的連関について、いささか理屈っぽくなるが、著者の私見を述べてみたいと思う。

著者はこう考える。すなわち――この凧の絵柄には武者の太刀が鬼の胴体を正面から貫いている光景が隠されており、この凧の発する唸りは、致命傷を負った、邪気の象徴とされる鬼の最後の呻きに他ならず、従ってその邪気を払うのは、その絵柄では後ろ向きだから目立たないが、鬼を成敗している武者である、と。

仮に、鬼は無傷であり、その発する唸りが邪気を払うと考えると、次の三つが問題になるのだ。すなわち――第一に、邪気（鬼）が邪気（自分）を払うことになって矛盾が生じる。第二に、鬼（邪気）が唸りを発する事情が分からなくなってしまう。そして第三に、唸りが邪気を払う事由も説明がつかない。つまり「鬼は無傷である」とか「鬼の唸りが邪気を払う」と考えると、話の筋がまったく通らないのである。

それだからここは、鬼（邪気）は武将によって重傷を負わされており、その鬼（邪気）が断末魔の呻《うめ》き声を発していると考えるのが自然である。

地元の人々のあいだでは、バラモン凧の唸りが大きければ大きいほど邪気がより多量に払われると考えられているが、右のように考えれば、そのこととも矛盾しない。

第十一章　子供の遊び

第一節　遊び

休日や放課後、家を手伝わなくて良いとき、子供たちは群れをなして日暮れまで遊ぶ。遊び仲間はほとんどが同年齢で、たまに異年齢もあるが、いずれも総じて同性である。遊び場は、神社や寺の境内、校庭や青年会館など公共建物前の広場、野山、海や川などだ。

遊びの種類は実に豊富で、その大部分が昔から受け継がれたものである。一般に遊びはその遊具を作るところから始まる。例えば、釣りに行くときは、竹を山に伐りに行き、釣り針や釣り糸、鉛を買い揃えて、釣ろうとする魚種に合った釣り具一式を作る。また、凧を揚げるときは、山から伐ってきた竹と、買ってきた和紙（障子紙）や、よま（凧糸）で好きな大きさの凧を作り、糸巻きは廃材などを利用して作る。さらに素潜りで魚を捕りに行くときは、自ら諸材料を取り揃えて鉄砲銛《てっぽうほうこ》（水中銃）を作る。

このように「遊具」はおしなべて身近にある竹・木など素材からの手作りである。「遊具の作り方」を本章第二節で詳述するが、子供たちの手芸や工作の能力はこうした遊びを通じて伸びたと言っても過言ではない。

動物を使った遊びもある。例えば「闘蜘蛛」だ。これは、当地で「きんこっ」と呼ぶコガネグモ二匹を一尺（三〇センチメートル）ほどの枯れ枝の上で闘わせる遊びである。この場合、蜘蛛を野山に捕りにいって裏庭で大きく育て上げる。また「闘鶏」もある。これは、言うまでもなく二羽の雄鶏を闘わせる遊びであるが、雄鶏を飼っていなければ、雌鳥に卵を抱かせ雛をかえし、一年ほどかけて育て上げてからその鶏に勝利を託す。

相撲は当地で最も人気のある競技で、子供たちもよく相撲を取って遊ぶ。地上にある籾《もみ》一俵（六〇キログラム）を両腕で抱えて一気に肩に担げれば一人前と認められるから、農家の一四、五歳の男子はそのことを強く意識して家事を手伝い、大体「一人前」になっている。それだから彼らは身体が小さくても総じて力持ちで、相撲が強い。

第九章で既に詳述したが、遊びの中には暮らしに直結したものも少なくない。例えば、春先に女の子たちが磯に行って採る牡蠣《かき》、春から秋にかけて男の子たちが海や川で釣る旬《しゅん》の魚、夏の大豆収穫直後の雨上がりに畑で採るかんまめ（豆苗《とうみょう》）、夏に素潜りで捕る魚貝や海藻、そして晩秋から冬にかけて山に入って掘る山芋など——これら自然の恵みは、その時々の夕食をいっそう豊かにし、家族を喜ばせる。

草餅に用いるふっ（よもぎ）や、だんごの下に敷くかから（さるとりいばら）の葉を採ってくるよう母親から指示されると子供は、喜んで野山にそれを採りに行くが、これも遊びの範疇《はんちゅう》に入るであろう。

子供たちにとって「遊ぶこと」はまた「学ぶこと」でもある。さまざまな遊びを通じて、他人や自然と密接に関わり、教科書には書いていない、人としての生き方を学ぶ。

しかし、昭和後期（昭和三十三〈一九五八〉年以降）になって、日本社会がひたすら「成長」を目指すと、こうした風景を目にする機会は次第に少なくなっていく。

次に掲げる遊びは、昭和前期まで岐宿でよく見られたものである。

相撲、縄跳《なあとん》び、馬跳《うんまとん》び、ゴム跳《ごんとん》び、凧揚《たこあがひ》げ、うんまべこ（竹馬）、うっごま（喧嘩ごま）、こま（こま回し）、おひと（お手玉）、ビー玉、面子《めんち》、釘立《くんた》て、みなんぎょ（おはじき）、たけえんば（竹とんぼ）、陣取《じんとっ》り、エスケン、いっけんぱたん（ケンパ）、のっとしっ（馬乗り）、腰縄引き、ぐんきとっ（軍旗取り）、かんけっ（缶蹴り）、かごんなど（かくれんぼ）、てまっ（まりつき）、ちんがらぼっぽ（かごめかごめ）、まあひぐんま（輪回し）、つまはじっ（地面取り）、かけとっ（綾取り）、かるた、折り紙、ままごと、押しくらまんじゅう、ドッジボール、腕相撲、指相撲、紙相撲、水切り、チャンバラごっこ、シャボン玉、紙玉鉄砲、パチンコ、すごろく、笹舟、日光写真、台車乗り、五目並べ、挟み将棋、山崩し、十二竹、川遊び、磯遊び、釣り、素潜り、木登り、昆虫採取、闘蜘蛛、闘鶏など。このうち一部を次に記す。

《相撲》

相撲の盛んな岐宿では、大規模行事や公共工事の竣工式には必ずと言って良いほど相撲大会が開かれる。その中で伝統があり格式の高い大会が、第六章第五項②で述べた六〇〇年以上も前から続く「おご相撲大会」である。古来、巌立神社の祭事の一環として執り行われてきた。この奉納相撲大会には島内各地域の力自慢も参加する。

相撲は直径一五尺（四・五五メートル）の円形をした土俵の中でしめこみ（まわし）を締めた二人が組み合っ

て勝負を競う。地面に足の裏以外の身体がついた場合や土俵の外に出た場合、あるいは反則をした場合は負けとなる。両者が四股《しこ》を踏み、仕切り、立ち会い、拳《こぶし》を地面について目を合わせ、同時に立ち上がってぶつかる。決まり手は四八手があると言われる。

岐宿の力士の中には記録に残る者が少なくない。例えば、文政四（一八二一）年の最高位大関に百姓正次郎の名が、また天保五（一八三四）年の関脇に彦助の名がある。

おご相撲大会には「前相撲」といって子供たちの参加する時間帯が設けられている。それゆえに、子供たちは日頃から相撲を取って遊び、技を磨く。このときは両者が上半身裸になって藁草履《わらぞうり》を脱ぎ、相撲の礼儀作法に則り四股を踏み、仕切って拳を地面についてからぶつかり組み合う。そこに土俵のように限定した範囲はないので、決まり手に押し出しはなく、もっぱら投げ技が中心である。

遊び場は、学校の砂場や叢《くさむら》、蓮華草の咲く田んぼなどだが、大勢で遊ぶときは、その体形に合わせて大相撲力士のしこ名を借りることもある。例えば、長身の者は大内山、あんこ型の者は鏡里、筋肉質な者は千代の山といった具合である。

《凧揚げ》

□凧の揚げ方

凧揚げは三月節句の頃、人里から離れた耕地周辺の農道や畔などで行う。子供たちはそれぞれ自作の凧を持ち寄り、互いに邪魔にならない場所に位置取りをする。

この頃はちょうど季節風の変わり目で風が弱いので、凧を揚げるには、補助者を必要とする。補助者は凧を両手に持って風下に立ち、凧を操る者の「はなせ」の合図に合わせて凧を上方に放つ。大抵、下級生がその役に回るが、両者の呼吸が合わないと凧は上手く揚がらない。凧が空高く揚がって安定すると、その補助者は一時的にその凧の操縦を任せられる。

小学校の高学年になると子供たちは皆、自由自在に凧を操ることができる。菱形の凧は、よま（凧糸）を引くと縦骨の方向に動く性質がある。従って、子供たちは、凧が上を向いたらよまをたぐって高く揚げ、一方、下を向いたらよまを緩《ゆる》め、凧が上を向いた瞬間によまを素早くたぐって落下を防ぐ。

また、高く揚がった凧を下向きにし、一気に地上近くまで導き、地上すれすれのところで凧を回転させて上向きにし、再び凧を高く揚げる。こうした操縦は、単に垂直方向にとどまらず、水平方向や斜め方向の、あらゆる角度に及ぶ。

なお、作った凧を初めて揚げるときは、重心の調整が必要な場合がある。凧が空中でくるくる回転するときは、下ねっき（下側の根付け糸）の長さを詰め（短くして）重心を下げ、横振れがするときは、上ねっきの長さを詰めて重心を上げる。また、凧が左右のいずれかに傾くときは、横骨や耳に紙や布などを巻き付けてバランスをとる。

□喧嘩凧

喧嘩凧は、空に揚げた凧のよまを相手の凧のよまに絡ませて切り合う遊びである。小学校の高学年以上の子供たちは、この喧嘩凧を楽しむ。このとき使うよまの一部は、「ビードロ」といって細かく砕いたガラス粉と飯粒、砕いた水仙の球根を練り合わせて作った糊《のり》状のものを均一に塗って乾燥させた糸である。その長さは二〇尋（三六メートル）ほどで、これを凧に近い部分に取り付けて揚げ、相手の凧糸を切るのである。

凧揚げの季節になると、あちこちで子供たちが道路脇の石垣に一定間隔に各二本の棒を刺してよまを張り、ビードロの固まりを手に持って中によまを包み、幾度も往復しながら塗っている姿が見られる。こうして作った凧糸は、乾燥すると針金のように固くなって折れやすいので、よま巻には緩く巻くか、あるいは直径七寸（二一センチメートル）ほどの輪を作るように巻いておき、凧を揚げる直前に他の凧糸に継ぎ足して使う。

凧を揚げるときにビードロを塗ったよまを素手で持つのは危険であり、またそのよまに折れた部分があると、そこが切られやすいので、事前に必ず点検が必要である。

喧嘩凧では、さまざまな要素が勝敗に関わってくるので、実践により経験を積み、真理や秘訣を掴《つか》むことが大切である。例えば――戦いでは風上に立つ者の方が風下に立つ者よりも有利である、――よまを絡ませるときは、上から絡ませる方が有利である、――よまを絡ませて引いたり緩めたりする場合、その速度が速ければ速いほど強力である、――絡まったよまの角度は、直角の方が鋭角よりも優っている、等々。

よまを切られた凧は、最初に拾った者の所有になる。喧嘩に敗れた者とその補助者は、我先にとばかりにそれを追うが、他人に先を越される場合があるし、凧が電線に懸かったり、人家の屋根に落ちたり、あるいは森の樹に引っ掛かったりするから、無事に取り戻すことは容易ではない。

□凧揚げ囃子

当地には「春《はっ》のくされ海《うん》」という俚諺《りげん》がある。「春は海の水が腐るかと思われるほど凪《なぎ》の日が多い」という意味である。凧揚げはちょうどその季節に行われるから、凧揚げの最中にしばしば無風状態になる。すると、子供たちは一カ所に集まって、風を呼ぶための口笛を盛んに吹くか、あるいは烏《からす》に風を出してくれと、こうはやすのである。

かーらっしょーい、かーらっしょーい、
んが子の死んだりゃ、
精進あげば　しちぇくるって、
風ばいっぴゃー　でゃっくれれー。

〈通釈〉烏よ、烏、お前の子供が死んだなら、精進あげをしてやるから、風をたくさん出してくれ。

《竹馬》

足掛けの位置が高い竹馬を「うんまべこ」、また低い竹馬を「あゆっげた」と呼ぶ。

竹馬に乗るときは、竹の上部を持って足掛けに足を乗せ、つま先で竹を挟《はさ》む。歩くときは、踏み出す方の一本を持ち上げるようにすると良い。初級者は足掛けの高さが一尺（三〇センチメートル）ほどの低い位置のものから始めるが、上級者になるほどその位置は高くなり、家の庇《ひさし》から乗り降りする者もいる。終戦直後、竹馬に乗って両脚を広げて乗り合いバスを通したという剛の者もいたと聞く。当時のバスはやや小型の木炭車だったとはいえ、俄《にわか》に信じ難いが、実際にあった話らしい。

木炭バス（フォード製）＝昭和16年頃
提供：岐宿町

竹馬の遊び方には次の四通りがある。①二人が互いにぶつかり合って、相手を竹馬から落とす遊び、②早駆け競走、③一本を肩に担ぎ、もう一本だけに乗って、ぴょんぴょんと跳ねる遊び、そして④高さを競う遊び――である。たまに竹馬から落ちて、脚《あし》を捻挫《ねんざ》したり骨折したりする者もいる。

《喧嘩ごま》

喧嘩ごまのことを「うっごま」（打っごま）と呼ぶ。地上でこまをぶつけ合って、こまの回る時間の長さを競う遊びである。先に止まったほうが負けである。

こまは木製で、胴体の形がらっきょうに似て上部が球形、下部が円錐状である。最上部の中心には小さな円錐状の窪《くぼ》みがあり、そこを中心にして赤、青、黄、白、黒の五色の円模様がある。最下部の尖端《せんたん》には当地で「つんび」と呼ぶ、鋭い四角錐状の鉄製金具が打ち込まれていて、これがこまの軸となる。

こまを回すときには、つんびに紐《ひも》を掛けてから円錐部に巻き付けていく。右利きの者は、時計回りに巻き、巻いた紐の端を薬指と小指でしっかり挟み、親指を窪みに入れ、つんびが人差し指と中指のあいだにくるように持ち、手首をひねりながら斜め上から相手のこまめがけて投げ出し、同時に紐を手前に引いて回転をつける。そのとき、つんびで相手のこまを割るぐらいの気持ちで、投げ出すのがコツ。首尾良く相手のこまを割ることができればつんびを貰える。ただし、安全のためあらかじめ紐の端に結び目を作っておき、こまを投げ出した瞬間に紐が両指からすっぽ抜けないようにすることも忘れてはならない。

こまを回す順番は、最初に全員が一斉にこまを回して、より早く倒れたこまの持ち主の順となる。順番はじゃんけんで決めることもある。順番が決まり、最初の者がこまを回したら、二番目以降が順に、先に回っているこまめがけて自分のこまを打ちつけて、相手のこまの回転を弱めるか止めることを目指す。最後の者がこまを投げ終わったら、自分のこまを紐《ひも》ではたいて回転を加え、止まるまでの時間を稼いでも良い。

次の回以降は、より早く倒れたこまの順にこまを回していく。

なお、この喧嘩ごまの他に、主として低学年生が楽しむこま遊びがある。回る時間の長さを競う遊びで、用いるこまは、前述のこまとほとんど形状が同じだが、尖端の軸部まで木製の一体もので、女性の乳に形が似ていることから「ちちごま」と呼ぶ。回すときは、うっごまと違って、胴体を上向きに持ち、地面すれすれに横に投げ出す。

《軍旗取り》

敵、味方の二軍に分かれ、「軍旗」を奪い合う遊びである。芋の収穫が終わった晩秋の頃に遊ぶ。野積みした芋の蔓の中や野山に隠した敵の軍旗を先に手中にした方が勝ちとなる。

各軍は通常、大将、中将、少将、大佐、中佐、少佐、大尉、中尉、少尉、准尉、曹長、軍曹、伍長、兵長、上等兵、一等兵、二等兵、および諜報員で構成されて、各人が階級札を持つ。このとき諜報員は最下位にあるが、大将、中将および少将の三人の将官を戦いから解除する権限と任務を与えられる。異年齢による総勢三六名の編成で階位はおよそ年功序列。ルールの委細は両軍話し合いのうえ、事前に決定する。

戦いが始まり敵を捕獲したら、その場で互いに地位を名乗って階級札を見せ合い、上位の者が勝者となって戦いを続行し、下位の者は敗者となって戦いから解除される。同位の者同士のときは引き分けとなり、いずれも戦いを続行する。このようにして、互いに敵の武装を解除していき、最後に軍旗を手中にするのである。

広範に自然空間を活用する、体力と知力が必要な高度な遊びである。

《馬乗り》

馬乗りのことを「のっとしっ」と呼ぶ。合計一〇人程度で遊ぶ。最初に同数の二組に分かれ、じゃんけんで馬組と乗り組を決める。馬組は一人目が壁や立木などに背を向けて立ち、二人目が一人目の股に頭を入れ一人目の両脚を掴む。三人目は二人目の股に頭を入れ二人目の両脚を掴む。四人目以降も順に三人目と同様な行為を繰り返して馬を作る。

一方、乗り組は順に馬に跳び乗っていくが、跳び箱を跳ぶ要領で、手前の馬の背中に手をついて跳び乗る。まず一人目は最も遠くを目指して跳び乗り、続いて二人目以降が順に跳び乗る。そのとき一人でも跳び乗れないか、または落馬する者があれば、乗り組と馬組は交代する。一方、馬組が途中で崩れたら、交代しないで再度やり直す。

全員が跳び乗っても馬が崩れなければ、一〇数えて両組の先頭同士がじゃんけんをする。じゃんけんに勝った方が、次の乗り組になる。

放課後、教室で机や椅子を隅に寄せて遊ぶ。男女が一緒に遊ぶこともあるが、そのときは男性組と女性組に組分けする。

《腰縄引き》

長さ二尋（三・六メートル）ほどの縄を用いて二人で

遊ぶ。二人が向き合って立ち、互いに縄を腰に回し、右手でピンと張る。縄を張ったり緩めたりしながら、相手のバランスを崩す。相手の足が動けば、勝ちである。また、左手を使うと負けである。相手の動きを見て、腰でリズムを取るのがコツ。

《面子》

面子《めんこ》のことを当地では「めんち」と呼ぶ。めんちは、丸や長方形のボール紙に歴史上の人物や力士、野球選手、漫画の主人公などがカラーで印刷された玩具。主に地面で遊ぶ。遊び方には二通りがある。

一つは、手に持つめんちを他人のめんちに叩きつけて勝敗を決める遊び。この場合、他人のめんちを裏返しにするか、あるいは他人のめんちの下に一定幅以上をくぐらせれば勝ちとなる。

もう一つは、「四角出し《しかっだひ》」といって地面に一辺がおよそ一尺五寸（四五センチメートル）ほどの四角形を蠟石《ろうせき》などで描き、その中で勝敗を決める遊び。この場合、前述の勝ち方に加えて他人のめんちを四角形の外に出しても勝ちとなり、いずれにも失敗したら負けである。

じゃんけんで順番を決め、一番手以外の者は、自分のめんちを地面に置く。一番手が攻撃を開始し、勝ったら負けるまで何回でも攻撃を続けることができる。負けたら自分のめんちを地面に放置し二番手と交代する。この要領を順に繰り返す。

子供たちは、めんちを他人に取られないようにさまざまな工夫をする。例えば、地面とめんちの隙間をできるだけなくすためにめんちの全周をわずかに下向きに丸く折り曲げる。またをめんちを裏返されないように表面に蠟《ろう》や油を塗って重くする。さらに裏面に別の紙を貼り合わせる、といった具合である。

ただし、めんちを他人のめんちに叩きつけるときに、どてらの袖を使ったり、わざと上衣のボタンをはずしたりして、風を送るのは禁じられている。

ちなみに岐宿港は当時、福江島中央部で産出する蠟石の積み出し港だったので、港の広場には常時、蠟石が山積みされていた。子供たちは、その中から、良さそうな石を失敬して遊びに使用した。

《ビー玉遊び》

当地ではビー玉を使う遊びは三通りある。「穴入れ」、「玉当て」、そして「島出し」である。

□穴入れ

地面に「天」「地」「左」「右」および「中央」の五つの穴を掘る。穴はお椀《わん》状で直径四寸（一二センチメートル）ほど。各穴の間隔は「中央」の穴からすべて一〇尺（三メートル）ほどである。「地」の穴から一〇尺ほど離れたところにスタートラインを引き、そこから一個のビー玉を投げ、それを「地」「中」「左」「中」「右」「中」「天」の各穴に順に入れていく。「天」の穴まで進んだら、そのあとは逆のコースをたどって、先に「地」の穴に入れた者が勝ちとなる。ビー玉を所定の穴に入れた者は、そのあとも穴入れを失敗するまで続けることができるが、失敗したら、ビー玉を止まった位置に放置し、次の者と交代しなければならない。穴入れの途中で、他の者の穴入れを邪魔するために、他の者のビー玉を自分のビー玉で遠くへ弾いても良い。順番が一巡したら、自分のビー玉の止まった位置から次の穴入れを始める。金福寺の境内などで遊ぶ。

□玉当て

壁から一〇尺（三メートル）ほど離れたところに壁と平行に基準線を引き、全参加者がその場で決めた一定数のビー玉を出し合う。じゃんけんで順番を決め、一番目が基準線の外側に立ち、出し合った全ビー玉を手に持って壁に向かって投げる。跳ね返ったビー玉が一個でも基準線を越えれば失格となり、次の者と交代する。越えなければ、その者は次の二つの方法のいずれかまたは両方で、跳ね返ったビー玉を取ることができる。

一つは、基準線の外側から身体を乗り出してビー玉を取る方法である。この場合、片手の五本の指先だけを地面について身体を前方に乗り出し、その手でビー玉を取っても良い。ただし、このとき五本の指先と両足以外の身体が少しでも地面に接触したら失格となる。

もう一つは、基準線の外側から内側にあるビー玉めがけて自分のビー玉を投げ、当たればそのビー玉を貰えて、失敗するまでゲームを続行できる。ただし、投げた瞬間に弾みで足が基準線を越えたら失格となる。失敗またはは失格したら次の者と交代する。このとき、当たっても当たらなくても投げたビー玉は取り戻せる。二番目以降は、残ったビー玉を壁に向かって投げて、一番目と同様な遣り方を繰り返す。この遣り方をビー玉がなくなるまで順に続け、なくなったら最初からゲームをやり直す。

この遊びで使う壁はもっぱら建物の板壁である。漆喰塀や石垣では、ビー玉が傷ついたり割れたりするからだ。

□島出し

地面に直径一・五尺（四五センチメートル）の「島」と基準線を描く。島と基準線との間隔は九尺（二・七メートル）ほど。島の中に、参加者が一定数の玉を置く。じゃんけんで順番を決め、一番目が玉を基準線の外側から投げて、島の中の玉に当てて外に出すと、一投で出した玉をすべて貰える。ただし、投げた玉が島の中にとどまれば、その玉は取り戻すことはできない。二番目以降も同様にして、島の中のビー玉がすべてなくなるまでゲームを続ける。金福寺の境内や青年会館の前の広場などで遊ぶ。

《釘立て》

当地では「釘立て《くんた》」と呼ぶ。五寸（一五センチメートル）釘などを使って地面で遊ぶ。

まず、参加者がそれぞれ一本の釘を地面に立てる。じゃんけんで順番を決め、一番手が地面に立つ釘の一本をめがけて釘を投げる。地面の釘が倒れ、かつ投げた釘が地面に立てば、その倒れた釘を貰える。釘が倒れなかったら失敗である。もし投げた釘が地面に立たなかったときは、たとえそのとき地面に立つ釘が倒れても、その釘は貰えず、投げた釘をそこに放置しなければならない。二番手以降も同様にするが、もしそこに既に倒れた釘があるときは、投げた釘がその釘に当たってカチッと鳴らして立てば、その倒れていた釘を貰える。当たらなければ失敗である。

なお、投げた釘は、それが地面に立たなかった場合を除き、すぐに引き抜いて取り戻せる。この遣り方を地面に釘がなくなるまで続ける。青年会館や農家の前の広場などで遊ぶ。

《陣取り》

二人が、互いに陣地と決めた場所を奪い合う遊びである。三〇間（五四メートル）ほど離れたところにそれぞれ陣を描き、そこから二人がじゃんけんをはじめ、勝った方が前進する。その歩数はグーなら一〇歩、パーなら五歩、チョキなら二歩といった具合である。授業の休み時間に校庭で遊ぶことが多いが、その両端から始めると、ほとんど勝負が付く前に時間切れとなる。

《エスケン》

敵、味方二組に分かれて遊ぶ陣取りゲームの一種。地面に人数に応じた大きさの「S」字状の陣地と、その外に複数の円形の「島」を描く。各陣地内には「宝」（石か空き缶など）を置く。敵を攻める者は陣地から出て敵を攻め、守る者は陣地内で「宝」を守る。S字の切れている部分が出入り口で、それ以外から陣地に出入りすることはできない。S字の線を踏むか、あるいは超えるかしたら失格となる。

陣地内では両足をついて良いが、陣地外での移動はケンケン（片足跳び）によらなければならない。そのとき両足をついたり、手をついたり、転んだりすれば、その者は「失格」となる。失格者は外野で応援する。「島」では両足をついて休むことはできるが、戦ってはならない。

最初に各組全員がそれぞれの陣地に入り、開戦の合図とともに、攻める者は陣地から出て陣外にいる敵と戦って敵を「失格」に追い込む。そうして敵陣に攻め入って敵の「宝」を奪い、早く自陣の宝置き場に置いた方が勝ちとなる。

この遊びは、作戦やチームワーク、機転、運動神経が勝負のカギとなる。人気があり、男女一緒になって昼休み時間に校庭で遊ぶ。

《いっけんぱたん》

「ケンパ」のことを当地では「いっけんぱたん」と呼ぶ。特に女の子が遊ぶ。縦に「スタート」点から遠くへ順に一・一・二・一・一・二の合計八つの円を地面に描く。いずれの円も大きさは直径一・五尺（四五センチメートル）ほどで等間隔に配置する（各円の大きさは必ずしも一定でなくとも良い）。ここで便宜上、スタート点から遠くへ各円に①・②・左③・右④・⑤・⑥・左⑦・右⑧の番号を付す。①・②・⑤・⑥は中心線上に、また③・④・⑦・⑧は中心線の左右に配置する。

ゲームは①・②・⑤・⑥には片足（ケン）で、また③・④および⑦・⑧にはそれぞれ両足（パー）でつくのが基本だが、石が入っているあいだは、その円内に足をついてはならない。

順番を決め、一番手がスタート点に立ち①に石を投げ入れる。できるだけ平たい石が良い。石が入ったら片足（ケン）で①を跳び越えて②に進む。そのあと③・④に両足（パー）、⑤・⑥に片足（ケン）、そして⑦・⑧に両足をついて進む。⑦・⑧で一八〇度身体を回転して逆コースをたどり、②に到ったら①にある石を片手で拾い、①に片足（ケン）をつきスタート点に戻る。二番手以降も同様に繰り返す。

二度目に自分の順番が回ってきて、かつ一度目に成功していたら、②に石を投げ入れて一度目とほぼ同様な要領で進む。

この要領を⑧に投げ入れた石を拾ってスタート点に戻るまで続け、最も早く戻った者が勝ちとなる。

投げた石が所定の円に完全に入らなかったり、跳び方を間違えたり、円から足がはみ出したりしたら、そこで止め次の者と交代する。次に順番が回ってきたら、先に失敗した円に再び石を投げ入れるところから再開する。

《缶蹴り》

「缶蹴り」は、当地の方言では「缶蹴《かんけ》っ」となる。多人数で遊ぶ「かくれんぼ」の一種。最初に広場の中央に直径一尺（三〇センチメートル）ほどの円を描き、その中央に空き缶を立てる。「鬼」と「蹴り役」をじゃんけんで決め、蹴り役が缶を遠くまで蹴る。蹴られた缶を鬼が拾いに行って元の円内に戻す間に、鬼を除く全員が隠れる。

鬼は缶を元の位置に戻したら、隠れている者たちを探す。隠れた者を見つけると、「〇〇、見つけたぞ」と大声で叫び、素早く戻って缶を踏む。発見された者は捕らえられて所定の場所で、全員が見つけられるまで待つ。全員が見つけられると、最初に発見された者が鬼を交代する。

ただし、鬼が缶を踏む前に、そのとき発見された者あるいはまだ見つかっていない者が缶を蹴飛ばしてしまえば、捕らえられていた全員が解放され、鬼が所定の位置に缶を戻す間にまた隠れることができる。寺の境内や青年会館前の広場などで遊ぶ。

《綾取り》

綾《あや》取りのことを「かけとっ」と呼ぶ。一本の長い紐《ひも》の両端を結んで輪にし、主に両手の指または手首に紐を掛けたり、外したりしながら次々に形を変え、最終的に特定の物の形を作る伝統的な遊びである。一人で形を作る場合と、二人で交互に取り合いながら形を作る場合の二つの遊び方がある。口や手首、肘《ひじ》、足を使う技などがあり、さまざまな形の変化を楽しむことができる。

《十二竹》

孟宗竹《もうそうちく》で長さ五寸（一五センチメートル）幅七分（二センチメートル）の短冊型の道具を十二枚作る。各竹の両面は平らに削って表裏が分かるようにしておく。その全部を片手に持って一尺（三〇センチメートル）ほどの高さに放り揚げ、その手を机の上か床について甲で受け止める。その場合、竹は表裏混在しているが、それをそろそろと振るい落としながら表か裏かに均一に揃える遊びである。竹の裏返しなどはすべて片手を動かしながら行うので、細やかな運動神経が求められる。

第二節　遊具の作り方

《凧》

地元では、小学校の高学年になると、ほとんどの男子は、自分で好みの大きさの凧を作る。

①まず竹を割って縦骨と横骨を作る。横骨は縦骨より二割弱長く、かつ節が中央に来るように切る。

②縦骨の太さは全長均一とし、その断面はほぼ半楕円形になるように作り、皮側を平らにする。縦骨の上端と下端には張り糸を固定するための切り込みを入れる。

③一方、横骨も縦骨と同じような断面の形に作るが、両端にいくほど細く薄くなるように削る。そのとき各部の太さは左右対称でなければならない。横骨の両端には、縦骨と同様に、張り糸を固定するための切り込みを入れる。

④縦骨の上端からおよそ長さ四分の一のところの皮のついてない側に長い切り込みを入れ、そこに横骨の中央部を十文字に交差させてはさみ込み、糸でX字状に固定する。その場合、横骨は皮のついている側が凧の頭と反対側を向くようにする。

⑤次に、縦骨の四倍ほどの長さの張り糸を一本用意し、凧の外形を作る。まず、その張り糸の中央部を縦骨の下端の切り込みに二巻きし、皮の付いた側で固結びし、二本の張り糸をそれぞれ横骨の両端に掛けてしっかり固定する。そのときの張り糸の長

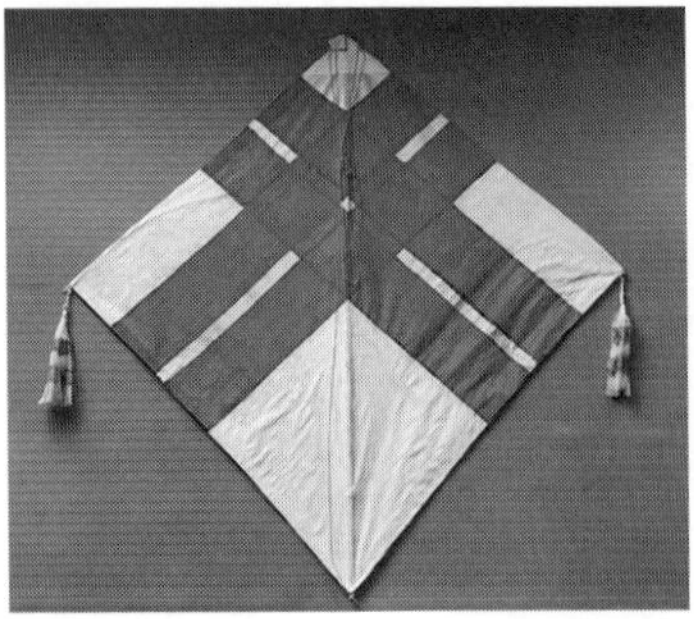

凧（表面）　提供：出口氏

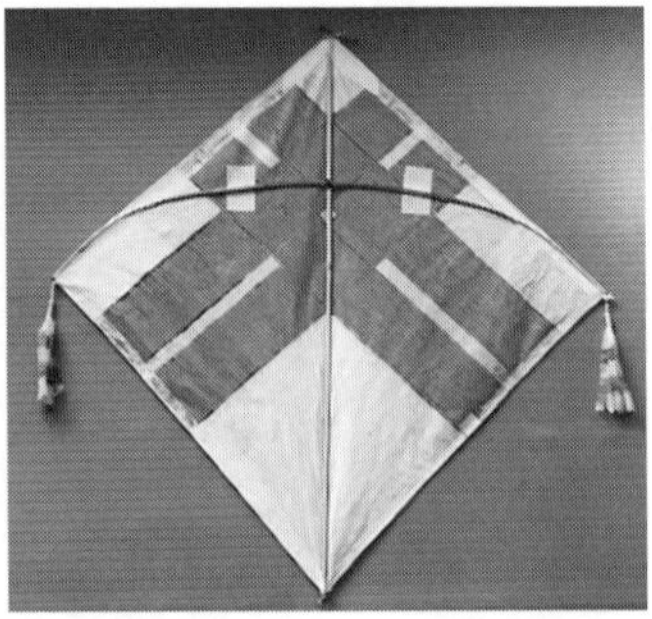

凧（裏面）＝令和元年　提供：出口氏

さは、それぞれ縦骨の長さの四分の三強とする。するると横骨は左右対称に弓なりに曲がるはずである。

⑥そのあと、残った二本の張り糸をそれぞれ横骨に二〜三回巻き付けてから縦骨の上端の切り込みにそれぞれ二巻きして、縦骨の皮が付いた側に固結びする。

⑦最後に、余った糸で、凧を壁などに掛けておくための小さな輪を作り、残りの糸を切り捨てる。これで菱形《ひしがた》の凧の骨組みが完成する。

⑧和紙をその骨組みの下に置き、約五分（一・五センチメートル）幅の糊《のり》しろを全周に設けて、定規などを使って線を引き、その線に沿って紙を切る。

⑨その紙に筆で好みの文字や幾何学模様などを描く。例えば、文字であれば「寅」「龍」「巳」「午」「風」「天」「宙」「春」「寿」など。また幾何学模様であれば丹後縞、山形、日の丸などである。これを父親や祖父が手伝う。

⑩縦骨に糊を付けてから骨組みを紙の上に置き、糊しろに折り目をつけ、紙の四隅の折り目部分に折り目に直角に切れ目を入れる。

⑪糊しろに糊を付け、張り糸を包み込むようにして貼り合わせる。使う糊は飯粒をすり潰して作る。〈注〉昭和初期までは普段、米を食べなかったから、坊里の子供たちは、巌立神社本坊に糊を作る米粒を貰いに行った。

⑫次に「耳」を作る。この耳は、凧の左右のバランスをとる重要な役目を持つ。また、平面的で単調な凧に、立体的な美しさや面白みを添える。色を付けると、それがいっそう引き立つ。縦四寸（一二センチメートル）横六寸（一八センチメートル）の和紙を用意し、その上端に一寸（三センチメートル）ほどを残して、垂直に二分（六ミリメートル）ほどの間隔で細く切っていく。

⑬一方、五寸（一五センチメートル）ほどのよま（凧糸）を中心に入れた、「こより」を作る。⑫の切り残した部分の端に糊を付け、それでこよりを巻くと一つの耳の出来上がりである。もう一つの耳も同様に作り、それぞれを横骨の両端に取り付ける。

⑭次にねっかい（根付け糸）を作る。縦骨の六倍ほどのよまを用意し、一方の端を縦骨と横骨が十文字に交差する部分に、また他方の端を縦骨の下端に

それぞれ固定する。その場合、交差部は必ず糸が十文字部を斜めに横切るように二つの穴を開けて糸を通す。

⑮両端を固定した糸の中間部を指で摘まんで持ち上げ、凧が床に対して水平になれば、そこが凧を揚げるときによまを結ぶ部分である。その部分で糸を二つに折り、そこから三寸（九センチメートル）ほど凧側に寄ったところをひとひねりして輪を作る。ここに輪を作るのは、よまを結ぶ場所の目印とするためである。そこを基点にして交差部までの糸を「上ねっき」、また下端部までの糸を「下ねっき」とそれぞれ呼ぶが、前者は後者よりも多少短くなっているはずである。それぞれの長さを間違うと凧は上手く揚がらない。初心者は幾度か凧を揚げながら長さを調整する必要があるであろう。調整が終われば凧の出来上がりである。

《よま巻き》

凧を揚げるときには、よま（凧糸）の繰り出しや巻き取りを頻繁に行うので、その操作を迅速かつ効率的に行う、機能的な糸巻きを持つ必要がある。

糸巻きは、そのほとんどが自家製で、次のように作る。

よま巻き＝令和元年　提供：出口氏

①厚さ五分（一・五センチメートル）の板を用意し、両面に鉋《かんな》をかける。

②この板で直径三寸（九センチメートル）の円盤（八角形でも可）を二つ作り、その周囲には鉋をかけて面を取り、両円盤の中央に直径七分（二・一センチメートル）の穴を開ける。

③次に両円盤の中央に一辺が一寸一分（三・三センチメートル）の正方形を描き、その四隅に錐《きり》で穴を開ける。

④円盤に使用した板の残りを用いて、長さ七寸（二一センチメートル）、断面五分（一・五センチメートル）四方の角材を四本作る。
⑤そのすべての面にも鉋をかけ、四隅に二分（六ミリメートル）幅の面取りをする。
⑥その一つを円盤の錐穴の真下に垂直に立て、錐穴に釘を打ち込み、角材を固定する。
⑦次に天地を逆さにして、もう一つの円盤を、固定した角材の上に置き、前と同じ仕方で角材を固定する。
⑧このあと、他の三本の角材を両円盤の残った錐穴部に垂直に固定する。糸巻き部の出来上がりである。
⑨次に軸を作る。全長は一尺二寸（三六センチメートル）とし、そのうち握り（グリップ）部の長さは三・四寸（一〇センチメートル）、軸部のそれは八・六寸（二六センチメートル）とする。軸の太さは、握り部を直径八分（二四ミリメートル）、軸部を直径六分（一八ミリメートル）とする。
⑩軸部の先端から五分（一五ミリメートル）のところに軸部に垂直に錐で穴を開ける。
⑪軸を糸巻きの穴に差し込み、その錐穴に長さ九分（二七ミリメートル）、直径二分（六ミリメートル）の竹釘を打ち込んで固定する。糸巻きの完成である。

使用するときは、回転を良くするため、軸にかたひ油（椿油）を差しておくと良い。

《鉄砲鉾》

当地では水中銃を「鉄砲鉾《てっぽうほうこ》」と呼ぶ。素潜りで魚を捕るときに用いる。外構部（胴体）は木製のものもあるが、多くが竹製で、鉾本体は鉄製である。中学生になると男子は、自分で次のように作る。

①外径一寸（三センチメートル）のまっすぐな竹を長さ三尺四寸（一〇二センチメートル）の長さに切る。その場合、少なくとも銃の前方に当たる側の先端には節目を残す。その節目から内側に長さ二寸（六センチメートル）、またもう一方の端から内側に六寸（一八センチメートル）をそれぞれ残して、その間に幅四分（一・二センチメートル）長さ二・六尺（七八センチメートル）の開口部を作り、すべての節目に穴を開け、鉾《ほこ》本体を納

める胴体を作る。

②鉾本体は直径二分（六ミリメートル）、長さ五尺（一五〇センチメートル）のまっすぐな針金で作る。まず針金の一方の先端に銛《もり》を納めるための尖頭をヤスリで削って作る。

次に他方の端から五寸（一五センチメートル）のところに、針金を一八〇度に曲げて、引き金を掛ける高さ八分（二四ミリメートル）の突起を、また端から六寸（一八センチメートル）のところにゴムをかける高さ一寸三分（三・九センチメートル）の突起を作る。

③銛を太いよまでしっかり結わえ、鉾本体の尖頭にいったん収め、そこから一尺二寸（三六センチメートル）ほど後方部に、そのままの端をしっかり固定する。この場合、よまは少し緩めに張り、銛が魚に突き刺さって魚があばれたときに、本体から自然に外れるようにしておく。

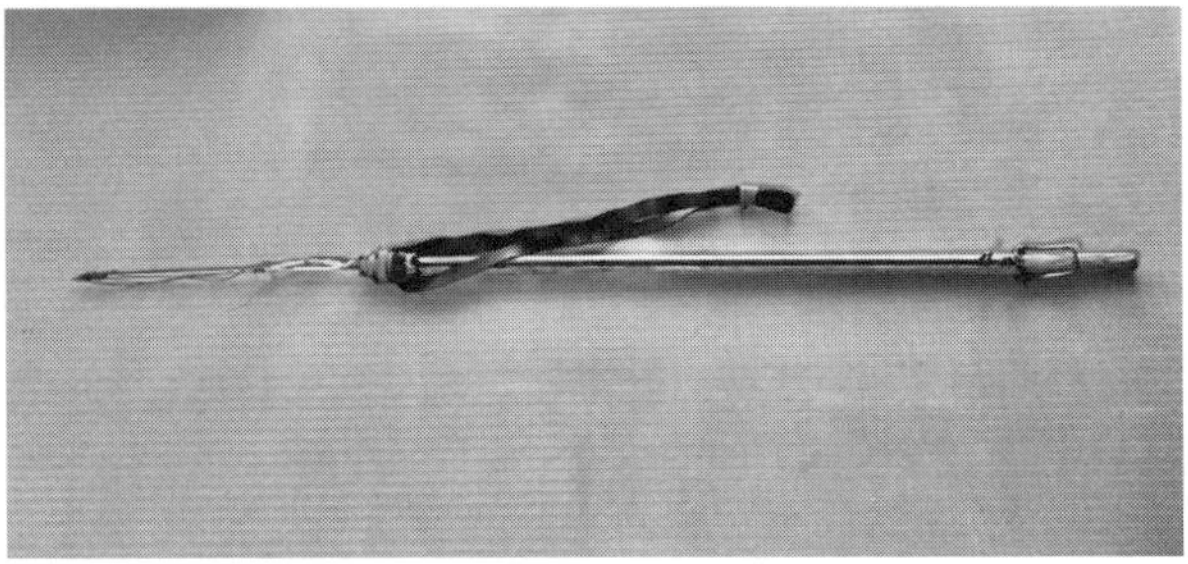

鉄砲鉾＝令和元年　提供：出口氏

④自転車のチューブを切って、長さ二尺（六〇センチメートル）、幅一寸（三センチメートル）の二本のゴム帯を作り、その二本のゴム帯の端を胴体開口部のすぐ前方部の両脇にしっかり固定し、

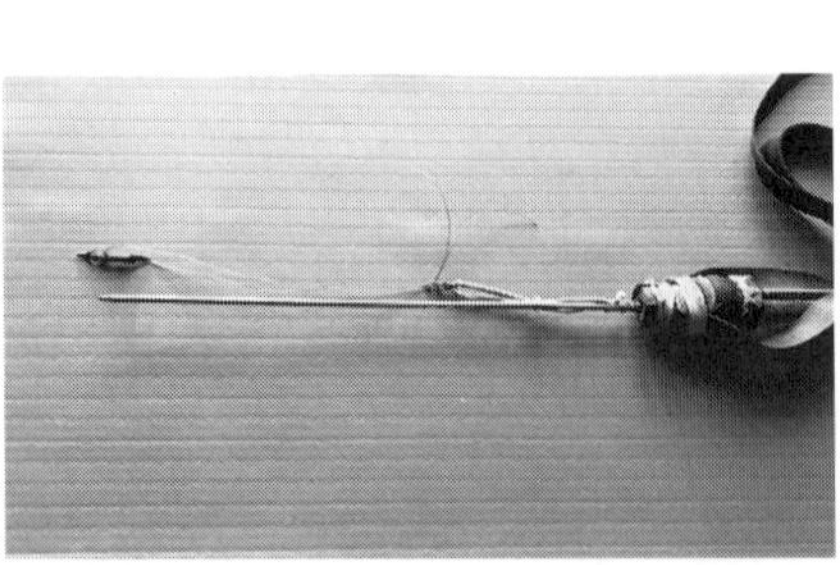

鉄砲鉾の前部＝令和元年

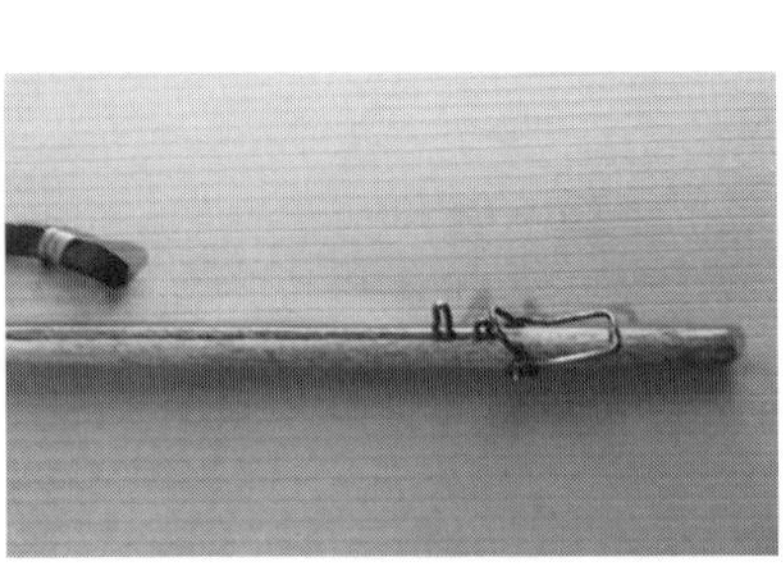

鉄砲鉾の後部＝令和元年

一方の端は、二枚のゴム帯を重ねて先端から三寸（九センチメートル）のところを折りたたみ、そこに鉾本体の突起に掛ける輪を作って、よまを巻き付けてしっかり固定する。

⑤親指でそこを押さえれば鉾本体が外れて発射する仕組み（銃の引き金に当たる部分）を作り、胴体に取り付ける。

なお、この道具は使い方を間違うと非常に危険なので、水中以外のところでは、絶対に使用してはならない。

《竹馬》

竹馬も木製のものと竹製のものがあるが、ここでは竹製の竹馬の作り方について述べる。使用する二本の竹は、いずれも外径一寸五分（四・五センチメートル）ほどの太さで、樹齢三、四年のものである。

①二本の竹を好みに応じて六〜一〇尺（一・八〜三メートル）の同じ長さに切る。そのとき二本の竹は、地面に接する部分と足掛けを作る部分に節目があるのが好ましい。

②次に足掛けとなる長さ一尺（三〇センチメートル）、幅一寸五分、厚さ五分（一・五センチメートル）の板を四枚用意する。

③二枚の板を合わせて一方の端をシュロ縄でしっかり巻いて結び、もう一方の端を開いて竹の節目のすぐ上部を挟《はさ》み、シュロ縄でしっかり巻いて固定する。そのとき二枚の板と竹との角度を三〇度ほどに保って巻くと、人が乗ったときに足掛けが体重で軸とほぼ直角になり、しかも下方にずれにくい。

④シュロ縄は乾くと縮むから、濡《ぬ》らしてから使用すると、使用した部分をいっそうしっかり固定できる。同じ要領でもう一本の竹にも足掛けを取り付ける。

足掛けは、このほかにも幾つかの作り方がある。材料に竹を用いるとか、足掛けの下に支え棒を用いるとか、固定用に釘や針金を用いるとかいった具合である。

《竹とんぼ》

①孟宗竹《もうそうちく》を割って羽根材と軸材を作る。羽根材は長さ四寸（一二センチメートル）、幅五分（一五ミ

リメートル)、また軸材は長さ五寸(一五センチメートル)、幅二分(六ミリメートル)程度。
②まず羽根材の表裏を小刀で削って両側にプロペラのような反りをつけ羽根を作る。そのとき羽根の薄い部分を二厘(〇・六ミリメートル)、厚い部分を五厘(一・五ミリメートル)とする。
③その羽根の中央に直径一分三厘(四ミリメートル)の穴を錐で開ける。
④次に軸材を直径一分六厘(五ミリメートル)になるように削る、先端をやや細く削って羽根の穴にしっかり挿し込み固定する。これで出来上がり。

なお、羽根の中央部に二つの穴を開けて、羽根だけを飛ばす遊び方もあるが、飛んだ羽根が自分の顔を直撃するとか、あるいは他の者を怪我させる恐れがあるから、当地で見ることはない。

《水鉄砲》

①内径一寸三分(三・九センチメートル)ほどの竹と、外径七分(二・一センチメートル)ほどの竹二本を用意する。
②太い方の竹は、互いに隣り合う節と節の間隔が一尺(三〇センチメートル)以上のものを選び、一方の端に節目を残して一尺の長さに切り、節の中央に錐で穴を開ける。
③細い方の竹は、やはり先端に節目を残し一尺三寸(三九センチメートル)の長さに切る。切った竹の節目のある先端に布を巻き、その上をよま(凧糸)で強く巻いて固定する。その場合、巻いた布の外形が太い方の竹の内径と同じか、やや太目にする。
④その布を濡らして太い方の竹に挿入できれば完成である。

第十二章　方　言

第一節　岐宿地方の方言の概観

一、消滅危機にある方言とその保存

九州最西端にある五島列島福江島は、長崎港からおよそ二五里（一〇〇キロメートル）離れた海上にあることから古来、この島の人々の暮らしは他に影響を受けることが比較的少なく、その方言は長いあいだ変わらず伝承されたと考えられる。島内においてさえも昭和前期までは、山で隔てられた隣の部落に一歩足を踏み入れただけでも、話す言葉やアクセントの違いを感じるほどだった。

福江島の北部から中央部にかけて位置する岐宿町の方言の中には、平安時代には既に用いられていた古語がほぼそのままの形で残っている。例えば「よさっ」である。「夜さり」の「り」が促音に転訛したもので、「夜になって間もない頃」の意味で使われる。平安時代初期に成立した『竹取物語』には「さらによさりこの寮《つかさ》にまうで来《こ》とのたまひて」とある。

また「あったらひか」は、古語の「あたらし（惜し）」の「し」が「ひ」のヒ音に転訛《てんか》したものである。「もったいない」を意味し、平安時代中期に成立した『源氏物語』桐壺に「きはことに賢くて、ただ人にはいとあたらしけれど」とある。

「とうぜんなか」は「ものさびしい」ことをいうが、これは同じ意味を持つ「徒然《とぜん》」に由来している。この場合「徒然なか」の「なか」は、否定の「なし」とは関係なく、性質や状態を強調するときに添えて形容詞をつくる接尾語の「なし」が方言の「なか」に転訛したものである。つまり「徒然なか」は「甚だしく寂しい」を意味する。室町時代に成立したと言われる『太平記』に「徒然に皆堪えかねて」とある。

これらの用語がいつごろこの地にもたらされたかは定かではないが、恐らくこの地が日本と大陸との海上交通の要路として位置づけられていた頃か、あるいは平家の落人がこの地に住みついた頃ではなかろうか。

ところが、このように古いもので千数百年も昔から伝承されて来たと思われる方言は、昭和後期に入ると交通手段および通信手段などの発達とともに、全国どこでも誰とでも意思の疎通ができる共通語に取って代わられ、急速に衰退・変質していく。

このような情況下にあった方言を、およそ三〇年間の調査研究を経て地元在住の出口久人氏が体系的にまとめられた名著がある。平成十五（二〇〇三）年に発行された『五島岐宿方言集』である。

同書によれば、岐宿町の方言は大別して次の三大系に分けることができるという。その第一は、岐宿・川原・山内・中楠原・旭（唐船ノ浦・戸岐乃首）の五地区に共通して見られる、促音便が非常に多く、独特のアクセントのある方言である。第二は、河務地区に見られる促音便が比較的少なく、固有のアクセントのある方言。そして第三は、水ノ浦・東楠原・西楠原の三つの集落に住むキリシタンの間で使われている、どちらかといえば共通語に近くて促音便の少ない特有のアクセントのある方言である。

そこで本書では、全人口の九割以上を占める右の第一系統に属する岐宿地区の方言（以下「岐宿方言」という）に焦点を絞って、同方言集を参考にしながら、要点のみを論述してみたいと思う。従って、本書の論述は限定的になっているので、将来この地方の方言を探究されるとか広く知ろうと思われる人は『五島岐宿方言集』（五島市立図書館・長崎県立長崎図書館などが所蔵）を参照願う。

なお、本書ではここまで方言を「ひらがな書き」にしてきたが、以下の論述においては例外的に同方言集に倣《なら》って「カタカナ書き」にしてある。

二、挨拶言葉

□行きずりの挨拶

岐宿の住人は、ほとんどが互いに顔を見知っているので、行きずりには必ずといって良いほど、どちらからともなく言葉をかける。

次は当地で朝昼晩によく使う挨拶言葉の例である。それぞれ順に丁寧度が増す。

朝

良カ天気ネ。（良い天気ね）。

良カ天気ナー。（「なー」は丁寧語）。

良カ天気デナー。

昼

ドケ行ット。（どこへ行くのか）。

ドケ行ットカナー。

ドケ行ッナハッカナー。

晩

シモタッナ。（終《しま》ったか＝夕食は済んだか）。

シモタッカナー。

シマイナハッタカナー。（終いなされましたか）。

朝昼兼用

ドギャンヒチョットカ。（どうしているか）。

ドギャンヒチョットカナー。

ドギャンヒチョッナハッカナー。

その他の挨拶言葉

ヒデー雨ヤッタネー。（ひどい雨だったね）。

バリャー風ヤッタネー。（強い風だったね）。

シガラヒカ天気ネ。（寒の厳しい天気だね）。

□訪問時の挨拶

友人同士の場合と丁寧語を使った場合の二例を次に示す。ここで、訪＝訪問者、受＝受け手。

友人同士の場合

訪（昼）ヨーイ、オットナー。（おーい、居るのか）。

（夜）ヨーイ、シモタッナ。（おーい、終ったか）。

受　オー、キタジャン、上ガレ。（やあ、来たか、上がれ）。

丁寧語を使った場合

訪　ゴ免ナハレー、オンナハッカナー。

受　来ナハッタジャンナ、上ガッナハレ。

□自宅近くの路上での挨拶

友人同士の場合

本人　寄ランナ。（寄らないか）。または寄ッチェイケ。（寄っていけ）。

友人　オー、ソンウチ、ユックッ来ッヨ。（うん、そのうちゆっくり来るよ）。

丁寧語を使った場合

本人　寄ッナハレ。または寄ッチェイッナハレ。

相手　へー、マタ寄ラセッモラッヨナ。（はい、また寄らせてもらいます）。

三、音　便

音便とは、単語または文節の一部分に起こった発音の変化のことをいう。これには「イ音便」「ウ音便」「促音便」および「撥音便《はつおんびん》」の四種があり、岐宿方言はそれぞれ次に示すような特徴を持つ。

1 イ音便

共通語にあるイ音便は、岐宿方言ではほとんど消える。例えば、「書いた」は「キャータ」、「炊いた」は「タャータ」、「嬉《うれ》しい」は「嬉ヒカ」となる。

一方、その語幹が母音で終わる形容詞は、連体形ではその部分がi音に転訛する。例えば、暑い＝アチイ、軽い＝カリイ、きつい＝キチイ、寒い＝サミイ、渋い＝シビイ、ぬくい＝ヌキイ、ぬるい＝ヌリイ、悪い＝ワリイといった具合である。

また、語幹が母音a音で終わる形容詞は、例えば、甘い＝アミャア、辛い＝カリャアのようにi音の拗音《ようおん》に転訛する。

ただし、語幹が母音o音で終わる形容詞は、例えば、太い＝フテエ、強い＝ツエエのようにe音化し、イ音便形には転訛しない。

2 ウ音便

方言では、例えば共通語の「悲しうなる」は「カナシュナッ」となり、ウ音便が消える。しかし「飲んだ」が「ノウダ」となり、撥音便からウ音便に、また「酔った」が「ヨウタ」というように促音便からウ音便に転訛する。

3 促音便

□促音に転訛する例

共通語の語幹末や語末が「う」「き」「く」「ち」「つ」「て」「と」「び」「ふ」「み」「む」「も」「ら」「り」「る」「れ」の一六音で終わるとき、方言では「ッ」と促音便形に転訛する。例えば、

会う＝アッ、牡蠣《かき》＝カッ、行く＝イッ、口＝クッ、打つ＝ウッ、さげて＝サゲッ、仕事＝シゴッ、指＝ユッ、たんこぶ＝タンコッ、蟬《せみ》＝セッ、寒い＝サッカ、重い＝オッカ、今から＝今カッ、襟《えり》＝エッ、売る＝ウッ、これ＝コッ。

□促音が転訛する例

逆に方言では共通語の促音「った」の「っ」が消える転訛があり、その言葉が最も多い。例えば、

洗った＝アロタ、言った＝ユウタ、思った＝オモタ、終った＝シモタ、吸った＝スウタ、誓った＝チコタ、違った＝チゴタ、使った＝ツコタ、習った＝ナロタ、

担った＝ニノタ、縫った＝ヌウタ、狙った＝ネロタ、払った＝ハロタ、雇った＝ヤトタ、笑った＝ワロタ。

④撥音便

□撥音に転訛する例

共通語の「が」「ぎ」「ぐ」「じ」「す」「ず」「に」「ぬ」「の」「び」「ぶ」「み」「む」「め」「も」「り」の一六音が撥音化する。例えば、

長い＝ナンカ、山羊＝ヤン、かつぐ＝カツン、わらじ＝ワラン、かます＝カマン、水＝ミン、鬼の目＝オンノメ、犬＝イン、漬物《つけもの》＝ツケモン、きびなご＝キンナゴ、喜ぶ＝ヨロコン、涙＝ナンダ、飲む＝ノン、冷たい＝ツンタカ、子供＝コドン、雷＝カンナン。

□撥音が転訛する例

共通語にある撥音の「ん」が消える。例えば、

遊んだ＝アソダ。編んだ＝オウダ。選んだ＝エロダ。転んだ＝コロダ。掴《つか》んだ＝ツコダ。

⑤ヒ音化

特有な転訛として「し」や「す」が「ヒ」に転訛する「ヒ音化」がある。

□「し」が「ヒ」に転訛する例

足・蘆《あし》＝アヒ、石＝イヒ、牛＝ウヒ、菓子＝カヒ、櫛《くし》＝クヒ、年＝トヒ、梨＝ナヒ、杓子《しゃくし》＝シャクヒ、箸《はし》・橋・端＝ハヒ、節＝フヒ、帽子＝ボヒ、珍しい＝メズラヒカ。

□「す」が「ヒ」に転訛する例

あすこ＝アヒコ、臼《うす》＝ウヒ、粕《かす》＝カヒ、からす＝カラヒ、かます＝カマヒ、楠＝クヒ、助け＝タヒケ、忘れ＝ワヒレ。

□例外

豆腐＝トヒ。

⑥拗音化

□「キャ」への転訛

貝＝キャ、書いた＝キャータ、蚕《かいこ》＝キャーゴサン、介添え＝キャーゾエ、使い＝ツキャ、買い物＝キャーモン。

□「キョ」への転訛
月夜＝ツッキョ。
□「シャ」への転訛
石山＝イッシャマ、石屋＝イッシャ、咲いた＝シャータ、刺した・指した・差した・挿した・注した＝シャータ。
□「ニャ」への転訛
案内＝アンニャー、少ない＝スッニャー、泣いた＝ニャータ、凪《な》いだ＝ニャーダ、担い桶＝ニニャオケ、担い手＝ニニャテ。
□「タャ」への転訛
五体＝ゴタャ、炊いた＝タャータ、足した＝タャータ。
□「ダャ」への転訛
大工＝ダャッドン、大根＝ダャーコ、大豆＝ダャン、台所＝ダャードコ。
□「チャ」への転訛
うちわ＝ウッチャ、立ち上がる＝タッチャッガッ、持ち上げる＝モッチャグッ。
□「ミャ」への転訛
住まい＝スミャ、しまい＝シミャ、蒔《ま》いた・巻いた・撒《ま》いた＝ミャータ。
□「ヒャ」への転訛
灰＝ヒャ、蝿《はえ》＝ヒャ、這《は》い上がる＝ヒャーアガッ、履《は》いた＝ヒャータ、入れ＝ヒャーレ。
□「ビャ」への転訛
貝《ばい》＝ビャ、四つん這《ば》い＝ヨッビャ、夜這い＝ヨビャ。
□「リャ」への転訛
これくらい＝コンクリャ、もらいに＝モリャッギャ、もらい物＝モリャモン、来年＝リャーネン。
□「ワャ」への転訛
沸いた・湧いた＝ワャータ。

四、同音異義語

当地の方言には同音異義語が非常に多い。とりわけ多いのが促音便形の用語で、次いで撥音便形のそれである。同音異義語が会話の中で重複して使用されると、ややこしくて島外の者であれば一体、何のことを言っているのか分からないだろう。

例えば、促音便形の同音異義語を使った会話例を挙げれば、共通語の「鮑《あわび》が要るなら、いつ潜《もぐ》りに行くのか」は、岐宿方言では「要る」も「いつ」も「潜る」も「行く」もすべて「イッ」に転訛するので、「アオッノイットナリヤ、イッイッギャイットナ」となる。

また撥音便形の同音異義語を使った会話例を挙げれば、共通語の「右の耳に水が入って、右の耳が痛い」は、「右」も「耳」も「水」もすべて同音の「ミン」に転訛するので、「ミンノミンニミンノヒャッチェ、ミンノミンノイタカ」となる。

次に、促音便形の同音異義語の八例、および撥音便形の同音異義語の六例を示す。

1 促音便形の同音異義語の例

「アッ」＝あいつ、秋、悪、灰汁《あく》、蟻《あり》、あれ、開く、飽《あ》く、ある。
「オッ」＝沖、帯、俺、置く、折る、居る、織る。
「クッ」＝茎、口、首、栗、来る、繰る。
「サッ」＝先、将来、柵《さく》、作、札、冊、咲く、裂く。
「セッ」＝下痢、蝉《せみ》、芹《せり》、腹痛、急ぐ、閉める、競《せ》る。
「トッ」＝時、徳、得、鳥、解く、取る、撮る。
「ハッ」＝鉢、八、蜂、針、春、這う、吐く、掃く、履く、張る、貼る。
「ヤッ」＝蟻、役、奴、あげる、する、焼く、渡す。

2 撥音便形の同音異義語の例

「オン」＝うに、鬼、恩、編む。
「クン」＝釘、屑《くず》、組、い草、汲《く》む、組む。
「スン」＝血統、杉、炭、筋、墨、隅、粒、てぐす、住む、澄む、終わる。
「ツン」＝次、罪、注ぐ、接ぐ、継ぐ、積む、盛る。
「ナン」＝波、何、凪《な》ぐ。
「ネン」＝ねぎ、ねじ、念、寝ない、眠らない。

五、擬態的・対語的・重複的な表現

出口氏の調査研究によると、岐宿における擬態的な表現は少なくとも四〇〇語、また対語的・重複的な表現は少なくとも一〇〇語あるという。以下にその一部を示す。

1 擬態的な表現

案配《あんびゃ》ン悪《わっ》カ＝体調が悪い。
男張《ば》ッ者《しゃ》＝男のような女。
女ゴ性《しょう》タレ＝女のような男。

グノ音《ね》モデン＝何も言えない。
食リャ癖ン悪《わっ》カ＝好き嫌いが多い。
砂糖屋ン遠カ＝甘味不足。
ジンダリャミャ＝きりきりまい。
田ノ脅ヒ＝かかし。
助《たひ》ケン立タン＝背が立たない。
テボ頭＝のろま。
血ノ巡《めぐ》ッノ悪《わっ》カ＝勘がにぶい。
生《は》エ下ガッ＝もみあげ。
太カ家《え》＝本家。
太カバン＝長兄。
盆ドンエンバ＝あかねとんぼ。

② 対語的な複合語

アッモコッモ＝あれもこれも・あいつもこいつも。
イッショマッショ＝一生。
イッピャコッピャ＝一杯。
イッモカッモ＝いつも。
クッダラマンダラ＝のべつまくなく。
ドアッチエンコアッチェン＝どうしてもこうしても。
ドギャンゼンコギャンゼン＝どうでもこうでも。
ヒッキレキャーキレ＝切れ端。

③ 重複語

アリャアッダッ＝あるだけ。
キャーキレキサン＝きれいさっぱり。
コッキンコロリン＝こりごり。
サッサッ＝急いで。
セセラセンベン＝何度も。
テンガラテン＝上の上。
ハイノハイメ＝初めて。
ヒーガラヒージュ＝一日中。
ヨーガラヨージュ＝一夜中。

第二節　品　詞

一、名　詞

□名詞

名詞は、次に示すように、あらゆる音に転訛する。

促音訛　鳥＝トッ。針＝ハッ。
撥音訛　麦＝ムン。山羊＝ヤン。
拗音訛　貝＝キャ。灰＝ヒャ。
直音訛　脚絆《きゃはん》＝ケハン。春菊《しゅんぎく》＝シンギク。
長音訛　茄子《なす》＝ナースッ。鉾《ほこ》＝ホウコ。
短音訛　砂糖＝サト。豆腐＝トㇶ。
清音訛　冗談＝ゾータン、無道者＝ムトウモン。
濁音訛　かに＝ガン。砂＝ズナ。
ひ音訛　石＝イㇶ、粕＝カㇶ。
異語訛　油蟬《あぶらぜみ》＝カネンカネン、蟻《あり》＝ドタ。

□人代名詞

一人称　俺＝オッ、私＝ワタㇶ。
　　俺たち＝オッドン。
二人称　あなた＝アガ、アンタ、ワガ、ワガト、ジブン、ココンエ、ウン。
　　あなたたち＝アガドン。
三人称　この人＝コネゲン。その人＝ソネゲン。
　　あの人＝アネゲン。
　　あの人たち＝アネゲンドン。
　　こいつ＝コッ。そいつ＝ソッ。あいつ＝アッ。
不定称　どの人＝ドネゲン、どいつ＝ドッ。

右の人名代名詞が主語になると、次のようになる。

俺は＝オリャ。俺たちは＝オッダ。
俺が＝オッガ。俺たちが＝オッドガ。
あなたは＝アガア。あなたたちは＝アガダ。
あなたが＝アガン。あなたたちが＝アガドガ。

□事物代名詞

これ＝コッ、コンヤッ、コッチント。

それ＝ソッ、ソンヤッ、ソッチント。
あれ＝アッ、アンヤッ、アッチント。
どれ＝ドッ、ドンヤッ、ドッチント。

□数詞

一日＝イチンチ。二日＝フッカ。
一升＝イッシュ。二升＝ニーシュ。
一合＝イッゴ。二合＝ニゴ。
一俵＝イッピュ。二俵＝ニーヒュ。
一杯＝イッピャ。二杯＝ニーヒャ。
一枚＝イッミャ。二枚＝ニンミャ。
一足・一束＝イッソッ。二足・二束＝ニソッ。
一把＝イッチャ。二把＝ニチャ。
一丁＝イッチョ。二丁＝ニチョ。
一冊＝イッサッ。二冊＝ニサッ。

二、動　詞

□五段活用

動詞のうち、共通語の語尾が「ア」「イ」「ウ」「エ」「オ」の五段で活用するものは、方言では「イ」と「ウ」の二段が消えて三段の活用となり、促音や撥音、ヒ音に転訛する。なお、連用形の「ます」に相当する方言は存在しない。

【例】

基本形＝書く。

	共通語	方言
語幹＝	か。	カ。
未然形＝	かか（ない）。	カカ（ン）。
	かこ（う）。	カコ（ヨ）。
連用形＝	かき（ます）。	カッ（ヨナ）。
	かい（た）。	キャア（タ）。
終止形＝	かく。	カッ。
連体形＝	かく（とき）。	カッ（トキ）。
仮定形＝	かけ（ば）。	カケ（バ）。
命令形＝	かけ。	カケ。

ただし、カ行活用動詞の中には、例えば「突く」に見られるように、連用形が「チイ（タ）」となり「イ段」を含む四段に活用する場合がある。

□上一段活用

語尾の活用がイ段で変化することは共通語と同じで

あるが、終止形と連体形とが「ツ」に、また命令形が「レ」にそれぞれ転訛する。

【例】

基本形＝生きる。

	共通語	方言
語幹＝	い。	イ。
未然形＝	いき（ない）。	イキ（ラン）。
	いき（よう）。	イキ（ロヨ）。
連用形＝	いき（ます）。	イキッ（ヨナ）。
	いき（た）。	イキッ（タ）。
終止形＝	いきる。	イキッ。
連体形＝	いきる（とき）。	イキッ（トキ）。
仮定形＝	いきれ（ば）。	イキレ（バ）。
命令形＝	いきよ。いきろ。	イキレ。

□下一段活用

共通語でその活用がエ段だけで変化する語尾は、方言ではエ段とウ段の二段で変化する。

【例】

基本形＝出る。

	共通語	方言
語幹＝	で。	デ・ズ。
未然形＝	で（ない）。	デ（ン）。
	で（よう）。	ズ（ヨ）。
連用形＝	で（ます）。	ズッ（ヨナ）。
	で（た）。	デ（タ）。
終止形＝	でる。	ズッ。
連体形＝	でる（とき）。	ズッ（トキ）。
仮定形＝	でれ（ば）。	デレ（バ）。
命令形＝	でよ。でろ。	デレ。

三、形容詞

共通語の形容詞の語末にある「い」は、方言ではすべて「カ」に転訛する。例えば、

暑い・厚い・熱い＝アッカ、
嬉しい＝ウレㇶカ、
悲しい＝カナㇶカ、
軽い＝カッカ、
きつい＝キッカ、
黒い＝クロカ、

暗い＝クラカ、
高い＝タッカ、
長い＝ナンカ、
太い＝フトカ、
短い＝ミヒカカ、といった具合である。

共通語の形容詞の連用形にある「く」は、方言では脱音または転訛して消え、終止形や連体形が「カ」に変化する。また連用形と連体形にいずれも二つの活用語尾がある。

【例】

基本形＝高い。

共通語	方言
語幹＝たか。	タ。
未然形＝たかかろ（う）。	タッカロ（ヨ）。
連用形＝たかかっ（た）。	タッカッ（タ）。
たかく（なる）。	タコ（ナッ）。
終止形＝たかい。	タッカ。
連体形＝たかい（もの）。	タッカ（モン）。
	タキャー（モン）。
仮定形＝たかけれ（ば）。	タッカレバ（バ）。

四、助動詞

共通語の代表的な助動詞には「れる」「られる」「せる」「させる」「ない」「そうだ」「ようだ」「らしい」「たい」などがあるが、これらは岐宿方言では次のように転訛する。

□「**れる**」は「**ルッ**」
受身　笑われる＝笑ワルッ。
可能　渡れる＝渡ルッ。
自発　思い出される＝思イ出サルッ。
尊敬　話される＝話サルッ。

□「**られる**」は「**ラルッ**」
受身　育てられる＝育テラルッ。
可能　食べられる＝食ベラルッ。
自発　感じられる＝感ジラルッ。
尊敬　来られる＝来ラルッ。

□「**せる**」は「**スッ**」
使役　読ませる＝読マスッ。

□「**させる**」は「**サスッ**」
使役　止めさせる＝止メサスッ。

□「ない」は「ン」
打消　要らない＝要ラン。
□「そうだ」は「トツタ・トツヨ」（伝聞）と「ゴチャッ」（様態）
例えば、
伝聞　雨が降るそうだ＝雨ン降ットツタ、または雨ン降ットツヨ。
様態　嵐が来そうだ＝嵐ン来《く》ッゴチャ。
□「ようだ」は「ゴチャッ」
比況　叩《たた》くようだ＝叩ッゴチャッ。
例示　山のようだ＝山ンゴチャッ。
推定　病気のようだ＝ビヨッノゴチャッ。
□「らしい」は「ラヒカ」
推定　行かないらしい＝行カンラヒカ。
□「たい」は「ゴチャッ」
希望　船乗りに成したい＝船乗リニナソゴチャッ。

五、助　詞

助詞には、格助詞、接続助詞、副助詞、係助詞、終助詞、および間投助詞の六つがあり、共通語に含まれる助詞の数は、五〇を超える。岐宿方言では、共通語の助詞が、例えば「鐘が鳴る＝鐘ン鳴ッ」や「君の帽子＝あがんぼひ」のように「が」や「の」が「ン」に転訛することもあれば、また「今、長崎に着いた＝今、長崎ちーた」のように「に」が脱音することもある。加えて「今、熊本に着いた＝今、熊もてちーた」のように「に」が脱音すると同時に前語の尾音の「と」が「テ」に転訛するとか、「取りに行く＝取っぎゃいっ」のように「に」が「ギャ」に転訛することもあるので、その用法は実に複雑で多岐にわたる。

それゆえに、助詞の全部をいちいち記述するにはかなりの紙数を要するので、ここでは割愛する。詳細は『五島岐宿方言集』を参照願う。

第三節　方言語彙

ここに、岐宿地区の方言語彙と語釈を五十音順に記す。

【あ】

アカハラ　赤痢
アガドン　あなたたち
アスン　遊ぶ
アダンマ　居間
アッ　あいつ、秋、悪、灰汁、蟻、あれ、開く、飽く、ある
アッサマナ　とてつもない
アッダ　油
アッタラヒカ　もったいない
アッダムッ　あきらめる
アッパカ　怖い
アトウッ　歩行時の泥のはね
アマダラヒカ　甘すぎる
アメガタ　芋飴

【い】

イケズン　いきむ
イダャドン　桶屋
イッ　息、指、行く、いつ、要る、炒《い》る、入る、射る、潜る、落ちる、すねる
イッコッカ　頑固な
イッシュマッ　一升播き（農地面積の単位）、三畝
イッナアッボ　いたずら者
イッマアッ　帰る
イッヤイボ　いやしんぼ
イトマゲ　別れ
イナマッ　藁筵《わらむしろ》
イヒガラガッツッ　石ころだらけのところ
イロイナコチャ　とんでもない

【う】

ウーカゼ　台風
ウサッカ　水くさい

ウッ　内、瓜、打つ、売る
ウッチャユッ　落ちる
ウテアッ　相手をする
ウマロヒカ　よくできた
ウンマロヒカ　うまくできる

【え】
エゲツナカ　いやらしい
エズラヒカ　きたない、怖い
エダコッ　蜘蛛《くも》
エッ　襟《えり》、選ぶ、置いて
エノイモ　里芋
エラカヒ　だます、子をあやす
エンバ　とんぼ

【お】
オーケナカ　大きい
オージョコージョヒタ　非常に困惑した
オーチャッモン　横着者
オーナキャ　あおむけ
オーバンゲナ　大層な
オイズキャ　結婚式に嫁を自宅まで迎えに行く者、追い遣い
オカザッ　神仏に供える餅
オケンアッ　長持ちする
オケンナカ　持ちが悪い
オザドン　住職の補佐役
オズン　目を覚ます
オッ　沖、帯、俺、居る、置く、折る、織る
オツケ　汁物
オトコバッシャ　男のような女子
オメレンナカ　憎たらしい
オラッ　叫ぶ

【か】
カカラ　さるとりいばら
カゴンナド　かくれんぼ
カサクレ　瘡、湿疹
ガゼ　ばふんうに
カッ　牡蠣、柿、垣、徒歩、かび、変人、反骨者、買う、書く、描く、勝つ、刈る、……から、だけ、ほど
カックジッ　ひっかく
カッタユッ　急ぐ、あわてる
カマヒ　魚のカマス

カラクッモン　虚言者
カラムㇶ　へび
ガンガラナッ　いっぱい実がつく
ガンギダン　石段
カンコロオロㇶ　甘藷を薄切りするかんな
カンコロダンゴ　かんころの粉でつくった団子
カンコロメㇶ　かんころを煮てこねた飯
カンコロモッ　かんころ餅
カンタレ　名付け祝い
カンチョロ　かんてら
カンマメ　大豆の豆苗

【き】

キッ　霧、錐、桐、聞く、効く、利く、切る、着る
キッコサキ　まっさきに
キッチョウトㇶ　切り落とし、崖《がけ》
キャーキレ　すべて、まったく
ギラヤッ　威張る、のぼせる

【く】

クッ　茎、口、首、栗、来る、繰る
クッバタタッ　しゃべる
クルブッ　うつむく、腰を曲げる
クワㇶカ　くわしい、上手な、うまい
クンダッ　下り坂

【け】

ゲザッカ　下品である
ケッ　尻、最下位、反骨者、蹴る
ケッタクソンワッカ　機縁・機運が悪い
ケトッ　軍鶏《しゃも》
ケモナッ　小さくなる
ケンケンシチョッ、ケンドラㇶカ　無愛想である

【こ】

コージッカ　勘定に固い
ゴーロップネ　帆運搬船
コウバイ　はったい粉
コエタゴ　下肥桶
コガラㇶ　焦がす
コショクルッ　大人びた様子をする子
コチョグッ　くすぐる
コチョバㇶカ　くすぐったい
コッ　こいつ、穀、石、渓谷、東風《こち》、これ、水路、年貢米、買って、殴る
コッタアセ　殴り倒せ

ゴッチンメㇶ　半煮えの飯
コトッ　疲れる
コナロㇶカ　懇切である
コマグロㇶカ　金銭や物事に細かい
コロモン　大根の漬物、香の物
ゴロゴロ　働かずに遊ぶ様
コンダガヤッ　こむらがえり

【さ】

サイクッ　余計なことをいう
サイゲタ　高下駄
サカッ　盛り、発情する、榊《さかき》
サッ　先、柵《さく》、策、作、札、冊、将
　来、裂く、割く、咲く
ザッ　岩虫、ごかい、先
サッダ　桜
ザマナ　大変な、たくさんの
サラメッ　よく回転する
サルッ　歩き回る

【し】

シーグリ　たわむれもみ合うこと
ジアジア　そろそろ
シアタラㇶカ　ねちねちしている
シオトッ　干満の差が大きい様
シガラㇶカ　寒さが厳しい
シクッ　時化《しけ》る
シコマコ　普段しない身なり
シタッゴエ　厩肥
シタラㇶカ　じめじめしている
シッ　尻、しき、敷く、知る
ジッジッスッ　遣り勇む
シノゴノイウ　いろいろいう
シノブッ　しまう
シㇶコマ　獅子舞《ししまい》
シモタッカナ　夕食は済んだか（挨拶語）
シャッコッバッ　硬直する
ジャップッ　水溜まり
シャボン　石鹸
シャマギッ　でしゃばる
シャリッ　大八車
ジュッタッ　ぬかるみ
ジュルアメ　半液状の飴
ショウネクサレ　性根が悪い
ショウベンタゴ　小便桶
ショウユスメ　醤油澄まし

ショタクレ　だらしない者
シラドヒ　白豆腐
ジンダリャミャ　きりきりまい

【す】

ズダブッド　頭《ず》陀《だ》袋《ぶくろ》
スッ　鋤、好き、敷く、鋤く、空く、漉《す》く、する、磨《す》る、刷《す》る、掏《す》る
スッバッ　すり鉢、こごえる
ズバクルッ　怠ける
スバタッ　歩き回る
ズベ　尻、肛門
スモトッバナ　すみれ
ズンダレ　鼻《はな》垂《た》れ

【せ】

セガッ　だだをこねる、せがむ
セガラカヒ　子供がせがむのに任せる
セセクロヒカ　狭苦しい
セセラセンベンモ　幾度も
セッ　下痢、蟬、芹、腹痛、急ぐ、閉める、競る
セッジロ　性急な者
セッソ　鏡餅
セッツムッ　閉じ込める

【そ】

ソウケ　穀物用の大きな竹ざる
ソガマヒカ　ぎょうぎょうしい
ソコヌッ　すねる
ソコマコ　急いで
ソタメ　早《さ》乙女《おとめ》、田植女
ソッ　そり、それ、そいつ、反る、剃《そ》る、つむじを曲げる
ソックッカヤッ　反り返る
ソトスボッ　内弁慶
ソビッ　引く
ゾロ　手打ちうどん
ゾンゾケ　牛馬の飯《めし》桶《おけ》

【た】

ダアーダアー　止まれ（牛追い語）
ダイコッバイラ　大黒柱
タイナン　大切にする
タカゲ　飯《めし》籠《かご》
タキッ　伸びる
タッ　足袋、炊く、焚く、立つ、発つ、建つ、足る、煮る

タノオドヒ　案山子《かかし》
タヒケンタタン　背が立たない
タャアギャ　大概に
ダャードン　神主
ダャタヤンナカ　不潔な、みっともない
ダヤッカ　きたない
ダャッドン　大工
ダャン　大豆
ダラゴエ　下肥
ダラヒカ　だるい
タンキン　唾《つば》
ダンデッ　暖竹
ダンダブッド　へちま
ダンブッ　溝、下水
タンポ　浮き

【ち】

チチクッ　男女が仲良くする
チッ　塵《ちり》、散る、着いて、付いて、突いて、衝《つ》いて、搗《つ》いて
チッダ　藁《わら》くず
チャッチャッ　急いで
チョチョクッ　馬鹿にする
チョッペン　頂上、てっぺん
チョンドコ　手水所《ちょうずどころ》、便所
チョンバッ　手水鉢《ちょうずばち》
チンカガマッ　縮こまる
チンギッ　ちぎる
チング　親しい仲間
チンバ　びっこ

【つ】

ツッ　月、釣り、釣針、搗《つ》く、着く、衝《つ》く、突く、付く、吊《つる》す、吊《つ》る、釣る
ツックジッ　突き刺す
ツッコカヒ　突き押す
ツッタマガッ　ひどくびっくりする
ツッデ　つるべ
ツッドン　釣り道具
ツッピャッ　水中や穴に落ちる
ツッポカヒ　穴をあける
ツヒ　屋根裏部屋
ツボネ　隠居人の住む家（隠居所）
ツンキッ　つねる
ツンキッダゴ　指先で千切っただんご

ツンコロヒ　つねり殺す
ツンダヒカ　可哀相
ツンバッ　耐える、支柱、俎板《まないた》

【て】

テカケ　めかけ
デコ　人形
テシオ　小皿
テッ　敵、鉄、すねる、照る
テッコッモン　頑固者
テッタアコッタァアマヒ　困りはてる
テテクッ　男女が恋仲になる
テネゲ　手拭い
テノヒラダゴ　手で平たくしただんご
テボアタマ　うすのろ
テマグッ　田植えの手間返し
テレクレシャン　一日中働かない者

【と】

トートー　鶏を呼ぶときの言葉
トイバエ　老人
トウゼンナカ　ものさびしい
トッ　時、徳、得、鳥、取る、解く
ドッデナヒ　ろくでなし
トッペンナカ　とんでもない
トッメ　鳥目、夜盲症
トッモッ　もてなす
トドロヒカ　久し振り
ドハッセン　落花生
トマブッ　墓の霊屋
ドヤヒ　どやす
ドロクルッ　怠ける
ドロクレモン　怠け者
トンギッ　尖《とが》る
ドンク　蛙《かえる》
ドンバコ　道具箱

【な】

ナアヒ　しまう、かたづける
ナガレコ　とこぶし
ナゴナッ　横臥《おうが》する
ナッ　夏、綯《な》う、泣く、鳴く、鳴る、成る、（実が）なる
ナッビヒ　泣きやすい者
ナデウヒ　餅搗《もちつ》き用の臼《うす》
ナマヅメ　爪《つめ》を剝《は》ぐこと
ナマナコッジャナカ　容易なことではない

ナムッ　他人を軽く見る
ナユッ　疲れる
ナンダバヤカ　涙もろい

【に】

ニガイロ　膿腫《のうしゅ》
ニッ　傍《そば》、所、脇、似る、煮る、抜いて、貫いて
ニニャオコ　担い棒
ニニャオケ　担い桶
ニバンゾヒ　後妻

【ぬ】

ヌッ　ぬき、抜く、貫く、塗る、寝る、眠る
ヌッカ　ぬくい
ヌッソ　切干し芋などを抜く藁《わら》
ヌッタマッ　温まる
ヌッタムッ　温める
ヌッダラヒカ　蒸し暑い

【ね】

ネエズン　鼠《ねずみ》、つねる
ネコダ　藁《わら》で編んだ丈夫な筵《むしろ》
ネマッ　食べ物が腐る
ネン　ねぎ、ねじ、念、寝ぬ、眠らぬ

【の】

ノオナッ　なくなる
ノッ　軒、糊《のり》、海苔、乗る
ノッケゾッ　のけぞる
ノットシッ　馬乗り（子供の遊び）
ノボスッ　威張る
ノボッ　本土へ行く
ノンボックンダッ　上り下り

【は】

バアウセッ　我を忘れて大喜びする
バアナカッ　辺りを気にしない様子
ハアッ　掃く
ハイノハイメ　真っ先
ハエサガッ　もみあげ
ハエンカゼ　南風
ハギヒカ　悔しい
ハシッ　台所、走る
ハシッアメ　にわか雨
ハシックロ　競争
バタグルッ　もがく、暴れる
ハッ　鉢、八、蜂、針、春、這《は》う、吐

く、掃く、履く、貼る、張る
バッカブッ　罰が当たる
バッケ　分家
ハッゴモン　八合者、うす馬鹿
バッシ　血縁、系統
バッシャ　おてんば
ハッチボヒ　乞食《こじき》
ハツッ　削り取る
バッツ　さざえの蓋《ふた》
バッツッ　くっつく
バッドン　馬喰《ばくろう》
ハッノメンズ　針の穴
バップッ　ヒキガエル
バトッ　雑種の鶏《にわとり》
ハヒタ　少数量の残り物
バボ　兄貴
バラカ　凶暴な、手荒な
ハラカッ　立腹する
バルッ　暴れる、暴行する
バン　兄さん
ハンカヒカ　恥ずかしい
ハンギッ　平桶、半切
ハンズ　瓶《かめ》
パンチョ　女陰

【ひ】

ヒーガラ　斜視
ヒージュ　一日中
ビードロ　硝子《がらす》（ポルトガル語）
ヒクヒ　碾《ひ》き臼《うす》
ヒグラヒ　日没まで仕事をすること
ヒサ　石鯛
ヒダッカ　ひもじい
ヒッ　昼、引く、碾く、弾く、牽《ひ》く、挽《ひ》く、曳《ひ》く
ヒッゲタ　低い下駄
ビッシャッ　たくさん
ヒッタッ　大腿部
ビッツンナッヒ　醜い
ヒットン　撒《ま》き餅
ヒッノン　飲み込む
ヒトハタマエカッ　一幅前掛け
ヒトハナ　ちょっと
ビビン　肩車
ヒャータタッ　蝿叩《はえたた》き

ビャーラ　小枝の薪《まき》
ヒヤッシュッ　冷やし汁
ヒョウクッ　からかう
ヒラクッ　まむし
ビンブガン　貧乏神
ビンタン　頬《ほお》

【ふ】

フイボッ　くすぶる
フウカブッ　頬被《ほおかぶ》り
フウケ　馬鹿
フッ　ふき、福、古、振り、吹く、拭く、葺く、振る、降る
フッダカヒ　ふくらます
フヤクッ　ふやける
フンカジッ　踏みつける

【へ】

ヘコ　腰巻き
ベタアヒ　扁平足《へんぺいそく》
ベタナン　べた凪《なぎ》
ヘッ　縁、側面、傍、端、減る、放る、干して
ベベンコ　子牛
ヘンダ　煤《すす》
ペンチョカ　小さい

【ほ】

ホウコ　鉾《ほこ》
ボウチ　餅
ホウビッゼン　宝引銭《ほうびきぜん》、お年玉
ホガヒ　穴をあける
ホゲ　作業用の竹ざる
ホケダヒ　煙突
ホコラカヒ　衣類が破れた状態にする
ボタモッ　ぼたもち
ホッ　掘る、彫る、放る、這って
ボッダ　かぼちゃ
ボット　棒
ホッポホウライ　むやみやたらに、無制限に
ホトッ　ほてる
ホトバカヒ　水に浸す
ホネガマヒカ　骨が多い
ホホンナメニアッ　ひどい目に遭う
ホヤケ　火傷したようなあざ
ボンドンエンバ　あかねとんぼ
ホンナグッ　投げる

ボンノコ　後頭部
ボンノコサイデ　後頭部の出た者

【ま】

マアフンナカ　整理しない不潔な様
マガッカネ　曲尺
マジャクロヒカ　じっとしていない様
マタン　積み荷の支え棒
マッ　町、松、撒《ま》く、巻く、播《ま》く、待つ、小便をする
マッカクッ　小便を撒きかける
マッカブッ　小便を漏らす
マッコ　額《ひたい》
マッコサイデ　額の出た者

【み】

ミジャクッ　乱す、もみくちゃにする
ミジョカ　顔が美しい、愛らしい
ミジョゲンナカ　可愛らしさがない
ミソオツケ　味噌汁
ミタンナカ　みっともない
ミッカタクンダッ　道すがら
ミッカモドッ　婚礼後三日目の里帰り
ミナ　すがい（巻貝の一種）
ミナダコ　体長三寸ほどの小蛸《たこ》
ミハタマエカッ　三幅前掛け
ミヒカカ　短い
ミンクサカ　塩気不足、水くさい
ミン　右、水、耳

【む】

ムイノコセイネン　青二才
ムカアッ　満一年
ムゲラヒカ　むごたらしい
ムッ　無理、六つ、剝《む》く、向く
ムッジロ　むごい者
ムン　麦
ムンカヒカ　むずかしい

【め】

メイギャ　杓文字《しゃもじ》
メガマヒカ　目につきすぎる
メタダレ　目がただれている者
メッダ　盲目
メッダコ　めだか
メノトロカ　視力が弱い
メノハ　ワカメ
メンダヒカ　めずらしい、久し振り

メンメンカッカッ　各人各様

【も】

モウラヒカ　蒸し暑い
モタツッ　もたつく
モタルッ　もたれる、寄りかかる
モッ　餅、持つ、生む、漏る、盛る
モッヅッ　産み月
モッドン　資産家
モッブタ、モロブタ　餅入れ箱
モトクルッ　もつれる
モノシッドン　物知り、博識者
モモグッ　もみくちゃにする
モヤン　共有する
モン　者、物、籾《もみ》、揉《も》む
モンダ　もぐら

【や】

ヤウッ　親族
ヤセゴロ　痩せた者
ヤセヒッゴケ　痩せ細って
ヤセヒッゴクッ　痩せ細る
ヤタクッ　しゃべる
ヤッ　蟻《あり》、役、奴、焼く、渡す、あげる、する
ヤブサンドン　流鏑馬《やぶさめ》

【ゆ】

ユイドン　唾《つば》
ユウタッ　鼬《いたち》
ユッ　雪、指、揺する、言って
ユッサルッ　言って回る
ユナカ　良くない
ユルッ　囲炉裏《いろり》、ゆれる

【よ】

ヨーデコン　(魚の)きゅうせん
ヨウデ　魚の餌《えさ》
ヨウナッ　治る、直す
ヨガン　歪む
ヨコザ　囲炉裏端の上座
ヨコタユッ　進展を妨げる言動をする
ヨサッ　夜
ヨッ　集会、欲、夜、寄る
ヨッカドブッ　はこふぐ
ヨバルッ　招待される
ヨヒトッ　ふくろう
ヨマ　凧糸《たこいと》

ヨンノカ　多い、多すぎる

【ら】

ラッ　楽

ラッパフッ　ほら吹き

【ろ】

ロッシャッ　神輿《みこし》を担ぐ人

【わ】

ワアル　決して

ワアワア　止まれ（牛追い語）

ワイルッ　忘れる

ワガト　あなた

ワタロ　渡し船

ワッ　湧く、沸く、割る、脇

ワヤ　だめ、めちゃくちゃ

ワラコッ　藁を叩く用具

ワラチッダ　藁くず

ワラン　わらじ

ワンドチョッ　患っている

第十三章　雑　録

一、三度の大火

江戸時代に岐宿郷では三度の大火が発生している。一つは全二六四戸中約八割に相当する二〇一戸が焼失した安永二（一七七三）年九月十一日の「安永の大火」、二つ目は六三戸が焼失した天明元（一七八一）年正月四日の「天明の大火」、三つ目は人家一八五戸と厩舎一七四戸合わせて三五九戸が焼失した安政六（一八五九）年正月二日の「安政の大火」である。

　これら大火の出火および延焼の原因には少なくとも次の三つがあった。すなわち――第一に、岐宿郷が冬季に大陸から吹く乾燥した強い北または北西の風をまともに受ける地勢にあること、第二に、ほとんどの家の炊事場や風呂場が北風または北西風が吹き込む場所に造られたこと、そして第三に、家の造りが「茅屋」と呼ぶ屋根を茅や藁、草など燃えやすい材料で葺《ふ》いた「茅屋《かやや》」と呼ぶ家の造りであったこと、である。

　安政の大火について『岐宿村郷土史』におよそ次の趣旨の叙述がある。

　「正月二日十時頃、西里より出火した火は、西から北北東へ回って吹き荒れた風にあおられて次の諸地域を焼き、午後二時頃ようやく鎮火した。阿弥陀《あんだ》ノ《ん》前《まえ》（岐宿小学校前から小倉酒店横、および酢谷商店横を殿川方面へ少し下ったところまでの街区）・仲（中野家周辺）・掛塚（本町）・殿川（本町・浜町の一部）・日向河岸（本町の一部）・平（平町の一部）・山口・辻（山里を除く城山町）・久保里（平町の一部）」〈注〉括弧内は昭和前期の地名。

　当時、岐宿郷の人家数は約四〇〇戸で、人口は約二三〇〇人だったと推定されるので、この大火で岐宿郷民の半数に近い約一〇〇〇人が住居を失ったことになる。

二、貞方家

　貞方家は、宇久家第八代覚（一三三一－一三八八）が五島統一を目指して岐宿に侵攻した永徳三（一三八三）年以前から同地で勢力を持っていた豪族である。従って貞方家は、覚が岐宿を支配し城岳に城を築いたことを快く思わなかったと推せられる。ところが覚は志《こころざし》半《なか》ばにして六年後に死去し、そのあとを継いだ覚の養子・宇久勝（一三七〇－一四二三）は、その年に福江に城を構え移り住む。しかし五島統一は容易ではなく、それが成ったのは、応永二十（一四一三）年五月十日、五島各地の豪族が合議し、勝を第九代当主に推す「宇久浦中契諾」を交わした時である。覚が岐宿に侵攻してから実に三〇年後のことだった。

一方、貞方一族は、第十代藩主宇久基（一三八七―一四四八）によって、謀反を理由に極めて残忍な遣り方で皆殺しにされる。これを機に岐宿領内は百余年のあいだ不穏な空気に包まれる。この間、領民の動揺は収まらず、宇久家の謀略説、貞方家の怨霊説がささやかれたのだ。

貞方良可の墓＝令和元年

そのことを憂慮した当時の藩主は、貞方家を再興すべく第十八代藩主純定（一五二六―一五八六）の弟・宇久盛重の子・頼繁に貞方家を継がせる。宇久家直系の頼繁は以後「貞方良可」と称し貞方家の復興に努め、貞方家中興の祖と言われる。隠退後、剃髪して越前入道良可と号し、文禄二（一五九三）年に死去した。その墓は、岐宿金福寺の宇久覚の墓のすぐ右下手に建つ。

第二十代純玄（一五六二―一五九四）は、宇久姓を五島姓に改め、文禄の役の折、兵七〇〇を率いて朝鮮に出陣し文禄三（一五九四）年、三三歳の若さで病没する。その報告を陣中で受けた幕頭の小西行長は、五島の若大将の活躍ぶりを賞賛し、存命であれば必ずや太閤から論功行賞を授かったであろうにと、悔やんだという。

このとき陣中で後継問題を首尾良く解決すべく東西に奔走したのが純玄の腹心だった平田甚吉である。甚吉は、純玄の遺志を尊重し、純玄の叔父で軍のまとめ役だった玄雅（一五四八―一六一二）を後継者として推挙する。その結果、小西行長の斡旋もあって玄雅が第二十一代五島藩主となり、軍の総指揮をとる。

慶長の役の折にも五島勢は再び朝鮮に出陣し大いに

戦功をあげ、玄雅は秀吉から「豊臣」の名称を授けられる。この名誉も甚吉の働きに負うところ大だったので、論功行賞授与の際、玄雅は甚吉に対して自分の名の「雅」を授け「雅貞」と名乗らせ、慶長三（一五九八）年、貞方家を継がせる。良可の死後五年目のことである。

　雅貞は隠退後、藩主から蔵米二二〇石を賜り、浄雲と号し、もっぱら風月を友とし、八七歳で死去した。雅貞の墓の所在は不明で、一説に金福寺の覚の墓の隣に接して建つ墓がそれではないかというが確証はない（第二章第二節第六項参照）。

　歴代の藩主は岐宿を「岐宿殿」と敬称付きで呼んだと伝わるが、それは同地が五島藩の聖地だったのに加え、貞方家が宇久家直系を中興の祖に持つ家柄だったからであろう。その後裔《こうえい》は今も岐宿で最も古い山里部落に住む。

三、西村家累代記

　岐宿村の歴史を語るうえで欠かせないのが西村家の存在である。

　西村家の先祖は越前国（福井県東部）下総の住人西口新助という者で、五島家に任官するために五島に来たが、故あって仕官を断念し岐宿に移ったと伝わる。岐宿

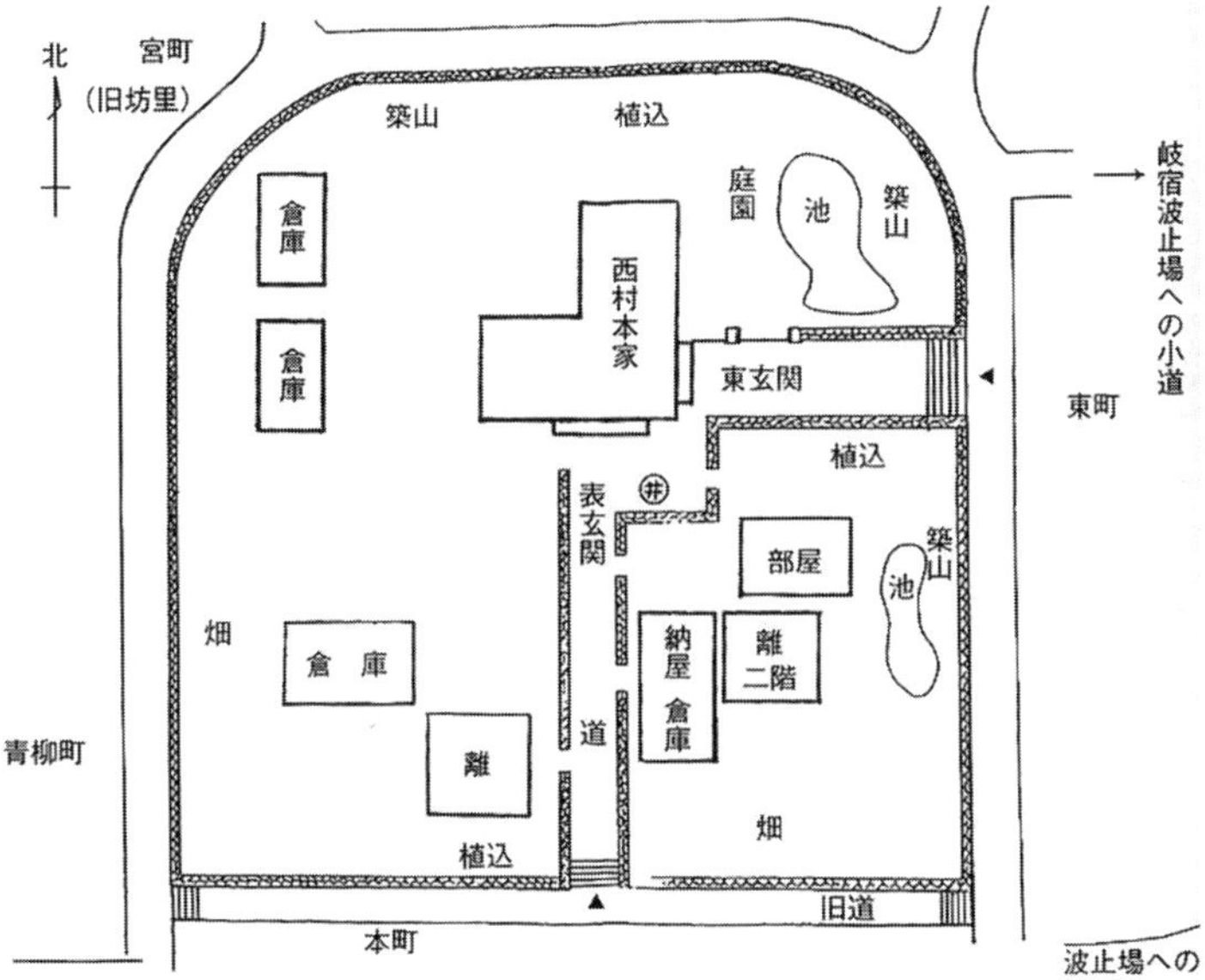

西村本家見取図　　提供：岐宿町

に移った新助は、巌立三所大権現（巌立神社）の別当寺であった本宮寺の小作人でのちに寺田姓を名乗る新兵衛の情けにより農業を営み、二年後には小頭を務めるまでになった。

新助の後裔に団七がおり、その次男が享保三（一七一八）年に生まれた団右衛門、そしてその長男が団助である。団右衛門・団助親子は、五島が海に囲まれている点に着目して将来漁業が有望と考え、福江島の東方沖合にある赤島から魚見（海の色で魚道や魚量を見分ける専門家）を雇って魚道調査を続け、六年目の明和六（一七六九）年ようやく三井楽村八ノ川海岸の沖合およそ四半里（一キロメートル）のところにある赤瀬漁場を発見した。団右衛門五二歳のときのことである。しかし、操業当初は嵐で網が流されたり、瀬掛かりして網が破れたりするなどの諸問題に悩まされた。団右衛門は漁網研究を続け、やがて潮の流れに強い大型網を開発するなど網の改良に成功し、大漁を繰り返して繁昌した。

西村本家を囲む石垣の東面（右）＝平成元年

そのうち団右衛門は五島藩主により網代永代家督を許されるに到り、その返礼として二〇〇〇両を藩蔵元に献納する。

明和年間（一七六四～一七七二年）、第二十七代藩主盛道は団右衛門に対して、その功績により岐宿坊里にあるおよそ一二〇〇坪（四〇〇〇平方メートル）の広大な土地を下賜した。この頃から団右衛門は西村姓を名乗ることになる。

その後、西村家は代々五島家に対して献金あるいは物品献上を繰り返す。その内訳は、参勤交代費用、姫様縁組費用・祝儀、若様出府費用、藩主岐宿出掛費用、八代覚公廟所整備費用、賓客接待費用、遠見番費用、普請維持費用、異国船手配方費用、藩主家督費用など枚挙にいとまのないほどであった。中には藩の要請によるものが少なくなく、さしもの西村家も大坂から資金を調達し上納せざるを得ないこともあった。

　当時の五島藩は財政難に陥り、西村家に対して岐宿村の庄屋や岐宿掛代官など藩の役職を授けては御用金の上納や献金の名目で金品をせびり取ったのであるが、団右衛門・団助親子、二代目団右衛門は授けられた役柄をこなし、要請された御用金などを献納した。ちなみに団右衛門は安永六（一七七七）年に岐宿村庄屋を、また団助は文化九（一八一二）年、五島藩中小姓を、さらに二代目団右衛門は文政八（一八二五）年に岐宿掛代官をそれぞれ拝命している。

西村家累代の墓碑群 ── 右の山が団助山＝令和元年

　五島藩に対する右の貢献の他、西村家は貧困や飢饉の救済、道路や港湾、池、堤、水路、耕地の整備開発、および天変地異の際の復興など公共事業にも多大な貢献を成した。
　西村家の屋敷は藩から下賜された岐宿村坊里の土地にあり、東西およそ二〇〇尺（六〇メートル）南北およそ二三〇尺（七〇メートル）のほぼ正方形をして、外周に高さおよそ一〇尺（三メートル）の花形文様石積みの石垣を巡らしている。表門は敷地の南側に、また裏門は東側にあり、屋敷内には奥座敷を持つ本家、離れ、事業用納屋・倉庫、および穀物保管用赤レンガ造の大倉庫など合計八棟からなる建物群が昭和前期まで残っていた。村民はこの屋敷のことを「西村んやど」または単に「やど」と呼んだ。
　この屋敷からは東側に岐宿湾を隔てて団助山《だひけ》が見えるが、この山は古来「本宮寺木場」と呼ばれていた。団助は、この山に魚見櫓を建てて毎日のようにそこに上り、魚の回遊状況を見て網代に指令を出し、大漁に導いたという。そして遺言を以てその死後この山に遺体を埋葬させたと伝わる。こうしたことがあって人々は、この山を「団助山《だひけ》」と呼ぶようになった。
　さて、団右衛門は赤瀬漁場に重点を置き、三井楽八ノ川を漁業基地に決定、大石を使った防波堤をはじめ港湾、船着場、納屋、船頭・漁夫の宿舎、出入道路などを整備した。事業はますます発展し、集落は活気に満ち人口も増えていった。赤瀬漁場は鮪《まぐろ》や鰤《ぶり》の大漁を重ね、やがて東洋一の漁場として全国に知られた。

八ノ川波止場には自然石の恵比寿神が祀られ、その傍には団右衛門・団助親子が赤瀬漁場を開拓するまでの艱難辛苦を刻した石碑がある。

団助の四男で二代目団右衛門は、文化年間（一八〇四－一八一八年）に上五島の有川捕鯨組が不漁で経営難に陥ると、下五島での捕鯨事業の振興に尽力した。昭和二十年代までは岐宿港の中央部にある「倉ン波止」には、西村家所有の捕鯨用網や道具類を保管した納屋が数棟並んでいた。

西村正輔は明治元年、巌立三所大権現（巌立神社）の神体であった弥陀勢至観音が神仏判然令に従って金福寺に移されると、同家に伝わる家宝の剣、玉および鏡を新たな神体として同社に献納した。

明治四（一八七一）～六（一八七三）年、正輔は岐宿村民事（現在の町長職）を務め、その後二年間学区取締役となり岐宿村小学教育の充実発展に寄与した。また、明治十二（一八七九）年、浄土真宗の説教所を岐宿に建設し、住民の宗教心高揚に努めた。

西村義治は明治十二（一八七九）年、岐宿村北部民選戸長（現在の町長職）に当選、その六年後に南北両部が合併したあとも岐宿村管選戸長となり村行政の基礎づくりに貢献した。その後も岐宿村の多くの重責を担い、村の発展に寄与した。

西村力之助は、長崎県県会議員をはじめ村会議員など数々の重職を歴任し、行政に寄与したほか、大正三（一九一四）年には大隈内閣の全国実業家大会に長崎県を代表して参加し、指針を述べて国内の事業振興に貢献した。

力之助はそれ以外にも、飢饉や災害時に私財を投げ打って住民を救済したほか、浄土真宗大雄寺建立を提案し、大正三（一九一四）年に門徒と協力してこれを実現した。

福江町三尾野の牟田家から西村家の養子に入って同家を継いだ久之（一八九三～一九六四）は、絶えず漁具や網、魚道の研究を続けながら、魚見や漁夫の教育にも注力した。昭和二十一（一九四六）年に衆議院議員に初当選してから三十（一九五五）年まで通算四期在任し、その間、衆議院水産委員長や第三次吉田内閣・経済安定政務次官などを歴任した。

昭和二十四（一九四九）年、長年の敷網法改良の成果

の一つであった落とし網法により、一回の網入れで四、五万尾の鰤を水揚げできるようになり、前後して六〇貫（二二五キログラム）ほどもある鮪三、四百尾を水揚げした。こうしてこの年、久之は全国長者番付第三位になった。

西村家は農業においても、「十里四方は他人の土を踏まず」と言われるほどの大地主であったが、その蓄財の多くは橋梁、道路、溜池、干拓、社寺など公の事業に充てた。例えば、岐宿郷の前津水田開墾、汐留干拓および堤防建設、吉原水田地帯の水路整備、海岸線防波防風石垣構築、鰐川や浦ノ川、一ノ河川流域の水路、水田、道路整備などである。

しかし、昭和二十四（一九四九）年に漁業法が、続いて二十六年十二月にその附則が制定され、漁場関係の経営権は西村家から三井楽町漁業協同組合に完全に移った。

また昭和二十七（一九五二）年七月農地法が制定され、農地の所有権も西村家から各小作人に移転した。

西村家の広大な敷地の外周に巡らした高い石垣は、今もほぼ昔のまま残っており、同家の往年の栄華の跡を今に伝えている。

西村家累代の墓は、西屋敷墓地の団助山や東シナ海を望む北側にあり、いずれも立派な十数基の碑が背中合わせに整然と立ち並ぶ。（参考：『岐宿町郷土誌』、『西村家永代記録』）

四、頼母子講

頼母子講は、主として互助救済を目的として発足した。昭和前期までは金融機関が近くになかったので、頼母子講は住民にとって重要な資金繰りや貯蓄の手段となっていた。

当初の講会は、宗教的な色合いが濃く「大師講」や「お伊勢講」などから始まり、続いて本山参りを目的とした「仏参講」、仏壇購入を目的とした「仏壇講」、冠婚葬祭用の什器類の購入を目的とした「お椀講」などが組織されたという。

その後、こうした諸講が貯蓄や利殖を目的とした「貯蓄講」、金に困った人を救済するための「慈善講」、商売を目的とした「商人講」へと発展していく。

大正六（一九一七）年の調査によれば、当時の講会の総数は七七、会員数は三千五百余人で、そのうち農業関係者が八五パーセントを占め、構成員の職種は、農業のほか商業、工業、漁業の関係者、公務員、神職、僧侶などに及び、一講会の会員数は二〇〜五〇人であったという。

講会の運営方法は、目的によって多少相違はあるが、開催は基本的に毎月一回を定例とする。金を必要とする者たちがそれぞれ掛金加算利息額を提示、入札し、その中から落札者を決定する。利息は、入札の場合は無制限。落札希望者がいない場合は抽選で決め、その者があらかじめ定めた最低利息額を次の回から掛金に加えて納入するのである。

こうした頼母子講は、昭和三十年代の高度経済成長期に入ると次第に衰退していった。

五、薪採り

昭和前期まで薪は、毎日の食べ物の煮炊き、風呂の湯沸かし、および冬の囲炉裏の燃料に使うので、各家庭の年間消費量は相当なものだった。岐宿では郷民が郷有林に入って薪炭用・肥料用の雑木や雑草を採取する慣習上の権利、いわゆる「入会権」が認められていたから、住民は山に入り薪材を自由に採ることができた。

山中で集めたびゃーら（枯れ枝）や幹は一定量を束ねてから牛馬やソリを使って麓まで運び、そこから牛馬車に積んで自宅まで運んだが、それが海を隔てた山であれば、海上の運搬に小舟を用いた。

郷有林では一定期間（およそ一〇年間）、区域別に生木の濫伐を禁止していて、それを「山の口留め」と呼び、一方、伐採を解禁することを「山の口開け」といった。山の口開け当日には郷民が一斉に山に入って薪用の木を伐り、適当な長さに切り揃えて積んでおき、一定期間を経てから前述の要領により家まで運んだ。なお、個人で山を所有する者たちが郷有林で薪材を採取することはなかった。

山で採ってきたびゃーらは母屋裏の空き地や庭の片隅に野積みにしておき、一方、太い枝や幹は適当な長さに切り揃えて床下などに置いて使った。

比較的裕福な家や人手のない家は、唐船ノ浦郷や戸岐之首郷の行商人が舟に積んで売りに来る薪材を買った。これら両郷はいずれも、その面積の大半が山で占められるため耕地が狭く、一部の住民の生計は、主に薪材の生産販売に依存していたと言われる。

両郷の行商人は、三井楽地方にも薪材を売りに行った。しかし、三井楽地方までは、片道およそ九浬（一六キロメートル）ほどあり、舟が岐宿湾を出て波の荒い外海（東シナ海）を西に進まなければならないので、特に秋から冬にかけて小舟が薪材を満載して航行することは、かなり危険だった。過去に遭難者が出たこともあった。

六、民間薬

昭和前期には郷内に岩永医院と川村医院の二軒の診療所があった。当時はまだ普通乗用車など交通手段や電話など通信手段がなかったから、重病人や重傷者が出ると、家族の一人が歩いて診療所に出向き往診を依頼し、医師を自宅まで案内するのが普通だった。両医師とも優秀でかつ丁寧だったので、住民に頼りにされていた。瀕死の重傷を負った者は、四里強（一七キロメートル）ほど離れた福江まで戸板などに載せられて運ばれ、大きな病院で手当てを受けた。

各家庭では日常の病気や怪我に備えて、越中富山の薬売りの置き薬を常備していた。この商法は、富山十万石の第二代藩主・前田正甫（一六四九－一七〇六）の「廣く救療の志を貫通せよ」といった訓示や「先用後利」の精神に沿ったもので、薬売りが毎年周期的に全国津々浦々を巡回し、置き薬のうち使用した薬の分量を補充し、未使用のものは回収して新品と置き換え、使用した薬に対してだけ代金（謝礼金）を受け取るという性善説に基づく実にユニークなものだった。薬売りが去ると、あちこちの広場や道路で女の子たちが薬のおまけだった五色の紙風船で嬉しそうに遊ぶ姿がよく見られた。

昭和前期当時の置き薬には、次のようなものがあった。すなわち――赤チンキ（用途は傷）、ヨードチンキ（消毒）、オロナイン軟膏（傷）、ケロリン（腹痛・頭痛）、胃腸丸、ネオベリン（腹痛）、トンプク（頭痛）、せきどめ、虫下し、風邪薬、トクホン（肩こり・腰痛）、メンソレータム（傷）、絆創膏、目薬など。飲み薬は、ほとんどが粉末で紙に包んであったが、オブラートも添えてあった。これら富山の薬の他に常備薬として大幸薬品の「正露丸」（下痢など）があった。

これら置き薬に加えて、住民は薬草を山野で採取して生薬とした。その多くが内服薬として用いるもので、服用時に土瓶などで煎じた。

動物ではひらくっ（まむし）が万病に効くとされ、生きたまま焼酎漬けにしたり、皮や内臓を取り除いて肉や骨を乾燥させたものを焼いて粉末にしたりして利用した。鯉の生血やうなぎの肝なども利用した。

当時の人々は、暮らしの知恵・知識が実に豊富だった。例えば、悪い食べ合わせの代表格である「天ぷらと西瓜」などは子供でも知っていた。
当時、地元でよく採取した薬草類、その効能、および活用法を以下に示す。

□アロエ

ススキノキ科アロエ属の植物の総称。多年草。原産地は不明であるが、紀元前からエジプトやギリシャで薬用として栽培されていたことが確認されているという。当地では「医者いらひ」（医者要らず）と呼び、屋敷の片隅に植え、一年中随時採取して生薬として利用している。

アロエは外用では火傷や切り傷、虫刺され、日焼けのシミ、肌荒れ、肌の乾燥、カミソリ負け、あかぎれ、ひび、にきび、あせもなどに効果がある。

一方、内用では胸焼けや胃もたれ、便秘などに効能がある。例えば、葉肉や葉の液汁は、その含有するアロインの働きで、少量に用いれば健胃効果があり、やや多量に用いれば大腸を刺激してその働きを活発にする効果がある。またバルバロインの有する下剤作用で便秘に効果がある。

余談であるが、今からおよそ六〇年前、次のような新聞記事があった。「長崎県内での調査によれば、某長寿村の各戸の周りには必ずと言って良いほどアロエがたくさん植えてあった」と。

□かから

第九章第二節第一項2で既述したが、学名はサルトリイバラ。当地ではこれを「かから」と呼ぶ。根茎は竹の地下茎のように細長く節がある。これを秋に掘り上げて日干し乾燥させたものを使う。利尿、解毒、腫物、むくみに効果があり、リウマチの体質改善に役立つと考えられている。乾燥根茎一日量二・七～四匁（一〇～一五グラム）を一合（一八〇ミリリットル）の水に入れて、とろ火で湯量が半分になるまで煎じ、三回に分けて服用する。

□げんのしょうこ

フウロソウ科フウロソウ属の多年草。山野に自生する。飲むとすぐに効果を発揮することから「現の証拠」と呼ばれるようになったと言われる。せんぶり、どくだみとともに日本の三大民間薬の一つである。整腸薬や止《し》瀉《しゃ》薬として広く利用される。

タンニンなどの成分が高まる六～七月の開花期直前に

刈り取り、陰干しをしておき、服用時に煎じて使う。下痢、食あたり、慢性胃腸病、便秘、高血圧予防などに効く。一日量四匁（一五グラム）を二合（三六〇ミリリットル）の水に入れ、水が半量になるまで煎じてから二回に分けて飲む。

□せんぶり

リンドウ科センブリ属に分類される二年草の一種。日当たりの良い山野のやや湿り気のある草地に自生する。その語源は「千回振り出してもまだ苦い」ことにあると言われる。健胃薬や止瀉薬として広く利用される。全草を採取し、水洗いした後に陰干しをしておき、服用時に粉末にしたり煎じたりして利用する。

採取するときは一定の配慮が必要である。一般に、薬草類は最も成分が高まる開花期直前に採取するのが基本であるが、根ごと全草を採取する場合は、その種が絶滅する恐れがあるので、結実して種が地上に落ちるのを待ってから採取するのが良い。そうしたからと言って効能は大して違わないと言われているからだ。なお、せんぶりの開花期は九～十月である。

せんぶりは胃弱、食欲不振、消化不良、胃痛、腹痛、下痢などに効果がある。粉末にして利用するときは、耳かき一杯相当量（〇・一五グラム）を、また止瀉薬として利用するときは一日量〇・二四匁（〇・九グラム）をいずれも三回に分け、食前または食後に服用する。

また煎じて利用するときは、一日量〇・四匁（一・五グラム）を二合（三六〇ミリリットル）の水で煎じ、三回に分けて食前または食後に服用する。

著しい副作用はないが、一過性の吐き気、むかつき、膨満感があり、長期に多量を服用すると、血圧上昇、むくみなどの症状が見られる場合がある。

□つわ

キク科ツワブキ属の常緑多年草。山野や海岸の崖などに自生する。和名の由来は「艶のある葉を持つフキ」つまり「艶葉蕗《つやはふき》」から転じたとする説のほか諸説がある。九月に根茎を採取し、細かく刻んで日干しにする。一日量二・七～五・三匁（一〇～二〇グラム）の乾燥根茎を三合（〇・五リットル）の水で三分の一量まで煎じて煮詰め、一日三回食間に飲むと健胃、食あたり、下痢に効果がある。

一方、生葉は、その青汁を直接飲んでも同様の効果がある。さらに生葉を患部の大きさに合わせてちぎって火で炙《あぶ》り、軽く揉んでから打撲、切り傷、腫物《はれもの》、湿疹など患部に貼ると効果がある。

□どくだみ

ドクダミ科ドクダミ属の多年草。やや日陰の湿った場所を好む。当地では「どくだんしょ」と呼ぶ。毒を抑えることを意味する「毒矯《た》め」が「毒矯み」に転訛したと言われる。

内服薬として胃腸薬、食あたり、下痢、便秘、利尿、高血圧、動脈硬化の予防などに利用され、外服薬として腫物、吹き出物、皮膚病の排膿や毒下しなどに用いられる。

五月の開花期に根もとから刈り取り、陰干しをしておき、服用時に煎じて利用する。高血圧や動脈硬化の予防には、一日量四匁（一五グラム）を三合（〇・五リットル）の水に入れ、水が半量になるまで煎じてから三回に分けて飲む。

□ふじばかま

キク科ヒヨドリバナ属の多年草植物。秋の七草の一種。日当たりの良いやや湿った川原や草地に自生する。和名の由来には諸説があるが一説には、花の色が藤色を帯び、花弁の形が袴に似ていることから「藤袴《ふじばかま》」の名称が付いたと言われる。

七〜八月開花期直前に根元から刈り取り、一寸（三センチメートル）ほどの長さに刻んで、一日ほど日干しすると芳香を放つので、もう一日陰干しをしておき、必要に応じて利用する。

腎炎やむくみがあるとき利尿剤として使用する場合は、一日量三匁（一一グラム）を四合（〇・七リットル）の水に入れ、水が半量になるまで煎じて、三回に分けて食間に服用する。また入浴時に布袋に入れて湯に入れると、肩こり、疲労回復、冷え性に効果がある。

□ゆきのした

ユキノシタ科ユキノシタ属の多年草。名称の由来は「雪の下敷きになっても枯れない」とする説のほか諸説がある。山地の湿った場所に自生する。

四〜六月に採取する。生葉をそのまま汁にしたり、揉《も》んだり、火で炙《あぶ》ったりして患部に塗布する、消炎、排膿剤として効果がある。腫物《はれもの》やしもやけ、火傷《やけど》、切り傷、湿疹、かぶれ、虫刺されなどに用いる。

また、開花時に採取し、陰干しをしておき、服用時に煎じて利用すれば、解熱、解毒、健胃、鎮咳、腎臓病などに効果がある。その場合、一日量三匁（一一グラム）

を四合（〇・七リットル）の水に入れ、水が半量になるまで煎じて、三回に分けて食間に服用する。

□ふつ

「よもぎ」の方言。「よもぎ」はキク科ヨモギ属の多年草。その名の由来ははっきりしないが、繁殖して四方に広がることから「四方草」と書いて「よもぎ」と読ませたという説のほか諸説がある。五～六月に生長した茎葉を採取し、水洗いしてから日陰に干して完全に乾燥したものを利用する。

生薬として用いる場合は、一日量四匁（一五グラム）を四合（〇・七リットル）の水に入れ、水が半量になるまで煎じる。この煎じ汁を患部に塗ると、アレルギーやアトピーのかゆみ、湿疹の改善に効果がある。またこれをうがい薬として用いれば、歯痛、喉の痛み、扁桃腺に効果がある。

一日量二匁（八グラム）を三合（〇・五リットル）の水に入れ、水が半量になるまで煎じて、三回に分けて服用すれば、下腹部の冷え、痛み、生理痛、生理不順などに効くとされる。

灸に用いる場合は、生長したヨモギを日干しにして乾燥させ、搗臼で搗いて粉末状にし、利用する。

よもぎ茶を作る場合は、一日量三匁（一一グラム）を鍋で焙煎してからヤカンに入れ五合（〇・九リットル）の水を入れ、一〇分間ほど弱火で煮る。それを二日分に分けて一日に三杯を飲む。老化防止、増血、浄血、貧血、便秘解消、癌予防などに効果がある。

青汁は血圧を降下させると言われる。

□らっきょう

漢字では「辣韮《らっきょう》」と書く。別名「おおにら」や「さとにら」と呼ばれる。ヒガンバナ科ネギ属の多年草の植物。初夏に収穫する。薬効が高いことから古来「畑の薬」と言われるほどの野菜。「らっきょう漬け」の作り方については第九章第三節第二項で述べたので、それを参照願う。一日に三、四粒を目安として食べる。

癌予防、老化防止、疲労回復、血行促進、腸内調整、糖尿病予防、コレステロール値上昇抑制、風邪、食欲増進、むくみ解消、二日酔い、ストレス緩和などに効果がある。

□ひらくつ

ひらくつ（平口）はまむしの方言。学名はニホンマムシ。クサリヘビ科マムシ属に分類される蛇。山間部の水田や小川など水場周辺に多く出現する。捕獲して薬用にされる。

二〇種類とも言われる必須アミノ酸や各種ビタミン類が豊富に含まれ、滋養強壮、食欲不振、胃潰瘍・十二指腸潰瘍の予防、動脈硬化予防、冷え性改善、疲労回復、骨の強化、肝機能改善、ホルモン分泌促進に効能がある。皮や内臓を取り去って乾燥させたものを「反鼻《はんび》」と言う。副作用はない。

利用法には、次の二通りがある。

□ひらくっ粉末

一日におよそ一匁（四グラム）を多めのぬるま湯、または水で飲む。粉末は次のように作る。

①完全に死んだひらくっの首の後部に小刀で切れ目を入れ、皮をめくるように剥がす。すると内臓も一緒に取れる。

②皮や内臓を取り除いた裸のひらくっを軒下に吊し一カ月間ほど干す。

③乾燥したひらくっ（反鼻）を剪定ばさみで細かく切り刻む。

④鍋に入れ弱火で少し色が付くくらいまで乾煎《からい》りする。

⑤すり鉢に入れてすりこぎで粉末にすると完成。

□ひらくっ酒

アルコール（酒）と一緒に摂取することで、ひらくっのもつ有効成分が効率よく吸収されると言われる。一日におちょこ一杯分を飲む。ひらくっ酒は次のように作る。

①山野で生け捕りにし、布袋に入れて持ち帰る。

②一升瓶《びん》に入れて、ひらくっの身体が浸かる程度に水を注ぎ、蓋《ふた》をする。蓋には空気穴を開けておく。

③瓶《びん》を真横に倒して三カ月ほどかけて、胃の内容物や糞《ふん》を全部出させる。この場合、水が濁ったら、その都度新しい水と取り替える。恐らく四、五回は取り替えることになるであろう。

④三カ月が経過したら、三五度以上の焼酎を用意する。度数は高いほど良い。二五度以下ではひらくっが腐る可能性があるからだ。

⑤五合ほどの水を瓶に入れて蓋をし、瓶をゆすってひらくっの身体をきれいに洗う。水気を切り、ひ

らくっを清潔な別の一升瓶に移す。このとき両方の瓶の口と口を合わせれば、ひらくっが自ら移動するであろう。

⑥焼酎を瓶の口付近まで注ぎ入れ、しっかり栓をする。一〇秒間でひらくっは絶命する。

⑦冷暗所に少なくとも三年間は保管する。

□鰻の肝

鰻の肝にはビタミン類、アミノ酸類、ミネラル類など健康維持に必要な栄養成分が豊富に含まれている。各機能の新陳代謝の活発化、高血圧の予防、動脈硬化予防、血行増進による冷え性や肩こりの緩和、細胞全体の活発化、滋養強壮などに効果があるとされる。口に入れるときは、生の肝を噛まないで飲み込む。

あとがき

今日我々が店で簡単に手に入れ、熱湯を注ぐとか、あるいはレンジで温めるとかするだけで食べることができる食べ物は、今から七十年前の岐宿ではどこの家でも多いもので数十に及ぶ工程を経て作って食べていた。ぞろ（手打ちうどん）を例にとると、それを食べるためには、大まかに言えば、農家の場合は麦の種を畑に蒔くことからはじめ、それを育て上げて収穫し、搗臼《つきうす》で搗《つ》いて精麦し、碾臼《ひきうす》で碾《ひ》いて粉を作り、その粉に井戸水を加えて練って時間をかけて熟成させ、卓袱台《ちゃぶだい》の上で平たく伸ばしたあと俎板《まないた》の上に移し、包丁で細長く切り分け、最後に鍋や釜で茹でていた。

一方だし汁は、さらに多くの工程を経て作った醤油と近海で獲れたあごなど魚の干物で作っていた。しかもこれらを煮るためには予め薪を山に採りに行って用意しなければならなかった。

当時はこうした暮らしが普通であり、誰もそのことを苦にはしなかった。それどころか、人々はこうした生活を当然のこととして受け入れ、豊かな心を持っていた。彼らは自然を大切にし、先祖から引き継いだ土地の恵みに感謝し、伝統文化を守り続け、篤《あつ》い信仰心を持ち、人と人の繋がりを大事にして暮らしていた。

昭和後期（昭和三十三年～六十四年）になると、日本全体の社会生活は急激に合理化が進み、それと引き替えに人間関係は希薄化し、連帯性や協調性が失われ、いささかギスギスしたものになったように思う。しかし戦後を生きた岐宿の人たちは、昭和後期以降六十余年経った今もあちこちに原風景の残る集落で、依然として人の繋がりを大切にし、人間生活の原点というべき暮らしを守り続けている。

本書は完成までにおよそ五年の歳月を費やした。その間、三回帰省して食に関する聞き取り調査、料理の再現、農機具・生活道具・衣類・食事などの写真撮影、諸資料の提供および史跡案内などにおいて地元の方々にご協力をいただいた。後半は全世界的に拡大した新型コロナウイルスの影響で帰省はかなわなかったが、その間もあまたの人たちの温かい援助を受けた。彼らの援助なくして本書は成らなかったと言っても過言ではない。

これらの方々については芳名を「調査・取材協力者一

覧」に掲げ謝意を表明したが、次の諸氏にはここで重ねて感謝申し上げたい。

まずは出口久人氏に感謝申し上げる。同氏は私の五年先輩で岐宿町助役を務められ、およそ三十年をかけて『五島岐宿方言集』を著し、二十年前には岐宿町が刊行した『岐宿町郷土誌』の編纂編集委員の一人でもあられたから、本書の執筆中何かと相談に乗っていただいた。そのうえ同方言集から本書への抜粋を快諾され、さらに本書のなかで多用した方言の言い回しについても一つ一つ丁寧にご教示くださった。また数十の貴重な写真も提供してくださった。

佐藤シズエさんにも大変お世話になった。私の姉によると、彼女は今や郷土料理に精通した数少ない人材だということだった。最初の取材のときご自宅にお邪魔すると、八十七歳の彼女は黄粉をたっぷりまぶした昔風の手のひらだんごを作って待っておられた。彼女への取材は二日間に及んだが、既に作らなくなって久しい五十品目以上に及ぶ料理の作り方や食材の仕込み法などを一つ一つ丁寧かつ詳細に語ってくださった。昔は、どこの家でも女子は幼少の頃から母親を手伝うことが普通だったから、そうして料理を憶え長年家族のために作り続けて来られたのであろう。四季折々の農産物や海産物、山菜、川魚などを使った食事のつくり方がすべて頭に入っておられ、豊富な経験に裏打ちされた彼女の言動は実に頼もしく、私はその語る秘伝とも言うべき諸種の調理法を一語も書き漏らすまいと必死にメモをとった。

中野久子さんや水浦幸子さん、高島喜代枝さんにもお世話になった。私と小中学校の同級生である彼女たちは、私が取材のために帰省すると、戦後我々が食した懐かしい十品種ほどの料理を作って、空き家にしている我が家に運び込み、数人の男子同級生も招いて小さな同窓会を開いてくれた。彼女たちは同時に便箋などに書いた十数品目の郷土料理のレシピを私に手渡してくれた。

東京在住の原浩之君は、私の同級生の中で最も本書の発刊を待ち望んでくれた者の一人だった。彼にはしばしば原稿の一部を送信し感想やコメントを求めた。その都度電子メールや書簡、電話などを通じて、私とは別の視座からのコメントや的確な助言を数多く寄越してくれた。その中には我々が後世に伝えなければならない事物も少なくなかった。

故松山勇氏と子息の治氏にも深謝申し上げる。勇氏は地元では数少ない史家の一人で、岐宿町が「平成の大合併」に先立ち平成十三（二〇〇一）年に刊行した『岐宿町郷土誌』の編纂編集委員長でもあった。同氏は、同郷土誌の編纂編集に際して、数十年をかけて収集・収録した貴重な諸資料を惜しみなく提供された。同氏はまた岐宿町文化協会長として、岐宿町の文化遺産の発掘と保存にも多大な貢献をされた。

私は、本書の叙述において、同氏らが心血を注いで纏《まと》め上げた『岐宿町郷土誌』をたびたび参照した。「民話・伝説」の大部分も同氏の『岐宿町民話童話集』を典拠にした。また本書にある一部の写真も治氏が亡父から引き継いだものだった。それだから本書は、勇氏の輝かしい功績に負うところが非常に大きい。

私の実姉小宮トシ子にも大変世話になった。私とちょうど一回り歳の違う姉は、両親亡きあとおよそ三十年間、私が帰省するたびに福江の自宅に泊め、何かと世話をしてくれた。残念ながら姉は二回目の取材の二カ月後に八十九歳で他界したが生前、私の知らない太平洋戦争前後の我が家の様子や女の子の遊びなどを語ってくれた。本書にある「牡蠣打ち」や「牡蠣の炊き込みご飯」は、当時小学生だった彼女の体験談をもとに書き綴ったものである。姉は今、他界する数年前に私にその墓碑銘を揮毫させ建立しておいた墓に静かに眠っている。本書が完成したら、感謝の意を込めてその墓前に捧げようと思う。

私は一連の調査・取材を通じて、郷里を離れてからほとんど会う機会がなかった一部の地元の人たちと六十余年ぶりに身近に接したが、そこで彼らの美しい生き方を目の当たりして、改めて考えさせられることがあった。それは、人間にとって何が大事なことなのか、ということである。

最後に、本書の出版に際してご助力をいただいた東京図書出版、同編集室の皆さん、および参照ならびに本書に引用させていただいた諸文献の著者・発行者に衷心より感謝申し上げる。

二〇二二年十月十日

柳田煌海

引用・参照文献

青木和夫・稲岡耕二・笹山晴生・白藤禮幸『新日本古典文学大系　続日本紀』岩波書店、一九八九
阿部律子「五島キリシタン史年表」長崎県立大学経済学部研究会『長崎県立大学論集』第四二巻第四号、二〇〇九
荒木田久老『肥前国風土記　写本』一八〇〇
石井謙治「海上交通の技術」土田直鎮・石井正敏編『海外視点・日本の歴史5』ぎょうせい、一九八七
出口久人『五島岐宿方言集』二〇〇三
糸屋悦子『祈りの島――五島列島』イーズワークス、二〇一六
岩崎義則「五島灘・角力灘海域を舞台とした一八～一九世紀における潜伏キリシタンの移住について」九州大学大学院人文科学研究院『史淵』二〇一三
『巌立神社由緒記』巌立神社、一八八二
ウィキペディア（wikipedia）：フリー百科事典
上田雄『遣唐使全航海』草思社、二〇〇六
上田雄「遣唐使・その航海」神戸大学大学院海事科学研究科『海事博物館研究年報』第三九号、二〇一一
宇治谷孟『全現代語訳　日本書紀』講談社、一九八八
宇治谷孟『全現代語訳　続日本紀』講談社、一九九五
浦川和三郎『五島キリシタン史』国書刊行会、一九七三
遠藤慶太『六国史』中央公論新社、二〇一六
鏡山猛「第一部　岐宿貝塚」『長崎県文化財報告書　第二集、五島遺跡調査報告昭和三七年昭和三八年度』一九六四
蔭山達弥「中国のほんの話46　中国の亡霊説話」京都外国語大学「Gaidai bibliotheca：図書館報186」二〇〇九
川谷源蔵著・川谷源昭監修『川原郷諸事記録』
川上茂樹『姫島』一九八八
ガーデンライフ編『カンラン』誠文堂新光社、一九八〇
岐宿村『岐宿村郷土史』一九一八
岐宿町『きしく――町制施行五十周年記念誌』一九九一
岐宿町『岐宿町郷土誌』二〇〇一
岐宿町教育委員会『岐宿町文化財調査報告書　第一集、岐宿城遺跡確認調査報告書』一九八二
岐宿町教育委員会『岐宿町文化財調査報告書　第二集、寄神貝塚周辺遺跡』一九九〇
岐宿町教育委員会『岐宿町文化財調査報告書　第三集、茶園遺跡』一九九八

木宮泰彦『日支交通史』金刺芳流堂、一九二六
木宮泰彦『日華文化交流史』冨山房、一九五五
ガーデンライフ編『九州のカンラン』誠文堂新光社、一九八二
久保清・橋浦泰雄『五島民俗圖誌』一誠社、一九三四
クラウゼヴィッツ著・篠田英雄訳『戦争論』岩波書店、一九六八
栗山善四郎『四季の魚料理』中央公論社、一九八四
黒坂勝美編輯『國史大系　第二巻　續日本紀』吉川弘文館、二〇〇四
黒坂勝美編輯『國史大系　第三巻　日本後紀』吉川弘文館、二〇〇四
郡家真一『五島物語』国書刊行会、一九七四
郡家真一『海鳴りの五島史』国書刊行会、一九九六
月刊『望星』編『あの日あの味〜「食の記憶」でたどる昭和史』東海教育研究所、二〇〇七
遣唐使船再現シンポジウム編『遣唐使船の時代』角川学芸出版、二〇一〇
『弘法大師空海全集　第六巻』筑摩書房、一九八四
『國史大系　第二巻　續日本紀』経済雑誌社、一八九七―一九〇一
『國史大系　第五巻　日本紀略』経済雑誌社、一八九七―一九〇一
国宝『肥前国風土記　写本』平安時代後期
駒田信二『中国怪奇物語　幽霊編』講談社、一九八二
津田宗男他「五島海域における潮流特性と潮流発電エネルギー賦存量」『土木学会論文集B３（海洋開発）』七一巻二号、二〇一五
五島市世界遺産登録推進協議会『五島キリシタン史』二〇一三
五島文化協会『西村家永代記録』
五島文化協会『五島に暮らす〜戦中戦後・汗の記録』二〇一一
五島文化協会『大野きゆう句集　沖うらゝ』二〇一二
後藤基巳・駒田信二・常石茂『中国故事物語』河出書房新社、一九六七
後藤真樹『かくれキリシタン』新潮社、二〇一八
木場田直『西海の灯　五島切支丹秘話』一九七五
櫻井隆『勝宝の遣唐使』清文社、二〇一一
佐竹昭広・久保田淳『新日本古典文学大系　方丈記　徒然草』岩波書店、一九八九
ガーデンライフ編『四国・紀州のカンラン』誠文堂新光社、一九八四
司馬遼太郎『空海の風景』中央公論新社、一九七八

真濟『遍照発揮性霊集』
杉山宏「遣唐使船の航路について」石井謙治編『日本海事史の諸問題　対外関係編』文献出版、一九九五
『世界大百科事典』平凡社、二〇一四
曹復『遣唐使が歩いた道』二玄社、一九九九
『太陽』平凡社、一九六九年三月号
『旅』新潮社、二〇〇八年一〇月号
東野治之『遣唐使』岩波書店、二〇〇七
遠山淳「五島・長崎をめぐる異文化交流のトポグラフィー」『桃山学院大学総合研究所紀要』三七巻一号、二〇一一
トッピークラブ『上五島の味』二〇〇三
加曽利貝塚博物館『長崎県の貝塚展資料』二〇〇〇
『長崎県の歴史散歩』山川出版社、二〇〇五
「長崎県の遺跡大辞典」二〇一六（リンク切れ）
中島功『五島編年史』国書刊行会、一九七三
月川雅夫他編『長崎の食事』農山漁村文化協会、一九八五
『日本後紀』（写）明和一（一七六四）
『日本大百科全書』小学館、一九八八
『日本人の暮らしが生んだ知恵事典』講談社、二〇〇三
平山徳一『五島史と民俗』一九八三
福江掛「居付百姓帳」（五社神社文書）
藤原直諒『肥前国風土記　写本』一八七〇
古瀬奈津子『遣唐使の見た中国』吉川弘文館、二〇〇三
文化庁『五島神楽　調査報告書』平成二十二年度文化庁「変容の危機にある無形の民俗文化財の記録作成の推進事業」二〇一一
松山勇『岐宿町民話童話集』一九六九
松山勇『五島岐宿神楽の継承』二〇〇四
馬淵和夫・国東文麿・稲垣泰一『新編日本古典文学全集今昔物語集　巻第十一』小学館、一九九九
三浦勝男（編）『鎌倉の地名由来辞典』東京堂出版、二〇〇五
三井楽町『三井楽町郷土誌』一九八八
水ノ浦修道院『水ノ浦修道院一〇〇年の歩み』
宮本常一『私の日本地図5・五島列島』未来社、二〇一五
宮本洋一『日本姓氏語源辞典』示現舎、二〇一七
目加田誠『唐詩選』明治書院、一九六四
森克己『遣唐使』至文堂、一九五五
森田悌『全現代語訳　日本後紀』講談社、二〇〇六
森田悌『全現代語訳　続日本後紀』講談社、二〇一〇
諸橋轍次『中国古典名言事典』講談社、二〇〇七

索　引

索引は「語句」「人名」「地名」「社寺名」「遺史跡名」に分類されている。

語句

【さ】

【し】

人名

地名

社寺名

遺史跡名

柳田　煌海（やなぎだ　こうかい）

本名満。昭和16（1941）年、現在の長崎県五島市岐宿町生まれ。書家。九州大学大学院修士課程化学機械工学専攻修了。千代田化工建設㈱コンストラクション・ディレクター/オリエンタルランド㈱建設監理部長/㈱舞浜リゾートライン常勤監査役などを経て定年後、国内外エンジニアリング企業のコンサルタント/アドバイザー。併行して2000年より書を日本教育書道藝術院の大溪洗耳/本多周方に師事。東京書作展/同人書作展で東京新聞賞・特選など多数受賞。現在、横浜市栄区書道協会会長/東京書作展審査会員/日本教育書道藝術院同人会評議員。個展１回/グループ展６回。著書に「柳田煌海書作展」。

昭和前期の五島列島岐宿の民俗図誌

本涯の故郷

2022年12月28日　初版第１刷発行

著　　者　柳田煌海
発 行 者　中田典昭
発 行 所　東京図書出版
発行発売　株式会社 リフレ出版
〒113-0021　東京都文京区本駒込 3-10-4
電話 (03)3823-9171　FAX 0120-41-8080
印　　刷　株式会社 ブレイン

ISBN978-4-86641-571-0 C0039
Printed in Japan 2022